Eberhard Werner Happel

Der engelländische Eduards,

Oder so genannter europäischen Geschichtsroman, auf das 1690. Jahr...

Eberhard Werner Happel

Der engelländische Eduards,
Oder so genannter europäischen Geschichtsroman, auf das 1690. Jahr...

ISBN/EAN: 9783743658516

Hergestellt in Europa, USA, Kanada, Australien, Japan

Cover: Foto ©ninafisch / pixelio.de

Weitere Bücher finden Sie auf **www.hansebooks.com**

Der
Engelländische
EDUARD,
Oder
so genannter
Europæischer
Staht=ROMAN,
Auf das 1690. Jahr;
In welchem
von deß Königreichs
Groß=Brittannien
Merckwürdigkeiten / die
Kriegs- und Politische
Wunder=Geschichten /

Dem
Durchleuchtigsten/Groß-
mächtigsten Fürsten und

Herrn/
Wn. Wilhelm
dem Dritten/
König von Engelland/
Schottland / Franckreich
und Irrland/
&c. &c. &c.

Meinem Gnädigsten König
und Herrn.

Durchleuchtigster/Groß-mächtigster König/Gnädigster Fürst und Herr/ ꝛc.ꝛc.

ES haben weyland die Persianer[a] dieses Hoch-Löbliche Gesetze auf das Genaueste beobachtet/ daß/ wo ihr König außgeritten/ oder außgeräyset/ einer aber unter derselben Unterthanen / solch

[a] vid. Ælian. libr. I. Variar. Histor. c. 31, & Notas Johannis Schæferi ibidem.

Unterthänigste
solch hohes Haupt beauget
und erblicket/ waren sie ver-
bunden/ nächst schuldigem
Hertzens-Wunsch/ einige
Gabe/ zum Zeichen ihrer
unterthänigen Pflicht
Demselben zu überraichen.

Es haben Ihro Kö
nigliche Majestät/ Groß
mächtigster Herr/ ohn
langsten eine solche hoch
wichtige Rayse auß H
roischem Entschluß fürg
nommen/ dergleichen be
Un

Zuschrifft.

Unerdencklichen Jahren von einem solchen Gekrönten Haupt / in einer solch angelegenen Sache / und an eben diesem Ort / nicht geschehen noch gesehen seyn mag; O Höchst-beglücktes Haag! Du / Du bist in einen irꝛdischen Himmel verwandelt worden / an welchem Jhro Königl. Maj. als die hochstrahlende Sonne mitten unter dem Blinckern deß

Mondes /

Unterthänigste Mondes/ und flinckernden Sternen so vieler Chur-Fürsten/ und andern hohen Potentaten/ mit dem Glantz Dero Unvergleichlichen Majestät hervor blitzlen.

Ach! Wer solte dann solch Hoch-wichtiges Vorhaben und Höchst-preißbares Fürnehmen/ woran deß Beunruhigten Europens Allgemeine Wolfahrt hanget/ nicht mit heiß-

Zuschrifft.

heiß-eyferigem Hertzens-Wunsch beglaiten/ und Eurer Königlichen Majestät glücklichen Fort-und Erwünschten Außgang anwünschen? Unter diesen erscheinet nun hier auch dieser so genannte Engel-ländische Eduard/ und leget für Jhro Königlichen Majestät Füssen in unterthänigster Demuth diese wenige Blätter darnieder/ Fuß-fällig flehend/ daß/ [b]
so je-

[b] Ælian. l. c.

Unterthänigste

so jener Persische König deß Bauren Sinætás schlechte Wasser-Tropffen Allergnädigst auf- und angenommen; Also wollen Ihro Königl. Majestät auch diesen geringfügigen Blättern ein Gnädiges Auge verleyhen.

Der GOTT und König / ᶜDer Könige ab- und Könige einsetzet; Und Ihro Königl. Maj. ᵈ eine
Güldene

ᶜ Dan. II, 21.
ᵈ Psalm XXI, 4.

Zuschrifft.

Güldene Krone auff Dero Flor-würdigstes Haupt gesetzet/ ᵉ Der sende Deroselben noch ferner Hülffe von seinem Heiligthum/ und stärcke Sie auß Zion/ Er gebe/ was Ih. Königl. Maj. Hertz begehret/ und erfülle alle Ihre Anschläge/ daß wir mercken können/ daß der HERR diesem Seinem Besalbten helffe; Und erhöre Sie in

)(5   sei=

ᵉ Psalm XX,3.seqq.

Unterthänigste
seinem heiligen Himmel/ ᶠ
Er rüste Ihro Maj. auß
mit Krafft/ daß Sie Ihren heim = und offentlichen
Feinden nachjage/ und sie
ergreiffe/ und nicht umkehre/biß sie umgebracht; Er
rüste Sie mit Stärcke zum
künfftigen Streit/daß Sie
unter sich werffe alle/ die sich
wider Ihro Königl. Maj.
setzen; Er erhalte Dero
mit allen Königl. Tugenden/ Klug= und Weißheit=
begabte

ᶠ Psalm XVIII, 33.

Zuschrifft.

begabte Gemahlin/ bey allem Königl. Wol-uñ Aufwesen/ Er beglaite Sie Beyde mit seiner Engel-Wacht unanstössig/ daß Jhro Maj. die Königl. Eduards-Krone/ so Sie in eben Desselben Capelle empfangen/ in solchem Königl. Flor tragen/ wie Jhro damahlen offentlich angewünschet worden; Und begnadige Sie endlich/ wiewol spat/ mit der Himmlischen

Unterthänigste Zuschrifft.

schen Ehren-Krone in der immer-währenden Uraniens-Burg/ und Himmlischen Engelland/ welches in unterthänigster Ergebenheit wünschet/

Ih. Königl. Maj.

Ulm/ den 20. Martii, Anno 1691.

unterthänigster Diener/

Matthæus Wagner/ Buchdrucker.

Vorrede.

Hoch-und Wolgeneigter/auch nach Gebühr / Geehrter Leser!

Die Welt ist und bleibet ein Allgemeines Theatrum und Schauplatz aller Welt-Händeln/ auf welchem Jahr auß/ Jahr ein/ den Aufmerckfamen und Wissens-Begierigen das Jenige/ was da und dorten sich zuträget/ und zwar vielfältig/ was schon zu andern Zeiten sich ereignet/ von Neuem/ nur mit diesem Unterscheid vorgestellet wird / daß zwar die Sache an sich selbsten / biß an wenige Umstände/ fast die Vorige/ und nur von andern Personen/ oder in andern Ländern außgeübet / und Menschlicher Beurtheil- und Anschauung vor Augen gestellet wird. Es seyn von Anbegin Kriege und grosse Revolutiones gewesen/ werden auch biß ans Ende der Welt dauren/

Vorrede.

bauren/ und ist in dieser Vergänglichkeit nimmermehr ein beständiger Friede/ oder Gutes/zu hoffen/wir Menschen schmeicheln uns von Jahr zu Jahren mit der falschen Hoffnung einiger erwünschter Besserung/ finden uns aber im Außgang meistens heßlich betrogen.

Biß dahero seyn Dir/ Hochgeneigter Leser/in unterschiedlichen so genannten Europæischen Geschicht-Romanen/nicht allein die Beschreibungen unterschiedlicher Länder und Königreiche/sondern mit und neben denselbigen auch die vornehmste Begebenheiten in Europa, (ja auch ausser demselbigen/) unter allerhand annehmlichen Romanisirungen/ und/wie ich nicht anders weiß/ zu Deinem sonderbaren Vergnügen mitgetheilet/ und viel rechtschaffene Liebhabere/ nicht nur dardurch vielfältig ergötzet/ sondern mithin auch/ dessen/was vorgegangen/ und nunmehr fast wieder vergessen gewesen/ zu ihrem sonderbaren Vortheil wieder erinnert worden.

Ich fahre nun fort/eben auf die vorige und bißher gewohnte Weise/ das Jenige vorzubringen/ was in dem abgewichenen 1690. Jahr Denck- und Merck-würdiges/ vornemlich in Europa, sich zugetragen/ wie
Du

Vorrede.

Du dann/ neben einer zwar kurtzen/ jedoch accuraten Beschreibung deß Königreichs Groß-Brittannien/ allerhand andere wichtige Sachen/ von grossen Verrähtereyen/ mächtigen Kriegs-Verfassungen/ grausamen Feld- und See-Schlachten/ nahmhafften Eroberungen/ Neuen Verbündnüssen/ Königl. Heyrathen/ hohen Todes-Fällen/ wunderlichen Geschichten/ seltsam verwickelten Liebes-Intrigues, un tapffern Kämpffern und Kämpffen/ vornemlich und insonderheit aber Jhro Römisch-Käyserl. Maj. der Käyserin herzliche Krönung/ nicht weniger die hoch-beglückte/ und dem Römis. Reich so hoch-ersprießliche einhellige Wahl/ deß Großmächtigsten Ungarischen Königs JOSEPHI, zu einem Römischen König und unstrittigen Successorem am H. Römis. Reich/ und die darauf erfolgete hoch-feyerliche und glückliche Krönung/ neben vielen andern Merck- und Läßwürdigkeiten hierinnen finden/ und antreffen wirst. Ich kan versichern/ daß Dich weder deß geringen Geldes/ noch weniger aber der zum Durchlesen daran gewandten Zeit/ weder gereuen kan/ noch wird. Es wird zwar unser Engelländischer Ritter/ sonderlich in dem I. Theil/ sich weder seinem rechten Namen noch

Vorrede.

noch Stand nach / zu erkennen geben / sondern den Leser in zweiffelhaffter Ungewißheit stecken lassen; Im II. Theil wird er zwar seinem rechten Namen und vermeyneten Stand nach / auf die Schau-Bühne tretten / aber wider und ohne sein Wissen ihme selbsten unbekandt bleiben / damit Er in den folgenden Theilen zu seiner selbst-eigenen / und anderer nicht geringer Verwunderung seine ursprüngliche Herkunfft / und wie das wandelbare Glück mit ihme gespielet / offenbahr werde.

  Liese dieses / Hochgeneigter Leser / und glaube / daß / was Anfangs an deiner Vergnügung Dir abgehet / verhoffentlich in der Folge dieser Liebes- und Helden-Geschicht / mit desto grösserer Annehmlichkeit / ersetzet werden wird. Zumahlen auch der Verleger sich weder Mühe noch Kosten dauren lässet / Dir / neben dem anmuthigen Roman, einen Theil der Sache auch durch schöne Kupffer desto beliebter zu machen / und vorzustellen. Lebe wol! und bleibe gewogen dem

AUTHORI.

Deß

(1.)

Deß
Engelländischen
Eduards
Erstes Buch.

Das I. Capitul /

Celinde kommt ab dem Jrrwege wieder zu Leuten. Ihr Vorgeben, Albela erzehlet ihre Zufälle/ und wie ihr Mann sie mit Practiquen bekommen. Sylvian macht sich der Argylischen Aufruhr theilhafftig. Deß Jagens Nutzbar- und Schädlichkeit. Geschicht von einem Narren-Doctor, und dessen seltzame Art zu heylen. Sylvian verliebt sich in die schöne Celinden.

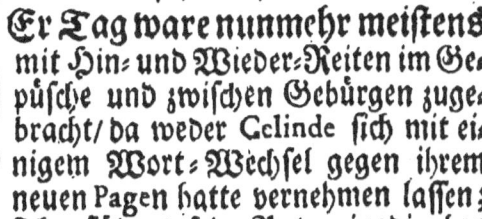Er Tag ware nunmehr meistens mit Hin- und Wieder-Reiten im Gepüsche und zwischen Gebürgen zugebracht/ da weder Celinde sich mit einigem Wort-Wechsel gegen ihrem neuen Pagen hatte vernehmen lassen; Noch dieser sich erkühnet/ seine Patronin/ die eben
I. Theil.   A   so sehr

so sehr in ihrem Gemüthe und Gedancken verwickelt/ als auf dem Wege irrend ware/ deßwegen zu erinnern; Doch endlich/ weilen er sich eines abermahligen schlechten Nacht-Lagers/ und noch schlechteren Küchen besorgete/ entschlosse er sich/ der in tieffem Nachsinnen auf keinen Weg Acht habenden Fräulein/ seine Meynung ungebetten zu eröffnen; Ritte deßwegen etwas näher hinzu/ und sagte mit geziemender Ehrerbietigkeit: Gnädige Fräulein/ so ferne wir auf die Straßen nicht besser Achtung geben/ sondern die Pferde nur ihres eigenen Willens werden fortgehen lassen/ so werden wir versichert heute schwerlich zu einer Herberge gelangen/ ja/ wir dörfften nicht einmahl so glücklich/ als die vergangene Nacht/ einen Hirten/ der uns aufnehme/ und bewürthete/ antreffen; Und wurde so dann so wol unser/ als unsern Pferden/ die/ neben gutem Futter/ auch der Ruhe höchst bedürfftig seyn/ übel gepfleget werden.

Auf solche Zusprache erholete sich die Fräulein/ als gleichsam auß einem tieffen Schlaff/ ermunterte sich/ und sprach: Du erinnerst gar wol/ James, daß wir deß Weges besser wahrnehmen sollen/ weilen ich aber stätigs mit meinen eigenen Gedancken mich überwerffe/ und dannenhero/ als ohne dem dieses Landes und Weges unkündig/ den rechten Weg desto weniger beobachten kan/ als wil ich dir hiermit diese Sorge aufgetragen haben/ zu trachten/ wie wir auß der Irre wieder zu Leuten kommen/ an guter Pflege so wol für dich/ als die Pferde/ solle es so dann nicht mangeln. Wolan dann/ Gnädige Fräulein/ sprach James, so wollen wir den Weg besser gegen der Rechten zu nehmen.

Als

Als sie nun eine kleine Weile fort geritten / geriethen sie auf einen ziemlich getriebenen Weg / und bald darauf auß dem Gehöltze in ein feines Gefilde / erblickten auch von ferne ein Schloß / samt etlichen schlechten Häusern / gegen welche sie ihre Zügel richteten / auch eben / da die Sonne hinter die Berge zur Ruhe zu gehen beginnete / bey diesem alten Schloß anlangeten / und einen ziemlich bekleideten jungen Menschen unter dem Thor befragten / in was Gegend sie / und wer der Herr dieses Orts wäre? Auch ob sie eine Nacht-Herberge allhier haben kunten? Der ohne sonderbare Höfligkeit so viel zu vernehmen gabe / daß der Herr dieses Schlosses ein Schottischer Edelmann / und Sylvian hieße / er selbsten aber desselben Sohn seye. Unter währendem Gespräch hatte sich die Frau deß Schlosses / so nicht unangenehmer Gestalt / und mittelmässigen Alters war / herbey gemachet / die Fräulein gantz freundlich empfangen / zum Absteigen genöthiget / und ihre Wohnung zur Herberge angebotten; Die aber solches nicht annehmen / sondern nur um gute Anweisung zu einem bequemen und sichern Nacht-Lager gebetten haben wolte; Die Dame aber versetzte / daß hierzu sonsten keine Gelegenheit wäre / liesse darauf die Pferde in Stall ziehen / nahme die Fräulein bey der Hand / und führte sie mit sich nach ihrem Gemach / mit beygefügter höflicher Entschuldigung / daß dieses Orts schlechte Gelegenheit nicht zuliesse / ihres Gleichen Personen der Gebühr nach zu bewirthen / wäre auch nicht in dem Stande / ihren geneigten Willen mit dem Werck zu vergesellschafften. Nach abgelegten beedseitigen Complimenten fragte die Schloß-Frau unsere

unsere Räysende/ woher sie käme? Wer sie wäre?
Was für ein Glücks- oder Unglücks-Fall sie in diese
abgelegene Gegend geführet? Auch wohin sie ferner zu räysen gedächte?

Worauf diese zu vernehmen gabe / auf das
Erste/ daß sie fast selbsten nicht wüßte/ woher sie an-
jetzo/ und wie sie in diese Gegend kommen; Sie
wäre eine Tochter eines wolbegüterten Edelmañs/
nennete sich Celinde, wäre auch an dem gewesen/
daß sie mit einem tapffern Cavallier ehestens hätte
sollen versprochen werden; Vor wenig Tagen wäre sie auß der Stadt Glaskow/ woselbsten sie sich
eine Zeitlang aufgehalten / auf das Land außge-
spatzieret/ daselbsten von einem andern Cavallier,
der sie auch zur Ehe verlanget / sie aber zu selbigem
gantz keine Liebe haben können / verkundschafftet/
und von ihm / sie mit Gewalt zu entführen/ die Anstalt gemacht worden: Weilen sie aber darvon
Nachricht bekommen / habe sie ohne Verzug / nur
mit ihrem Page, sich auf die Flucht begeben/ und weilen ihr der Weg nach der Stadt zuruck verlegt ge-
wesen/ habe sie/ ihrem ihr unanständigen Liebhaber
nicht in seine Hände zu gerathen/ gantz andere ihr
unbekandte Wege und Umschweiffe genommen/
auch in der Angst sich so weit verlohren / und verir-
ret/ daß sie nunmehr in zweyen Tagen keinen bewohnten Ort gesehen; Gestern zu Nacht hätte sie
das Glück zu schlechten Hirten-Leuten geführet/ die
ihr mit einer zwar schlechten / jedoch darbey sehr angenehmen Mahlzeit (anerwogen sie sich nunmehr
in Sicherheit zu seyn glaubte/) begegnet/ deß Morgens auch/ wie sie deß Weges halben sich zu verhal-
ten/ Anweisung gethan; Sie hätte aber/ indem sie
auß

Eduards / 1. Theil.

auß Forcht/ auf der gemeinen Straſſe außgekundſchafftet/ und eingeholet zu werden/ deß Weges verfehlet/ und auf Ab- und Irrwege gerathen/ doch zu ihrem guten Glück/ noch vor Nacht dieſe Wohnung erblicket/ und durch die ungemeine Freund- und Höflichkeit/ ihrer/ wie ſie nicht anders hoffete/ abermahlen eine ſichere Nacht-Herberge/ welches ſie auch mit Gelegenheit/ danckbarlichſt erkennen wolte; Nunmehr aber wäre ſie geſinnet/ nach Edenburg zu gehen/ ihre Freunde daſelbſten zu beſuchen/ und ihren Zuſtand den Ihrigen von dort auß wiſſend zu machen.

Die Frau deß Schloſſes erwieſe hierüber ein groſſes Mittleyden / hätte auch gerne mehrere Nachricht ihrer Perſon halben vernehmen mögen; Weil ſie aber wol abmerckte/ daß die Fräulein nicht gern oder leichtlich ſich weiter herauß laſſen/ und zu erkennen geben würde/ ließ ſie es bey dieſem bewenden. Jedoch kunte ſie ſich nicht enthalten/ daß ſie nicht einige halb gebrochene Seuffzen/ mit etlichen durch innerlichen Schmertzen außgepreſſete Thränen/die ſich nicht verbergen lieſſen/ begleitet/ an ſich vermercken lieſſe; Derentwegen die Fräulein ſich entſchuldigte/ daß ſie allem Anzeigen nach/ mit dieſer ihrer Erzehlung/ ihr verdrießlich gefallen ſeyn würde / bathe demnach um Vergebung ! Die Schloß-Frau aber ergriffe ſie bey der Hand/ druckte ſelbige freundlich/ und nachdem ſie die Waſſer-Perlen von den Augen gewiſchet/ fieng ſie folgender Maſſen an zu reden: Im geringſten nicht/ werthe Fräulein/ iſt mir deren Erzehlung zuwider/ ſondern dieſe wenige Thränen / rühren Theils auß hertzlichem Mitleyden über ihren Unfall/ Theils

A 3 aber

aber daher / weil ich mich hierbey meines eigenen Unglücks erinnere / deſſen mich ihre Erzehlung in etwas wieder erinnert / und ich / ſofern es nicht zuwider / kürtzlich erzehlen wil. Weil nun die Fräulein eine Begierde hierzu bezeugete / fuhre die gute Dame in ihrer Rede alſo fort:

So wiſſe ſie dann / werthe Fräulein / daß auch mich das Glück von einen der fürnehmſten Geſchlechten dieſes Königreichs laſſen gebohren werden / mir auch in meinen Maũbaren Jahren meine geringe Natur-Gaben verſchiedene Liebhaber zuwegen gebracht / unter welchen mein Gemahl zwar / wann man die äuſſerlichen Gaben und Geburt anſiehet / nicht der Geringſte / jedoch aber / um anderer Urſachen willen / bey mir der wenigſt Geachteſte geweſen; Deßwegen ich auch ſeine Aufwartung ſo viel ohne offenbare Unhöflichkeit ſich thun laſſen / verachtet und in den Wind geſchlagen / wiewol meine Eltern nicht ſo gar ungeneigt / gegen dem Sylvian zu ſeyn ſchienen / er ſolches auch ſich zu Nutz zu machen gedachte. Solches aber kunte meine Kaltſinnigkeit gegen ihme nicht mindern / noch Anlaß geben / daß ich mein Hertz nicht viel eher in meinem Sinne einem andern Cavallier ſolte zugedacht haben. Aber mein Verhängnüß / und die Verwegenheit deß Sylvians / gaben der Sachen gantz eine andere Geſtalt; Dann / als ich einſten nur allein auf eines unſerer Land-Güther zu fahren begriffen, wurden / wie ich Anfangs meynte / auß deß Kutſchers Nachläſſig- oder der Pferden Friſchheit / di Pferde lauffend / ſo / daß ſie mich bald da / bald dor hin / im Feld und Gepüſch herum ſchleppeten / un ich in groſſer Angſt und Gefahr ſtunde / biß endlic

Sylvian

Sylvian, als von ungefähr (da er doch solches mit meinem von ihme erkaufften Kutscher/ wie ich nach der Hand erfahren/ also angelegt und abgeredet hatte/) darzu kame/ die Pferde an ihrem Rennen hinderte/ und mich auf seine nicht gar weit entfernte Wohnung/ deß Schreckens daselbsten zu vergessen/ und das/ was etwan zerbrochen seyn möchte/ wiederum außzubessern/ höflich einladete; Deme ich aber kein Gehör gabe/ sondern den Kutscher anhielte/ mit mir wieder umzukehren; Der aber/ wie er unterrichtet ware/ allerhand Vorwand hatte/ weßwegen er solches nicht thun kunte/ auch in Sorgen stunde/ es möchten die schon erwilderte Pferde abermahlen scheu werden/ und alles zu Trümmern gehen/ wolte deßwegen dem nächsten besten Ort zu fahren/ und zur Heimfahrt Anstalt machen/ welches ich auch so muste geschehen lassen/ indeme sich auch Sylvian anerbotte/ mich so lang zu begleiten/ biß ich in Sicherheit/ und der Pferden halber/ keine Gefahr mehr wäre/ weilen ich je seine mir anerbottene Wohnung verschmähete; Ich bedanckte mich abermahlen seiner Höfligkeit/ und meynte nicht anders/ als daß ich gegen einem gewissen Dorff zufuhre/ da entzwischen der Kutscher grosse Mühe mit den Pferden zu haben sich anstellete/ und Sylvian mit seiner angemaßten Hülffleistung mir einige Dancknehmige Erkäntligkeit abnöthigte. Da ich michs aber am Wenigsten versahe/ befande ich mich bey deß Sylvians Schlosse/ und wurde von ihme mit allerhand verbündlichen Höfligkeiten abermahlen/ wie ingleichem von seiner alten Mutter/ bewillkommet/ und alles zu meinen Diensten anerbotten; Wie sehr ich hierüber erschrocken/

meine Fräulein/ist leicht zu gedencken/ich verfluchte in meinem Sinne meine Lust-Fahrt / die Pferde/ den Kutscher/ ja auch den Sylvian selbsten/ unangesehen wegen seines geleisteten Beystandes/ ich ihme verbunden wäre; Wolte mich auch kurtzum zum Absteigen nicht bereden lassen/ sondern gosse meinen Zorn über den Gutscher mit harten Worten auß/ ihn einen Verräther scheltend/daß er mich hieher geführet hätte/ und was deß Drohens mehr war. Der aber betheuerte/ daß es wider sein Wissen und Vorsatz seye/ allermassen ihme dieser Ort unbekandt / welches ich endlich auch glauben muste/ und ihn darauf ferner zu fahren antriebe/ welches zu thun aber er sich unter dem Vorwand/ daß eines und anders zerbrochen / bald entschuldigte/ und endlich die Unmöglichkeit vorschützend / sich dessen weigerte; Worauß ich erst seine Verrätherey erkannte / und mit Schelten und Drohen zur Ruckkehr reitzete/dem er auch Letztlich Gehör gabe/ und als wann er umkehren wolte / sich anstellete: Als er aber eben im Umkehren begriffen / fiele ein Rad von der Chaisen dahin / und wann Sylvian selbsten zu meiner Hülffe nicht so hurtig gewesen/ so wäre ich zugleich über einen Hauffen gefallen / muste mir also wider meinen Willen von der Chaisen helffen lassen; Dessen allen unerachtet wolte ich dannoch nicht verbleiben/ sondern weil Sylvian sich entschuldiget / daß seine Chaise nicht bey der Stelle/es auch bereits Nacht zu werden beginnete/ und mir zu fernerm Fahren nicht verholffen seyn könte/ wolte ich zu Fuß fürter gehen/ Sylvian aber ergriffe mich bey der Hand/ und führte mich / alles Protestirens unerachtet / ins Hauß / befahle / die Pferde

Pferde zu versorgen/ und versprache/ daß Morgen frühe zu meiner Ruckkehr alle nöthige Anstalt gemacht werden solte. Ich wurde durch diese vorgegangene Betrügerey/ die ich nunmehr mit Händen greiffen kunte/ ihme nur desto gehässiger/ wiewol ich solches verbisse/ und mein Unglück mit Gedult ertruge.

Als ich den folgenden Morgen frühe Abschied zu nehmen gedachte/ wurde mir bedeutet/ daß erst auß einem benachbarten Flecken Handwercksleute/ die zerbrochene Chaisen zu recht zu bringen/ müsten erfordert werden/ wie auch/ zum Schein geschehen/ womit dann/ und durch allerley Verzögerung/ auch selbiger gantze Tag vorbey gienge/ welches mich in grossen Kummer setzte/ weilen ich zwar durchgehends wol bedient/ aber darbey gleichsam gefangen/ und von Niemand/ als Sylvian und seiner Mutter/ mit freund- und lieblichen/ mir aber höchst-verdrießlichen Discursen/ unterhalten wurde/ die alle dahin zieleten/ meine Gewogenheit dem Sylvian zu zuwenden. Mein einiger Trost ware/ daß die Alte mich berichtet/ sie hätten den Kutscher abgefertiget/ den Meinigen von dieser Begebnüß Nachricht zu geben/ welches mich (wiewol es nicht wahr gewesen/) in etwas erquickte/ und seiner Zuruckkunfft mit höchstem Verlangen erwartete. Aber er bliebe/ wie man mir vorgabe/ auch den andern Tag auß/ und muste ich wider allen meinen Danck auch noch diesen in meinem Arrest verbleiben/ und denen verliebten Bezeugungen deß Sylvians Gehör geben; Deß dritten Tages darauf erlangte ich meinen Abschied/ und wurde wider alles Einwenden und Bitten von Sylvian, der sich zu mir in

die Chaisen gesetzet / und sein Pferd nachführen las
sen / begleitet.

Er hatte einen Diener voran geschicket / der
Sachen Beschaffenheit meinen Eltern / wiewol
nicht mit ihren warhafften Umständen / anzudeu
ten / und wurde von ihnen gantz höflich empfangen/
auch wegen seiner Bemühung und getragenen
Vorsorge ihme Danck gesagt / und weil er zu blei
ben nicht kunte beredt werden / nahm er seinen Ab
schied. Ich hingegen ware der Meynung/ Sylvian
wäre als ein Fräuleins-Räuber anzuklagen / und
nach denen Lands-Gesetzen abzustraffen / dann ob
er schon weder mit ungebührlichen Reden / noch
weniger mit unanständigen Wercken / sich im
Geringsten / so lang ich in seinem Gewalt gewe
sen / vermercken lassen/ so seye doch/ allem Vermu
then nach/ solcher Verrätherische Betrug von ihme
angestellet worden / und deßwegegen Straff-wür
dig. Es ware auch der Handel scheinbar und
Glaubwürdig genug / jedoch aber keine Gewalt
that darbey / sondern fast alles unter dem Schein
grosser Höflichkeit passiret; So hatte auch indessen
der bestochene Kutscher seinen Dienst quittiret;
Daß demnach meine Eltern alles eine geschehene
Sache seyn liessen/ und ich mich befriedigen muste.
Als ich bald darauf wegen solchen Zufalls unter
dem Frauenzimmer mich ziemlich muste durch
hecheln / mein in meinem Hertzen vermeynter
Liebster auch einige Kaltsinnigkeit gegen mich ver
spühren lassen/ Sylvian aber hingegen meinen El
tern stätigs durch gute Freunde in den Ohren zu lie
gen nicht nachliesse/ich auch was ferner mir herauß
durch böse Mäuler für Nachtheil erwachsen könte/
überle

Eduards / 1. Theil.

überleget / änderte ich meinen Sinn / und liesse geschehen / daß ich bald hernach dem Sylvian versprochen / und vermählet wurde: Da sich dann meine vorige Kaltsinnigkeit bald in hertzliche Liebe gegen ihm verwandelte / nach der Zeit aber seine vorige Hulde gegen mir abnahme / und meine Affection nicht mit der erstlich bezeugten Liebes-Brunst vergalte / sondern mich geringschätzig hielte / seine Liebe mehr anderst wohin / vornemlich auf stätigs Jagen / und in den Wäldern und Gepüsche zu seyn / warffe / auch mit unruhigen Köpffen in Gemein- und Freundschafft geriethe / durch welche er sich so weit verleiten lassen / daß er sich bey der / dem Hertzog von Montmouth zu lieb / aber zu seinem höchsten Schaden / erregten Argilischen Unruhe / mit interessirt gemacht / dardurch auch in deß Königs Ungnad verfallen / doch aber noch / durch Vermittelung hoher Patronen / so weit außgesöhnet worden / daß ihme zwar eine höhere Straffe nachgesehen / jedoch aber seine Güther eingezogen / und wir gemüssiget worden / hiehero in diese Gegend uns zu begeben / wo wir bey schlechtem Einkommen / nunmehr unser Leben zubringen / und mein Mann sein voriges Jäger-Leben nunmehr im höchsten Grad treibet / und welches mich am meisten betrübet / unsere schon erwachsene beyden Söhne / eben zu dergleichen anführet / an Statt sie zu den Studien und Adelichen Ubungen angehalten werden solten; Habe demnach billige Ursach / mich zu betrüben / worzu mir die Erzehlung von deß jenigen Cavalliers Vorhaben / da er euch zu rauben und zu entführen sich unterstehen wollen / Anlaß gegeben / und mich meiner eigenen überstandenen Unfällen wieder erinnert.

Celinde

Celinde bezeugte hierüber ein hertzliches Beyleyd/ und war gesonnen/ ihr einigen Trost einzusprechen/ als sie den Sylvian im Hof vernahmen/ und bald darauf zu ihnen ins Zimmer eintretten sahen/ der ein Mann guten Ansehens/ mittelmässigen Alters/ und schöner Statur war. Albela, (so hiesse die Schloß-Dame,) gieng ihm alsobald entgegen/ empfienge ihn aufs Freundlichste/ zeigte ihm die Celinde, sprechend: Sehet/ liebster Sylvian, mit was für einer schönen Fremdlingin das Glück uns heute beseeliget/ welche ihr Weges-Irrthum anhero geführet/ und die einfallende Nacht veranlasset/ bey uns Herberge zu nehmen.

Sylvian die Fräulein erblickend/ empfienge sie mit aller Höflichkeit/ entschuldigte seine schlechte Beherbergung/ und erbothe sich zu aller Möglichkeit; Denne Celinde Wechsels-Weise mit ebenmässiger Hof-Art begegnete/ und sein Verhalten ihr nicht entgegen seyn liesse. Bey der Mahlzeit/ die beschaffenen Dingen nach/ ziemlich gut war/ geriethen sie auf allerhand Gespräche/ von denen in Engell- Schott- und Irland neulichsten Veränderungen/ von denen Sylvian zwar in seiner Entlegenheit/ keinen sonderbahren Bericht/ Celinde aber/ die der Sachen mehrere Wissenschafft hatte/ als ein Weibs-Bild sich nicht zu viel herauß lassen wolte.

Endlich geriethen sie auch im Gespräch auf das Jagen/ indem Albela Schertz-Weise ihrem Sylvian vorwarff/ sie hätte heut einen bessern Fang in ihrem Zimmer gethan/ der ihnen Beyden ergötzlicher sey/ als er im Feld und Wald; Welches auch Sylvian bekrafftigte/ und darbey sagte: Unangesehen er ein

grosser

Eduards/ 1. Theil.

grosser Liebhaber deß Wäydwercks seye/ und lieber im Gehöltz/ als im Zimmer/ sich befinde/ so wolte er dannoch seine Jagens-Lust gern einstellen/ wann er dergleichen zahmes Wildprät zu Hauß zu fangen sich Hoffnung machen könte; Erzehlete darbey/ daß er diesen Tag allerdings unglücklich gewesen/ sintemahlen er nicht allein nichts gefangen/ sondern auch/ indem sein Pferd von einem unversehens aufgestandenem Wild scheu gemacht worden/ mit ihme gestürtzet/ aber zu gutem Glück keinen weitern Schaden genommen. Albela wolte hierauf behaupten/ es wäre demnach besser/ sich solcher mühsamen/ zumahlen auch gefährlicher Lust zu enthalten/ und die Zeit an andere nutzlichere Sachen zu wenden; Worüber aber Sylvian lachete/ und einwandte/ daß das Jagen und Hetzen eine König- und Fürstliche Lust seye/ so allen andern Ergötzlichkeiten weit vorzuziehen/ auch zu allen Zeiten in grossem Æstim gehalten worden seye/ und habe man schon vor Alters darfür gehalten/ daß das Jagen Vorspiele und Vorübungen deß Kriegs seyen/ deßwegen man junge Leute bey Zeiten darzu gewöhnen solle/ damit sie nachgehends desto besser die Ungemächlichkeiten deß Kriegs außstehen könten. Es hätte der berühmte Geschichtschreiber Xenophon deßwegen ein eigen Buch vom Jagen geschrieben/ welches auch andere treffliche Männer gethan; Die Persische Könige haben jeder Zeit vom Jagen viel gehalten. König Mithridates habe sich in das Jagen so verliebt/ daß er sieben gantzer Jahr nie unter kein Dach sich begeben/ sondern unter dem freyen Himmel/ oder unter dem Schatten der Bäumen/ und in den Wäldern seiner Ruhe gepflogen.

gen. Käyser Domitianus seye ein grosser Liebhaber der Jägerey gewesen. Käyser Commodus seye von Julio Polluce zum Jagen / als zu einer Heroischen Ubung/die dem Leib und Gemüth nutzlich und dienlich seye / und zur Tapfferkeit anreitze / alles Ernsts angemahnet worden. Ja/ sagte er endlich/ es wird heutiges Tages schwerlich ein Fürst oder Potentat in der Welt seyn / der/ wo nicht seine höchste / noch dannoch aber seine meiste Ergötzlichkeit und Freude im Jagen und Wäydwerck suchen und auch finden solte. Allein/ dergleichen Jagd-Sachen werden der Fräulein schlechten Lust machen/ und sie lieber von andern Händeln reden hören.

Nein/ mein Herz / versetzte Celinde, dann obwolen das Frauenzimmer nicht Profession von der Jägerey zu machen pfleget/so hat es doch bey dessen Ergötzlichkeit nicht einen geringen Antheil/wie dañ demselben zu Gefallen vielfältige Jagden angestellet werden / die ich zu erzehlen anjetzo vorbey gehe/ sondern nur auf meines Herrn vorgebrachte Rede zu antworten/so ist freylich nicht ohn/daß die Jagd eine recht Fürstliche / und dem Adel wolanständige Lust ist / die dem Leib an seiner Gesundheit grossen Nutzen / auch dem Gemüth sonderbare Ergötzung geben kan; Dannenhero solche von dem angezogenen Xenophonte auch ein Geschenck der Götter genennet/ und allein denen Helden zugelassen wird. Bey dem Homero wird solche / um angeregter Ursachen willen / der Jugend sonderlich recommendiret. So haben wir auch in H. Schrifft unterschiedliche Exempel grosser und gewaltiger Jäger/als da gewesen/Cain/Lamech/Nimrod/Ismael und Esau. Allein/wie diese Ubung Ritterlich und rühmlich/ so
lange

Eduards / 1.Theil.   15

lange sie in den Schrancken der Gebühr sich einschräncken lässet / und ohne Ubermaß und Nachtheil/ so wol deß gemeinen Wesens/ als sein selbsten geschiehet / also ist sie auch im Gegentheil dem gemeinen und Privat-Wesen sehr nachtheilig/ wann damit die Gräntzen der Gebühr überschritten werden / indem das übermässige Hetzen und Jagen einen Printzen von den nöthigen Staats- und Regierungs-Geschäfften abziehet/ daß er mehr auf ein hurtiges Windspiel oder starcke Englische Docke/ als auf deß Staats und der Unterthanen Wolfahrt hält. Muß demnach solche Adeliche Ubung mäßiglich gebraucht/ und die nothwendigere/ sonderlich aber Regiments-Sachen darbey nicht verabsäumet werden/ wie aber von vielen Potentaten vor Alters uñ noch zu unsern Zeiten geschehen/ welche noch darzu grosse Unkosten aufgewendet; Allermassen von dem Türckischen Käyser Amurathe dem Ersten geschrieben wird/ daß er 40000. Hunde habe gehalten/ deren ein Jeder ein güldenes oder silbernes Halß-Band getragen/ und damit gezieret gewesen. Der Chinesische Käyser Taicángus, nachdem er viel Jahr glücklich regieret / hat endlich auß übermässiger Jagd-Begierde Kron und Zepter verlohren / und ist von seinen eigenen Unterthanen vom Thron herunter gestossen worden. Carolus der IX. König in Franckreich / ist durch lange Gewohnheit deß Jagens / und Vergiessung der Thieren Blut / so verwildert worden / daß es ihn nach Menschen-Blut gleichsam wütend gemacht hat. So solle auch Hertzog Berchtold von Zähringen/ vermittelst deß mehr-faltigen Jagens / einen solchen Appetit zum Menschen-Fleisch bekommen haben / daß er

seine

Deß Engelländischen

seine Knechte hat umbringen und kochen lassen. Derer Exempel / die auf der Jagd in grosses Unglück / Leibes- und Lebens-Gefahr gerathen / gantz nicht zu gedencken/worvon eine grosse Menge könte angeführet werden.

Sylvian hatte dem Fräulein so wol als Albela mit grosser Verwunderung zugehöret/ und nimmer gemeynet/ daß eine Weibs-Person von dergleichen Sachen so vernünfftig raisoniren solte / sagte deßwegen: Sie hat gar recht/werthe Fräulein/und ist/ wie in allen andern Sachen / also auch sonderlich hierinnen die Ubermaß schädlich/ und haben es die Unterthanen auf vielerley Weise hart zu entgelten. Ein frisches Beyspiel kan uns seyn / der unlängst entthronte Türckische Groß-Sultan/ der wegen seiner hefftigen Jagens-Lust/ unsäglich grossen darauf/ und auf Unterhaltung einer grossen Menge Jagd-Hunde verwandten Unkosten/ Versaumnuß der Justitz/und Unterdruckung der armen Unterthanen/ den allgemeinen Haß seines Volcks auf sich geladen; Und werden gemeiniglich die all zu begierige Jäger fast selbsten zu Unmenschen/ wie ich mich dann erinnere/als ich in meiner Jugend in Teutschland geräyset/ einstens bey dergleichen Discurs gehöret zu haben / daß

- - - Wer nicht kenn Masse hier
Und anders nichts wiß/ werd endlich selbst ein Thier
Und lerne grausam seyn.

Und an einem andern Ort:
Wer sich mit Jagen stäts erfreut/
Wird gleich den Thieren mit der Zeit.

Albela mengete sich hier mit ein/ und sagte: Weil sie ehemahlen gehöret und gelesen/daß GOtt selbsten

selbsten die Jenige hart gestraffet/ die dem Jagen zu sehr obgelegen; Wie man dann von Guilielmo Normanno, König in Engelland/ aufgezeichnet finde/ daß er in der Provintz Hantshire, auf 30. Meil-Weges im Umkräyß/ alle Städte / Dörffer und Kirchen außgereutet/ die arme Leute verjaget/ und diesen Bezirck zu seiner Jagd-Lust gewiedmet und zubereitet/ auch denen Jenigen/ so dem Gewilde nachgestellet/ harte Straffen verordnet habe. Aber sein Sohn Richard seye eben in diesem Wald unversehens mit einem Pfeil erschossen worde/ und deß dritten Sohns Roberts/ Sohn/ Heinrich genannt/ seye/ als er eben an diesem Ort dem Gewild nachgestellet/ an den Aesten behangen blieben/ und elendig gestorben. Sie erzehlete ferner/ daß sie einsten in einer Predigt verstanden/ daß der H. Hieronymus solle geschrieben haben/ daß Esau darum ein Jäger genennet werde/ weil er ein verruchter Sünder gewesen; daß auch in H. Schrifft keines Heiligen gedacht würde/ der dem Jagen und Wäydwerck obgelegen.

Sylvian liesse dieses als eine Stich-Rede vorbey gehen/ und Celinde sagte/ wie sie eine artige Geschicht gelesen/ so sich hieher nicht übel schicken solte/ wann anders solche zu hören man Belieben trüge. Weil nun Sylvian und Albela darum baten/ liesse sie sich folgender Weise vernehmen: In einer sehr berühmten Stadt hat sich ein gewisser Artzt befunden/ der sich unterstanden/ durch eine sonderbare Erfindung/ unsinnige und närrische Leute zu curiren/ auch hierinnen nicht unglücklich gewesen; Die Cur bestunde guten Theils darinnen/ daß er den thorechten Patienten in einen mit ziemlich heissen und

Deß Engelländischen

sen und darbey sehr stinckenden Wasser angefüllten Trog/ oder Kasten/ gantz nackend an einen Pfahl vest gebunden/ biß an die Hüffte/ Brust/ oder Schultern/ hinein gesteckt/ und solchen so wol mit dem Wasser/ als auch Fasten und Hungern so lang abgemattet/ biß ihme die Narrheit vergangen/ und er wieder vernünfftig geredet; Dergleichen Wasser-Cur nun hatte ein seiner Sinnen beraubter Burger sich viel Tage auch bedienen müssen/ biß er/ so er anders dieses verdrießlichen Bades abkommen wolte/ Anzeigen eines guten Verstandes von sich mercken lassen. Als er nun wieder ziemlich genesen/ und einsmahls vor der Thür dieses Curir- oder Verier-Hauses/ oder vielmehr Narren-Bads stunde/ da ritte ein junger Edelmann mit vielen Jagd-Hunden vorbey/ diesen redete der gewesene Bad-Gast an/ und fragte: Was das Pferd/ so er ritte/ koste? Der Edelmann antwortet: 60. Thaler. Jener forschete weiter: Was dann die mit ihm lauffende Hunde werth seyen? Die Antwort war: Aufs wenigste 15. Thaler. Jener fuhr fort/ und fragte: Wie hoch sich dann der Jährliche Gewinn/ den er davon geniessen könte/ belieffe? Der versetzte wiederum: Unter 6. Thaler wolte er ihn keinem lassen. Darauf fieng der Thorechte an zu schreyen: Reite/ was du reiten kanst/ dann wann dich der Artzt erwischt/ wird er dich gewiß biß an die Ohren in den stinckenden Wasser-Trog stecken/ darum/ daß du um eines so geringen Gewinns willen/ so grossen Unkosten aufwendest/ Mühe und Arbeit hast/ und die edle Zeit liederlich verderbest. Welches in Warheit von einem albern Menschen eine kluge Rede gewesen. Daß aber Herr Sylvian gleich Anfangs

Eduards/ 1.Theil.

fangs sich beklaget / daß er heute unglücklich gewesen/und nichts gefangen/wird er sich/ wie alle andere Wäyd-Leute/mit ihrem gemeinen Trost-Spruch trösten : Daß es zwar alle Tag Jag- aber nicht immer Fang-Tag gebe.

Unter währender Mahlzeit hatte sich Sylvian so wol in die schöne Gestalt/ als auch anmuthige Gebärden und Red-Art der Celinde ziemlich vergaffet / so/ daß er wünschete/ Gelegenheit zu haben/ sich mit ihr allein zu besprachen/und seine Passion zu entdecken/ zumahlen er/ als ein in Liebes-Händeln nicht unerfahrner Cavallier, sich einbildete/es würde diese Fräulein nicht so gar harter Art seyn. Als aber Celinde nach verrichteter Mahlzeit ihren Abschied und Erlaubnuß begehrte / Morgen mit dem Tag weiter zu räysen/erschrack er nicht wenig/und suchte auf allerley Weise sie zu längerm Dableiben zu vermögen/ weilen er hoffete / alsdann in mehrere Vertraulichkeit mit ihr zu gerathen/ befahl demnach der Albela, ihr darum angelegen zu seyn; Aber Celinde blieb bey ihrem Vorsatz / bedanckete sich wegen empfangener Höflichkeit / und recommendirte ihre Gedächtnuß der Albela, durch einen schönen Ring/ den sie ihr an den Finger steckete; Sylvian erbothe sich / sie deß Morgens zu begleiten/ welches aber Celinde höflich abschlug/ und keines Weges gestatten wolte. Inmittelst hatten die beyden Söhne sich an den Pagen gemacht / um von ihm zu erforschen/ wer eigentlich diese Fräulen wäre? Woher sie käme? Der aber ihnen keinen andern Bescheid zu geben wuste/ als daß sie vornehmen Standes/ und in Ansehung der schönen mit sich führenden Kleinodien und Paarschafften/sehr reich seyn müsse/

B 2 auch

auch aller Orten/wo sie ihren Abstand gehabt/wacker außbezahlet/ übrigens immer in Gedancken vertieffet/und im Räysen eylfertig seye; weiter wisse er nichts zu sagen/ dieweil er erst vor wenig Tagen in ihre Dienste kommen.

Sylvian brachte die Nacht mit vielerley Gedancken meistens Schlaff-loß zu/ und kunte die Liebe zur Celinden nicht auß dem Sinn schlagen/ er examinirte das/ was sie seiner Albela erzehlet/ hin und her/ die vorgeschützte Entführung wolte ihme nicht ein; Bald hielte er sie vor eine vornehme Dame, bald vor eine vagabunde Dirne/ mit der leichtlich zurecht zu kommen wäre/ wurde auch etliche mahl Sinnes aufzustehen/ und sie in ihrem Bethe zu besuchen/ hätte es auch ohne Zweifel gethan/ wann er sich nicht vor der Albela scheuen müssen/ mit Gewalt sich etwas unterstehen/ war nicht rathsam; List zu gebrauchen/ war die Zeit zu kurtz; wider ihren Willen sie zu begleiten/ wie er sich schon erbothen/ stritte wider die Höflichkeit: entschlosse sich dennnach/ diese tolle Neigung eben so bald auß dem Sinn zu schlagen/ als sie ihm darein gekommen.

Das II. Capitul/

Celinde muß sich mit Räubern herum schlagen/ kriegt Sylvian zum Beystand und sieget. Sylvians ungeziemende Liebe wird abgewendet. Ein erschröcklicher Fall ereignet sich mit zweyen Brüdern/ der den Sylvian in Hertzleyd setzet/ und endlich zur Verzweifflung reitzet.

SO bald die Morgenröthe anbrach/ war Celinde Räyß-fertig/ und nachdem sie von Sylvian und Albela nochmahlen höflichen Abschied genommen/ und wegen deß Weges sich erkundiget hat-

Eduards/ 1. Theil.

get hatte/ ritte sie mit ihrem Page darvon, Sylvian der sonsten so frühe aufzustehen nicht gewohnet/ kunte sich doch nicht entschliessen/wie die Albela, sich wieder niederzulegen / sondern liesse das Pferd satteln/um im Felde sich ein wenig umzusehen. Unterdessen ritte Celinde ihres Weges ohne Sorge fort/ biß sie ziemlich ins Geholtze kam/ da sie/ (indem ihr an dem Pferd-Zeug etwas zerbrochen/ solches zurecht zu machen/abgestiegen war/) unversehens von drey verkapten und schlecht-gekleideten Kerlen / so auß einem Pusch hervor sprangen/ angefallen/und sich wieder zu Pferd zu begeben/ verhindert wurde. Jeder von ihnen hatte einen Spieß / und an der Seiten einen Hirschfänger. Sie stelleten der Celinde frey/entweder gutwillig ihr Geld/und was sie Köstliches bey sich führete / herzugeben / oder aber solches/samt dem Leben/mit Gewalt zu lassen. Celinde die sich solches Angriffs gantz nicht versehen/ begriffe sich in solcher Noth geschwind / machte den Mördern einige Reverentz/und sagte: Gute Freunde/ wann mein weniges Vermögen tauglich ist/ euren Armuths-Stand zu erleichtern/ so ist es in allweg billich/ daß ich euch solches ohne andere Gewalt gutwillig überlasse/ der Himmel wird mir schon Gelegenheit geben/ zu dergleichen wieder zu gelangen; Ruffte darauf ihrem Page, daß er herbey kommen/und das bey sich führende Fell-Eysen hergeben solte: der darauf zitternd und bebend daher kam/ deme Celinde entgegen tratt/ als wolte sie solches von ihme annehmen/ aber Augenblicklich seinen an der Seiten hangenden Degen auß der Scheiden risse / und sich wieder diese Räuber zu wehr stellete; Ha! sagte sie / ihr lose Strauch-

B 3 Diebe/

Diebe/ wolt ihr mein Geld haben/ so müsset
solches mit eurem Blut zuvor gewinnen/ dan[n]
wolfeil als ihr es euch einbildet/ werdet ihr es
mir nicht bekommen. Zween von den Räub[ern]
machten sich alsbald mit ihren Helleparten [über]
Celinden her/indem der Dritte den Page, so mit d[em]
Fell-Eysen zu Fuß davon lieff/ (indem er sich m[it]
mit seinen hurtigen Füssen zu entkommen/ als w[e-]
der zu Pferd zu setzen getrauete/) verfolgete.
hatte bey diesem Räuberischen An- und Überf[all]
Celinde gnug zu thun/ mit ihrem Degen die[se]
Mördern und ihren langen Gewöhren sich zu [wi-]
dersetzen/ und muste ihre Behendigkeit hierbey d[as]
Beste thun/ da ihr dann ziemlich zu statten ka[m]
daß um bequemern Reitens willen/ ihre sonst lan[gen]
Kleider ziemlich hoch aufgeschürtzet waren.
verwundern war es/ daß sie vielmahlen/ vermitte[lst]
ihrer trefflichen Erfahrenheit im Fechten/ die ung[e-]
schickte auf sie gethane Stösse nur mit der Ha[nd]
außschlug/ und parirte/ und hiermit den Mörde[rn]
die vermeynte Beute zweiffelhafft machte. Indeß[en]
stiesse der flüchtige Page unversehens auf Sylvia[n]
ihren gestrigen Wirth/ und erzehlete mit wenigen
wie es dem Fräulein ergienge/ und in was Gefa[hr]
der Räuber halben sie wäre. Der den Pagen ve[r-]
folgende Räuber/ so bald er den Sylvian erblicke
verließ den Page, und lieffe in das dickeste Gepüsch[e]
vermeynend/ vor diesem wieder zu seinen Camer[a-]
den zu gelangen. Sylvian aber/ von Liebes-Eyf[er]
und Rache getrieben/ eylete wie der Blitz/ und wa[r]
in seinem Hertzen nicht wenig erfreuet/ Gelegenhe[it]
zu haben/ der Celinde Gunst durch leistenden Bey[-]
stand zu gewinnen/ die inmittelst einem der Mö[r-]
der

dern den obern Theil deß Spießes samt dem Eysen mit ihrem guten Degen entzwey gehauen/ daß er ihr also mit der gekürtzten Stangen so grossen Abbruch nimmer thun können; Aber eben indem wolte der Andere ihr einen starcken Stoß anbringen/ dem sie noch mit genauer Noth durch einen Zurucksprung außwiche/ eben in diesem Augenblick kam Sylvian herzu/ ruffte die Fräulein an/ gutes Muths zu seyn/ sie wären diesen Räubern schon gewachsen/ und damit lösete er eine Pistohlen auf den einen/ und war der Schuß so glücklich/ daß der Knall und deß Feindes Fall fast eines war/ stieg darauf eylends vom Pferd / Celinden wider den Ubrigen/ der indessen nach seinem Hirschfänger gegriffen/ aber von Celinden einen ziemlichen Hieb empfangen/ Beystand zu leisten; dessen sie aber nicht bedürfftig: dañ derselbe sich nach der Flucht umzusehen schiene/ dem aber Celinde mit einem wol-angebrachten Stoß durch die Brust vorkam/ daß der Räuber gestreckt zur Erden niederfiel / worüber Sylvian sich nicht wenig erfreuete/ der Fräulein zu ihrem Sieg Glück wünschete/ und ihre Tapfferkeit nicht gnugsam herauß streichen konte / derentwegen auch/ und weilen sie anjetzo durch Zorn und Arbeit mehrers angeröthet/ seine Flamme aufs Hefftigste von Neuem entzündet wurden/ daß er solches weder mit Worten noch Gebärden gnugsam an Tag zu geben vermochte. Celinde war wegen geleisteten Beystands nicht undanckbar/ sondern ihrer und ihres Standes vergessend/ umarmete ihn gantz liebreich/ sagend: Ach mein werthester Sylvian, für diesen Beystand bin ich euch zum höchsten verbunden/ und hätte ohne denselben einen harten Stand thun/ und vielleicht das Leben einbüssen müssen.

Sylvian

Sylvian, sich in denen Armen eingeschlossen sehen/davon er sich sonst nicht hätte dårffen traun lassen / wußte vor inniglicher Freude nicht Wo zu finden/ selbiger zu antworten; doch sagte er er lich: Ach! Gnädiges Fräulein/nachdem sie mir i Gnade ihrer Umarmung gethan/ so erlaube sie/ d ich meine Lippen ihren Wangen nahen / und dav den Hertz-erquickenden Honigseim zur Belohnu meiner Treu und brünstigen Liebe geniessen mög Celinde, theils vor grosser Freude / theils auß U achtsamkeit ihrer vergessend/lächelte über die Tho heit dieses Menschen/ welches er für ein Zeichen de Vergünstigung aufnahme / und sie also gantz un versehens/ keck genug auf die Wangen küssete Worüber aber die Fräulein/ sich sehr mißvergnüg bezeugete/ und mit etwas harten Worten ihm be gegnete: Mein Sylvian, sagte sie/ ist das der Respect, den man gegen meines Gleichen Personen z tragen pfleget? haben euch die Gesetze der Erbarkei nicht eines andern und bessern unterrichtet? In Warheit/ wann ihr keiner andern Ursache wegen/ bessern Respect beobachten woltet/ solten euch euere Jahre/ euere erwachsene Söhne/ja vornemlich und am allermeisten die Pflicht/ mit deren ihr der Tugendreichen Albela verpflichtet seyd/ eines weit andern bereden. Versichert euch/ wann jemahls ein Cavallier dergleichen sich gegen mir unterfangen hätte/ oder künfftighin unterfangen solte/ ich ihme nicht anders/als einem Feind/begegnen wolte.Und wann nit der jenige Dienst/den ihr mir durch euren Beystand/ und Erlegung dieser Räuber/ allererst erwiesen/ diesen begangenen Frevel in etwas abwischte/ ihr soltet gewiß mit euerem Schaden erfahren/

ren/ daß Celinde Mittel weißt / die ihr angethane Unbilligkeit nachdrucklich zu bestraffen.

Es ist nicht außzusprechen/wiehefftig der arme Sylvian hierüber erschrocken/so gar/daß er eine gute Zeit nichts zu sagen wußte / weßwegen Celinde selbsten bey sich heimlich lachte / daß der thörechte Liebhaber sich die beyderley Gemüths-Bewegungen/ Liebe und Furcht / so sehr übernehmen lassen. Nachdem er sich wieder erholet / bathe er gantz demüthig um Verzeyhung / sich entschuldigend / daß ihre Vortrefflichkeiten ihne zu solcher brünstiger Liebe veranlasset / sie demnach selbsten seiner Flammen und deß begangenen Fehlers Ursach / er dannenhero mehr deß Beyleydes würdig/ als straffbar seye; Nun dann / versetzte Celinde, dem mag so seyn / und wil ich das begangene vergessen / mit der freundlichen Anerinnerung/ die Affection, so ihr gegen mir zur Ungebühr traget/auf euere Gemahlin/ als die deren würdiger / und in allwege euch geziemet / zu werffen. Sylvian kunte dannoch nicht unterlassen/ ein und anders von seiner Passion, und seinen Verdiensten/ daher zu schwatzen/ deme aber die Fräulein schlechtes Gehör gabe.

Indem sie nun in dergleichen Gespräch begriffen/ liesse der zuletzt gefällte und nächst bey ihnen liegende Räuber / neben einigen Seuffzern / auch einen Laut von sich vernehmen/ und bewegete sich mit dem Leibe in etwas/als wann er auß einer schweren Ohnmacht wieder zu sich selbsten kommen wolte; Sylvian solches sehend / eylete hinzu / und stiesse ihm seinen Degen zwischen die Rippen/daß ein Strohm Bluts dargegen herauß brach/sprechend: Wie/du Hund! hast du noch dieser zarten und unvergleich-

26 Deß Engelländischen

lichen Fräulein nicht genug Dampff und Sch[recken] verursachet/ wilt du auch noch darzu mich der Vergnügung/ die ich in Vorstellung mei[nes] hefftigen Liebes-Pein leyde/ hinderlich fallen/ u[nd] wir die Gelegenheit/ meine Schmertzen zu linde[rn] hemmen? Nahme auch den Leichnam bey den H[aa]ren/zu sehen/ ob er mehrere Lebens-Zeichen von [sich] geben wurde. Aber bey solcher Bewegung fi[el] dem Todten die Kappe und Larve von dem Gesi[ch]te. Himmel! was Schrecken und Erstaunen üb[er]fiele hier nicht den armen Sylvian, er thate ei[nen] lauten Schrey/ ließ den Degen auß den Hän[den] fallen/ er selbsten sancke zur Erden nieder in O[hn]macht. Celinde kunte sich nicht einbilden/ wo[her] diese schnelle un seltsame Veränderung herrühr[e] lieffe derowegen neben dem Page, der sich inzwisch[en] wieder herbey/ und die Pferde zurecht gemacht/h[alff] zu/ihme zu helffen/da sie zugleich deß nunmehr s[ter]benden Menschen offenes Gesicht erblickete/ u[nd] für den Jenigen hielte/ den sie gestern zum erste[n] deß Sylvians Hause angeredet/ worinnen ihr Ja[-] Beyfall/ und für deß Sylvians ältesten Sohn [ge]gabe/dessen sie sich nicht gnugsam verwundern k[on]ten. Sie wendeten aber allen Fleiß an/ den a[rm]seligen Vatter zu sich selbsten zu bringen/ so/ daß ihne bald darauf wieder zurecht brachten.

Was dieser Unglückseelige für Jammer-Kl[agen] über diesen seinen lieben/und guten Theils von i[hm] selbsten entleibten Sohn geführet/und wie erbä[rm]lich er sich darbey gebärdet/ ist mit der Feder n[icht] zu beschreiben; so er auch das Vermögen geh[abt] und von Celinden nicht daran verhindert wor[den] wäre/ er hätte sich unfehlbar selbsten auch entlei[bt]

Celi[n]

Celinde ermangelte nicht/ auf alle nur erſinnliche Weiſe/ ihme Troſt zu zuſprechen/ und ihne zu vermahnen/ dem Himmliſchen Geſchicke nicht hartnäckig ſich zu widerſetzen/ er ſolte gedencken/ daß es nicht ohne ſonderbahre Göttliche Verhängnüß/und gerechte Straffe GOttes geſchehen/ der nicht zugeben wollen/daß Sie/ſo unſchuldiger Weiſe ſolte ermordet werden/ ſondern die Unſchuld jederzeit gewaltig zu vertheydigen wiſſe; Wäre derowegen ein Anzeigen ſchlechten Verſtands/ und einer boßhafftigen Art/über die Würckungen und Verhängnüſſe der Göttlichen Gerechtigkeit ſich wollen beklagen; So könne über das alles der Sache nun nimmer anders gerathen werden: Sie zeigete ihm/ was für eine unverantwortliche und höchſtſtraffbare Sache es ſeye/ wann ein Edelmann mit Mord und Straſſen-Raub ſich vergreiffe/ und was für ein unaußlöſchlicher Schand-Flecke hierdurch einer gantzen Familie angehänget werde/ ja/ es ſeye ſein Sohn hierinnen noch glückſelig geweſen/ daß er durch eine tapffere Ritterliche Fauſt/ und nicht durch deß Scharffrichters Mord-Beil/ mit ſeines Geſchlechts Beſchimpffung/ ſeye hingerichtet worden; welches doch unfehlbar wurde geſchehen ſeyn/ wann er/ wie gantz nicht zu zweiffeln/ in dem angefangenen Laſter-Leben fortgefahren wäre. Es ſeye über das nicht neu/ daß Großmüthige Vätter/ damit die Ehre ihres Hauſes nicht beſchmitzet würde/an ihrer eigenen Kinder Leib und Leben/gewaltſame Hände angeleget/ und mit derſelben Blut beſprützet. Solte die wahre Urſach dieſes unſeeligen Todes der Welt verborgen bleiben/ ſo habe die Familie ſich keiner böſen Nachrede zu befahren/ und werde

werde derselben an tapffern Leuten niemahl mangeln. Solte dann die Ursache kund werden/ so habe er abermahlen sich keiner Beschimpffung zu besorgen/ sondern werde ihm vielmehr zu grossem Ruhm gedeyhen/ anerwogen ihm die Ehre seines Hauses/ und die Vertheydigung der Unschuld weit mehr angelegen seyn solle/ als die Liebe gegen einem boßhafftigen Sohne.

Mit diesen und noch viel andern dergleichen angeführten Gründen / liesse der unglückseelige Vatter sich endlich gewinnen / daß er die Thränen von den Augen wischte / das Seuffzen einstellete/ und sein Gemüthe ziemlicher Massen befriedigte: Worzu aber die Freundlich- und Annehmlichkeit der Celinde, mit welcher sie dieses vorbrachte / am meisten beygetragen; Ja/ es ware dieser Zuspruch so krässtig / und von solchem Nachdruck / daß dies frische und grosse Wunde/ fast augenblicklich zu heylen/ hingegen aber die ältere wieder frisch zu werde schiene/ ich wil sagen: Daß die fast erloschene Liebes Flamme sich wieder von neuem entzündete; so wunderlichen / gantz widerwärtigen und schnellen Veränderungen ist mehrmahlen das Menschliche Hertz bevorab/ wann solches mit rechtschaffener Tugen nicht gnugsam geschmücket und außpoliret ist / unterworffen; Es liesse sich ansehen/ sam der Celin Abschied / indeme sie sich wiederum zu Pferd setzt dem Sylvian wo nicht tieffer / doch eben so tieff i Hertz bringe/ als der Verlust seines Sohns. C linde, die hier nicht länger die Zeit zu verlieren g dachte/ auch dieses so verdrießlichen Buhlers höc überdrüssig ware / sagte ihme nochmahlen schön Danck/ wegen geleisteten Succurses / mit Versp chen/seiner eingedenck zu seyn/und so bald sie dieser Orten wiederum ankäme/und die Gelegenheit solches zuliesse/ihn samt seiner Albela wiederum zu besuchen; Wormit sich Sylvian zufrieden geben muste/vornemlich weil Celinde ihn zugleich versichert/wie sie von solchem Stand und Condition seye/daß sie die erwiesene Gutthat zu erwiedern so wol Krafften/als auch geneigten Willen hätte; womit sie dann neben ihrem Page ihres Weges forttritte/die wir dann auch eine Zeit lang auß den Augen lassen/und dem doppelt betrübten/und hefftig verliebten Sylvian noch ein wenig zuschauen wollen.

Derselbe nun/weil er mit dem Leib nicht darffte/begleitete mit seinen Augen/und häuffig darauß schiessenden Thränen/seine liebste Celinde, so lang er sie nur sehen kunte/als sie ihm nun auß dem Gesichte kommen/schickte er ihr eine Menge Seufftzen und Glück-Wünsche zu Geleits-Leuten nach. Bey solchem zweyfachen Verlust/seines Sohnes und Liebsten/sahe er sich nach seinem Pferde/welches nicht weit von ihme ware/um/und ware bedacht/sich um Leute umzusehen/die seinen ertödteten Sohn von diesem unglücklichen Ort hinweg brächten. Da er nun wieder bey dem entseelten Cörper angelanget/liesse die natürlich eingepflantzte Liebe nicht zu/weiter zu reiten/sondern stiege vom Pferd/und fienge seine Klage wieder von neuem an/er beklagte sich/über sein widriges Glück/dessen Grausamkeit/beschuldigte den Himmel und Gestirn/daß sie an all solchem Unglück schuldig wären; Daß er aber selbsten die Haupt-Ursach solchen Unfalls seye/und durch seine Saumseeligkeit in der Kinder-Zucht/übel geführten Wandel/Frech- und
Geilheit/

Deß Engelländisc[

Geilheit/und dergleichen Untugen
verschuldet haben / das wolte ihm
ter solchen Klagen und Vermale
Schicksels / warffe er seine Auger
nicht weit von diesem ligenden Le[
selbsten mit einem Pistol-Schu[
worffen hatte / und hielte wegen
rauhen Küttel / in etwas herfür[
dung darfür/ es wäre sein Diener [
der erschlagene junge Sylvian, gute
hatte: als er ihm aber/sich dessen zu
Kappe vom Gesicht zoge / ewiger (
ein erschröcklicher Anblick stellete [
für/ er erstaunete und ware nicht a[
nernes Bild anzusehen/ kein Wu[
wesen / wann er vor Schrecken un
der Stelle todt geblieben/ oder wie
Verlustes ihrer Kinder auch in h[
wandelt worden wäre. Ach Roger
auß/ ist es nicht genug/daß ich an E
ältern Bruders grossen / ja den all[
haben muste/ und sein Mörder we
mir niemahls günstige! Himel und
Geschick noch über das verhänge
dir / ach mein allerliebster Sohn [
Mörder / und grausamen Henck
O mir elenden / durch mich selbst [
raubten Vatter! O unglückseelig
fluchtes Geschicke! O unbarmhe
O Tyrannische Natur! O vern
hängnüß / die ihr dieses Trauer
demselbigen zuschauen / und mich
Zeuge so grausamen Kinder-Mo

Eduards / 1.Theil. 31

können! Verfluchte Hände/ daß ihr euch nicht entblödet/euch in euerem eignen Blut zu baden/und in euer eigenes Hertz und Eingewäyde zu wüten! Vermaledeyete Erde / die du durch Eröffnung deiner Abgründe mich nicht verschlungen / bevor ich solche Mord-That vollführen können! O grausame Sonne / daß du nicht so redlich gewesen / zu einer so erschröcklichen Mord-That deinen Schein und Liecht zu entziehen! O Himmel! O Hölle! Wapnet euch wider mich / und straffet solche Greuel-That! Muß ich dann ohne Aufhören das Glück mir zuwider haben! Ach ihr ungezäumte Begierden/worzu bringet ihr mich! Ach verruchtes Leben/ worzu verleitest du mich! O verdammliche Liebe/ worzu veranlassest du mich! O Celinde! Celinde! wor - - hier bliebe ihme die Rede stehen; Bald darauf fuhr er fort/und sagte mit Ungestümm; Wolan dann/ du grausames Verhängnüß! So sättige dich nun an meinem Unglück! sauffe dich satt an Sylvians und seiner Söhne Blut! Du solt hinführo dein Spiel nimmer mit mir haben / trotz seye dir hiermit gebotten! Dem Himmel und allen Elementen zu Trotz/ wil ich über dich triumphiren / damit ich dir zu keinem fernerm Siegs-Zeichen mehr dienen darffe. Hiermit ergriffe er gantz rasend den ihm zuvor entfallenen Degen/setzte den Knopff auf die Erden/und druckte sich selbsten die Spitze gegen dem Hertzen/ und fiele darein.

In dem er in solcher verzweifflenden Jammer-Klage begriffen gewesen / hatte sich ohne sein Warnehmen / ein bekandter Wäydmann herbey geschlichen / und seinen Reden zugehöret/ sich aber/ weil ihm das Vorgegangene unwissend war/ auch die

zween

zween entseelte Leichname noch nicht gesehen /
solche Rede nicht schicken können; Als er aber
sehen / wie Sylvian sich selbsten / den Degen / sich
ermorden/ ans Hertz setzete/ sprange er eylends [
bey / solches zu verhinde[r]n / er kunte aber so hu[
nicht seyn / daß nicht schon der verzweiffelte To[
Stoß geschehen / und das Blut häuffig auß
Wunden hervor wallete. Er sprach aber/ unt
dete dem Sylvian so viel es seyn kunte / tröstlich
und fragte nach der Ursach dieses Beginnens?
welches er mit schwacher Stimme antwort
Ach! Ich Unglückseeliger! Ach Albela! Ach
gendsame Albela! Verzeyhe mir meine Fehler!
Celinde! Celinde! Du Ursach meiner Söhne
meines Todes! Ach)! ‒ ‒ und hiermit blieb[
me die Rede dahinden/uñ bliesse seine unglückh[
Seele auß / starbe also wie die Jenige mehrf[
zu sterben pflegen / die nicht auß Menschl[
Schwach- und Gebrechlichkeit / sondern auß
eingewurtzelter Gewonheit / und mit Vorsatz
Sünden und Lastern sich ergeben und nachhän[
und an nichts wenigers / als den Zorn und [
GOttes gedencken / der gemeiniglich mit desto
terer Straffe / die gebrauchte Langmuth er[

Wie sehr dieses dreyfache Unglück der [
Albela zu Hertzen gangen / als ihr solches hi[
bracht / und darbey deß Sylvians letzte Wort /
sie sich nimmer recht finden könen/erzehlet wo[
werden wir mehr uns in Gedancken / als dur[
Feder vorstellen können. Sie machete Anstal[
der unglückseelige Vatter / samt seinen eben [
glückseeligen Söhnen/ohne vieles Wesen zu [
gebracht/und alle 3. beysammen beerdiget wo[

Eduards / 1. Theil.

Wir laſſen aber nunmehr die Albela ihre Todten / und eigenes Unglück betrauren / und ſchicken uns / der Celinde auf ihrer Räyſe nachzufolgen / ob wir dieſelbige wieder einholen / und Geſellſchafft leiſten möchten.

Das III. Capitul /

Traurigkeit und Sorge Celindens. Verſaumte Kinder-Zucht iſt ſchädlich. Exempel grauſamer Bruder-Mörde / böſen Gewiſſens Erfolg. Abel erwürget ſeinen Bruder / wird aber wieder getödtet. Der Weiber Wanckelmuth verurſacht Todſchlag. Celinde bekomt Händel / und dardurch eine Piſtohl / muß ſich ihrer Haut abermahl wöhren / und victoriſiret.

CElinde, mit ihrem James, ritte indeſſen ihres Weges ungehindert fort / und ware in ihrem Gemüthe nicht wenig verwirret / über den unglücklichen Zufall / ſo ſich mit dem Sylvian und ſeinem Sohne zugetragen / hatte auch mit ſolchem Unglück groſſes Mitleyden / ſie danckte benebens GOTT / daß ſie dieſem ihr zugedachtem Unglück / ſo glücklich entgangen / und von GOTT ſo wunderlich / auch mit gröſtem Schaden ihres Beſchützers ſelbſten / beſchützet worden. Darauf erzehlete ihr James, wie deß Abends vorher deß Sylvians beede Söhne ihme unterſchiedliche Fragen ihret- nemlich ſeiner Patronin wegen / vorgelegt / und ihres Thuns Kundſchafft von ihme begehrt / auch was er darauf geantwortet / welches Celinden zu vernehmen nicht lieb ware / und deßwegen dem Pagen unterſagte / in dergleichen Begebenheiten mit Antworten behutſam zu gehen / ſintemahlen man boßhafften Leuten gar leichtlich hierdurch zu Gottloſen Anſchlägen Anlaß geben könte / inſonderheit in einem ſolchen

I. Theil. C Land/

Land / dessen Einwohner nicht allerdings
durchgehends ihrer Aufrichtigkeit halber zu g[ros]
sen Ruhm hätten. Im Fortreiten schluge
sich mit allerhand Gedancken / geriethe auc[h]
den Argwohn / ob nicht der von dem Sylvian
schossene / dessen anderer Sohn möchte ge[we]
sen seyn / befragte auch deßwegen den James
seine Meynung / der es aber auch auf zweiffelh[af]
ter Ungewißheit beruhen liesse. Celinden schwa[nte]
je länger je mehr von mehrerem Unglück / und tr[ug]
grosses Mitleyden mit der unglückseeligen Alb[ine]
sie kunte aber die Sache nicht ändern / schluge
demnach solches so viel möglich auß dem Si[nn]
Deß Abends übernachtete sie in einem ziemli[chen]
Städtlein / und hielte sich gantz retirad, weil a[uch]
ziemlich böß Wetter anfiele / und sie wegen [der]
Vergangenen schlechten Lust zum Räysen ha[tte]
bliebe sie deß folgenden Tages still ligen.

Auf den Mittag fanden sich etliche räyse[nde]
Personen in dem Gast-Hof ein / von denen Celi[nde]
gern etwas Neues erfahren hätte / verfügete [sich]
deßwegen in das Allgemeine Gast- oder Sp[eise]
Zimmer / um desto eher dieser Personen Discur[s]
vernehmen / deren es zwar unterschiedliche / doch
keiner Wichtigkeit / gabe; Die meiste waren vor[wie]
nen Jrrländischen Intrigues, und grossen Zub[erei]
tungen in Engelland / selbiges Königreich u[nter]
König Williams völligen Gehorsam zu bring[en]
und den Marggrafen Lauzun und Grafen Ty[r]
nel mit ihren Anhängern zu bezwingen; In[glei]
chem von denen in Schottland noch immer unr[uhi]
gen und rebellirenden Berg-Schotten / oder H[och]
ländern / die der General, Maccay genannt / an[noch]
nicht zum Gehorsam bringen können / und [der]
gleichen mehr waren.   Ent[lich]

Endlich liesse sich ein in der Compagnie befindender Kauffmann vernehmen/ daß er diesen Morgen auf seiner Anhero-Räyse vernommen/ wie der bekandte Cavallier Sylvian, samt seinen zweyen Söhnen/ im Gehöltze todt gefunden worden seye/ und wisse man nicht/ ob sie von Mördern/ oder einer rebellirenden Parthey erschlagen worden/ oder ob vielleicht sie selbsten sich unter einander entzweyet/ und aufgerieben.

Das Letztere ist nicht wol zu glauben/ sagte ein anderer/ auch nicht zu vermuthen/ daß der Haß zwischen Vatter und Kindern/ oder zwischen Brüdern/ so hefftig seyn solte/ daß sie mit Hindansetzung der natürlichen eingepflantzten Liebe/ einander so barbarisch tractiren solten. Der Wirth bate um Verzeyhung/ und sprache: Ob ich zwar eben nicht bejahen wil/ daß einer den andern selbsten solte gefället haben; So ist es jedoch eine solche Sache/ welche wol wahrscheinlich seyn könte/ bevorab/ so man den Lebens-Wandel deß Sylvians/ und die schlechte und wilde Auferziehung seiner Söhne betrachtet; Dann/ ob er schon in seiner Jugend ein belobter Cavallier gewesen/ hat er sich doch nachgehends sehr verändert/ zu Meuterey geneigt/ und dem liederlichen Leben und übermässigen Jagen und Hetzen nachgehänget/ auch seine Söhne ihres Gefallens handeln lassen: Auß solchem wilden Leben kan nun leichtlich auch eine so ungemeine Begebnuß/ davon geredet wird/ sich zutragen.

Solte man aber wol Exempel haben/ versetzte der Andere wiederum/ daß unter den Christen/ Gebrüdere solten einander wissend- und vorsetzlich erwürget haben? Warum das nicht/ antwortete ein dabey sitzender

36 Deß Engelländischen

sitzender Geistlicher / der zwar ein Edelmann / v[on]
nehmen Geschlechts / (dann zu wissen / daß [in]
Schottland die Cadette sich vielfaltig auf die St[u-]
dien und die Theologie legen /) und anjetzo auf t[er]
Räyse nach einem seiner Verwandten begriff[en]
ware; Und könte ich solches mit vielen merckwür[di-]
gen Geschichten behaupten;dann durch deß Teufe[ls]
Neyd ist die Sünde in die Welt kommen / und
dieses nicht allein von dem Fall unserer ersten E[l-]
tern / sondern auch von dem allerersten Brude[r-]
Mord deß Cains füglich zu verstehen / welcher a[us-]
ser allem Zweiffel von dem Sathan angestiffte[t]
und eingegeben worden. Sölcher Neyd hat si[ch]
auch nachgehends bey dem Esau wider seinen Br[u-]
der Jacob/ und bey deß Jacobs Söhnen wider i[h-]
ren Bruder Joseph finden lassen/und wurtzelt no[ch]
heut zu Tag in vieler Brüder Hertzen/ dahero ni[cht]
unbillig das Sprüchwort entstanden : Fratru[m]
quoque Gratia rara est! Und solten alle Neydlin[ge]
sich stätigs der Worten Jacobi erinnern / da er d[ie-]
jenigen verflucht/welche auf den Weg Cains gehe[n]

In der Stadt Lauſſanna an dem Genfe[r]
See / so ein Bischofflicher Sitz gewesen / hat v[or]
noch nicht vielen Jahren eine reiche Wittib gewo[h-]
net/ die drey Kinder/ eine Tochter und zween Söh[-]
ne gehabt / nachdem sie die Tochter außgesteure[t]
hat sie ihre Liebe allein auf den jüngsten Sohn/ a[ls]
ihr liebstes Schoßkind/ gewendet/ (woran sie ab[er]
gar übel gethan/ und dardurch zu erfolgtem Unhe[il]
grosse Mit-Ursach gegeben /) der älteste Sohn w[ar]
ein frecher Jüngling/ und nachdem er gesehen/ w[ie]
böß es seine Mutter mit ihme gemeynet/ hat er si[ch]
also erzeiget/ daß sie mehr Ursach gehabt/ ihne z[u]
hasse[n]

Eduards/ 1. Theil.

haſſen/als zu lieben; Da hingegen der Jüngſte ihr mit Gehorſam und Wolverhalten/wie die Schrifft redet/ das Hertz geſtohlen.

In Betrachtung deſſen/ verfertigte die Mutter ein Teſtament/ in welchem ſie dem Jüngſten alles vermachte/dem Aelteſten aber nichts lieſſe/als was ſie ihm nicht nehmen kunte; Deßwegen er ſich zu rächen beſchloſſe/ und zwar an dem gantz unſchuldigen Theil. Da nun beyde Brüder einsmahls mit dem Jagd-Zeug auf das Gebürge außſpatzieret/ erſiehet der Aelteſte ſeinen Vortheil/und ſchläget ſeinen Bruder Ruckwärts mit einer Axt zu Boden/ daß er alſobald fället/ und weil der Ort abwärts/ macht er eine Gruben/ und verſcharret ihn/ daß ſolches Niemand/ als die liebe Sonne/ geſehen.

Die Mutter berichtete er/ er hätte ſich vermuthlich bey den Frantzöſiſchen Werbern unterhalten laſſen/ etwas in der Welt zu verſuchen. Dieſe glaubte es zwar nicht/ wußte aber ſeines Außbleibens keine Urſach zu finden.

Es wachte aber dem Bruder-Mörder das Gewiſſen auf/ und hatte weder Tag noch Nacht Ruhe/ ſondern ihn beduncke/ es ruffte alles wider ihne um Rache gen Himmel.

Als er einſten auf der Straſſen gienge/begegnete ihm der Burgermeiſter mit zweyen Schergen/ die/ nach Gewonheit deß Orts/ Helleparten auf den Schultern trugen. So bald er dieſe erblickte/ nahme er den Reißauß/ darfür haltend/ ſie wolten ihne fahen; der Burgermeiſter ſolches ſehend/ ſchickte den Schergen nach/ weil er ihn aber nicht einholen kunte/ ſchrye er dem Volck ungefähr zu:

Haltet

Haltet den Mörder auf! Nein/nei
gen der Flüchtige / er ist in Krieg ge
ihn nicht erschlagen / und da er v
meister gebracht wurde / wiederhol
dem Zusatz / seine Mutter redete i
Haß nach. Der Burgermeister
mit Fragen so zu begegnen / daß
Tropff alles bekennete / man auch
ten Cörper fände / und dem Mör
verdienten Lohn gabe.

Die Gesellschafft verwundert
aber der Adeliche Geistliche fuhre
lung fort/ und meldete/ daß Anno
Abel von Schleßwig/seinen Bruder
auß Dännemarck / als er zuvor mi
Bruder Abel sich freundlich vergl
zu Schleßwig besucht / auch nach
Schacht-Spiel sich ergötzet / ums
Der vorige Kauffmann liesse sich h
men: Diesem nach/ so hat sich das
und Abel den Cain todt geschlagen/
Cain revangirt? Ja / versetzte d
schlechten Revange, dann kaum 2.
dieser Cainische Abel von den Fri
strandii und Strand-Frisii genannt
um erschlagen worden.

Celinde hatte diesem Edelman
rer Aufmercksamkeit zugehöret / n
mit guter Manier in das Gespräch
ist zu erbarmen/ daß die Menschlic
verderbet ist/ und vielfältig unter
blüt nach grösten und nächsten Frei
bitterste Haß/ Feindschafft und

Eduards/ 1.Theil.   39

hervor thut / so / daß nicht leichtlich ein Haß grösser ist/ als der zwischen Geschwistrigen sich ereignet/ wañ einmahl der feindselige Mord-Geist seine vergallten Zwyspalts-Saamen unter dieselbige außgestreuet. Wir haben zwey Exempel leichtfertigen Bruder-Mords angehöret/ da bey dem Ersten der Geitz und Geld-Liebe/ bey dem Andern aber die Ehr- und Regiersucht die Mord-Waffen geschmiedet. So es der Gesellschafft nicht zuwider / wil ich eine dergleichen Geschicht erzehlen/ wo die eyfernde Liebe und Weibliche Wanckelmuth/ den doppelt-Bruder-Mörderischen Degen/ zu beydseitigem Verderben / geschliffen. Weil nun Jedermann zu hören Begierde sehen liesse/ liesse sie folgender Gestalt sich vernehmen:

Eine Wittib von 20. Jahren/ deren alter Mann ihr grossen Reichthum hinterlassen / hatte/ in Ansehung dessen/ in kurtzem unterschiedliche Freyer / die sich / wie die Bienen bey dem Honig-Gefässe / einfanden. Unter vielen war Prilidian, ein Edelmann von 30. Jahren/ der sich mit seiner Schwester und jüngern Bruder schon abgefunden/ und deß Seinigen vollkommener Herr war / Hahn im Korb / der bey der Parmena, (so hiesse die junge Wittib/) am Besten daran zu seyn/ sich einbildete. Parmena, die bey dieser zweyten Verheyrathung ihre eigene Wahl haben wolte/ wuste unter so vielen Werbern sich keines Gewiesen zu entschliessen; Was ihr deß Morgens beliebte/ mißfiele ihr deß Abends/ und was ihr heute schätzbar vorkam / achtete sie deß andern Tages für verwerfflich/ und war ihr Hertz wandelbarer/ als der Mondschein.

Prilidian unterdessen kunte ihm selbst bey der Parmena das Wort so wol thun/ daß er so wol Höhere als Geringere wuste auß dem Sattel zu heben/ und

C 4   sich

sich mit seinem Mittelstand darein zu schwinge(n)
Von Parmena wurde er angehöret/ und fast erhö(re)
daß er gute Hoffnung hatte/ diese Wittib darvon (zu)
bringen/ indem Babylas, sein jüngerer Bruder/ a(uß)
dem Krieg wieder kommt/ und dieser bald künfft(i)gen Hochzeiterin/ als seiner Schwägerin/ auß Hö(f)lichkeit zuspricht/ und ihr aufwartet.

Parmena lässet ihr hierauf den jüngern Bru(der) besser gefallen/ als den ältern/ und gibt ihm ihr(e) Neigung erstlich mit verblümten/ nachgehends abe(r) mit gantz deutlichen Worten zu verstehen. Babyla(s) entschuldigte sich/ daß er ihr/ seinem leiblichen Bru(der) zu Nachtheil/ hierinnen nicht gehorsamen kön(ne)/ohne denselben aber würde er solches Glück/ wie:
wol unwürdig/ mit danckbarlicher Dienstleistung annehmen.

Darauf schaffte Parmena alsobald mit ungehaltenen Worten den Prilidian ab/ daß er auß Traurigkeit in ein Kloster gehet/ und darinnen sein Leben zu enden gedencket. Babylas setzet seine Liebe auf Parmenam, und verhoffet durch diese Heyrath ein reicher Hertz zu werden/ jedoch fähret er behutsam.

Nachdem nun Prilidian in dem Prob-Jahr seines Ordens lebet/ spielete Babylas in den hinterlassenen Güthern den Meister/ wil sich aber mit Parmena nicht versprechen/ biß sein Bruder das Kloster-Gelübd gethan/ und Geistlich zu bleiben versprochen. Parmena nimmet diesen Verzug für eine Verachtung auf/ und schreibet an Prilidian ein so freundliches Briefflein/ daß er wieder in die Welt kehret/ und das strenge Leben/ welches ihm verdrießlich vorkommen/ verlässet/ unangesehen er von seinen

Eduards / 1.Theil.

nen Mit-Brüdern zur Beharrlichkeit vermahnet wurde.

Die unbeständige Parmena hatte nun wieder die Wahl / unter dem gewesenen Mönch und Soldaten / nach genommenem Bedacht / erkieset sie den Jüngern vor den Aeltern. Hierüber eyferte nun Prilidian billich / und klagte über seines Bruders Untreue und Falschheit. Babylas verantwortet sich / daß er unschuldig / sich biß dahero mit Parmena zu verloben geweigert / und seye er darüber auß dem Kloster beruffen worden. Nun aber könne er dieser Wittwen Sinn nicht ändern / noch sein Glück mit Füssen wegstossen; Er aber hätte doppelt unrecht / daß er ihm verbieten wolte / was er nicht erlangen könte / und daß er ihn als einen Knecht zu Tyrannisiren vermeynte.

Aber mit diesem allem wolte Prilidian sich nicht vergnügen lassen/weil ihn der Eyfer verblendet/daß er so wol gegründete Ursach nicht ersehen mochte/ sondern befahl seinem jüngern Brudern nochmahls/ er solte wieder in den Krieg ziehen / und dieser Wittib müssig gehen / würde er ihn aber noch einmahl bey ihr antreffen / so wolte er ihm weisen/ was ein jüngerer Bruder dem ältern für Gehorsam zu leisten schuldig.

Babylas antwortete hierauf dergestalt / daß Prilidian leichtlich konte abnehmen / er förchte sich noch vor seinen Worten / noch vor seinen Wercken/ so lang er einen Degen an der Seiten. Hierüber scheiden sie von einander / und Babylas gehet bey einem Freund zu wohnen / und spricht bey Parmena täglich ein/welche ihm auch die Ehe gelobet/daß sie Niemand als der Tod scheiden solle. Prilidian
wird

wird hingegen Parmena Hauß verbotten / bey / u
um welches er mehrmahls Schildwacht zu hal[t]
pflegete.

Als nun diese beyde Brüder auf einen Abe[nd]
einander bey Parmena Hauß begegnen / ergrim[mt]
Prilidian in erkranckter Liebe/ ich wil sagen / auß
sendem Eyfer / und ziehet von Leder / welches
gleichem auch Babylas thate/ gehen also feindlich
sammen / und stoffen einander dergestalt / daß Pr[ili]
dian alsbald / Babylas aber den folgenden Mor[gen]
verschieden. Jedermann gab der wanckelsinni[gen]
Parmena die Schuld dieses Bruder-Mords / [und]
weil sie durch ihren Buhl-Brieff GOtt eine S[eele]
entführet / hat sie solche mit ihrer eigenen erstat[ten]
wollen/und sich in ein Kloster begeben/darinnen [ihr]
Leben zu beschliessen.

Die Anwesenden samtlich waren verwund[ert]
und hatten Mitleyden mit diesen unglücklic[hen]
Brüdern. Der Wirth sagte hierauf: Die [Zeit]
wird Zweiffels-frey in kurtzem an Tag bringen/ [wie]
es mit Ertödtung Sylvians und seiner bey[den]
Söhnen ergangen / biß dahin wir in Gedult [ha]
hen müssen.

Ein Jeder von denen Gästen verfügte sich [sei]
nes Orts / und Celinde, die sich in die Ursach[des]
ertödteten Sylvians gar nicht finden / noch w[issen]
mit seinem Tod müsse hergangen seyn / begre[iffen]
kunte / räysete deß Morgens/ allein in Begleit[ung]
ihres Pagen/ wieder fort/ man hatte sie aber ge[mah]
net/ sich vor denen Rebellischen Schotten und [Nord]
bern wol vorzusehen. Sie hoffete aber ohne A[ben]
Edenburg zu erreichen/und so dann ausser aller [Ge]
fahr und in Sicherheit zu seyn. Aber die Hoff[nung]

be[trog]

Eduards / 1.Theil.

betrog ſie/ dann als ſie eines Nachmittags ohne Sorge daher ritte / kam von der Seiten her einer geritten / dem zwey Diener folgeten / er grüſſete die Fräulein mit ziemlicher Beſcheidenheit/ und fragte ſie/ wohin ihre Räyſe ziehlete? Dem ſie wieder zu verſtehen gab / daß ſie gewiſſer Angelegenheiten halber zu Edenburg zu thun hätte. Darauf der Andere ſagte: So werde ich die Ehre haben / ſie ein Stück Weges zu begleiten/weilen ich auf dem Weg begriffen/einen meiner Freunden zu beſuchen/deſſen Wohn-Sitz nicht gar weit von der Land-Straſſen abgelegen. Wann dem alſo/ verſetzte die Fräulein/ ſo habe ich mich ſolcher Gefährtſchafft zu erfreuen/ widrigen Falls aber wäre meine Bitte/ ſich meinet=wegen keine Ungelegenheit zu machen. Ich wer=de durch ſolche Begleitung keine Ungelegenheit / noch ſie hoffentlich ab ſolcher meiner Bedienung Verdruß haben/weilen ich wol ſo würdig bin/ auch vornehmern Frauenzimmer aufzuwarten/wie dann manche es ſich/von mir bedienet zu werden/für eine Ehre ſchätzet. Celinde ſahe hierauß / daß es nicht falſch/ was man ihr ehmahlen von der Schotten Hochmuth geſaget/ wünſchete demnach / daß ſie dieſes Gefährten loß wäre/und ſolches ſo viel mehr/ weil ſie wol merckete / daß er ziemlich bezecht ſeyn müſſe / jedoch begegnete ſie ihm aufs Höchflichſte/ als ſie kunte.

Nachdem er nun eine Weile neben ihr herge=ritten/ und Unterſchiedliches gefraget/ ſagte er end=lich: Sie ſolte ihm den Gefallen erweiſen / und die Masque, (die ſie wegen unfreundlichen Luffts vor dem Geſicht hatte/) hinweg thun/ damit er ſie deſto beſſer ſehen und betrachten könne. Celinde ent=ſchuldigte ſich deſſen / unter allerhand Vorwandt/

er aber

er aber hielte nur desto eyferiger darum an; Als aber sich hierzu nicht verstehen wolte / sondern [?] suchte sie unmolestirt ihres Weges reiten zu lasse[n] indem Niemand sie rechtzufertigen / noch vor[zu]schreiben hätte/ was sie thun oder lassen solte / wu[r]de der Schotte nur desto erhitzter und sagte: E[s] muß ich gleichwol wissen/ was unter solcher Masq[ue] verborgen stecke / und ob es auch/ daß es so verwa[h]ret werde/ würdig seye. Sie sagte ihm abermahlen Monsieur, er mag nach seinem Belieben von mi[r] urtheilen / laß er nur mich indessen zufrieden / e[s] dörffte ihn sonst etwan gereuen/ meine Gestalt un[d] mich besser kennen zu lernen.

Der Schotte aber kehrete sich hieran gan[tz] nicht/ sondern nahete sich zu ihr/ ihr die Masque vom Gesicht zu reissen. Die Fräulein aber / solches zu verhindern/ versetzte ihm eine so dichte Maulschellen/ dergleichen er von einer Weibs-Person sein Leb-Tag sich nimmer hätte einbilden können/ welches ihn dermassen erzörnete / daß er ihr weiß nicht was drohete/ und sie mit Gewalt vom Pferd zu sich reissen wolte. Celinde so ohne Gewöhr/ besanne sich kurtz/ was zu thun wäre / und indem er sie zu sich zu reissen trachtete / ergriffe sie eine seiner Pistohlen/ stieße ihn damit ins Gesicht/ sagend: Verwegener/ stehe ab von deinem Vorhaben/ wo du nicht willt/ daß mit deinem eigenen Gewöhr ich dir solches zu thun verbiethe.

Der Schotte von dem empfangenen abermahligen Stoß/ zog die andere Pistohlen/ und rante damit auf Celinden zu / sie aber war hurtiger als er/ und brandte auf ihn loß / da indessen ihm die Seinige versagte/ und schoße ihn oben durch den dicken Arm/

daß

Eduards / 1. Theil.

daß er den Zaum deß Pferds fallen ließ/und solches anfienge zu lauffen/ auch seinen Herrn / so sich nicht zu erhalten wuste herunter warff/ dem seine Diener zu Hülff kamen / der Eine seinem Herrn verbinden und aufhelffen / der Andere aber dem entlauffenen Pferde nacheylen muste.

Unterdessen ritte Celinde mit der erbeuteten Pistohle ihres Weges fort / und trachtete ohne fernern Anstoß in die Nacht-Herberge zu kommen/ wie auch geschahe; Allda hätte sie sich gerne mit mehrerm Schieß-Gewöhr versehen / wann solches nur wäre zu bekommen gewesen. Sie machte sich deß andern Tages bey Zeiten auf den Weg/ um die Schottische Haupt- und Königl. Residentz-Stadt Edenburg zu erreichen / ihrer verdrießlichen Räyse auf solche Weise ein Ende zu machen. Sie muste aber / über Vermuthen / zuvor noch einen harten Stand halten/ dann es verfolgeten sie zween Gentlemens, mit ihren Dienern / und droheten ihr alles Unheil / wann sie sich wurde unterstehen durchzugehen / welches sie daher muthmasseten / weilen sie sich / zu ihrer mehrern Bequemlichkeit / bey ihrer Herannäherung im Sattel besser zurecht gesetzt hatte.

Celinde fragte sie um die Ursach solcher Drohung / und was sie auf freyer Strassen auf sie zusprechen hätten? Einer darvon antwortete: Ob sie nicht die jenige Dirne wäre/ die gestern leichtfertiger Weise / ungewarneter Dingen / einen Cavallier, ihren Vettern/ indem er ihrem Liebkosen Gehör gegeben / übel verwundet/ und darvon geritten? Celinde verwunderte und erzörnete sich zugleich über solchen unverschämten Lügen / und gab zur

Antwort:

Deß Engelländischen
Antwort: Ob ich/ wie ihr saget / eine solche Dir[ne]
seye/ die sich leichtfertiger Weise verhalten/ dar[an]
möchte euch der Beweiß schwer fallen; Daß
aber gestern einen groben Gesellen / den ihr eur[en]
Vettern nennet / und der mich als ein Strasse[n-]
Räuber angetastet / mit seinem eigenen Gesch[oß]
verwundet/ da dergleichen mir zu thun/ ihme feh[l-]
schlagen/ das ist wahr/ und wil ich darum zu Rec[ht]
stehen/ und so ich erfahren kan/ wer der Freveler i[st/]
soll er mir darum antworten/ wer auch anders d[a-]
von redet/ der thut der Warheit Gewalt an.

Der Andere fragte darauf einen der Diener[/]
ob dieses die Jenige seye / so sie suchten? Wora[uf]
der Diener mit Ja geantwortet. Auf dieses befa[h-]
len sie den Dienern/ sie solten sie anpacken / und g[e-]
fangen mit sich führen. Celinde hatte nichts wen[i-]
gers im Sinn/ als sich gefangen zu geben/ griff
derowegen nach der gestern eroberten/ und von [ihr]
im Nacht-Quartier wieder geladenen Pistohle /
sie bey sich am Pferd angemacht hatte/ und sprach
So leichtlich als ihr es euch einbildet/ werdet ihr a[n]
mir keine Gefangene haben/ hoffe auch nicht/ wa[nn]
ihr anders solche seyd/ wovor ihr euch außgebet/ da[ß]
ihr euch an mir / einer fremden Person /. ferner ver[-]
greiffen werdet / bevorab da ich euch versichere/ da[ß]
ich deß Begangenen wegen / Satisfaction zu Eden[-]
burg thun wil; Wer mir aber mehrers zumuthe[n]
wil/ mag gewärtig seyn/ was ihm darüber begegne[n]
werde.

Die beyde Schotten verwunderten sich zum
höchsten / über die tapffere Entschliessung dieser
Fremdlingin/ und befahlen ihren Dienern zum an[-]
dern mahl/ Hand an sie zulegen. Celinde aber dro[-]
hete

Eduards / 1.Theil.

hete dem / der sich am Ersten nähern würde / mit ihrer Pistohle den Tod. Weil nun keiner von den Dienern mit Geschoß versehen war / so wolte auch keiner sich hinzu wagen. Darauf der Eine von den Gentlemens seine Pistohl zuckete/ (vielleicht nur der Meynung/die Fräulein hierdurch zu schröcken/) und schosse über sie hin/ sie aber/ die hierauß keinen Schertz machen wolte/ traff ihn mit der ihren so wol/ daß er über das Pferd herunter stürtzete. Als solches sein Camerad sahe/druckte er gleichfalls loß/ traff aber an Statt Celinden/ ihr Pferd / daß es zu fallen begunte; So bald sie das merckete / sprang sie ohne Zeit-verliehren von solchem/ und weilen sie nun aller Gegenwöhr sich entblösset / zugleich aber deß herabgeschossenen Edelmanns Pferd zu nächst bey ihr sahe / schwange sie sich Augenblicklich darauf / und machte sich der noch geladenen Pistohlen daran Meister; Der übrige Edelmañ hatte indessen die andere Pistohl ergriffen / und gab noch einmahl Feuer auf sie / schosse sie auch durch die Kleider Seit-wärts hindurch / ohne weitere Verletzung; Aber Celinde auß Eyfer fehlete gar : darauf griffe der Edelmann zum Degen / ermahnete auch die Diener dergleichen zu thun/und setzten also zugleich auf Celinden an ; Da war nun guter Rath theuer ; Zu entfliehen wolte ihre Großmüthigkeit nicht zugeben / ohne brauchbares Gewöhr mit vieren zu streiten/ (dann der Diener waren drey / und einer darvon deß gestrigen verwundeten Knecht /) war nichts anders / als sich in augenscheinliche Lebens-Gefahr stürtzen ; Doch muste es gewaget seyn/ sie hatte die loßgeschossene Pistohl noch in der Hand/ damit rannte sie im Grimm auf einen der Dienern/

so ihr

so ihr am nächsten/ und von seinen Cameraden am ferneſten/ loß/ ſchlug den auf ſie führenden Stoß mit der Piſtohlen auß/ und traff ihn zugleich damit ſo nachdrücklich in das Geſicht/ daß ihm der rothe Safft herunter lieff/ riſſe ihm mit groſſer Behendigkeit ſeinen Degen auß der Hand/ und widerſetzte ſich ihren Feinden unerſchrocken. Sie wurde ſich aber in die Länge ihrer ſchwerlich haben erwöhren können/ indem ſie mit dreyen zugleich zu ſtreiten/ der Vierdte aber/ dem ſie ſeinen Degen genommen/ mit deß abgeſchoſſenen Edelmanns ſeinem ſich wieder bewöhrt gemacht hatte/ und damit der Celinden Pagen/ dem das Hertz im Leib zitterte/ beobachtete/ wann nicht zu ihrem guten Glück eine anſehnliche Perſon/ mit einem Diener/ darzu kommen wäre/ die ohne weiters Nachfragen dem ſchwächeſten Theil Beyſtand zu leiſten/ und wider die Straſſen-Räuber/ wovor er ſie anſahe/ zu beſchütz ſich entſchloſſe/ ſchoſſe auch alſobald einen der Dienern vom Pferd/ zog darauf von Leder/ weil er kein Geſchoß bey den andern vermerckte/ und machte ſich an den Edelmann/ dem er in kurtzem einen Stoß ins Dicke beybrachte/ der ihn viel Blut-verliehren machte. Celinde hatte einem andern auch einen Hieb verſetzet/ daß ihm das Blut über den Kopff und Leib ablieff/ und der neu-ankommende Diener machte inzwiſchen ſein breites Scheermeſſer auch fertig. Es hatte aber weder der Edelmann noch die Seinige Luſt nach mehreren Stöſſen/ nahmen deßwegen das Reißauß/ und lieſſen den ſchwerlich Verwundeten ligen. Celinde bedanckte ſich gegen den Ankömmling auf's Höflichſte/ wegen ſeines ſo in rechter Zeit erwieſenen Beyſtands/ dieſer aber verlangte

die Ur-

Eduards / 1. Theil.

die Ursach dieses Handels zu wissen / welchen Celinde hierinn zu vergnügen versprach / insonderheit weil sie hörete / daß er seinen Weg auch auf Edenburg zu nahme / wohin sie nunmehr einander Gesellschafft leisteten.

Das IV. Capitul /

Celinde und ihr Helffer kommen zu Edenburg an. Ethelred erzehlet absonderliche Particularitäten und Merckwürdigkeiten / den Papst und dessen Wahl / Todes-Vorzeichen / Ring und Bullen / &c. betreffend. Der Nepotismus wird von dem neuen Papst wieder eingeführet. Madame de Watteville Verrätherey zu Bern wird entdecket / und der Franßosen Grausamkeit an hohen Festen beschrieben. Verrätherey in Schottland. Grafftons heimliche Correspondenß mit König Jacobo.

Nach einigen gewechselten Complimenten / gab Celinde ihrem tapffern Secundanten zu verstehen / wie sie eine fremde und nicht Schottische Person / und durch eine sonderbare Abentheuer in dieses Land geführet worden / hätte sich von Glaßkau auf den Weg begeben / nach Edenburg / gewisser Geschäffte halber / zu räysen / wäre aber gestern von einem bezechten Gentlemen auf der Strassen ungebührend angetastet / und sie wider ihren Willen zur Gegenwehr gemüssiget / und mit seiner eigenen Pistohlen sich ihme zu widersetzen und zu verletzen genöthiget worden. Indem sie nun heute ihren Weg fortgesetzet / hätten diese beyde Gentlemens, die sich für deß gestern von ihr Verletzten Vetter außgeben / verfolget / sie mit harten Worten angefahren und bedrohet / auch gefangen nehmen wollen / daß sie abermahlen gezwungen

Deß Engelländischen

gewesen/ sich zu wöhren/ worzu ihr die gestern eroberte/ und hernach deß von ihr herunter geschossenen Feindes Pistohlen einigen Vorschub gethan; Das Ubrige habe er selbsten theils gesehen/ theils durch seinen tapffern Beystand/ ohne welchen sie gewiß diesen Räubern zum Raub worden/ und das Leben lassen müssen/ auß der Gefahr errettet; dahero sie ihme auch höchstens verpflichtet/ und wünschete/ solche Gutthat können zu erwidern. Dargegen er sich höflich bedancket/ mit dem fernern Anhang/ daß die schuldige Pflicht eines Cavalliers ihn verbinde/ jedem Nothleydenden/ vornemlich aber dem Frauenzimmer/ hülflichen Beystand zu leisten/ wiewolen es ein weniges gewesen/ was er hierbey gethan/ angesehen sie selbsten sich aufs Beste vertheidiget/ und an der Victorie schon einen guten Anfang gemacht; Und hätte er nimmermehr glauben können/ wann er den Augenschein nicht selbsten gesehen/ daß einer Frauens-Person so grosse Tapfferkeit solte beywohnen; Und gewiß/ sagte er ferner/ wer das Glück hat/ die Fräulein in Gesellschafft und zu seinem Beystand zu haben/ der hat sich für seinen Feinden nicht groß zu förchten.

Die Fräulein beantwortete solches mit gleicher Höflichkeit/ erzehlete ihm auch/ was mit dem Sylvian und seinem Sohn vorgangen/ worüber der Cavallier sich nicht wenig/ am Meisten aber über der Fräulein ungemeine Tapfferkeit verwunderte/ und wann er bey sich ihre Manier zu reiten/ die Art zu fechten/ und den Degen zu führen/ samt übriger Conduite betrachtete/ konte er nicht begreiffen/ wie so vielerley Artigkeiten bey einer Fräulein sich finden könten; Je mehr er solches bey sich selbsten betrach-

Edwards / 1.Theil.

trachtete / je mehrere Affection er gegen seiner schönen und zugleich tapffern Gesellschafterin bey sich verspührete / nicht zwar darum / weil sie eine Fräulein war / sondern vielmehr wegen ihrer andern Annehmlichkeiten und guten Discursen / unter welchen sie endlich die Stadt Edenburg erreichten / und sich in eine vornehme Herberge legten / um daselbsten etliche Tage außzurasten / und deß Orts Denckwürdigkeiten zu besehen.

Harald, so nennete sich dieser frembde Dähnische Cavallier, hätte gern mehrere Nachricht ihres Standes und Glücksfällen gehabt / allein / er wolte bey erst-angehender Kundschafft ihr mit weiterm Fragen nicht beschwerlich seyn / sondern es auf künfftige Gelegenheit verschieben.

In dem Gasthof / wo sie eingezogen / fande sich auch ein Schottischer Cavallier, so erst frisch von seiner Räyse / die er durch Italien und einem Theil Teutschlands gethan / ankame; mit diesem geriethen sie folgenden Tages in ein Gespräch / da dann so wol Celinde, als Harald, begierig waren / etwas Neues von solchen Orten zu vernehmen / deßwegen auch diesen höflichen Schotten / der sich Ethelred nannte / freundlich ersuchten / der Compagnie etwas von dem / so er auf dieser Räyse gesehen und erfahren / mitzutheilen? der sich hierzu gantz geneigt willig erzeigte / allein vorher bedingete / wann er nicht alles in gehöriger Ordnung / und mit gebührender Wolredenheit vorbrächte / man ihme solches nicht verüblen wolte / welches sie ihm willig zusagten.

Darauf fienge er seine Erzehlung folgender Massen an: Es ist Niemand / glaube ich / unwissend / was Massen im verflossenen 1689. Jahr / den

D 2   2.12,

2.12. Augusti, Papst Innocentius, der II. diß Namens/ diese Welt gesegnet/ der bey der Nach-Welt um so viel grössern Ruhm verdienet/ je mehr er sich Zeit seiner Regierung/ bey noch fürwährendem Türcken-Krieg/ höchst-rühmlich mit grossem Beytrag für die Christenheit bezeuget/ zumahlen auch denen unrechtmässigen Anforderungen der Kron Franckreich Großmüthig widersetzet. Er hat sein Alter auf 78. Jahr und 3. Monat erstrecket/ 12. Jahr/ 10. Monat und 22. Tage als Papst regieret/ und seinem Amts-Nachfolger an Paarschafften 2. Millionen/ und biß 800000. Silber-Kronen Jährlichen Einkommens hinterlassen. Vor seinem Tod sollen/ dem Vernehmen nach/ das Grab Sylvestri II. geschwitzet/ und die darinn ruhende Gebeine einiges Gepolter oder Rasseln/ von sich haben vernehmen lassen/ durch welche beyderley Vorzeichen gemeiniglich der Päpstliche Todes-Fall vorher bedeutet werden solle. So bald der Papst verschieden/ wurde durch einen gewissen Cardinal und Kammer-Gerichte der Leichnam besichtiget/ von dem Cardinal-Cämmerer und Päpstlichen Vice-Cantzlern der Annulus Piscatoris, oder Fischers-Ring/ wie ingleichem die Päpstliche Bulla, jener gantz und in kleine Stücke/ diese aber zum Theil zerbrochen/ und der übrige noch einseitige gantze Theil/ worauf die Häupter der beyden Heil. Aposteln/ Petri und Pauli, mit einem in der Mitten stehendem Creutz zu sehen/ wol vermacht und versiegelt/ verwahret; Damit nach deß Papsts Tod keine Brieffe damit könten bezeichnet werden.

Hier fiele/ nach zuvor gebettenen Erlaubnuß/ Harald in die Rede/ und fragte: Wie/ mein Hertz ist dann ist dann unter dem Annulo Piscatoris und der Bulle ein Unterscheid? Und worinn bestehet derselbe? In allweg/ versetzte Ethelred: Dann der so genannte Fischers-Ring/ auf deme deß fischenden Petri Bild gestochen ist/ und auf 115. Silber-Kronen geschätzet wird/ wird dem neu-erwählten Papst von dem Römischen Rath und Volck am Tage seiner Krönung verehret/ und mit solchem werden die Päpstliche Brevet in rothem Wachs gesiegelt. Die Bulla aber ist ein Stempel/ mit welchem die bleyerne Siegel in der Apostolischen Kammer gestempelt/ außgefertiget/ und Bullen genannt werden; Daß dannenhero auß solchen unterschiedenen Sigillen/ der Unterscheid der Päpstlichen Breve und der Bulle abzunehmen. Auf der andern Seiten der Bulle stehet der Name deß Regierenden Papsts/ welche/ wie gemeldet/ gleich nach dem Tode zernichtet wird. Hiernächst wurde der Päpstliche Leichnam balsamirt/ und den Tag nach seinem Tod mit grossem Pracht vom Quirinal nach dem Vatican in die Capell Sixti gebracht.

Nachdem der gantze Comitat in S. Peters Kirchen kommen/ wurde der Leichnam in die Pauliner-Capell getragen/ woselbst er biß an den folgenden Morgen verblieben/ da man ihn unter einem Seel-Amt/ deme alle Cardinäle beygewohnet/ offentlich zur Schau geleget/ hernach aber in die Capell deß H. Sacraments gebracht/ und seine Füsse durch ein Gitter gestecket/ damit sie von dem Volck/ welches 3. Tage in grosser Menge zulieffe/ könten geküsset werden. Den 6.16. Septembris wurde er bey dem Grabe Leonis X. und Innocentii X. zur Erden bestattet. Inzwischen wurden die Cardinäle/ deren

Deß Engelländischen

deren 33. an- und 27. abwesend / 12. Stellen vacirend waren / beschrieben / und zum Conclav(neuen Papsts-Wahl Anstalt gemacht / dar(v) aber / weilen es ziemlich bekandte Sachen / n gedencken / sondern nur diß erinnern wil / da Kron Franckreich bey vorstehender Wahl ih teresse zu beobachten / hingegen die Allianz der (schen Potentaten der Kirchen verdächtig zu m(suchete / indem er dem Sacro Collegio vorgabe / weilen alle Kätzer sich vereiniget / den Römi Gottesdienst zu untertretten / man dahin tra solle / ein solches Kirchen-Haupt zu erwählen capabel wäre / den Stuhl Petri zu bevestigen. ches durch den Hertzog von Chaunes, Frantzösi Ambassador, nachgehends zum zweyten mahl derholet wurde.

Allhier beliebe zu wissen / daß / gleichw Päpstliche Stuhl auf dreyerley unterschie Arten könne ledig und vacant werden; Als e1 durch die Resignation und Abdanckung / dergl(von denen Päpsten / Clemente I. Cyriaco, Mai no, Cœlestino V. Johanne XXIII. und Gregoric einem Venetianer / geschehen. Zweytens / das Absetzen / wiewolen von den Canonisten ur dern darüber noch disputiret wird. Und Drittens / durch den Tod. Also seyen hinwied dreyerley Wege / einen Papst zu erwählen / ner per Viam Spiritus Sancti, oder Inspirationem. (tens / per Compromissum, und Drittens / per Scrutinii. Darvon der Erste durch Eingebun H. Geistes / wann die Cardinäle sämtlich / ohn hergehende Deliberation und Special-Handlur stimmig auf einen allein zielen: die aber weg(

le

Eduards / 1.Theil. 55

ler darob entstandenen Disputen in Abgang kommen. Die Andere / wann allein etlichen/ als zum Exempel/ Dreyen oder Fünffen/ die Macht/ einen Papst nach ihrem Gutdüncken zu erwählen / von dem gesamten Collegio aufgetragen/ und was sie schliessen werden / von allen übrigen Cardinälen für genehm zu halten/ endlich versichert wird. Die Dritte geschiehet durch das Scrutinium oder Zettulein/ darauf jeder Cardinal seine Wahl-Stimme schreibet/ und versiegelt/ mit gewissen Ceremonien in einen darzu gewidmeten Kelch liefert / hernach werden die Vota gezehlet/ und wann keiner der Cardinälen zwey Drittheil der Stimmen hat/ so ist noch keine Wahl gültig; Bekommen ihrer etliche gleiche Zahl/ so ist die Wahl wieder vergebens/ wo aber in ungleicher Zahl/ so ist der ein rechtmässiger Papst/ der die meisten Stimmen hat.

Nach der ersten Manier / per Viam Spiritus Sancti, sollen zur Päpstlichen Dignität gelanget seyn/ Fabianus und Urbanus VI. Per Compromissum, Johannes XXII. bey welcher Gattung einige diese Controvers- und Streit-Frage vorbringen: An si quis seipsum in Pontificem Romanum eligat, ex Compromisso omnium Cardinalium facto, Electio valeat? Die dritte Gattung / per Modum Scrutinii, ist die Gemeineste.

Weilen demnach die Herren Cardinäle bereits einen Monat und 13. Tage im Conclave verschlossen gewesen, auch schon vorhero geschworen hatten/ denen Bullen/ wegen Erwählung der Päpste/ welche ihnen vorgelesen worden / genug zu thun/ und nachzukommen/ Besag deren/ der Jenige/ so zum Papst erwählet wird/ zwey Drittheil und noch eine

D 4 Stimme

Stimme darüber haben muß ; So gabe e
fangs unterschiedliche Partheyen / darunt[e]
Cardinals Cappizuchi sehr starck ware / da[ß]
nur noch 3. Stimmen mangelten. Doch e[ndlich]
hatten sich die Cardinäle wegen der Wahl [ei]
chen / und einhellig auf den Cardinal Petrum
bonum, einen Venetianischen Patricium, der b[ereits]
81. Jahr alt ware / zusammen gestimmet / u[nd]
6. 16. Octobris den zur Päpstlichen Dignität e[rwähl]
nen Ottobon in die gewöhnliche Capelle Sixti [IV]
führet / und die bey dergleichen Wahl und P[romo]
tion übliche Solennitäten verrichtet. Der neue
nennete sich Alexandrum den VIII. nachdem e[r]
dem Volck die erste Benediction gegeben / i[st]
darauf die Krönung / alter Gewonheit nach [ge]
richtet / vom neuen Papst unterschiedliche C[h]
vergeben / sein Hertz Vetter / Antonius Otto
samt seiner gantzen Familie, von Venedig [nach]
Rom beruffen / zum Fürsten erkläret / ingle[ichen]
sein Nefe / Peter Ottobon, im Vatican zu w[ohnen]
angewiesen / und mithin der Nepotismus wied[er]
geführet worden.

Obschon der Frantzösische Gesandte bey
Glückwünschung den Papst mit der Restitutio[n]
von seinem König dem verstorbenen Papst en[tzoge]
nen Stadt und Graffschafft Avignon rega[liret]
auch die Quartiers-Freyheit in dessen Händ[e ge]
lete; So wolte jedannoch der Papst daru[ber des]
Königs in Franckreich Actiones nicht aller[dings]
billigen / noch weniger dem Cardinal von Fü[rsten]
berg / der da suchte / die Wahl und Confirmati[on zum]
Chur-Fürstens zu Cölln zu hintertreiben / [beyfall]
geben / sondern er confirmirte vielmehr solcher[wegen]

Eduards/ 1.Theil.

gabe ihm darzu die Expectantz auf das Stifft Hildesheim. Er beschlosse auch die von seinem Vorfahren Löblich-gethane Geld-Hülffe zum Türcken-Krieg fortzusetzen / welches die Frantzosen Blut-ungerne sehen / und höchlich betrauren / daß ihre göldene Louysen dißmahl zu Rom nichts außgerichtet. Aber man siehet hierauß Handgreifflich / daß GOTT der Gerechten Sache beystehet / hergegen es bey Franckreich heisset: Flectere si nequeo superos, Acheronta movebo. Kan es bey Christen in seinen ungerechten Unterfahungen keine Hülffe haben / so suche es solche / bey denen Türcken / Tartarn / Mohren / Algierern / und andern barbarischen Feinden deß Christlichen Namen.

Demnach/ so überliesse seine Päpstliche Heiligkeit der Republic Venedig / zu Fortsetzung deß Kriegs / eine Abtey zu Este, so biß 40000. Ducati Jährlich einträgt/ verstattete auch in dem Kirchen-Staat die Werbungen auf 4000. Mann. Dem Chur-Fürsten in Bäyern verwilligte er 300000. Gulden von der Clerisey in seinem Land zu besserer Fortsetzung deß Krieges zu erheben. Aber für die Kron Pohlen wolte er nichts verwilligen/weil/nach Anzeig der Rechnungen / an selbige Kron bereits 1200000. Kronen bezahlet/ aber nicht das Geringste darfür außgerichtet worden. Dem Mylord Melfort, so wegen deß entsetzten Königs Jacobi in Engelland um eine halbe Million Ansuchung thäte/solche in Jrrland zu übermachen/ wurde kein Bescheid gegeben; Dannenhero ereigneten sich bey der Restitution Avignon verschiedene Schwürigkeiten/in deme der König nicht allein die Artillerie und Gewöhr zuruck behielte/ unter dem Vorwand / daß man

Deß Engelländischen

man solches dem König Jacobo gegeben; Sor
wolte auch über das/daß man deß Königs Wa
auf der Pforten zu Avignon, welches man l
mahlen / als er solche eingezogen hatte / darau
setzt / solte stehen lassen; in welches aber der J
keines Weges einwilligen wollen.

Celinde unterredete deß Schottländisch 21
valliers Erzehlung/ und liesse sich folgender M
vernehmen: Man hat sich gleichwol zu ver
dern / daß bey dieser letzteren Wahl das hohe E
einen Venetianer betroffen; Dann mir auß Le
der Historien so viel wissend / daß / obgleich vo
sem auß allerhand Nationen gewisse Personer
Päpstlichen Würde gelanget / dannoch heu
Tages nur die Italiäner darzu gelangen /
wolen die Venetianer/ Florentiner/ Genueser,
Sineser / kaum oder gar selten solches Glück h
können. Ein Venetianer sonderlich findet si
auf Seiten der Cardinäle/ als seiner Lands-Le
eine und andere Hindernüssen. Die Cardind
rer Seits beförchten sich/ weil er in einer freyer
public gebohren / und zu derselben Erhaltun;
Natur und Jugend auf gewöhnet; So dörf
mehr den Nutzen seines Vatterlandes / al:
Kirchen-Staats/ suchen. Die Republic hin;
hat auch grosses Bedencken darbey / weil leich
einer von ihren Burgern und deß Papsts A
wandten wider die Freyheit deß Vatterlan:
was tentiren und machiniren könte / dannec
einsten ein Venetianischer Abgesandter gat
Rath gegeben / daß man selbige Noblesse nich
mahl zum Cardinalat gelangen lassen solte / w
dardurch von den Päpsten sehr eingenommer
verbunden würden/ mehr auf deß Papsts al

Re;

Eduards / 1. Theil.   59

Republic Seiten/zu stehen/dannenhero auch ihrem Vatterland vielSchaden verursachen könnten. Ist demnach etwas Ungemeines/ daß dißmahl der Venetianer Ottobon auf dem Päpstlichen Thron erhoben worden/bevorab/weil schon in 200.Jahren kein Papst/so von dieserRepublic bürtig gewesen/erwählet worden / und dieser nunmehr der vierdte Papst ist/ so von Geburt ein Venetianer.

 Harald fiele allhier in die Rede/sagend: Zweifels ohne / hat das Politische Absehen / bey jetzigen Conjuncturen einen Papst zu haben / der auß einer Mächtigen / aber mit Franckreich noch nicht zerfallenen Republique seye / diese Objectiones verschlungen; Dann / wiewol der jetzige Papst/ seine Nepoten schon sehr wol bedacht / und in Faveur seines Vatterlandes / nicht wenig gethan / also den ersten Einwurff nicht abgeleinet hat. So gehet doch dieses alles noch wol hin / weil es wider die allgemeine Feinde der Christenheit angewendet wird / indem die Republique, die Päpstliche Galleen in Levante, nicht allein wider den Türcken gebraucht / sondern auch auß unzweifelichemAnstifften deßPapsts/dem König in Franckreich andeuten lassen/ daß sie nothwendig mit ihm brechen müsse/so fern er inItalien/ wie es das Ansehen haben wolte/einbrechen würde.

 Celinde sagte ferner / so ich mich nicht irre/ so düncket mich / daß vor Alters mehrmahlen Leute von geringer Herkunfft auf den Apostolischen Stuhl gekommen / dergleichen aber heutiges Tages schwerlich mehr geschiehet; Wiewol man meines wenigen Erachtens/ der Zeit fürnemlich darauf siehet / daß kein mächtiger Fürst darzu erwählet werde / damit er nicht etwan denen Cardinälen und Italiänischen Fürsten Händel machen / noch
auch

auch diese hohe Würde auf seine Nachko[m]
bringen möge. So seyn auch vor diesem zu[n]
Leute / in ihren besten Jahren / auch wol in de[m]
gend / als wie Johannes XIII. und Benedic[t]
darzu gelanget; Heut zu Tag aber nimmet
meistentheils alte und wolerlebte Greisen d[a]
wol vermuthlich darum / daß andere dest[o]
Hoffnung haben/auch hierzu zugelangen. Wi[e]
der berühmte Cardinal Bellarminus, da er da[s]
mahl ins Conclave kommen / und einige ihr V[...]
und Wahl-Stimme ihme geben wolten/sich [...]
solle entschuldiget haben; Daß / weil seine
Eltern zu hohem Alter gelanget seyen / so w[...]
besorgen / er möchte wol ein 90. Jähriger [...]
werden.

Harald fragte hierauf / was doch die U[...]
seye/ daß kein Jesuite auf den Stuhl Petri er[...]
werde? Deme Ethelred antwortete: Daß
einige / aber gantz ungegründet vorgeben / [...]
man in Sorgen stehen müste / wann die Je[...]
einmahl die Schlüssel S. Peters in ihre [...]
und Gewalt bekämen / sie dörfften solche be[...]
ten/und ihnen nimmer auß den Händen zu br[...]
seyn. Allein/ solches ist ein vergebener Vor[...]
und mag vielmehr die wahre Ursach / ihre so[...]
bare Demuth seyn / wie erst angezogenen [...]
nals Bellarmini, belobtes Exempel außweiset
sie auch/ Vermög ihres Ordens-Pflicht/ den[...]
mischen Stuhl und Kirchen viel bessere und
sere Dienste zu leisten Gelegenheit haben / da[...]
hero sie sich um die Cardinals- und Papsts-A[...]
nicht sonders bekümmern / oder darnach st[...]
sonsten nicht zu zweiffeln / wann es ihnen um[...]

A

Würde zu thun wäre/sie so wol Mittel finden würden/als würdig sie seyn/dahin zu gelangen.

Dieses ist/wertheste Freunde/verfolgte Ethelred, was von Römischen Sachen/Neues ich zu erzehlen weiß/und was in meinem Daselbst-seyn sich zugetragen; Dann/von andern Sachen die in Rom täglich zu sehen/und Jederman bekandt seyn/viel Erzehlens zu machen/achte ich so wol unnöthig als auch unnützlich. In meiner Zuruck-Räyse auß Italien/fuhre er ferner fort/ist von nichts/als von denen grossen Zurrüstungen zur Römischen Königs-Wahl/wie ingleichem zur Krönung Ihro Maj. der Römischen Käyserin Eleonora zu hören gewesen/worbey ich mich gerne auch befinden/und dergleichen Extraordinari-Ceremonien mit ansehen mögen/wann nicht meine eigene Angelegenheiten mich nothwendig nach meinem Vatterland zu kehren gemüssiget hätten.

Es wird aber dannoch/versetzte Celinde, mein hochgeehrter Herz/ein und anders/was er unter Weges Merckwürdiges gesehen oder gehöret/zu erzehlen sich nicht zuwider seyn lassen; Dann/es nicht wol anders seyn kan/daß er in einem so Volckreichen und in allerley Troublen verwickeltem Land/als Teutschland ist/nicht Unterschiedliches solte beobachtet haben?

Deme ist nicht anders/Gnädige Fräulein/erwiederte Ethelred, und in deme selbige begierig seyn/Neuigheiten zu hören/als belieben sie zu vernehmen/daß um den Außgang deß 89. Jahrs/in der unter denen Schweitzerischen Cantonen berühmten Canton und Stadt Bern/eine gefährliche Verrätherey entdeckt worden/Vermöge deren/
durch

durch Anstifftung deß in der Schweitz sich befindlichen Frantzösischen Gesandten Amelots / die Conspiranten deß Vorhabens sollen gewesen seyn / die Stadt Bern / und zwar auf das H. Christ-Fest an- und in den Brand zu stecken. Es ist aber diese gefährliche Sache noch in Zeiten entdeckt / und dardurch / wie nicht weniger auch andere darzwischen kommende Sachen / denen Herren Schweitzern die Augen rechtschaffen geöffnet worden / sich vor denen hinterlistigen Nachstellungen der Frantzosen zu verwahren / wie sie dann / als kluge Leute / trefflich auf ihrer Hut seyn.

Was bey diesem verrätherischen Vorhaben noch das Remarquabelste / ist / daß dieses barbarischen Mord-Brands Urheberin und Werckzeug eine Weibs-Person / und zwar die so benahmsete Madame de Wattewille, gewesen / welche dann ungesäumet / neben noch andern Complicen / wegen so gefährlich mit Franckreich gepflogener Correspondenz, in genaue Verwahrung genommen / und mit der Schärffe befraget worden / wie sie dann in der Tortur das Angeführete / und noch mehrere wichtige Sachen / solle gestanden haben / wovon gantz unterschiedlich / je nachdeme ein oder andere Parthey dabey interessirt und passionirt ist / geredet wird. Ist auch nicht zu zweiffeln / daß sie nicht ehestens deßwegen ihren verdienten Lohn empfangen / und die Zeit ein Mehrers hiervon ans Liecht bringen dörffte.

Alle Anwesende verwunderten sich nicht wenig über ein so vermessenes Beginnen einer Weibes-Person / und hätten gern mehrere Umstände dieser Sache wegen vernehmen mögen; Allein Ethelred entschul-

Eduards / 1. Theil. 63

entschuldigte sich/ daß er nichts Gründliches weiter davon zu sagen wisse/ wiewolen allerley/ sonderlich aber/ daß verschiedene Hohe damit interessirt/ der Pöbel und Land-Volck auch mächtig deßwegen allarmirt seye/ außgesprenget werde/ wovon er aber keinen richtigen Bescheid zu geben wisse.

Harald sagte hierauf: Seines Theils komme ihme bey dieser Wattewillischen Sache dieses am Allergrausamsten für/ daß solcher Verrätherische Brand auf das H. Christ-Fest habe sollen außgeübet werden/und müsse es ein durchteuffeltes Gemüth seyn/das zu dergleichen Unthat/fürnemlich/ zu einer solchen Zeit/ zu bewerckstelligen sich entschließen könne / da die gesamte Christenheit / und alle rechtschaffene Christen/ die Heyl-werthe Geburt deß Allgemeinen Welt-Heylandes/ als deß Fürstens deß Friedens/ mit Freuden begehet.

Celinde begegnete hierauf/ und sagte: Es ist Beydes erschröcklich/ so wol/ daß eine Weibs-Person sich erkühnen darffen/ ein solches Buben-Stück in Sinn zu nehmen/ als und auch vornemlich auf eine so heilige Zeit ins Werck zu setzen. Wiewolen sich hierüber desto weniger zu verwundern seyn wird/ wann man betrachtet/ daß/ gegebenem Bericht nach/ der Frantzösische Gesandte die Hände mit im Spiel gehabt/ weilen bekandt/ daß sein Aller-Christl. Principal gewohnet ist/ auf dergleichen heilige hohe Fest-Täge seine Mord-Feuer/ zu Beschimpffung deß Jenigen/ deme solche Fest-Feyer gewidmet/anzuzünden:Allermassen er es mit der Vestung Luxenburg vor wenig Jahren eben also gespielet; Dann/ damit der durch seine Bombardirung allda verursachte Brand desto Denck-

würdiger

würdiger wäre / so muste solcher auch in der Heil. Christ-Nacht und Weyhnacht-Feyertagen in das Werck gesetzet werden. Ja/ es scheinet/ daß die Frantzosen dergleichen H. Fest- und Sonn-Täge mit bedächtlichem Vorsatz durch solche Mord-Brändte zu entheiligen sich sonderheitlich befleissen/ indem zu ihrer ewigen Schande Remarquable, daß sie an solchen jederZeit mehr/ als sonsten ihre überbarbarische Mord-Brennereyen verüben/ wie solches noch andere Exempel erweisen/ als da sie in den Pfingst-Feyertagen/ nemlich den 31.Junii deß abgewichenen 1689sten Jahrs/ die Städte Oppenheim/ Worms und Speyer; Sonntags den 25. Septembris erst-gedachten Jahrs/ Franckenthal/ Dirmstein/ Friersheim/ Türckheim an der Hart/ Wachenheim und Theidesheim/&c. Sontags/den 16.Octobris, das schöne und nahrhafftige Städtlein Grünstadt/ neben noch andern Orten / wie die gewisse Nachricht vorhanden/ eingeäschert; mehrerer dergleichen Exempeln zu geschweigen.

Der Gast-Herr/ so eine Zeitlang zugehöret/ sagte hierauf: Wo es GOtt nicht sonderlich verhütet / und die Verrätherey/ neben noch andern/ nicht zeitlich wäre entdecket worden/ so wäre Zweifels ohn die Stadt Glaskau auch im Rauch und Feuer aufgangen/ welche durch etliche Personen von dem Regiment deß Vicomte von Kenmore, so daselbst in Besatzung gelegen/ angesponnen worden. Ihr Anschlag ist gewesen/ die Stadt an verschiedenen Orten anzuzünden/ und inzwischen alle die/ so es nicht mit ihnen hielten/ niederzumachen/ die Häuser zu plündern/ und nachgehends zu den Rebellen zu stossen.

So

So müssen demnach / erwiderte Ethelred, die Schottländische Unruhen noch nicht allerdings / wie ich mir wol eingebildet / gestillet seyn? Und möchte ich wol eine mehrere Nachricht / wie es im Vatterland / darinnen ich erst frisch wieder angelanget/ stünde? Dem der Wirth zur Antwort gab: Es wäre wol zu wünschen / daß das Königreich Schottland in vollkommenem Ruh-Stande/es scheinet aber/es sey so gar bald noch nicht zu hoffe; Wiewolen/seit dem der Hertzog von Gourdon das Castel allhier an den König Wilhelm übergeben müssen/ und Schottland Franckreich auch den Krieg angekündiget / deß König Wilhelms Sachen nun in zimlich gutem Stand seyn/ bevorab da die Wilhelmische Trouppen / unter unserm tapffern General Maccay den Schottländischen Rebellen etliche mahl gute Stöß angebracht / auch ihr Haupt / der Lord Dondee, darüber verwundet worden und gestorben. Es hat auch der König eine allgemeine Amnestie außruffen lassen/ für alle die / so in bestimmter Zeit die Waffen niederlegen/ zum General Maccay sich begeben/ und den Eyd der Treue dem Schottischen Rath abstatten werden; Worauf sich dann viel in deß Königs Gehorsam ergeben/ so / daß nur einige Berg-Leute und der Oberste Canon mit einer geringen Anzahl von ihm commandirten Völckern in ihrer Rebellion verharren / im Norder-Theil allerley Ubels verüben/ und starck in das platte Land streiffen / auch mit deß Königs getreuen Unterthanen sehr übel umgehen/ und sie berauben. Dannenhero erst neulich durch eine Proclamation dem Adel und allen Einwohnern befohlen worden / deren Rebellen mit äusserstem Ernst zu begegnen/ als

I. Theil.   E   die

66 Deß Engelländischen

die da trachten/ auch in andern Orten deß Königreichs das Volck auffzuwicklen; Wiewolen ihre Anschläge/ vermittelst etlicher Schreiben/ so der Oberst Canon mit einigen Vornehmen allhier/ vornemlich mit denen/ so in Verhafft waren/ gewechselt/ an den Tag kommen.

Ethelred bedanckte sich wegen solcher Nachricht/ und fragte ferner/ ob man ihme nicht sagen könte/ was es mit dem Mylord Graffton in Engelland für eine Beschaffenheit hätte/ und ob er auß dem Königreich entkommen seye? Deme Harald mit der Antwort begegnete: Daß er auf seiner Anhero-Räyse vernommen/ wie daß unterschiedliche Personen/ die bereits deß Königs Amnestie und Vergebung angenommen gehabt/ dannoch heimlich schlimme Händel wider deß Königreichs Wolfahrt angesponnen; Unter deren Zahl auch der Mylord Graffton, der nach erlangtem Königlichen Perdon dannoch nicht unterlassen/ heimlich mit dem König Jacob zu correspondiren/ solches auch desto heimlicher zu treiben/ habe er sich offt im Parlement eingefunden; Als man aber von ihm begehret/ den Eyd abzulegen/ hat er etliche Tage Bedenck-Zeit begehret/ weßwegen man einigen Verdacht gefasset/ auch etliche Schreiben/ die er in Jrrland an König Jacob schicken wollen/ auf folgende Weise bekommen: Er hatte zwey zinnerne Flaschen/ mit einem doppelten Boden/ vornemlich zu diesem Ende machen lassen; Weil nun einer von seinen Dienern/ in Meynung/ daß man sie leichtlich auf- und zu schrauben könne/ dieselbe öffnen wollen/ aber damit nicht zurecht kommen können/ hat er sie einem Zinngiesser gebracht/ und befohlen/ solche den andern

Eduards / 1.Theil.

dern Morgen frühe fertig zu haben. Der Kannengiesser / der sich über dergleichen Flaschen verwundert / und wahrgenommen / daß man den zweyten Boden hat auffschrauben wollen / weil ihm auch die Stunde/ in welcher der Diener sie wieder hat holen wollen/ verdächtig vorkommen/ als hat er sich eingebildet / es möchte vielleicht ein ander Geheimnüß dahinter stecken. Auß der Ursach er den andern Boden mit Fleiß betrachtet / da er nun ein wenig Baumwolle gewahr worden / zweiffelte er nicht mehr/ daß nicht etwas anders darinnen verborgen seyn müsse. Nachdem er nun denselben aufgeschraubet / hat er viel Schreiben / so an den König Jacob / Hertzog von Berwick / und an andere vornehme Personen gelautet/ darinn gefunden/ welche er dem Grafen von Schrewsbury, Staats-Secretario, gebracht. Worauf man den Diener / als er die Flaschen wieder abholen wollen / in Arrest genommen; Der Mylord aber / dem deß Dieners langes Außbleiben verdächtig vorkommen/ hat sich unsichtbar gemacht. Was eigentlich in denen Schreiben enthalten gewesen / ist noch nicht offenbahr / jedoch/ so viel man vernommen/ so ist der König Jacob von allem / was in Engelland vorgangen / unterrichtet/ und etliche Personen / so es noch mit ihm hielten/ darinnen Namhafft gemacht worden. Aber unlängsten hat man diesen Mylord Graffton, weil er wegen guter Auffsicht auß dem Königreich nicht entkommen können/ gefangen zuruck gebracht/ und in den Thour gesetzet.

Mit dergleichen Discursen und Erzehlungen brachte diese Gesellschafft den Tag zu / Harald gedachte sich einige Tage in Edenburg aufzuhalten/

E 2 und

und was dieses Orts Merckwürdiges zu sehen / in Augenschein zu nehmen / welches Celinde ihres Theils gerne auch gethan hätte/ woran ihr aber ihr dermahliger Stand verhinderlich zu seyn schiene/ dannenhero sie einen solchen Entschluß bey sich selbsten fassete / den wir bald hernach vernehmen werden.

Unterdessen / als Celinde, wie sie mehrmahlen zu thun gewohnet / einstens im Fenster lag / sahe sie eine Gutschen die Gassen heran fahren / und nicht weit von ihrer Herberge über eine Dame in Trauer-Kleidern außsteigen / die sie zwar / weil sie vermasquet, im Gesicht nicht sehen konte / dieselbige aber/ so bald sie Celindens ansichtig wurde/selbige genau betrachtete / und sich darauf in das Hauß hinein begabe. Celinde, auß Fürwitz/hätte wol wissen mögen/ wer diese Person gewesen/ kunte aber von dem Wirth/ den sie darum ersuchte/ welcher auch durch die Seinigen Nachfrag halten liesse / nichts Gewisses erfahren / derowegen sie auch weiters Nachforschen einstellete / und sich unter vorgeschützter Unpäßlichkeit folgende Tag in ihrem Zimmer enthielte / und allein speisen liesse.

Das V. Capitul/

Die Ursachen deß Collegial-Tags zu Augspurg werden angeführet / die Käyserliche und Königliche Majestäten beschencket; Worin en die Käyserl. Proposition bestanden. Celinde wird verlohren / aber gantz wunderlich wieder gefunden.

Als Harald und Ethelred einsmahls/weilen das Wetter zum Außgehen unbequem / samt dem Gastgeber im Zimer mit allerhand Discursen und Erzehlung neuer Zeitungen zubrachten / erinnerte

Eduards/ 1.Theil.

nerte sich Harald, daß der Schotte in seiner Erzehlung der grossen Præparatorien/ so zu Augspurg zur Krönung der Römischen Käyserin/ und Wahl eines Römischen Königs gemacht wurden/ Erwehnung gethan hätte; Er suchte demnach den Schottländer/ so fern ihme etwas von dem/ was zu Augspurg biß daher vorgegangen/ wissend/ solches bey diesen müssigen Stunden mitzutheilen/ worzu sich der Edle Ethelred leichtlich bereden/ und folgender Weise vernehmen liesse: Ich wolte nichts liebers wünschen/ als daß ich euch/ meine Herren/ vergnügen/ und das/ was biß daher passiret/ außführlich erzehlen könte; Jedoch wil ich nicht unterlassen/ so viel mir darvon wissend/ und ich auf der Räyse durch Teutschland darvon gehöret/ und guten Theils gelesen/ mitzutheilen.

Wann denen Stern-Künstlern und Deutern Glauben zu zumessen/ und ihrer vielfältig betrüglichen Kunst zu trauen ist/ so hat auß Zusammenkunfft der obersten Planeten diese Unter-Welt jedermahlen was Grosses und Wichtiges zugewarten. Sintemahlen in der Welt niemahlen nichts vorgegangen/ noch auch künfftig vorgehen wird/ das diese Leute nicht dem Gestirn/ desselben Einflüssen/ Zusammenfüg- und Entfernungen zuschreiben solten. Die Politische Welt ist nicht minder begierig/ ihre vorwitzige Neugierigkeit mit allerley sich ereignenden Begebnüssen zu vergnügen/ wann sie von Persönlicher Zusammenkunfft und Unterredung hoher Potentaten versicherte Nachricht hat.

Wann demnach/ wie aller Welt kündig/ anjetzo eine vortreffliche Zusammenkunfft/ deß allerhöchsten

Christen-

Deß Engelländischen Christen-Haupts / und der vornehmsten Atlanten und Potentaten deß Heil. Römischen Teutschen Reichs zu Augspurg sich befindet / so ist gantz ausser Zweiffel / es werde solche nicht geringe Bedeutung/ sondern wie zu wünschen / und billich zu hoffen / zu deß Römischen Teutschen Reichs höchst-ersprießlichem Nutzen und Wolfahrt / unvergleichlich hertzliche Würckungen und Einflüsse nach sich ziehen.

Die Beweg-Ursache / zu so hochwichtiger Persönlicher Unterredung / ist durchgehends bekandt / und auß dem Käyserlichen / vor etwas Zeit an den Ertz-Bischoff und Chur-Fürsten zu Mäyntz / Herrn Anshelm Franciscum, &c. abgeloffenen Allergnädigsten Schreiben / worvon ich die Abschrifft hier vor Augen lege / abzunehmen; Hier langte er auß seinem Brieffe-Futter benanntes Schreiben herauß / dessen Inhalt in folgendem bestehet:

LEOPOLD / von GOttes Gnaden / Erwählter Römischer Käyser / zu allen Zeiten Mehrer deß Reichs / rc.

Wir stellen ausser allem Zweifel / Ew. Liebden werden den bedaurlichen Zustand / in welchem das Heil. Römische Reich / Unser geliebtes Vatterland / von dem Fried-brüchigen König in Franckreich / ohne die geringste darzu gegebene Ursach / und zwar eben zu der Zeit / als Unsere und anderer getreuen Chur-Fürsten und Ständen Christliche Waffen mit dem Erb-Feind / dem Türcken / wie noch impegnirt waren / gesetzet; da ein grosser Theil der besten Reichs-Landen mit Brennen / Sengen / Sprengen / und allerley unmenschlichen Laster-Thaten zu Boden geleget / dabeneben die Türcken

und

Eduards / 1.Theil. 71

und Unsere noch rebellirende Hungarische Unterthanen durch Alliantzen / Vorschläge / Geld- und Volck-Hülffe aufs Neue wider die werthe Christenheit / auß lauter Verbitterung aufgehetzet / und mithin Wir und das Römische Reich necessitirt worden/Unser allgemeines liebes Vatterland von beyder ferner wütenden Verfolgungen und rabiosen Lands-Verwüstungen zu erretten / und mit diesen beyden Erb-Feinden den bißherigen Krieg respective zu continuiren / und den andern mit aller Unser und deß Reichs Macht anzutretten; Von selbsten um so viel öffter tieff zu Hertzen gezogen / als Sie auch Dero Ertz-Stiffts Landen Barbarische Devastation, gleich andern Chur-Fürsten und Ständen / bißhero leyder! erfahren haben. Nun wird Ew. Liebden ebenfalls unverborgen seyn/ was Wir auß Reichs-Vätterlicher Obsorg mit Unsern eigenen und andern Christlichen Reichs-Alliirten Waffen / zu Abtreibung deß ersten Erb-Feindes / durch die Gnade und Beystand GOttes / der gerechten Sache / vor tapffere Progressen / und dann auch anjetzo mit sämtlicher Zusammentrettung deß gantzen Römischen Reichs/ auch Conjunction außwärtiger Potentien/gegen dem Zweyten/ nicht weniger grausamen Erb-Feind/auf aller getreuer Chur-Fürsten/ Fürsten und Ständen beweglichstes Ansuchen/und hochvernünfftiges Einrathen/ für Anstalten / mit allerseitiger Vigilantz / gemacht haben. Nachdem Wir aber noch weiter eine unvermeydentliche Nothdurfft zu seyn befinden/ Uns mit den sämtlichen Chur-Fürsten / als den vorderisten Reichs-Gliedern / an einem gewissen und sichern Ort Mündlich zu unterreden / was zu Fortsetzung beyder

Deß Engelländischen

der Kriegen zugleich weiters zu beobachten / damit das Jenige/ was zu der allgemeinen Wolfahrt und Securität unumgänglich vonnöthen ist/hernach auch bey noch fürwährender Reichs-Versammlung zu Regenspurg vorgestellet / und mit Concurrentz aller übriger getreuen Fürsten und Ständen völlig zum Schluß gebracht werden könne.

Als gesinnen Wir an Ew.Liebden / als deß H.Römischen Reichs-Cantzlern / hiermit Freund-Gnädiglich / daß Sie Ihre sämtliche Mit-Chur-Fürsten zu obigem Ende durch gewöhnliche Auß-schreiben / und zwar in Unser und deß Heil.Römisf. Reichs Stadt Augspurg / als den gelegensten und dermahlen sichersten Ort einladen ; Und weilen dieses Werck keine lange Moram leydet/den Termin der Chur-Fürsten Erscheinung in Person / oder durch gnugsam Gevollmächtigte / gegen Ende nächst-kommenden Monats Augusti dergestalt in-sinuiren wollen / daß / im Fall dieselbe nicht so bald/ und etwan nicht ehender / als gegen Außgang folgenden Monats Septembris allda eintreffen könten; Sie wenigstens inmittelst / um in Erwartung Ihrer Persönlichen Dahinkunfft / ein und anders ab-zureden/ Ihre Gesandte mit gnugsamer Vollmacht dahin abschicken mögen / zumahlen Wir Uns selb-sten gegen den 26. jetzt-besagten Monats Augusti allda/ geliebt es GOTT/ einfinden werden / nicht zweiflend/ daß/wie Wir Unsere Hofstatt auf dieser Räyse möglichst zu restringiren gesonnen / als auch Ew.Liebden/und Dero übrige Mit-Chur-Fürsten/ eben dergleichen thun werden / wol erwogen / daß sonderbar bey jetzigen betrübten Zeiten / aller über-flüssiger Aufzug / und andere unnöthige Expensen/

mehr

Eduards / 1. Theil.

mehr als iemahlen einzuziehen / und selbige sonsten übel anlegende Mittel / zu deß bedrängten lieben Vatterlands Dienst / und dessen desto kräfftigerer Rettung anzuwenden seynd. So Wir Ew. Liebd. Freund=Gnädiglich nicht verhalten wollen / versehen Uns auch hierüber einer beförderlichen Erklärung / und verbleiben anbey Deroselben mit Freundschafft und allem geneigten Willen danckbarlich zu erkennen / und in Gutem nimmer zu vergessen / erbietig und geneigt.

Daß nun die Zusammenforderung der übrigen Chur=Fürsten dem Chur=Fürsten zu Mäyntz zustehe / weil Er deß Collegii Decanus, und Ertz=Cantzler durch Teutschland ist / erhellet auß diesem Schreiben nicht minder / als auß der güldenen Bull, Tit. 1. daß Er aber deßwegen einige Macht über die Andern haben solte / kan so wol gedachter Titul nicht dulden / noch deßwegen seyn / weil / wo Er sein Amt hindan setzen / oder säumig führen wolte / die Ubrige / ob sie gleich nicht beruffen worden / eine Wahl=Versammlung anordnen können. Worbey obiter zu mercken / daß / wann das Mäyntzische Ertz=Bischoffs= und Chur=Amt vacant stünde / das Capitul zu Mäyntz sich der Außschreibung zum Wahl=Tag darum nicht anzumassen hätte / weil dieses Privilegium personale, und dem Chur=Fürsten zu Mäyntz nicht als einer Geistlichen Person / sondern als einem Weltlichen Fürsten zuständig ist. Im übrigen weißt man / daß das Collegium der Chur=Fürsten mit und ohne die Käyserl. Maj. Chur=Fürsten=Tage zu halten befugt ist / und auf denenselben / neben andern deß Heiligen Römischen Reichs Wolfahrt betreffenden Umfragen / auch die Anstellung eines

Deß Engelländischen Reichs-Tages in Berathschlagung ziehen/ und wegen deffen Außschreiben nothdürfftige Beförderung thun könne.

Solchem Allergnädigstem Käyserl. Ansinnen zu Folge/ hat hochgedachter Chur-Fürst zu Mäyntz die gesamte Herren Mit-Chur-Fürsten schrifftlichen ersuchet / nach Anleitung erst-gedachten Schreibens sich in ermelter Reichs-Stadt Augspurg in Person/ oder durch gnugsam Gevollmächtigte/ einzufinden sich belieben zu lassen. Es haben über das Ihre Käyserl. Maj. auch ein Allergnädigstes Schreiben wegen guter Veranstaltung zu benöthigten Quartieren/ an die Stadt Augspurg dieses Inhalts abgehen lassen:

LEOPOLD von GOttes Gnaden/ Erwählter Römischer Käyser / zu allen Zeiten Mehrer deß Reichs/ ꝛc.

Ehrsame/ Liebe/ Getreue/ Wir wollen Euch gnädigst unverhalten/ welcher Gestalt Wir zu End künfftigen Monats Julii/ in Begleitung deß Allerhöchsten/ eine kurtze Räyse auf Neuburg zu thun/ und Uns so fort von dar/ auß erheblichen das Heil. Römis. Reich/ Unser geliebtes Vatterland/ betreffenden Ursachen/ nach Unserer und deß Heil. Römis. Reichs Stadt Augspurg/ (allwo sich auch vermuthlich einige Chur-Fürsten einfinden werden/) zu erheben entschlossen sind.

Wann Wir nun zu solchem Ende Unsern Rath und Ober-Hof-Quartiermeister / und deß Reichs Lieben/ Getreuen Collmann Gögger von Lewenegg/ samt Unsern Hof-Furirern/ Paul Heiß und Johann Görtz/ zu Euch abgeordnet/ um für Unser unent-

Eduards/ 1.Theil.

unentberlich mitnehmende Hofstatt Quartier zu machen/ und anders ihrem obligenden Amt und Herkommen gemäß zu handeln; Als thun Wir Euch dessen hiermit erinnern/ mit dem gnädigsten Begehren/ daß Ihr vorgedachten Unsern Ober-Hof-Quartiermeister und Hof-Furirern in Handl- und Verwaltung/ berührten ihres Amts/ durch Zuordnung guter bescheidener Leute/ auß Eurem Raths-Mittel/ so mit ihnen die Logiamenter und Stallung besichtigen/ und was darinnen Ungemach/ abzutretten/ außzuraumen/ zu bauen/ zu bessern und zuzurichten vonnöthen/ gute Anweisung thun/ zum Besten beförderlich und verhülfflich seyn/ auch wo sich Jemand/ in Verstattung dessen/ so an sich selbsten billich und unvermeydentlich ist/ um einigerley Vortheil oder anderer Ursachen willen/ widersetzlich erzeigen/ und der Schuldigkeit verweigern wolte/ den oder dieselbe alles Ernstes zur Gebühr anhalten/ und sonsten Euch gegen mehrbesagtem Unsern Ober-Hof-Quartiermeister und Fourirer dermassen bezeigen wollet/ damit sie das Jenige/ so von Uns Ihnen anbefohlen/ und Unsers Käyserl. Hofs/ auch gemeinen Wesens Nothdurfft zu desto besseren Unterkommen/ erheischen wird/ ungehindert verrichten/ und mit Einlogirung der Unserigen so viel desto besser erfolgen mögen/ wie Wir dann gnädigst absonderlich verlangen/ daß/ nachdemmahlen Wir berichtet werden/ daß in Eurer Stadt sich die wenigste Gelegenheit zu Unterbringung der Pferde befinden solle/ und dahero die Noth erfordern dürffte/ daß darzu noch einige Stallungen aufgeschlagen werden müssen; Ihr drunter mehrgedachtem Unserm Ober-Hof-Quar-

tiermeister

tiermeister und bey sich habenden Hof-Fouriern mit möglichstem Vorschub/ und Herbeyschaffung der Materialien an Hand gehen wollet. Hieran vollbringet ihr unsern gnädigsten gefälligen Willen/ und Wir verbleiben euch mit Käyserl. Gnaden gewogen. Geben in Unser Stadt Wien/ den 30. Junii, Anno 1689. Unserer Reiche deß Römischen im 31. deß Hungarischen im 35. und deß Böheimischen im 33.

Leopold.

V. Leopold Wilhelm/ Graf zu Königs-Egg.

Ad Mandatum Sacræ Cæsareæ Majestatis Proprium.

C. F. Consbruch.

Auf solches hin/ haben allerhöchstgedachte Käyserl. Maj. neben dero Käyserlichen Gemahlin/ Frauen/ Frauen ELEONORA MAGDALENA TERESIA, &c. &c. und Ihro Majestät König JOSEPH in Ungarn/ &c. &c. den 31. August-Monat/ den solennen Einzug in mehrermelte Stadt Augspurg gehalten/ dessen mehrere Particularitäten/ weil sie anderwärtig können gesehen und gelesen werden/ ich übergehe; Und nur vermelde/ was Gestalten beyde Käyserliche und Königl. Majestäten Namens der Stadt beschencket worden/ so da gewesen:

I. Zwo grosse vergoldete Schalen/ inwendig von schön weiß hochgetriebener Arbeit/ deren Erstere Triumphus Amoris gewesen/ allwo die Liebes-Götter den Herculem, Löwen/ und dergleichen Thiere/ überwindeten; Mit diesen 3. Überschrifften: Als

In

Eduards / 1. Theil.

In der Mitte: VICIT ET SUPEROS AMOR.
Auf der rechten Seiten: CONSERVAT CUNCTA CUPIDO.
Auf der Lincken: VIRTUTIS RADIX AMOR.

Um diesen Liebes-Triumph war ein vergöldeter Krantz/ohngefähr 2. Hände breit/ vorstellend

Oben: Den Reichs-Adler / worinnen das Oesterreichische Wappen.

Auf der Rechten: Allerhand Kriegs-Rüstungen und Sieges-Krätze/auch verschiedene Käyserliche/ Reichs- und andere Provincien / samt ihren Wappen.

Auf der Lincken: Ein CORNU COPIÆ, und ein Orgelwerck / worbey gleichfalls unterschiedene dergleichen Provincien / nebst denen Wappen.

Unten: Den Rhein-Fluß an einem Fuß noch angefesselt/ darbey aber ein Engel/ einen Schlüssel haltend / das Schloß an den Fesseln damit aufzumachen.

Die andere Schale / so von gleich schöner Arbeit war / præsentirte Historiam de ALBÆ GALLINÆ FILIO, wie der Adler eine Taube der LIVIÆ, so neben dem AUGUSTO gesessen / in den Schooß fallen lässet; Die Einfassung dessen war

Oben: Auch ein Adler / mit dem Oesterreichischen Schild.

Zur Rechten: Drey Engel/so Friedens-Palmen trugen / unter diesen aber unterschiedener Reichsfürsten und Cräysen Wappen.

Zur Lincken: Das Königreich Ungarn/samt unterschiedlichen zu erobern stehenden Landen und dero

dero Wappen / worbey die Harpyjen verjaget worden.

Unten: Der Donau-Fluß befreyet/ dem auf einer Seiten die Engel / Kron und Scepter dargebotten; Auf der andern Seiten stunden zween Engel/ deren Einer eine Triumph-Porte/ und der Andere ein Creutz getragen.

II. War in der ersteren Schale ein von Gold gewürckter Seckel/ auf dessen einer Seiten der Römische Adler / samt dem Oesterreichischen Schild/ von Gold und Perlen / auf der andern Seiten der Stadt Augspurg Pirn / oder Wappen / darinnen 500. neu-geprägte Augspurger-Ducaten/ auf welchen Beyder Käyserl. Majestäten Bildnuß / und die Jahr-Zahl 1689. gestanden/ sich befunden.

III. Drey Puntzen Spanischen Wein.

IV. Acht Zuber Fische an Forellen.

V. Drey Wägen mit Wein/ Jeder à 4. Fässer/ von roth- und weissem Vicärner- oder Tyroler- auch Rhein- und Neckar-Wein.

VI. Drey Wägen mit Haber.

Gleicher Gestalt wurden folgenden Tages / als den 2. Septembr. Ihro Majestät / der Römischen Käyserin / auch die durch die Herren Stadt-Pflegere / Herren Burgermeistere und nachfolgende Herren deß Raths/ &c. zum Geschenck allergehorsamst vorgetragen:

I. Zwo grosse vergüldete silberne Oval-Schalen/ von getriebener schöner Arbeit / und ist in der einen auf vorig beschriebene Art eben ein solch von Gold gewürckter Seckel mit 300. dergleichen Augspurgischen neuen Ducaten gewesen.

II. Zwo

Eduards/ 1. Theil.

II. Zwo Puntzen Spanischen Wein.
III. Acht Lägel mit Forellen.
IV. Drey Wägen mit Wein / gleich vorigen.
V. Drey Wägen mit Haber.

Ihro Majestät/ dem König JOSEPH in Ungarn/ &c. hat E. Hoch-Edl. Magistrat allda mit folgendem Præsent alleruntertähnigst aufgewartet/ als mit

I. Einer grossen silbernen verguldeten Schalen/ ebenfalls von getriebener schöner Arbeit/ worinnen gewesen sind 13. Stücke Gold- und Silberne rare Medaillen/ welche daselbsten erfunden/ und in allerhand schönen scharffsinnigen Inscriptionen bestanden. Ferner ware darbey:

II. Zwo Puntzen Spanischen Weins.
III. Acht Zuber Forellen.
IV. Drey Wägen mit Wein / von verschiedenen Sorten / und
V. Drey Wägen mit Haber.

Es hat aber wol-ermelte Stadt bey solchen kostbaren Geschencken es nicht verbleiben lassen/ sondern über das auch alle andere hohe Personen und Fürsten/ fremde Vottschaffter/ Käyserliche Ministros, &c. &c. ansehnlich regaliret.

Nicht nur die gemeine Stadt hat mit kostbaren Præsenten sich sehen lassen / sondern auch einige gute Köpffe / haben mit unterschiedlichen Poeterreyen ihre Freude und Vergnügung über die Anwesenheit so hell-strahlender Irrdischer Sonnen führen lassen / von welchen mir sonderheitlich dieses wolgefallen / welches ich deßwegen auch abgeschrieben:

MA-

Deß Engelländischen
MADRIGAL.
La Muse Françoise Servante en livrée
d' Austriche.

LA Muse Françoise de moy solicitée,
de conjoindre ses vers à cet trophée,
me respondit: Que son langage ayant
tant des fois offensée
par son sanglant parjurement,
le Monarque le plus meilleur,
L'Auguste & sincere Empereur;
& que son faux Soleil au vray Soleil pâlit;
que pour icy paroître elle trop en rougit.
Bien! je disois, avec le blancheur rougissant,
Tu seras en livrée
de la Maison d'Austriche.

Dieses Frantzösische wil so viel sagen:

Je Muse an der Soin wolt keine Reimen schicken
zu diesem Sieges-Mahl/ und schützte dieses vor:
Ich lasse mich nicht gern vor einem Käyser blicken/
vor dessen Redlichkeit ich alle Treu verlohr.
Man pflegt mit meiner Sprach nur Mein-Eyd her zu reden.
Es ist nur Blut und Schuld/ was man in Franckreich spricht:
Daher muß meine Stirn erröthen/ und erblöden.
Auch gilt die falsche Sonn bey wahrer Sonne nicht.   Wol-

Wolan! ich brauch dich doch. So sprach
ich zu der Musen/
Mit einer weissen Farb/ der man trägt
Röthe bey:
Soll dich die treue Welt noch hegen in dem
Busen/
So kleide künfftig dich in Oestreichs
Liberey.

Nachdem auch die meiste Herren Chur-Fürsten in selbst-eigener hohen Person/ die übrige aber durch Dero Gevollmächtigte sich eingefunden / und nicht weniger/ wie gewöhnlich/ beschencket worden; So hat darauf/ nach geschehenen Visiten und Gegen-Visiten / und ertheilten offentlichen Audienzien / der Chur-F. Collegial-Tag seinen Anfang und Fortgang gewonnen; Und wurde den 12. Decembr. die Käyserl. Proposition dem Chur-F. Collegio deß Inhalts eröffnet / wie gegenwärtige Copia darvon (die Er zugleich vorlegte/) zu verstehen gibt:

Die Römisch-Käyserliche / auch zu Hungarn und Böheim Königliche Majestät / Unser Allergnädigster Herr/ &c. lassen denen hier gegenwärtigen / deß Heil. Römischen Reichs Chur-Fürsten/ und der Abwesenden Gevollmächtigten Bottschafften und Gesandten / Dero respective Freund-Vetter- Oheim- und Gnädigen Gruß / Käyserl. Huld und Gnade / und alles Gutes vermelden / und ist denenselben zur Gnüge bekannt / was jetzt Allerhöchstgedachte Ih. Käyserl. Maj. auß Treu-Väterlicher Liebe und Sorgfalt bey Ihro Chur-Fürstl.

I. Theil. F Gnaden

Deß Engelländischen

Gnaden und Durchl. wegen gegenwärtigen verruckten Zustandes deß Heil. Römischen Reichs / Unsers geliebten Vatterlandes / Teutscher Nation, und Erhebung deſſen beſtändiger Sicherheit und Wolſtandes / durch Dero an Sie abgeſchickte Miniſtros vertraulich vorſtellen und ſuchen laſſen/ welcher Geſtalt auch Ihre Chur-Fürſtl. Gnaden und Durchl. welche Ihrer Käyſerl. Maj. wolmeynender Repræſentation Beyfall gegeben / und ſich gefallen laſſen/ daß deſſentwegen eine Collegial-Verſammlung und Deliberation allhier förderſamſt angeſtellet und vorgenommen würde. Gleichwie nun Ihre Käyſerl. Maj. zu ſonderbaren hohen Gefallen und Conſolation aufgenommen / auch Freund-Vetter-Oheim-und Gnädiglichen Danck hiermit erſtatten; Daß Zufolg deß von dem Hochwürdigſten Fürſten/ Herrn Anſelmo Franciſco, deß Heil. Römiſ. Reichs durch Germanien Ertz-Cantzlern und Chur-Fürſten / mit ſämtlicher Einwilligung anderer Herren Mit-Chur-Fürſten außgelaſſene Convocation und Einladungs-Schreiben/ deßgleichen auf Dero beſonders Neben-Erſuchen / Deroſelben / auch dem Käyſerl. Reich zu Ehren/Nutz und Wolfahrt Ihro Chur-Fürſtl. Gnaden und Durchl. theils ſelbſten in eigner hoher Perſon/zu gegenwärtiger Collegial-Verſammlung gehorſam und gutwillig erſchienen/ theils aber/ daß Sie ſo bald ſich einzufinden / verſchiedener hochwichtigē Urſachen halber verhindert worden/Ihre anſehnliche Räthe und Bottſchaffter und Geſandten abgefertiget. Alſo hält Ihro Käyſerl. Maj. überflüſſig zu ſeyn/Dero Urſachen/ welche Sie / dieſe Zuſammenkunfft zu veranlaſſen / bewogen/weitläufftig anhero zu wiederholen/in mehrerer

Erwe-

Erwegung / daß der bedauer- und gefährliche Zustand / in welchem das Heil. Römische Reich / Unser werthes Vatterland / durch die von der Kron Franckreich im letzt-verwichenen Jahr / mit Hindansetzung aller Treu / Glaubens / und deß allgemeinen Natürlich- und Völcker-Rechts / ohne einige darzu gegebene Ursach / und eben zu der Zeit / da Ihro Käyserl. Maj. annoch gegen den geschwornen Erb-Feind der Christenheit / in einem beschwerlichen Krieg tieff verwickelt / und Dero Armada, samt einem guten Theil der Alliirten Reichs-Trouppen / in völliger Operation auf 200. Meilen von dem Rhein-Strohm begriffen waren / ohnvermuthet vorgenommener Fried-brüchiger Invasion, und die mit Sengen und Brennen / Spreng- und Verwüstung gantzer Ur-alten Städte und GOttes-Häuser / und Verübung mehr anderer Unmenschlichen Grausamkeiten / bißhero continuirende Feindseeligkeit gesetzet worden / Männiglich vor Augen / und dergleichen Barbarische un-Christliche Devastation und Tyranney / theils Jhrer Chur-Fürstl. Gnaden und Durchl. Chur-Fürstenthum und Landen selbst wol erfahren haben. Nun haben zwar Ihre Käyserl. Maj. gleich wie von Anfang / der Jhro / auß Fürsehung deß Allerhöchsten / auch durch ordentliche Wahl Dero und deß Heil. Reichs Chur-Fürsten aufgetragene Käyserl. Regierung alle Jhre Sorgfalt / Consilia und Actiones dahin gewendet / damit das Heil. Römis. Reich bey dessen Ehr / Hoheit / Würde und so theuer erworbenem Ruhestand erhalten / und deßhalben mit denen benachbarten Potentaten und Republiquen / und absonderlich mit der Kron Franckreich / gutes Vernehmen cultivi-

F 2   ret/

Deß Engelländischen
ret/ und alles Mißtrauen/ Uneinigkeit/ und unnö=
thige Vergiessung Christlichen Blutes möglichst
möchte verhütet werden/ also auch in Dero abgenö=
thigten Defensions-Fällen Dero Allerhöchst Käy=
serl. Amt gemäß/ an sich nichts erwinden lassen/ son=
dern nach Ihro und Dero Erb-Landen äussersten
Vermögen/ alles eyfferigst vorgekehret/ was zu Ab=
treibung feindlichen Gewalts / und Beschützung
Dero Chur-Fürsten und Ständen deß Reichs im=
mer hätte vorträglich seyn können: Massen. Sie
dann vor und vorigen Jahres/ so bald Sie von dem
Treu-losen Frantzösischen Vor- und Einbruch
Nachricht bekommen / einen ansehnlichen Theil
Dero Armada auß Ungarn/ ob sie schon daselbst in
vollem Sieges-Lauff begriffen gewesen/ und gantze
Provintzien hätten gewinnen können/ mit Hindan=
setzung so grosser gleichsam in Händen gehabten
Vortheil zurück/ und gegen den Rhein mit Dero=
selben grösten Ungemach und schweren Kosten an=
marchiren lassen/ allwo auch der Allerhöchste Dero=
selben und der übrig vermöglicher Chur- und Für=
sten/ welche sich zu ihrem unsterblichen Lob und Ih=
rer Käyserl. Maj. und deß Reichs immerwähren=
dem Danck alsobald vor den Riß gestellet / und biß
anhero zu der Vertheydigung deß Vatterlandes
sich so rühmlich mit unternommenen zusammen ge=
setzten Waffen/ bekandter Massen/ solche ansehent=
liche Successus verliehen / daß dem Fried-brüchigen
Feind zu dessen nicht geringer Confusion unter=
schiedliche vornehme Städt und Vestungen wieder
auß seiner Gewalt entrissen / und ihren rechtmässi=
gen Herrn vindiciret worden/ welch glücklichem
Anfang auch Ihro Käyserl. Maj. unter Göttlichen
Segen

Segen und Beystand biß zu Wiederbringung eines allgemeinen/ sichern/ reputirlichen/ beständigen Friedens/ ferner getrost zu insistiren/ und zu solchem Ende alle Ihre und Ihrer durch den langwürigen kostbaren Türcken=Krieg erschöpfften getreuen Erb=Königreich und Landen noch übrige Kräfften willig zu consecriren/ und dar zu setzen/ geneigt sind/ in vester Hoffnung/ daß Ihro nicht allein gesamte Chur=Fürsten/ Fürsten und Stände ferner darunter getreu= und kräfftig an Hand stehen; sondern sich auch immittelst die Ottomannische Pforte zu billig=mässigen und Raisonablen Friedens=Conditionen bequemen / mithin der Orten ein sicherer Rücken gemachet / und dem allgemeinen/ nicht weniger grausamen Feind/ mit desto mehrerem Nachdruck könte begegnet werden.

Nachdem allem aber eines Theils der Erfolg solches Friedens mit denen Türcken / indem sie von der Kron Franckreich durch alle ersinnliche Mittel und Wege zu Fortsetzung deß Kriegs angereitzet werden / noch ungewiß / andern Theils aber die feindliche Frantzösische Macht vereiniget/ und überauß groß; deren Gräntzen / auch mit so vielen fast unüberwindlichen Fortificationen dergestalt besetzet und bevestiget / daß deroselben nicht so bald beyzukommen / vor derer Wegräumung aber ein sicherer beständiger Frieden zu hoffen / mithin deß Reichs Heyl und Wolfahrt an einmüthiger Continuation und Außführung dieses mit so gutem Fortgang/ als rechtschaffener Ursach angefangenen Kriegs hauptsächlichen gelegen / zu sothaner Continuation und Außführung aber zuförderist hochnöthig ist/ daß auf die innerliche Sicherheit reflectiret: und sintemahlen

Deß Engelländischen

mahlen bey denen im Reich öffters sich zugetragenen Enderungen sich mehrentheils höchst-schädliche Spalt- und Trennungen hervor zu thun pflegen / dahin zu sehen / wie solchen am beständigsten vorgebogen werden möge. So haben mehr Allerhöchstgedachte Ihre Käyserl. Maj. eine Nothdurfft zu seyn ermessen / sich mit Ihro Chur-Fürstl. Gn. und Durchl. als denen vorderisten Reichs-Gliedern/ und Ihren innersten höchsten und geheimden Räthen zu unterreden / und von allen Dero Hochvernünfftige Gedancken zu vernehmen / wie ins künfftig Ihre Majestät und Sie/ wie auch die übrigen Fürsten und Stände/ welche Ihro bißhero/ so ansehnlich / tapffer und nutzlich beygestanden / den Krieg ferner fort zu setzen / und deß innerlichen Ruhestandes versichert bleiben / auch wie allen / so wol deß Feindes bösen Anschlägen und Practiquen/ als andern im Reich besorgenden Confusion und Unordnungen vorzukommen / oder was sonsten zu Fortsetzung dieses Krieges zu beobachten seyn möge/ damit das Jenige/ was zu dessen Zweck und allgemeinen Securität und Wolfahrt nöthig und ersprießlich ist / hernach auch bey dem noch fürwährenden Reichs-Convent zu Regenspurg ferner vorgestellet / mit Concurrentz aller übrigen getreuen Fürsten und Stände völlig zum Schluß gebracht werden möge. Sondern haben auch Denenselben vor allen auß sonderbarem Gnädigen Vertrauen zu Gemüth zu führen keinen Umgang nehmen können / wie es dann Ihro Chur-Fürstl. Gn. und Durchl. auch vermuthlich selbsten sattsam wahrgenommen haben werden / was Massen die von der Kron Franckreich wider das Heil. Römis. Reich so

offt und

offt und vielmahl verübete unverantwortliche Attentata und Friedens-Brüche einzig und allein auß der unersättlichen Ambition und Hoffnung herrühren / welche sie biß dato immerhin geheget / die Römis. Königl. Kron entweder durch eine abgenöthigte Wahl / oder aber durch offentliche Gewalt an sich und an ihr Hauß bringen zu können.

Nun erhellet solches / um allhier nicht außzuführen / was so wol vor als Zeither Ihrer Käyserl. Maj. angetrettener Regierung wider Dieselbe und Dero getreue Chur-Fürsten und Stände unaußsetzlich / und biß auf den Nimmegischen Frieden machiniret worden / genugsam auß dem / daß / als kaum jetztgedachter Frieden-Schluß getroffen/und Dero Käyserliche und andere Reichs-Völcker auf guten Glauben zuruck gezogen / und Theils abgedancket worden / besagte Kron Franckreich bald einen Ort nach dem andern / Theils durch Gewalt/ Theils durch Bedrohung / in denen Ober-Rheinischen und Burgundischen Cräysen unter allerhand nichtigen Vorwande/an sich gebracht/Ihrer Käyserl. Maj. rebellische Unterthanen / in dem Königreich Hungarn / mit Geld/ Officirern/ und andern Mitteln fomentiret / endlich auch die gantze entsetzliche Ottomannische Macht Ihro und Ihren getreuen Erb-Landen auf den Halß gesetzet / und ob Sie zwar damahlen zu gleicher Zeit / neben dem Türcken öffentlich zu brechen/sich entsehen/dannoch einen grossen Theil Ihrer Macht auf denen Reichs-Gräntzen in Bereitschafft gehalten / in gäntzlicher Meynung/ daß Ihre Käyserl. Maj. den überfeindlichen Gewalt / so doch der Allmächtige Gerechte GOTT zu der Feinde und deren Anstiffter Schimpff/

Schimpff/ und Confusion anderer/ in Gnaden gewendet/ unterligen/ mithin Chur-Fürsten und Stände/ zu dem König in Franckreich zu recurriren/ und von demselben Hülff und Gesetze anzunehmen gezwungen seyn würden/ gestalten es darin dieser und keiner andern Ursach zugeschrieben werden kan / warum sie sich kurtz vorher zu Constantinopel durch Dero Gesandten so eyfferig bemühet/ die von Ihro Käyserl. Maj. Ihrem damahls geschickten Internuntio, Graf Albrecht Caprara, auffgetragene Negotiation, wegen Verlängerung der Stillstands-Tractaten/ zu hintertreiben/ und sich so gar nicht gescheuet/ gegen die Republic Venedig zu anten/ daß Deroselben Bottschaffter bey der Pforten sich gedachten Graf Caprara Verrichtungen annehmen/ und secundiren thäte/ ingleichem auch kurtz hernach die mit der Kron Pohlen aufgerichtete Allianz zu verhindern/ auf alle ersinnliche Wege geflissen gewesen/ und nachgehends/ als man denselben von Seiten deß Reichs volle Maaß gegeben/ und Ihro alles/ was Sie Zeither deß Nimmegischen Friedens-Schlusses/ durch diese so genannte Reunionen unrechtmässiger Weise occupiret/ und dem Reich abgerissen/ nach ihrem eigenen Willen auf 20. Jahr völlig abgetretten / ein in Friedens-Zeiten ungewöhnliches Armistitium dem äusserlichen Schein nach eingegangen/ doch aber selbiges eben so wenig / als andere Tractaten/ gehalten/ sondern nachdem Sie Ihr wider besser klaren Inhalt abermahlig auf unstrittigem Reichs-Boden angelegte Vestungen zur Perfection gebracht/ und Ihro Käyserl. Maj. Armada, samt deß Reichs Auxiliar-Völcker / unterhalb Griechisch-Weissenburg in

Opera-

Operation gewesen / ohnversehens mit Kriegs=
Macht in das Reich eingedrungen / die vier Chur=
Fürstenthümer / und andere Länder am Rhein /
gantz über einen Hauffen geworffen/ und zu selbiger
Zeit Jhre Ambition und unordentliche Begierde zu
der Römischen Kron so wenig verbergen können /
daß Dero Ministri bey ein= oder andern den Herren
Chur=Fürsten selbst zu selbiger Zeit den Dauphin
vorgeschlagen / und deren Gemüther Theils durch
ohnziemliche Bedrohung / Theils betrügliche Ver=
heissung tentiren darffen / und weilen nun nicht zu
zweiffeln / daß / so lang gedachte Kron Franckreich
einige Apparentz oder Hoffnung haben kan / zu die=
sem unbeweglichen vorgesehenen Zweck zu gelan=
gen / Sie von Jhren heim= und öffentlichen Machi-
nationibus nicht absetzen wird/ noch das Reich/ ab=
sonderlich / da sich dessen Vacanz begeben solte/ eine
beständige Einigkeit / Ruhe und Frieden zu hoffen/
hingegen aber je mehr Jhro die Hoffnung und Oc-
casion und Jhre Intention zu erreichen abgeschnit=
ten / je mehr auch die innerliche Securität und
Ruhestand bevestiget wird / und dann Jhre Käy=
serliche Majestät bey denen / mit allen und Je=
den Herrn Chur=Fürsten darüber ins beson=
der vor gegenwärtiger Zusammenkunfft gepfloge=
ner vertraulicher Communication und Berathschla=
gungen befunden / daß Sie mit Deroselben in dem
einer Meynung seyen / daß solches nicht besser ge=
schehen könne / als wann von nun / und bey Dero
Leb=Zeiten das Heil. Römis.Reich mit einem Successore , und zwar bey währendem diesen Krieg / da
man keine andere Mesures mit Franckreich zu hal=
ten/ als Dero feindliche Machinationen möglichst

F 5   zu un=

Deß Engelländischen

zu unterbrechen / versehen würde / so halten sie dar¬
für/ dem Heil. Reich. ersprießlich und fast nöthig zu
seyn / daß Ihre Chur-Fürstl. Gn. und Durchl. und
deren Abwesenden Räthe/ Bottschafften und Ge¬
sandte / bey gegenwärtiger Zusammenkunfft vor
allen andern Consulationen uñ Berathschlagungen
diesen Punct / wie nemlich durch eine vornehmende
ordentliche Wahl eines Römis. Königs und Ihro
Käyserl. Maj. künfftigen Successoris, der Frantzö¬
sischen Ambition desto mehr der Riegel gesteckt/ und
deß Heil. Reichs Sicherheit befestiget werden mö¬
ge / in fleissiges Collegial-Nachdencken zu ziehen/
ihnen belieben lassen wolten.   Ihro Käyserl. Maj.
befinden sich zwar noch bey gutem Alter/ und GOtt
sey Lob/ noch bey solchen Leibs- und Gemüths-Kräff¬
ten / daß Sie nicht nur anjetzo / sondern auch dem
natürlichen Lauff nach/ noch einige Jahr hinauß/ der
Regierung / verhoffentlich zu Dero Chur-Fürsten
und Ständen fernerer Vergnügung / vorstehen
können; Nachdem mahlen aber Sie nicht weniger
als alle andere Menschen/ denen Menschlichen Zu¬
fällen/ und der ungewissen Stund deß unvermeyd¬
lichen Todes unterworffen / und Ihro Sorgfältig
zu Gemüth gehet / in was für erschröckliche Confu-
sionen und innerliche Verruckungen/ das Heil. Rö¬
mis. Reich gesetzet werden dörffte / wann entweder
vor gegenwärtigem geendigten Kriegs-Wesen/ oder
auch nach demselben / bevorab / da solches nicht
nach Wunsch außschlüge / angesehen in Friedens-
Zeiten das Reich gemeiniglich disarmirt / Franck¬
reich hingegen/ wie die Experientz zeiget/ in beständi¬
ger starcker Verfassung stehen bleibet / und abson¬
derlich hisce postremis temporibus, das Reich/ nach¬
dem

Eduards/ 1.Theil. 91
dem Sie Dero Gräntzen fast biß an desselben innerste Viscera eingerucket/ vi & metu in libertate Comitiorum voti & Consilii, auf alle ordentliche Weise unaußsprechlich zu hindern trachtet/ der Käyserl. Thron ohne einem gewissen Successore zu vaciren kommen solte/ allen Falls aber auch mittler Zeit nicht nur Ihro/ sondern auch Ihre Chur-Fürstl. Gn. und Durchl. Befinden nach/ die Ruhe und Sicherheit Unsers geliebten Vatterlandes und gesamter Christenheit/ durch Determinirung eines künfftigen Successoris mercklich befördert und stabiliret/ und viele sonst vor Augen stehende Gefährlichkeit und Angelegenheiten von demselben würde abgewendet werden; Massen dann auch Dero Vorfahren am Reich zusamt deß Heil. Reichs Fürsten sich bey dergleichen und wol geringern Umständen dieses Weges als deß bequemsten zu Abwendung aller besorglichen Gefahr/ öffters gebrauchet: So ersuchen Ihro Käyserl. Majestät gegenwärtig Ihre Chur-Fürstl. Gn. und Durchl. wie auch deren Abwesenden Räthe/ Bottschafften und Gesandten Freund-Vetter-Oheim- Gnädig und Gnädigst: Sie wollen Ihro diese Haupt-wichtige Sache/ als wodurch vornemlich bey jetzigen Zeiten das Reich bey einer wol hergebrachten Regierungs-Form gesichert/ und der Kron Franckreich gegen dasselbe gerichtete böse Machinationes ziemlich unterbrochen werden/ mit höchstem treuen Fleiß angelegen seyn lassen/ und in Erwegung ob angeführter Ursachen die Berathschlagungen dahin richten/ damit zu mehrer Versicherung der innerlichen Securität/ vor allem dieses Werck/ wegen eines künfftigen Successoris am Reich/ bey gegenwärtiger
Versamm-

Verſammlung zum verhofften Fortgang / und Endſchafft gebracht/ und dann auch Ihro Römiſche Käyſerl. Maj. mit treuem Rath an Hand gegangen werden möge / was zu glücklicher Fortſetzung gegenwärtigen abgenöthigten Kriegs gegen Franckreich zu beobachten ſeye / und ſolches alles zwar um ſo viel förderlicher / als Ihro Käyſerl. Maj. Perſönliche Gegenwart / in Dero Erb-Landen zu zeitlicher Herbeyſchaffung der Mittel / und Veranſtaltung der zu denen auf dem Halß habenden zwey koſtbaren Kriegen nöthiger Bereitſchafften / auch zu Fortſetzung der Friedens-Handlung mit denen Türcken/unumgänglich erforderlich ſeyn wil / und ſie dannenhero um ſo vielmehr dahin wiederum abzueylen haben/Ihro Käyſerl. Maj. darbey nun Allergnädigſt conteſtiren / daß Sie durch dieſe Handlung und Beförderung Ihro Chur-Fürſtl. Gn. und Durchl. an Ihrer freyen Wahl / Præeminenzien / Würde / Altlöblichen Herkommen und Gerechtigkeit / noch dem Heil. Römiſchen Reich und an deſſen Libertät/ Hoheit und Reputation ichtwas im wenigſten zu ſchmälern/ oder abzubrechen/ ſondern Sie vielmehr in Gnädigſter Erinnerung Ihrer geſchwornen Wahl-Capitulation bey ſolchen allen getreulich zu erhalten / und dißfalls nichts anders vorzunehmen/ noch zu handeln gedencken / als was andere Ihre Löbl. Vorfahren in dergleichen Fällen gethan / und dem Heil. Römiſ. Reich an ſeinen Libertäten / Freyheiten / und alten Gewönlichkeiten ohnabbrüchig geweſen iſt/ wollen auch Ihrer eingepflantzten Vätterl. Affection und Neigung/ welche Sie zu Dero Freund-geliebten ältern Herrn Sohn/ die zu Hungarn Königl. Maj. billig

tragen/

Eduards/ 1.Theil.

tragen / nicht so viel nachgeben / daß Sie Demselbigen ein unanständiges Lob zulegen / oder dessen Aufnehmen mehr/als deß Heil.Römis.Reichs Nutzen und Interesse suchen und befördern wollen / allermassen aber das Heil.Römis.Reich bey Fried- und Sanfftmüthiger Regierung Dero Löbl.Ertz-Hauses Oesterreich sich bißhero nicht übel befunden/und Höchstgedacht Dero Her: Sohn/auf Ihren nach GOttes Willen erfolgenden tödtlichen Hintritt mit ansehnlichen Königl. und andern fürnehmen Fürstenthümern und Landen versehen seyn wird / welche dem Heil.Römis. Reich nicht allein wider den Erb-Feind Christlichen-Namens den Türcken zur stattlichen Vormaur dienen / sondern auch gegen andern Feinden mächtige Hülff und Beystand leisten können / also können auch Ihro Käyserl. Maj. das Hochlöbl. Chur-Fürstl. Collegium so viel versichern/ daß Sie denselben zur Ehre und Furcht deß Allmächtigen / und allen Königl. und Ertz-Fürstl. Sitten und Tugenden mit sonderbarer Vätterlicher Sorge instruiren und auferziehen lassen/und nicht ohne grosse Vätterliche Freude eigentlich spühren / daß Se. Königl.Maj. von dem Allerhöchsten mit einer Ihrem Alter fast übertreffenden reiffen Vernunfft / auch unerschrockenem/ und zugleich Ehr- und Fried-liebendem Gemüth/ und mit andern Talenten auß angepflantzter Natur begabet seyn / von welchen man sich all das Jenige promittiren kan / was Dero hohen Geburt ähnlich/ Dero Preiß-würdigen Vorfahren hinterlassenem Nach-Ruhm gemäß /mithin dem Heil.Römischen Reich/ und der gesamten Christenheit nutzlich und anständig seyn wird. Ihro Käyserl.Maj. wissen sich zwar zu bescheiden/ daß Dero Herrn Sohns jetziges Alter zu Ubernehmung würcklicher Regierung in etwas zu schwach/ gleichwol aber diese Wahl zu Stabilirung deß künfftigen Successoris und zu Verhütung der bey einem Interregno sich gemeiniglich hervor thuenden/ absonderlich aber bey diesen zerrüttet stehenden Zeiten zu befahren stehenden Verwirrungen/ auch zu Hintertreibung der feindlichen Machinationen vielmehr/ als zu damahliger Ubertragung der Regierung/ würde angesehen/ und dann in solchen Fällen die Güldene Bulla deß Alters hier kein Ziel noch Maaß giebt/ also befinden sich auch Ihro Käyserl. Maj. durch die Gnade GOttes annoch in solchem Stand/ daß Sie mittelst deß Göttlichen Beystands die Regierung noch etliche Jahr/ und wenigst noch so lang übertragen werden können/biß unter Dero sorgfältigen Direction und Anleitung/ woran Sie keine Mühe noch Fleiß erspahren werden/ Se. Königl. Maj. zu maturesciren/ und der Regierung vorzustehen fähig erachtet werden möge/ zu geschweigen/ daß einem Löblichen Chur-Fürstl. Collegio bevorstehet/ im Fall etwa der Allerhöchste ehender über Ihre Käyserl. Majest. in dieser Zeitlichkeit disponiren solte/ der Interims-Administrations halber solche Vorsehung zu thun/ welche dasselbe der Güldenen Bulla, und Ihrer Chur-Fürstl. Gnaden und Durchl. gerechtsam/ auch deß Heil. Römis. Reichs Dienst gemäß zu seyn befinden wird/ und haben demnach Ihre Käyserl. Maj. zu Ihrer Chur-Fürstl. Gnaden und Durchl. und deren Abwesenden Gevollmächtigten Räthen/ Bottschafften und Gesandten diß Freund- Vetter-Oheim-Gnädig und veste Vertrauen/ Dieselben

selben werden Ihr nicht allein nicht verdencken/daß Sie Denenselben Dero Herrn Sohn/die zu Hungarn Königl. Maj. zu dieser Römischen Königl. Würde recommendiren/ sondern auch von selbsten auf die von Ihro/ Zeit Ihrer Käyserl. Regierung/ bey denen in- und ausser Reichs entstandenen vieler Empörung und schweren Kriegen aufgewendete/ und noch ferner aufwendende Sorgfalt/ Mühe und Arbeit/wie auch die auß rechtschaffener Treue/ Liebe und Affection zum Heil. Römischen Reich/ Teutscher Nation, angelegte/ und noch continuirende sehr grosse mannigfaltige Spesen und Unkosten in gebührende Consideration ziehen/ und in Ansehung so wol deren/ als oben eingeführten trefflichen Ursachen höchst-erwehnten Dero Freund-geliebten Herrn Sohn bey gegenwärtiger Tractation und Handlung/ da in Gebrauch Ihrer Derer Herren Chur-Fürsten freyer Wahl in solcher gefälligen Obacht haben/damit denselben/ vermittelst ordentlicher Election und Krönung/ der Römischen Königl. Würde anvertrauet/ auch Ihro Käyserl. Majest. dardurch noch vor Dero Abräyse Dessen künfftigen Successoris am Reich versichert werden mögen. Ein solches wird nicht allein Ihro Käyserl.Maj. zu sonderbarer Consolation, und dem Heil. Römis. Reich/ und dessen Ständen ins gemein zu Nutz/Ruhe und Wolfahrt/ sondern auch Ihrer Chur-Fürstl.Gnd. und Durchl. zu sonderbaren Nach-Ruhm und Lob gereichen/und Ih.Käyserl.Maj. seynd dieses gegen Dieselbe und Dero Vollmächtige Räthe/ Bottschaffter und Gesandten/ mit Freundschafft und allem geneigten Willen/auch Käyserl.Gnaden danckbarlich erkennen/ und in Gutem nimmer zu vergessen/

sen / erböthig und geneigt. Signatum Augspurg/ unter mehr-Allerhöchstgedachter Ihro Käyserl. Maj. Secret-Insiegel/ den 12.Decembris, St. Nov. Anno 1689.

Weil nun indessen/ (fuhr der Schottländer fort/) wie ich nicht zweifle / mit denen Sessionen und Deliberationen unaußgesetzt fortgesetzet worden / als werden wir wol vermuthlich allerehesstens von der vorgegangenen Wahl und erfolgter Krönung gewisse Nachricht zu vernehmen/ und das gesamte Römische Reich sich darüber höchlichen zu erfreuen haben. So wird auch/ wie ich darfür halte / der Krönungs-Actus der Römischen Käyserin indessen vorbey / und mit den herzlichsten Solennitäten celebrirt worden seyn.

Unter währendem diesem Gespräch und Erzehlung tratt ein ansehnlicher Cavallier zu ihnen ins Gemach/ der / nachdem er sie höflich gegrüsset/ und um Verzeyhung gebetten/ wann er in ihrer Unterredung ihnen vielleicht hinderlich wäre/ fragte: Ob ihme nicht Jemand Nachricht geben könte/ wegen einer gewissen vornehmen Fräulein / die sich Celinde nennete/ und/ wie er vernommen/ in diesem Gast-Hof zur Herberge solle eingezogen seyn/ dieselbe möchte er gerne sprechen? Der Wirth antwortete hierüber: Daß er zwar eine neulich hier angelangte Fräulein beherbergete/ wer aber/ und woher sie /, auch ob sie die Jenige / nach deren gefraget worden seye / darvon könne er keinen Bericht geben. Harald aber sagte: Es irret sich der Herr hierinnen nicht/ wann er die ermelte Fräulein in diesem Gast-Hof anzutreffen vermeynet/ weilen sie neben uns hierinnen logiret/ ich auch die Ehre gehabt/

habt/ sie in diese Stadt und Herberge zu begleiten;
Und so ich mich nicht irre/ so wird mein Herz Zweifelsfrey deren naher Anverwandter/ wo nicht gar leiblicher Bruder seyn/ weilen sie in der Gesichts-Zeichnung einander so ähnlich und gleich sehen? Der Ankömmlinge versetzte hierauf: Daß freylich Celinde ihm sehr nahe verwandt seye/ und möchte er wol Gelegenheit haben/ sie zu sehen/ und mit ihr zu reden. Dem Ethelred zu verstehen gab/ daß sie zwar wegen etwas Unpäßlichkeit sich in ihrem Zimmer retirat hielte/ aber nicht zweifelte/ wann sie dieser Nachfrage Wissenschafft hätte/ er gar leichtlich mit ihr zu Rede kommen könte. Der Wirth gieng auch alsobald nach ihrem Zimmer/ ihr hiervon Nachricht zu geben/ kam aber bald wieder/ und sagte: Daß die Fräulein in ihrem Zimmer nicht anzutreffen/ deßwegen sie ihrem Pagen rufften/ und fragten: Wo seine Gnädige Fräulein sich aufhielte? Der aber anders nichts zu antworten wuste/ als daß sie in ihrem Zimmer sich befinden werde; Weil dem aber nicht so war/ wurde im Hauß ferner nach ihr gefraget/ aber Niemand wolte von ihr etwas wissen/ daß sie demnach mit einander nach ihrem Zimmer sich verfügten/ welches sie unverschlossen/ doch weder die gesuchte Fräulein/ noch sonst Jemand darinnen funden/ sondern nur etliche Stück von ihrer Kleidung unordentlich da herum ligen sahen/ welches ihnen/ insonderheit aber dem Wirth wunderliche Gedancken verursachte/ und sich allenthalben im Zimmer umsahe/ ob er von dem Seinigen nichts missete/ der Cavallier aber bezeugete sich sehr mißvergnügt hierüber. Harald aber und Ethelred wusten sich eben so wenig darein zu finden/ examinirten

nirten deßwegen den James mit allem Ernst / ob er seine Fräulein nicht hätte sehen irgend wohin / oder auß dem Hauß/oder auch bey ihr Jemand auß=oder eingehen? Der aber anders keinen Bescheid zu geben wuste / als daß er einen Schneider heute etlich mahl von= und zugehen sehen/weil ihm aber von seiner Fräulein Unterschiedliches zu verrichten anbefohlen worden / habe er nicht wahrnehmen können/was dessen Verrichtung möchte gewesen seyn/ welches alles bey dem Fragenden mehrern Argwohn/ und mehrers Nachsuchen erweckte / worbey vornemlich Harald eine sonderbare Sorgfältigkeit spühren liesse/ die Kleider und alles genau besichtigte / und weilen alles unverletzt befunden wurde / nicht wusten/ wie sie sich in diesen seltzamen Handel schicken solten / bevorab da der Wirth von dem gesamten Hauß=Gesind das geringste Anzeigen nicht erforschen kunte.

Der ankommende Cavallier sagte endlich: So wird jedannoch diese Fräulein nicht auß der Welt seyn / oder sich unsichtbar gemacht haben / weniger mit andern losen Händeln / die ihren Ehren nachtheilig / umgehen. Das wil ich nimmer glauben/ versetzte Harald, dann die wenige Zeit/die ich mit ihr bekandt zu seyn die Ehre gehabt / ich nichts / als Großmüthigkeit und ungemeine Tugend an ihr vermercket. Wie aber / redete er ferner / wann sie sich etwan in Manns=Kleider verstecket/und solcher Gestalt unser Suchen Frucht=loß machte? Und warum solte sie dergleichen thun/antwortete Ethelred, indem nicht abzusehen/was sie hierzu bewegen/ und sich auß dem Staub zu machen/ Ursach geben solte? So müste man auch wissen/wie sie zu Manns=

Kleidern

Kleidern hätte kommen können/ sagte der Wirth/ angesehen weder der Page, noch sonst Jemand einige Nachricht geben kan. Harald stimmete mit ein/ und sagte: Er wolte doch gern sehen/wer ihnen dieses Räßel auflösen/und Celinden wieder zumVorschein bringen würde/ es möchte auch endlich seyn/ wie es wolte/wann ihr nur nichts Widriges widerfahren; Das wil ich meines Theils nicht hoffen/ sagte Jener/ sondern bin gänßlich beredet/ wann es rechter Ernst zu suchen wäre/ es solte sich Celinde bald finden lassen.

Harald wolte hierüber sich schier in etwas entrüsten/darfür haltend/ der Cavallier möchte hiermit verdeckter Weise zu verstehen geben/ als ob er einigen Argwohn auf ihn hätte/ daß Celinde verlohren wäre. Der Cavallier solches wahrnehmend/ sagte: Mein Herz wird mir hoffentlich nicht übel deuten/ was ich/ ohn Böses zu gedencken/ Celinden halber vorgebracht/ indem ich nicht anders gedencken kan/ als daß selbige sich unfehlbar in ihrem Zimmer aufenthalte. Auf diese Rede wurde Harald hißiger/ und indem er diesen Cavallier mit Ernst anblickete/ und genau betrachtete/ stußte er Anfangs ein wenig/ die freundliche Minen aber deß Neulings/ und seine von Sorg/ Forcht und Zorn nunmehr befreyte Augen gaben ihm seinen Jrthum zu erkennen/deßwegen er freudig hinzu tratt/ sprechend: So wird mir demnach vergönnet seyn/ meine tapffere Räyß-Gefährtin im Cavalliers-Aufzug auß treuem Freundes-Herßen zu küssen! Und mir/ sagte der Andere/ wird Niemand übel deuten/meinen wahren Freund und getreuen Beystand freundlich zu umarmen; Hierauf umarmeten und küsseten sie sich Beyderseits Brüderlich.

Deß Engelländischen
Das VI. Capitul/
Die Gesellschafft erfreuet sich deß Aimirs. Schott= und Irländische Rebellen bleiben halßstarrig. Die Königliche Spanische Braut kommt in Engelland an. Celinde, oder vielmehr Aimir, wird wegen begangener Mord-That angeklaget/und unangesehen Haralds und eigener Vertheidigung/dannoch arrestiret.

Ethelred, der Gast-Wirth und James, kunten nicht begreiffen / was sie auß diesen unvermutheten freundlichen Umarmungen machen solten / und warum deß Haralds Eyfer so Augenblicklich sich in so grosse Freundlichkeit verändert hatte. Ethelred liesse sich gegen Harald also vernehmen: Weilen mein Herz über den Verlust der von ihm so belobten Celinden sich so wol trösten / und hingegen mit diesem Cavallier so freundlich ergötzen kan / so wird unvonnöthen seyn / um die verlohrne Celinden sich weiter zu bekümmern / noch dieselbe ängstiglich zu suchen. Harald erwiderte: Weilen in diesem tapffern Cavallier ohne Zweifel die verlohrne Celinde wieder gefunden / als werden wir ins gesamt deß fernern Nachsuchens entübriget seyn können / und versichere ich den Herrn/ daß / so lieb mir die Gegenwart der Celinden und ihre Kundsame gewesen/ da ich die Ehre hatte/sie zu begleiten / so viel und noch viel lieber ist mir / daß ich mich nun viel vertrauterer und anständigerer Weise mit derselben in dieser lieb-werthen Person ungescheuet ergötzen kan; Dann/ob ich schon die wenige Zeit/die ich mit ihr umzugehen die Ehre gehabt/ eine sonderbare Hochachtung gegen sie getragen/ist doch dieselbe niemahlen so beschaffen gewesen / daß ich darum die durch die Kleidung äusserlich vorgestellte

Person/

Perſon/ und nicht vielmehr das Jenige/ was ſie in Warheit war / ſolte geliebet / und ſie in ſolchem Stand/ wie ich ſolche anjetzo ſehe/ viel lieber/ als in dem Frauen-Habit, wahrhafftig zu ſehen und zu ſeyn gewünſchet haben. Nur möchte ich wiſſen/ (zu der geweſenen Celinden ſich wendend/) was meinen Herrn zu ſolcher Geſtalt- und Geſchlechts-Veränderung veranlaſſet/ und unter Weiblichem Habit ſo Augenſcheinlicher Gefahr ſich zu unterwerffen/ die wahre Urſach geweſen?

Die vormahlige Celinde beantwortete ſolches mit wenigem dahin / daß ſie zwar wegen ſothaner unverdienter Affection ſich bedanckte / ihme auch in ſeinem Anſinnen hertzlich gern willfahren wolte/ weilen aber eine hochwichtige Angelegenheit erforderte/ die wahre Urſach ihrer Räyſe und Kleider-Veränderung dermahlen noch verſchwiegen/ und in Geheim zu halten/ ſie auch ſolches keinem einigen Menſchen zu Nachtheil/ ſondern allein auß höchſtdringender Noth/ zu eigener Rettung/ zu thun gemüſſiget worden/ als wolle die Geſellſchafft ihr nicht in Argem vermercken/ daß ſie für dißmahl das Jenige verſchweige/ was zu anderer Zeit auch ungebetten zu erzehlen ſie ſo willig / als erbietig ſeyn würde.

Sie waren allerſeits mit dieſer höflichen Entſchuldigung zufrieden / und verfügten ſich / weilen es Zeit war zur Tafel/ da es allerley Geſpräche von der noch immer fürwährenden Irr- und Schottländiſchen Unruhe gab/ wiewolen bey dieſer Jahrs-Zeit wenig Nachdrückliches unterfangen und verrichtet wurde; Auſſer daß der General Maccay dann und wann einige Trouppen gegen die rebellirende

Hoch-

Hochländer und Berg-Schotten außcommandirte/ und wo er immer konte/ möglichen Abbruch thät. Ethelred sagte hierüber: Ich erfreue mich demnach/ nicht zwar dieses Königreich/ mein werthes Vatterland/ in Rebellions-Flamme brennen zu sehen / sondern vielmehr Gelegenheit zu haben / demselben einige / wiewol geringe Dienste wider die allgemeine Ruh- und Frieden-Stöhrer zu leisten / wann ich nur dasselbige bald bewerckstelligen könte. Daran wird es wol nicht lang mangeln/ versetzte der Hauß-Herr / indem besagte Rebellen niemahlen lange feyren/ sondern durch ihre Plackereyen mehrfaltig das Land beunruhigen / durch Plündern und Rauben grossen Schaden thun/ auch manchmahlen mit blutigen Köpffen darüber zuruck gewiesen werden.

Aimir, so wolte die bißherige Celinde sich nunmehr genennet wissen / sagte hierauf: Daß / wann die Gelegenheit sich hierzu ereignete / er dem gemeinen Wesen zu Gutem gern seinen Degen auch mit der Feinde ihren messen möchte / wann nur ihre nothwendige Räyse dardurch nicht gehindert würde / welches Harald seines Theils auch bekräfftigte. Währender Mahlzeit erkundigten sie sich ferner bey dem Wirth/ ob er keine Nachricht habe/ von der Königl. Spanischen Braut / der Prinzessin von Pfaltz-Neuburg/ ob dieselbe in Engelland ankommen / und wie bald Sie in Spanien ferner abzusegeln gesinnet seye? Der Wirth aber wuste hierauf keinen andern Bescheid zu geben/ als daß er sagte/ auß denen gemeinen Avisen gelesen zu haben / daß/ nachdem diese Spanische Braut zu Dordrecht von den Spanischen/ Engelländischen/ Holländischen/ und andern Gesandten prächtig complimentiret worden/

Eduards / 1.Theil.

worden / seye sie in Begleitung deß Englischen Admirals Russel mit verschiedenen Schiffen nach Engelland abgefahren / und obwolen ein sehr hefftiges Sturm-Wetter eingefallen/ welches die Uberkunfft verzögert / so werde jedoch nicht gezweifelt / daß sie nunmehr in Engelland glücklich werde angelanget seyn / von dar auß unter starcker Begleitung in Spanien überzuschiffen.

Indem folgenden Tages diese kleine / in genauer Vertraulichkeit lebende Gesellschafft zu ihrer ehesten Abräyse Anstalt machte/ kam der Wirth/ als die drey Herren beysammen waren / ins Gemach getretten/ mit Vermelden/ daß von dem Gubernator ein Bedienter vorhanden / der ernstlich nachfraget/ ob nicht in seiner Herberge eine Fräulein logirte/ welches er nicht verläugnen können/ indem er gäntzlich darfür halte/ es werde solches von Herrn Aimir zu verstehen seyn; Dieselbe/ fuhr er fort/ solte alsobald zu dem Herrn Gouverneur kommen / wegen einer gewissen Anklage daselbsten Red und Antwort zu geben.

Aimir befahl dem Wirth / diesem Bedienten deß Gouverneurs anzuzeigen/ daß er alsobald seinem Herrn gebührend aufwarten wolte. Wie? sagte er zu seinen zweyen Herren Cameraden / wann ich wegen der Strassen-Räuberischen Gentlemens, die an mir unrechtmässigen Gewalt zu üben trachteten/ angefochten/ und Antwort zu geben angehalten würde? Es mag so seyn / sagte Harald, und wann dem also / so werde ich ebenfalls einen guten Theil der Verantwortung auf mich zu nehmen haben/ wil demnach euch / Herr Aimir, dahin Gesellschafft leisten/ um/ so wol euertwegen/ so es nöthig/

G 4 Zeug-

Zeugnüß zu geben/als/und auch die auf der Straſſen vorgegangene Action und gethane Schutzwöhr
zu rechtfertigen.

 Sie giengen darauf hin nach deß Herrn Gouverneurs Pallaſt / der ſie bald in ſein Verhör-Zimmer ruffen lieſſe. Er war aber ſehr beſtürtzt/als er die beyde anſehnliche Cavallier ohne fernere Begleitung zu ſich hinein tretten ſahe/ und wuſte nicht/ weſſen er ſich entſchlieſſen ſolte. Unſere beyde Räyß-Gefährten/nach erwieſener Ehrerbietung/fragten/ was die Urſach ihrer Citation, wer ihr Kläger/ und was ihr Verbrechen ſeye? Der Gouverneur entſchuldigte ſich mit ebenmäſſiger Höflichkeit/ſagende: Meſſieurs, es wird ein Mißverſtand mit unterlauffen/ und an der Perſon geirret worden ſeyn. Lieſſe hierauf den Abgeſchickten herein fordern / den er mit harten Worten fragte: Wie? Kerl / hatte ich nicht befohlen eine gewiſſe Fräulein hieher zu fordern / wie kommt es dann / daß dieſe beyde Herren vergebens hieher bemühet werden? Der Officiant entſchuldigte ſich aufs Beſte / daß er nemlich ſeinen Befehl recht gegen dem Wirth außgerichtet / ſelbiger auch ihm Wiederantwortlich bedeutet/ es würde die verlangte Perſon alſobald erſcheinen / wiſſe er alſo nicht / wie durch den Wirth die Sache ſeye verrichtet worden. Der Gouverneur entſchuldigte ſich abermahlen / ſagende: Ich weiß nicht / ob der Wirth mich oder die Herren zu vexiren ſich unternimmt; Es ſeye aber welches es wolle / ſo ſolle es ihme doch ungeſtrafft nicht hingehen / erlaubte auch denen beyden Cavallieren wieder nach Hauß zu gehen. Aimir entſchuldigte den Wirth und ſagte: Ich bin verſichert mein Herr/ daß der Wirth hierbey ohne
Schuld

Schuld seyn wird; Und so es dem Herrn Gouverneur beliebet/ die klagende Personen/ und die bezüchtigte Mißhandlung Namhafft zu machen/ so möchte vielleicht einer von uns Beyden mehrere Erläuterung zu geben wissen. Ich zweifle daran/ versetzte der Gouverneur, indem die Sache Frevelhafften Mord- und Todschlag betrifft/ ich aber keinen der Herren für dergleichen boßhafften Frevler ansehe/ zu dem/ so ist die Klage wider eine Weibs-Person/ und keinen Cavallier gerichtet. Wie aber/ sagte Harald, wann dessen unerachtet/ je nachdem die Klag und Beschuldigung/ oder der Kläger beschaffen/ wir den Zweiffels-Knotten aufzulösen verhülfflich seyn könten. So wurde es mir desto lieber/ und in der Sache leichter zu urtheilen seyn/ sagte der Gouverneur. So lasse man/ jedoch ohne ungeziemende Maßgebung/ den Ankläger zum Vorschein kommen/ so wird sich die Sache bald weisen/ und das Räzel errathen werden. Wolan dann/ sagte der Gouverneur, es solle ihnen willfahret/ und die klagende Parthey alsobald anhero gebracht werden; Befahle darauf einem Hof-Bedienten/ hin zu gehen/ und die bezeichnete Person/ so in einem Ort deß Gouverneurs Pallasts sich aufhielte/ her zu bringen.

Aimir war nicht wenig verwundert/ als er die Albela ins Gemach hinein tretten sahe/ und ware dieses eben die Jenige Dame, die er vor einigen Tagen auß seinem Fenster in seiner Nachbarschafft von der Gutschen hatte steigen sehen/die ihne so wol betrachtet/ er aber wegen vorhabender Masque selbige nicht erkennen können.

So bald sie in dem Zimmer/ oder Verhör-Saal angelanget/ und ihre Reverentz dem Königl. Statt-

Statthalter erwiesen; Liesse derselbige folgender Gestalt sich vernehmen: Ehren-Geliebte/zumahlen auch Hochbetrübte Frau/ ich habe auß obligender Amts-Pflicht nicht unterlassen/ auf derselben angeführte und sehr wahrscheinliche Anklage in der mir bezeichneten Herberge/ die beklagte Mörderische Weibs-Person suchen/und für mich zu fordern/ auch nicht anders vermeynet/als dieselbe werde sich allhier einfinden/ und auf die angebrachte Klage gebührende Red und Antwort erstatten. Ich weiß aber nicht/ durch was für ein Versehen/ oder Fehler/ die Sache dahin gediehen/ daß an Statt einer benahmseten und mit gewissen Umständen bezeichneten/ so genannten Mörderischen Fräulein diese beyde gegenwärtige frembde Cavallier anhero/ Rechenschafft zu geben gefordert worden. Und ob ich schon den hiebey vorgegangenen/ wiewol unwissend begangenen Fehler gegen sie entschuldigen/ mithin auch dieselbige ihres Weges ungehindert gehen lassen wollen; So haben sie dannoch dahin sich vermercken lassen; Daß/ob sie wol die Ursache zur Klage nicht eigentlich wüsten/ einer oder der ander gleichwol auf vorgebrachte umständliche Erzählung vielleicht einige weitere Erläuterung zu geben nicht allerdings untauglich seyn mochte: Sie solte derentwegen sich belieben lassen/ ihren Unglücks-Fall nach seiner eigentlichen Beschaffenheit in dero Gegenwart nochmahlen zu erzählen/ ob vielleicht zu ihrem Trost/ und Linderung ihres Hertzenleydes/ einiges Mittel durch diese Cavallier könte außgefunden werden.

 Albela wiederholete ihre vorige Ehrerbietigkeit/ und nachdem sie unsere beyde Fremdlinge

Seit-

Eduards / 1.Theil. 107

Seitwarts ohne sonderbahre Aufmercksamkeit ein wenig angeblicket; fienge sie folgender Gestalt an zu reden: Gnädigster Herr Statthalter / Handhaber der Gerechtigkeit / Beschirmer der Nothleydenden/ Vertheydiger der Wittwen/ und Zuflucht aller unbillig Bedrangten; Ob mir zwar nichts Schwerers kan zugemuthet werden / als mit abermahliger Erzehlung meines unglücklichen Schicksals und Verlust meines Ehewirths und Söhnen/ meine tieffe Hertzens-Wunden wiederum zu erfrischen/und neu zu machen; So erfordert jedannoch meine Schuldigkeit/ und der Gehorsam/ womit ich diesem hohen Gerichts-Stuhl mich verbunden zu seyn erkenne / deme an mich erfordertem Begehren Statt zu geben.

Demnach/so ist zu wissen/daß vor wenig Wochen eine gewisse Fräulein / dem Ansehen nach / hohen Standes/ allein von einem Page begleitet/ Abends-Zeit zu mir in meine Wohnung kommen/unter dem Schein erlittener Verfolg- und entgangener Entführung / um Nacht-Herberge gebetten / so ihr auch/ um ihrer ansehnlichen Person/ erlittenen Ungemachs / und erzeigter Höflichkeit willen/ willig zugesagt / und nach Vermögen gutwillig aufgenommen/und tractirt worden. Als deß folgenden Morgens dieselbe wieder verräyset / so weiß ich nicht / durch was für ein unglückliches Gestirn selbige in dem Geholtze an meine Söhne gerathen/ selbige Zweiffels ohn durch anderwärtigen Beystand / ohne gegebene Ursach/ durch heimliches Geschoß/ wie der Augenschein erwiesen/ zu Boden geleget / und meinen Mann / den sein Unglück zu solcher That ungefähr geführet/ durch was für bezauberende

berende Worte und Wercke/ ist mir unwissend/ dahin vermocht / daß er vor grossem Kummer und Hertzenleyd selbsten gewaltsame Hände an sich geleget/ und vor hertzlicher Bekümmernüß sich mit seinem eigenen Degen erstochen.

Wann ich nun / nothwendiger Angelegenheit halben/ mich anhero begeben müssen / und als ich kaum in dieser Stadt angelanget/ und von meinem Gutsch-Wagen abgestiegen/ da habe ich diese Mörderische undanckbare Fräulein/ die sich Celinde nennet / in einer Herberge vor mir über / ungefähr erblicket/ und mich ihres Anwesens gewiß/ auch durch dero eigenen Pagen erkundiget/ und darauf meine Zuflucht zu Eurer hochberühmten Gerechtigkeit genommen / mit wiederholtem gantz flehentlich- und demüthigem Bitten / von Rechtswegen mir an die Hand zu gehen / diese Mörderin anzuhalten/ und sie/ Vermög der Gesetzen dieses Königreichs / als eine boßhaffte und undanckbare Mörderin/ wegen solchen durch sie verursachten dreyfachen Mordes/ alles Ernstes abzustraffen. Ob nun diese Cavallier von solcher Mordthat einige Wissenschafft haben/ oder aber zu Abstraffung solchen Frevels einigen Beytrag und Vorschub thun können / lasse ich dahin gestellet seyn/ wenigsten versichere ich mich/ auß ihrem allzuredlichem Ansehen und Gestalt/ daß sie an solcher Mißhandlung keinen Gefallen/ wenigstens kein Interesse darbey haben werden.

Harald, nach zuvor erbettener Erlaubnüß/ fragte: Wie getrauet sie aber/ Madame, zu erweisen/ daß die beschriebene Celinde die Mörderin ihrer Söhnen / und folglich die Ursach ihres Ehe-Herrn verzweiffelten Todes seye/ und was für Gezeugnüß

zeugnüß hat sie deßwegen anzuführen? Albela antwortete: Mein Hertz/ ob es mich gleich in meinem Hertzen schwer ankommet/ die von mir sonst hochgeachtete Celinden für die Mörderin meiner Kinder anzugeben/ so geben es aber gleichwol unterschiedliche Umstände gnugsam zu erkennen/ daß es kein ungegründeter Verdacht seye: Ein unverwerffliches Zeugnüß kan neben andern dieses seyn/ daß der Jüngste Sohn durch einen Pistohlen-Schuß/ der älteste aber durch zween Stiche in die Brust und Hertz/ todt geblieben; Nun habe ich bereits die gewisse Nachricht/ daß eben diese Celinde, wie sie allhier zur Herberge eingezogen/ zwey Pistohlen/ die einander gantz nicht gleich/ und nicht zusammen gehören/ bey sich geführet/ davon die Eine gantz blutig und besudelt gewesen/ und vielleicht noch also anzutreffen seyn wird/ wie davon deß Wirths Knecht am Besten Zeugnüß geben kan/ als bey welchem ich durch meinen Diener Celinden halben/ nachdem ich sie im Fenster erblicket/ Nachfrage habe thun lassen. Ob es nun Herkommens/ daß Adeliche Fräulein dergleichen Gewöhr/ und zwar heimlich (dann als sie in meinem Schloß gewesen/ hat Niemand der Meinigen etwas dergleichen bey ihr wahrgenommen/) mit sich führen/ und ob solches nicht einen billigmässigen Verdacht nach sich ziehe; Davon lasse ich den Königl. Statthalter/ und jeden Verständigen/ urtheilen.

Harald versetzte hinwieder: Madame, dieses ist noch ein gar schlechter Beweißthum/ und Verdacht ohne Grund/ indeme besagte Fräulein gar leicht durch einigen Zufall zu einem oder mehr Pistohlen gelangen können/ allermassen ich dergleichen

gleichen Fall zu erzehlen wüste; So ist auch nicht wol zu begreiffen/ wie diese Fräulein eure Söhne hätte antasten/ und ohne gegebene grosse Ursach sie verletzen/ und gar tödten sollen; Viel vermuthlicher scheinet/ eure Söhne seyen nicht der besten Haare gewesen/ und haben gesuchet/ der beklagten Fräulein einigen Gewalt zu thun/ wordurch sie mag bewogen worden seyn/ sich selbsten ihrer Haut zu wehren/ und das Ihrige vor Räuberischem Abnahm zu vertheydigen.

Albela erröthete über solcher Rede/ und sahe etwas erzörnet den Harald an/ sprechend: Ich muß leyder zu meiner eigenen Beschämung gestehen/ daß meine Söhne nicht von der besten Art/ jedoch aber keiner Rauberey/ noch dem Buschklöpffen/ ergeben gewesen. Es ist aber das angeführte nicht das einige noch Haupt-Gezeugnuß wider Celinden/ sondern das Zeugnuß meines sterbenden Mannes/ der Celinden selbsten/ sein und seiner Söhne Todes Ursach mit seinem letzten Athem außgeschryen/ kan meine Klage rechtfertigen/ und wird dieser gegenwärtige ehrliche Mann hievon Bescheid geben können/ als der den sterbenden Sylvian gesehen/ und seine letzte Worte von ihme angehöret hat.

Auf deß Gouverneurs Befragen antwortete dieser: (es ware eben der jenige Wäydmann/ der den Sylvian in seiner Verzweifflung angetroffen/ und den rasenden Selbst-Mord/ wiewol vergebens/ zu verhindern gesucht/) daß/ als er den sterbenden Sylvian um die Ursach seiner selbst-Verwundung befraget/ ihme derselbe diese Antwort hingegen ertheilet: Ach! ich Unglückseeliger! Ach Albela! Ach Tu-

Ach Tugendsame Albela! Verzeyhe mir meine Fehler! Ach Celinde! Celinde! du Ursach meiner Söhnen und meines Todes! Ach! - - und mit diesem Ach! - seye ihme zugleich auch die Seel außgefahren.

Harald nahme hier alsobald das Wort wieder/ und sagte: Das ist eben so ein schlechter Beweiß/ als der Vorige; Dann/ solte Celinde der Todtschläger deß Sylvians Söhnen gewesen seyn/ oder nicht rechtmässige Ursach darzu gehabt haben/ Sylvian, als ein resoluter Edelmann/ wurde wol eher die Mörderin/ als sich selbsten/ auß rechtmäßiger Rache und Eyfer zu tödten getrachtet/ und nimmermehr so kleinmüthig und verzweiffelt sich verhalten haben. Wird demnach die Sache sich gantz anders befinden/ und gegenwärtiger Cavallier, so der Celinden Herrn Bruder vertretten kan/ eine mehrere Eröffnung dieses biß daher noch verborgenen Handels ans Liecht geben.

Albela, die vorhero auf den Aimir keine sonderbare Achtung gegeben hatte/ wurde sehr bestürtzet/ als sie in diesem Cavallier die völlige Abbildung der Celinden Angesichts antraffe; Sie sahe hoch auf/ und wußte nicht/ was sie sagen oder gedencken solte; Haralds gethane Einwürffe satzten sie in nicht geringen Zweiffel/ der Celinden Angesicht und Gravitätische Minen in einer andern Person zu sehen/ brachte ihr nicht geringe Verwunderung. Der Gouverneur konte in so verwirrtem Handel so schnell sich zu nichts entschliessen. Dannenhero Aimir, als er die Albela in solcher Bestürtzung sahe/ also zu reden beginnte:

Gleich

Gleich wie die Laster und Unwarheit zu ihrer Beschön= und Bemäntelung allerley Vorwand / Schein=Gründe / weit her gesuchte Ursachen / sich damit zu schmincken benöthiget: So hingegen kan die Tugend und Warheit auch Nackend und ohne Schmincke bestehen / ob sie schon jezuweilen auch eine Zeitlang Gewalt leyden muß / und gedrucket wird. Dieses sage ich nicht darum / als ob ich diese hochbetrübte Frauen einigen Lasters und Untugend noch diesen der H. Gerechtigkeit gewidmeten Ort einiger Unterdruckung der Warheit beschuldigen wolte. Ich könte vielleicht unschwer Mittel erfinden / diese Auflage so leichtlich mit wahrscheinlichen Gründen von mir abzuwelzen / als leicht es mir gewesen / den eine Zeitlang entlehnten Habit abzulegen.

Hier zugegen in meiner Person stehet gegenwärtig die zwar beklagte / jedoch aber gantz unschuldige Celinde, deren eine fast unvermeydenliche Lebens=Gefahr solchen Namen / und mit demselben eine / meines Gleichen Person sonst nicht geziemende Kleidung / eine Zeitlang aufgedrungen. Gleich wie ich nun die Zeit meines Lebens aller Untreue und Falschheit von Hertzen feind gewesen / also hoffe ich auch / diese Klage dergestalt von mir abzuleinen / daß ich billig für entschuldiget gehalten / und aller Anklage werde befreyet werden.

Albela sahe den Aimir hierauf mit unverwandten Augen an / wolte auch demselben schier nicht trauen / noch glauben / daß diese Person warhafftig Celinde wäre / welches sie zwar wol wünschte / doch aber zugleich auch gerne sahe / daß sie wegen solcher Anklage unschuldig seyn möchte. Der Gouverneur

wär

war nicht weniger verwundert über solcher Abenstheuer/sagte demnach: Wolan dann/ wann ihr die beklagte Person seyd / worfür ihr euch selbsten angebet / so lasset hören / was zu eurer Entschuldigung/und Ableinung solcher Bezüchtigung ihr fürbringen könnet / damit hernach ein Außspruch in der Sach geschehen könne.

Hierauf fienge Aimir an zu erzählen / wie er in Weibs-Kleidern in deß Sylvians und der Albela Behausung kommen / bewirthet worden / was daselbsten/ und den folgenden Morgen im Gehöltze mit denen entleibten Brüdern und dem Sylvian selbsten/ so wol seiner Liebe halben/ als auch mit Ertödtung seiner eigenen Söhnen/ wiewol ihme selbsten/ als auch dem Aimir unwissend zugetragen/ und solches alles nach denen Umständen / die schon oben angeführet worden. Darauf führete er die von Harald angezogene Entschuldigungs-Ursachen / Beantwortung der Einwürffe / Ableinung allen Verdachtes/ mit solcher guten Art an/ und erkläretete dieselbe noch ferner / daß weder der Gouverneur, noch Albela, an seiner Unschuld einigen Zweiffel mehr trugen / Albela auch / unangesehen sie den Tod der Ihrigen sehr gerne gerochen sahe/ dannoch in ihrem Hertzen nicht anders kunte / als ihne selbsten loß zu sprechen.

Gleichwol aber so gabe die Geschlechts- und Kleider-Verläugnung und Verwechslung dem Gouverneur ein und andere argwöhnische Gedancken/. die ihn in seiner Entschliessung nicht wenig irre machten. Das Heroische Ansehen/ unerschrockene/ dapffere und verständige Rede/ die selbst eigene redliche Offenbahrung deß gebrauchten Kleider-

I. Theil.   H   Betrugs/

Betrugs/überzeugten ihn/daß Aimir auſſer Zweiffel eine aufrichtige Perſon ſeyn müſſe; Was ihn aber ſein Stand zu verläugnen antreiben ſolte/ das kunte er ſich nicht einbilden/ und dauchte ihn/ als ob was ſonders hierunter verborgen ſtecken müſſe. Deßwegen ließ er ſich alſo vernehmen:

Ob zwar die gethane Verantwortung alſo beſchaffen/ daß darauß meines Theils deß Beklagten Unſchuld genugſam zu erhellen ſcheine; So lauffen je dannoch ſolche Umſtände mit unter/ die da erforderten/ genauer unterſuchet zu werden/ um auf den rechten Grund der Warheit zu kommen/ bevorab zu dieſen Zeiten/ da ſo wol in Schottland/ als auch in Engel- und Jrzland/ allerley Schwürigkeiten und verfängliche Händel angeſpunnen und verübet würden. Befehle er demnach der Albela, für dißmahl ohne fernern ſchließlichen Entſcheid/ ſich in ihre Wohnung zu begeben/ und was etwan zu mehrerm Beweiß ihrer führenden Klage dienſtlich ſeyn könne/ wol zu überlegen/ und in gewiſſer Friſt ihme wieder vorzubringen. Deß beklagten Aimirs gethane Ableinung wolte er zwar nicht ungültig erklären/ jedoch aber noch weitere Kundſchafft einziehen. Indeſſen aber werde er ſich nicht zuwider ſeyn laſſen/ für dißmahl in einen unnachtheiligen Arreſt, im Schloß zu verharren/ biß gleichwol die Unſchuld mehrers an Tag komme.

Harald und Aimir hätten ſich nichts wenigers als eines ſolchen Außſpruchs verſehen/ proteſtiren deßwegen/ mit dem Erbieten nicht auß der Stadt noch Königreich zu entweichen/biß zuvor aller Verdacht völlig abgeleitet wurde. Aber der Gouverneur wolte dieſem keine Gehör geben/ ſondern bliebe bey dem

Eduards/ 1. Theil.

dem gefaßten Schluß/ was sie auch dargegen einwandten. Albela müste damit auch zufrieden seyn/ dem Aimir wurde ein feines Zimmer im Schloß angewiesen/ und dem Harald nach Hauß zu kehren erlaubet/ der sich aber kaum darzu verstehen kundte/ sondern lieber bey dem Aimir im Arrest verbleiben/ der Gubernator aber solches nicht gestatten wolte.

Harald gienge darauf voller Zorn und Unmuth nach Hauß/ dann ob er wol nur wenige Zeit in Gesellschafft der Celinden oder Aimirs gewesen/ so hatte doch eine sonderbare gegen demselben tragende Affection, in seinem Hertzen bereits so tieff eingewurtzelt/ daß er fast nicht ohne seinen neuen Freund leben konte/ dannenhero allerley Anschläge machte/ wie er ihn ehestens auf völligen freyen Fuß setzen möchte. Dem Ethelred kame diese Arrestirung/ als Harald ihme solches erzählete/ auch sehr fremd vor/ gleichwol musten sie solches geschehen lassen.

Die Albela, je mehr sie/ das/ was sie gehöret betrachtete/ je mehr dauchte sie Celinde oder vielmehr Aimir unschuldig zu seyn/ war ihr deßwegen leyd/ daß sie ihre Klage angebracht hatte; Bevorab/ wann sie dem übelgeführten Leben ihres Mannes/ und der schlechten Erziehung und Unterweisung ihrer Söhnen nachdachte; Sie bereuete ihre Übereylung/ und wann es nicht zu ihrem Nachtheil außgeleget worden wäre/ sie wäre alsobald wieder hingegangen/ um seine Erlassung zu bitten/ muste aber Ehren halben solches anstehen lassen.

Der Gubernator hingegen feyrete nicht genaue Untersuchung zu thun/ ob er hinter das darunter

Deß Engelländischen

unter versteckte Geheimüß/seinem Beduncken nach/ kommen möchte. Er liesse den Stadt-Knecht scharff examiniren / und befande die Sache / wie Albela wegen der Pistolen erzählet hatte / ja noch darzu/ daß auch das Pferd blutig gewesen. Es wurde zugleich der Page ernstlich befraget / der aber von seines Herrn Stand nichts anders zu sagen wuste/ als was schon oben erwähnet. Den Handel mit dem Sylvian und seinen verkapten Söhnen / erzählete er eben auf die Weise/ wie sein Herr solchen vermeldet hatte / mit diesem fernern Hinzuthun/ daß seines Erachtens seine gnädige Fräulein oder Herr / welches auch endlich seyn möchte / vornehmen Standes und Vermögens seyn müsse / welches er auß denen mit sich führenden köstlichen Sachen und Paarschafft abnehmen könnte.

Das VII. Capitul/

Der Gubernator hat allerley Argwohn/ zwischen einem Edelmann und Harald ereignet sich ein Streit/ über deß Aimirs Pferd/ dieser wird durch Albela und deß Sylvians Diener / wegen deß bezüchtigten Mords/ unschuldig erkennet/und deß Arrests entlassen; Geräth aber in neue Händel / so durch einen drey-gedoppelten Zwey-Kampff sollen außgetragen werden.

JE mehr der Gubernator oder Königl. Statthalter den Handel bey sich erwoge/ je grössern Argwohn er auf deß Aimirs Person schöpffete / vornemlich auch darum/ weil solcher gesagt hatte / daß er von Glaßkau herkommen. Die erst kürtzlich daselbst entdeckte Verrätherey und vorhabender Mord-Brandt verursachten ihme allerhand Gedancken / ob diese Person nicht auch hierbey interessirt gewesen / und der Straffe und

Gefäng-

Eduards / 1.Theil.

Gefängnüß zu entgehen / sich in Weibliche Kleider versteckets. Bald gedachte er / es müste Aimir vielleicht einen grossen Herrn bestohlen / und solcher Gestalt die bedeutete Kostbarkeiten und Paarschafft bekommen / und sich also auß dem Staub gemacht haben. Wiederum fiele ihme ein/ es möchte Aimir in Ansehung seines zarten Gesichts warhafftig eine muthwillige freche Dirne seyn / die gerne in Gesellschafft der Männer räysete / und solches desto besser zu verbergen / sich nunmehr in Cavalliers Mundirung umgekleidet hätte. Wann er aber im Gegentheil betrachtete / die Gegen-Wöhr und Unerschrockenheit / derer er sich bey dem Räuberischen Angriff deß Sylvians Söhnen gebrauchet; Seine artige Manier / wormit er seine Erzählung vorgebracht; Die Aufrichtigkeit seines Gesichts / die unverzagte Großmüthigkeit in seinem Thun / und dergleichen; So kunte er weder eines noch das andere von Aimir glauben / sondern muste sich denselben / als einen rechtschaffenen Edelmann / einbilden.

Indessen / da sich der Gubernator mit allerhand dergleichen Gedancken schluge / erzehlete Harald dem Ethelred alles das Jenige / was ihme von deß Aimirs Person und Begebnüssen bewußt ware / welches diesem Schotten nicht unlieb zu vernehmen / und deßwegen um so viel mehr von deß Aimirs Entlassung sich bekümmerte / um seiner mehrern Freund- und Kundschafft zu geniessen.

Deß andern Tages / als sie beede mit einander sich erspracheten / entstunde unten im Hof ein Gezänck und Getümmel; Als sie dahin giengen / fanden sie einen Fremdling / der sich mit dem Wirth ob

deß

Deß Engelländischen

deß Aimirs Pferd zanckte / und daß solches seinem nahen Anverwandten gestohlen worden / außgabe/ dannenhero er es kurtzum wieder haben wolte. Der Wirth hingegen behauptete / daß solches einem fremden Cavallier zustünde / der zwar jetzo nicht bey der Hand / aber doch auch nicht weit entfernet seye. Zu dem / so habe er / der Wirth selbsten / auch das Pferd / wegen unbezahlter Zährung / wofern sie (wie er aber zu zweifflen keine Ursach habe/) nicht entrichtet würde/ zu prætendiren. Der Frembling beharrete darauf / daß dieses seines Freundes auf der Straßen ihme geraubtes Pferd seye/ seye demnach er/ der Wirth/ ein Beherberger der Straßen-Raub / und weil er ihnen und ihrem Raub Unterschleiff gebe / ohne Zweiffel auch in solcher Räuber Gesellschafft mit begriffen. Harald sagte hierauf: Der Herr thue gemach / mit solchen schändlichen Worten außzubrechen / dann weder ich / noch mein Cammerad (auf Ethelred deutend/) darum / weil wir in dieser Herberg ligen / Straßen-Räuber seyn / noch auch den Wirth für dergleichen halten. Aber / sagte er ferner / es kan wol seyn / daß der Jenige/ von deme man vorgibt/ daß dieses Pferd ihme gestohlen seye / ein Straßen-Räuber ist. Was/ sagte der Frembde/ solte Jemand einen Schottischen Gentlemen mit solcher Anzüglichkeit beschimpffen/ der möchte wol selbsten dergleichen seyn; Und seyd ihr vielleicht der Jenige / der die Land-Hure und Räuberin/ so an dem Diebstahl dieses Pferdes Ursache ist / mit höchster Unbilligkeit beschirmet / und sich ihres Verbrechens mit theilhafftig gemacht hat? Ich habe keine Land-Hure / noch Räuberin/ wie du Fresser sagest / beschirmet / sondern eine ehrliche

liche Person / die von leichtfertigen Gesellen Mörderisch angefallen worden / als einer weit übermannten / wie einem Cavallier zustehet / Hülffe geleistet / und ist dieses strittige Pferd derselben billich an Statt deß Jhrigen / so von diesen Räubern zu Schanden gerichtet worden/verblieben/weil dessen Herz es weder vertheydigen noch selbsten behaupten können. Im übrigen wil ich der Mann seyn / der solches / auf welcherley Weise es gesucht wird / verfechten wil.

Es soll nicht lang anstehen / versetzte dieser wieder/ so wollen wir sehen/wie/und wo die Jenige seyen / die du anjetzo schilteft / und wil ich selbsten deßwegen scharffe Satisfaction zu fordern wissen. Harald lachete darauf / und sagte: Gewiß Kerl/ wann du nicht von besserm Schrott bist / als Jene/ deren Sache du rechtfertigest / so darff ich und andere deinetwegen eben so wenig Sorge tragen / als deines liederlichen Vetters/und seiner Gesellschafft halben/geschehen. Der fremde Schotte hätte gern nach dem Degen gegriffen / er sahe aber nicht für gut an/sich dißfalls weiter einzulassen/ sondern verbisse das Vorgegangene/und gienge seines Weges/ unter der Bedrohung/ scharffe Rache deßwegen zu nehmen.

Albela ihres Orts war auch nicht ohne Sorgen / sie hatte Celinden in den Arrest gebracht / und wuste nicht/ wie sie solcher wieder darauß helffen solte. Deß Gubernators Befehl war/ wol zu überlegen / was zu fernerm Beweiß ihrer Klage möchte dienlich seyn / und im solches wieder anzubringen. Sie fande aber nicht das Geringste/das ihne weiter hätte verdächtig machen können/ und wann sie auch

H 4 etwas

Deß Engelländischen

etwas wider Celinden hätte erfinden können/würde sie doch schwerlich ferner Rache zu suchen sich entschlossen haben/weil sie gar wol sahe/ daß solches Unglück auß gerechtem Gericht GOttes über ihren Mann und Kinder verhänget worden.

Harald und Ethelred bildeten sich gewiß ein/es würde mit dem Schotten / wegen deß Pferds und darbey vorgegangenen harten Wort-Wechsels / neue Händel setzen/dannenhero waren sie bemühet/ ihren Freund Aimir loßzumachen / giengen deßwegen deß folgenden Tages zugleich zu dem Statthalter/und bathen um Relaxirung deß Arrests / weil doch nichts mit Bestand und Wahrheit auf den Arrestirten könne gebracht werden. Harald erbotte sich auch für den Aimir Bürgschafft zu leisten / und auf den widrigen Fall an seine Stelle zu tretten. Der Gubernator antwortete/ daß solches nicht seyn/ noch er/als ebenfalls ein Frembling/für einen Bürgen gelten könte. Uber das / so mache er sich mit solchem unzeitigen Eyfer schier selbsten verdächtig/ als ob er mit dieser veränderlichen Person und rechten Baldanders/ und seinen Actionen/ einen grossen Antheil habe/und ob der Arrestirte nicht viel eher die jenige Person wahrhafftig seye / die er Anfangs præsentiret / als die Jenige / die er anjetzo in veränderter Kleidung vorstellet/ es werde noch Zeit gnug seyn / seine so sehr verlangte Räyse-Gespanin wieder zu bekommen.

Diese Rede gieng bem Harald sehr nahe / und hätte er nicht Respect gegen den hohen Character deß Königl.Statthalters getragen/ich glaube er hätte sich den Zorn übermeistern / und harte Reden von sich hören lassen. Aber Ethelred legte sich darzwischen

schen / und erbotte sich / als ein gebohrner Schotte/ und getreuer Königl. Vasall zur Bürgschafft / wiewol er nur von wenig Tagen deß Aimirs Kundschafft genossen / aber nichts als Tugend von ihm gesehen.

Der Gubernator sahe hierauf den Ethelred, der ihm nicht allerdings fremd und unbekandt war/an/ und möchte vielleicht ihm sein Begehren nicht gern abschlagen; Indem er aber sich auf eine Antwort bedacht / wurde ihm durch einen Diener angemeldet/ daß die Wittib/ Albela, vorhanden seye / und Audientz verlange. Der Gubernator darfür haltend/ daß sie / wie er ihr anbefohlen/ neue Beweißgründe wider den Aimir anzubringen hätte/befahl/ sie einzulassen. Zu Harald und Ethelred aber sagte er: Es wird euch Herren demnach nicht zuwider seyn / eine kleine Gedult zu haben / ehe ich auf euer gethanes Ansuchen/ Herr Ethelred, mich weiter erkläre; Indessen könnet ihr zugleich auch vernehmen/ was diese betrübte Frau wird anzubringen haben/ weilen ihr doch bey deß Aimirs Handlungen so grosses Interesse zu haben bezeuget. Indem tratt Albela mit einer sie begleitenden Manns-Person herein/ und als sie den Anwesenden die gebührende Ehrbezeugung erwiesen hatte / fienge sie ihre Rede also an: Gnädigster Herr Statthalter / obwolen die Warheit und Unschuld eine Zeitlang verfolget und unterdrucket werden kan / und unter mancherley Schein mehrmahlen Gewalt leyden muß / so dauret doch solches nicht lang / sondern sie behält endlich die Oberhand / und triumphiret über alles/ dannenhero das Sprüchwort wahr bleibet/das da saget: Es seye nichts so klein gesponnen/ es komme

endlich

Deß Engelländischen

ie Sonnen. Nunmehr habe ich den
lüssel zur Eröffnung deß noch immer
und zweiffelhafftigen Rätzels gefun-
e die eigentliche Beschaffenheit/ wie es
agten Todschlag daher gegangen/dar-
1 warhafftiges Zeugnüß deßwegen ab-
Es beliebe nur dem Herrn Statthalter
1/ daß der beklagte Aimir auch gegen-
u vernehmen/was dieser Augen-Zeug/
ser Maaß Mit-schuldiger/ anzeigen

und Ethelred sahen einander/ und der
iese und die Albela an; Jene Zween
/was sie gedencken solten/und auf was
und Albela ihre vermuthliche fernere
en würde/ dahero sie sich gantz unge-
sen/ und der Albela heimlich alles Un-
schten/ die aber sich nichts anfechten
n der Ankunfft Aimirs mit Verlangen
So bald er vor dem Gouverneur erschie-
e Anwesende gantz freundlich gegrüsset
. der Gouverneur der Albela ihre Noth-
tragen; welches sie folgender Weise
wol haben die klugen Alten den Arg-
Schalck genennet/ wie solcher auch in
/ sintemahlen durch solchen auch die
)affteste in Schaden und Gefahr ver-
n Leib/ Leben und Ehr unverdienter
nen können. GOtt sey gedanckt/ der
e Zeit diesen meines Manns gewesten
sendet/ der mich von allem Argwohn
h auch diesen unschuldigen Aimir von
htmässigen Anklage und darüber ange-
legten

gelegten Arrests befreyet/ wie ich dann mich hiermit aller fernern Anklag begiebe/ihn an dem Mord=und Todschlag der Meinigen unschuldig erkenne/ und wegen der wider ihn geführten Klage demüthig um Verzeyhung bitte; Die Ursach deſſen wird gegenwärtiger Jacquin erzehlen/ und im übrigen das Urtheil dem Herrn Gouverneur heimgeſtellet.

Auf Befehl deß Gouverneurs ſagte Jacquin: Gnädigſter Herr! Als vor weniger Zeit gegenwärtiger Herr/ jedoch in anderm und Weiblichem Aufzug/ deß Abends in deß Sylvians/ meines Herrn/ Schloß kommen/ haben unter währender Nacht=Mahlzeit meine junge Herren/ deß Sylvian und der Albela Söhne/ von dem mitgebrachten Page außzukundſchafften geſuchet/ wer die Fräulein/ und was ihr Thun und Laſſen ſeye/ worvon er zwar wenig Bericht/ ſondern nur dieſes zur Antwort geben kunte/ daß ſeine Patronin koſtbare Sachen und gute Baarſchafft mit ſich führete/ und wo ſie hinkäme/ wol außzahlete. Alsbald machten ſie einen Anſchlag/ wie ſie ihres Geldes Meiſter werden/ nachgehends ſich darvon als Edelleute außrüſten/ und ſo dann in Kriegs=Dienſte gehen möchten. Sie wähleten mich zum Gehülffen ihres Vorhabens/ und Geleitsmann ihrer Anſchläge/ ſie bildeten ſich aber nimmermehr ein/ daß die Fräulein ſich zur Wöhr ſetzen/ oder in Streit mit ihnen einlaſſen ſolte/ ſondern ſie gedachten mit Schröck= und Droh-Worten ſich ihres Gelds zu bemächtigen/ mir war befohlen/ den Page und das Fell=Eyſen zu beobachten/ daß der nicht entkäme. Es hat uns aber unſere Hoffnung ſehr weit betrogen/ dann die Fräulein widerſetzte ſich meinen Herren gantz unerſchrocken/

und

und ich/ indem ich den flüchtigen Page verfolgete/ stiesse zu allem Unglück auf meinen Herrn Sylvian, der dem Pagen und seiner nothleydenden Fräulein eylfertig zu Hülff rannte. So bald ich meinen alten Herrn erblicket / eylete ich ins Gebüsch zuruck / in Hoffnung/ die beyde junge Herren zu warnen/ und die Ankunfft ihres Herrn Vatters anzudeuten; Aber Sylvian war zu grossem Unglück geschwinder als ich/ und weil er seine Söhne/ die so wol als ich/ verkapt und verkleidet waren/ nicht kannte/ brandte er ohne Wortsprechen eine seiner Pistohlen auf den Einen loß/ und warff ihn mit solcher zu Boden/ inmittelst wurde die Fräulein ihres Manns auch Meister/ daß er die Erden küssete. Ich darffte mich bey solcher Beschaffenheit nicht erkühnen / an das Liecht zu kommen / noch mich meinem Herrn dar zu stellen / sondern lauschete/ was sich weiter begeben würde/ da sahe ich nun meinen Herrn mit der Fräulein sich erfreuen/ die ihm auch mit grosser Höflichkeit wieder begegnete. Als aber mein Herr/ meines Erachtens / etwas zu freundlich mit ihr handlen wolte / kunte ich wol wahrnehmen/ daß sie sich zimlich hart gegen ihm erwiese/ und er sich sehr demüthigte; Bald darauf sahe ich / wie er eylends zu dem noch nicht todten Sohn hinzu lieff/ ihm den Degen in den Leib stiesse/ aber gar bald eine jämmerliche Klag anfienge/ daß ihn die Fräulein lang trösten und zusprechen muste/ biß er sich endlich in etwas befriedigen liesse. Als er nachgehends die Fräulein ein wenig begleitet/ und so lang er sie im Gesicht haben kunte/ ihr nachgesehen/ bin ich inzwischen hervor gekrochen/ zu sehen/ ob die junge Herren noch lebeten/ aber sie waren alle beyde todt. Wie nun

nun der Vatter zuruck kam / und auch den andern Sohn todt antraff / den er selber erschossen / da ist nicht außzusprechen/was für eine jämmerliche Klage dieser unglückselige Vatter geführet / deßwegen ich mir vorgenommen / mich ihme zu stellen / und nach Vermögen zu trösten / indem ich aber eben hinzu tretten wolte / erblickte ich den bekandten Wäydmann / und zugleich wie mein Herz sich selbsten in seinen Degen stürtzete / deßwegen hielte ich zuruck / damit ich nicht / wann ich hier gesehen oder betretten würde / für einen Mörder meines Herrn Söhne möchte gehalten/oder wenigstens deßwegen scharff examinirt werden. Weil mir nun dieser Unglücks-Fall sehr tieff zu Hertzen gienge / mochte ich nicht wieder nach Hauß kehren / Theils den Jammer nicht ferner anzusehen / Theils auch mich nicht in Argwohn zu bringen / sondern habe mich anhero begeben / einen neuen Herrn zu suchen / da ich dann ungefähr meine Frau/Albela, angetroffen/ auch gehöret / daß dieser Herr / auf Aimir zeigend/ wegen solchen Todschlags angeklaget worden; Weilen ich nun in meinem Gewissen eines andern überzeuget bin / als habe ich nicht unterlassen können/ solches meiner Frauen/ und auf ihrem Befehl E.Gnaden/ der Unschuld zum Besten/ anzuzeigen/ unterthänigst bittend/(damit fiel er dem Herrn Gouverneur zu den Füssen/) mir die bey solcher Begebnüß verdiente Straffe Gnädig zu erlassen / zumahlen ich mit künfftigem Wolverhalten solches zu ersetzen/ niemahlen unterlassen wil.

Alle Anwesende verwunderten und entsetzten sich über diesen unglücklichen Fall / und bezeugten grosses Mitleyden mit Albela. Aimir war froh/

daß

daß nunmehr seine Unschuld offenbar war / und seine beyde Freunde waren nicht wenig erfreuet/ daß hinführo Aimir dieser Sache wegen nimmer solte angefochten werden. Dannenhero auch der Gubernator ihn seines Arrests entliesse / doch darbey erinnerte / daß solches wegen deß Ethelreds Bürgschafft geschehe / dann ob er schon deß geklagten Todschlags halben entschuldiget/ so seyen doch noch andere Ursachen / um derentwillen er billich anzuhalten / biß deßwegen genauere Kundschafft einkomme. Er hatte aber von Glaskau schon so viel Nachricht / daß die daselbst entdeckte Verräther Theils eingezogen / die Ubrige aber wol bekandt wären / und man auf den Aimir, seiner Kleider-Verwechslung halben / keinen Verdacht haben kunte / als wäre er mit in der Conspiration begriffen / zumahlen überall abzunehmen / daß er kein Schottländer/ oder der sich eine Zeitlang in diesem Königreich aufgehalten.

Als unsere Gesellschafft eben Abschied vom Statthalter nehmen wolte / stellete sich der gestrige Schotte dar / der wegen deß Pferds den Lärmen in der Herberge angefangen / und bath / daß ihme Gerechtigkeit wider diesen Räuberischen Fremdling / auf Harald zeigend / möchte ertheilet werden. Der Statthalter stutzte hierüber/ und der Schotte fuhr fort/ und erzehlete/ wie Harald neben einer bey sich habenden Landstreicherin/die einen seiner nahen Angehörigen vorhero hinterlistiger Weise unversehens verwundet / und ihm eine Pistohlen geraubet; Als sie folgenden Tages von zweyen seiner Vettern / Rechenschafft deßwegen zu geben / habe wollen angehalten werden/selbige boßhaffter Weise

angefal=

Eduards / 1.Theil.

angefallen / die Landstreicherin beschirmet / und die ehrliche Gentlemens neben ihr übel verwundet / auch gestattet / daß ermelte Landstreicherin deß einen Edelmanns Pferd / samt einer Pistohlen hinweg genommen. Nun hätte er gestern ungefähr in der Herberge die zweyerley Pistohlen / die ihme / und wem sie zuständig / wol bekandt / angetroffen / auch auf Befragen deß Pagen / der sich derselbigen angenommen / so viel Nachricht erhalten / daß diese Betrügerin / samt ihren Gehülffen / sich allhier aufhalte / habe auch zugleich das seinem Vettern geraubte Pferd im Stall selbsten gefunden / und darüber mit dem vorbedeuteten Frembling in Wort-Streit gerathen / der ihn nur höhnisch beschimpffet / und samt seinen Anverwandten als Straffen-Räuber gescholten. Weil nun diese That eine Violirung offentlicher Straffen und hochsträffliches Laster seye / so solte solches billich durch den Nachrichter / als Ritterlichen Degen gestraffet werden / damit aber dieser trotzige Frembde nicht darfür halte / als ob vor seinem Drohen ich mich förchte / ich auch versprochen / Satisfaction von ihm zu fordern / als bitte ich um Gnädige Erlaubnüß / meine Sache auf Cavalliers-Manier mit ihme außzutragen / seine Hure mag gleichwol / so fern sie zu betretten / durch den Hencker / nach den Gesetzen / abgestraffet werden.

Aimir und Harald waren hierüber so erzürnet / daß keiner vor dem andern reden kunte. Aimir aber erholete sich am ersten / zwange sich / und sagte lächlend: Guter Freund / ihr seyd gewiß der Sachen übel berichtet / und von eurem Verwandten selbsten hintergangen worden; Dieser Cavallier ist weder

ein

ein Straſſen-Rauber / noch ſeine bey ſich gehabte Dame eine Land-ſtreichende Hure. Im Gegentheil aber ſeye eure Anverwandte mit mehrerer Billigkeit in ſolche Räuber-Claſſe zu rechnen; Und wie ich mich nicht geſcheuet / in verſtelletem Habit mich mit ihnen herum zu ſchlagen / und ihnen Pferde und Piſtohlen / (nicht Räuberiſcher / ſondern Noth-gezwungener Weiſe zu meiner Lebens-Rettung/) abzugewinnen / als habe ich kein Bedencken / ihnen mit ihrem eigenen Gewöhr / wann und wo ſie wollen / zu erſcheinen / um außfündig zu machen / daß dieſer Cavallier und ich ehrliche Leute / eure Anverwandte aber loſe Buben ſeyn. Bathe hierauf den Statthalter / den angebottenen Kampff zu erlauben. Harald aber proteſtirte hierwider / vorſchützende / daß die Außforderung ihne angienge / und dieſer Prahler ſchon geſtern mit ihme angebunden hätte. Darauf der Schotte wieder: Es iſt mir lieb / daß ich die ſaubere Dirne und Pferd-Diebin angetroffen / und wann euer beeder Courage alſo beſchaffen / wie eure Zungen und Worte / ſo ſolle keinem Gelegenheit mangeln / ſeine Tapfferkeit zu erweiſen / auch ſo euer noch mehr wären. Deme Ethelred begegnete / ſo laßt mich dann den Drittmann ſeyn / weilen ich meinen Degen nicht rühmlicher / als wider ſolche Ehren-Schänder / führen kan. Auch ihr ſolt euren Mann finden / erwiderte der Schotte.

Dem Gubernator wolte dieſer Handel gantz nicht gefallen / und reuete ihn ſchier / daß er den Arreſt relaxiret hatte / machte ſich auch dieſes Handels halben allerhand Gedancken / und neuen Argwohn / und wurde ſich leichtlich zu einer ſeltzamen Reſolution haben verleiten laſſen / wann er nicht auf Ethel-red,

Eduards / 1.Theil.

red, dessen Aufrichtigkeit ihme gnugsam bekandt/ Reflexion gemacht hätte. Harald, der solches mercketet/damit er von sich selbsten allen Verdacht desto besser ableinete/ sagte: Ob ich zwar vermeynet/ meine aufrichtige Handlungen solten mir Zeugnüß gnug / und ich keiner andern Zeugschafft meines Verhaltens und Redlichkeit halben/ benöthiget seye; Damit man aber auch dieses Orts wisse/wie weit mir Glauben zuzumessen; so beliebe meinem hochgeehrtesten Herrn diese schrifftliche Urkunden und Paßporten zu lesen/ und dann zu urtheilen/ ob mir. wider solchem Verläumder der Kampff könne gestattet werden.

Der Statthalter ergriffe hierauf die überreichte Documenten/ so drey unterschiedliche Attestata und Paßporten/ vom König Wilhelm/vom Hertzog von Schomberg / und Hertzog von Würtenberg/ Generalen der Dähnischen Trouppen waren/ worinnen Sie bezeugten/ daß Harald, als ein Volontair, sich in der Belagerung Londonderry und in andere tapffere Actionen zu deß König Wilhelms und deß Königreichs Diensten / rechtschaffen gebrauchen lassen / und nun / mit gutem Vorwissen Hochbenannter Herren / das Königreich zu durchräysen gesinnet; Solte ihme derowegen aller Orten gebührender Respect und Vorschub geleistet/ und nirgend in allem seinem Vorhaben gehindert werden.

Dieses benahme dem Gouverneur seinen Scrupel völlig / und weil er wußte/ daß der Außforderer/ so, bey Hofe nicht unbekandt ware/ neben seinem Anhange / wo nicht offentliche Rebellen / jedannoch denselbigen verwandt/ gewogen und heimlich zugethan

I. Theil.   J

than waren / liesse er desto eher den angebottenen Kampff vor sich gehen/ und hätte gern gesehen/ daß dieser unruhigen Köpffen Hochmuth möchte gedämpffet werden; Verwilligte derowegen / daß solcher den andern Tag vorgehen solte/ welches unsere drey Freunde sehr erfreuete; Der Schotte aber/ so sich Archibald nennete/ den Kampff-Platz an einen gewissen bezeichneten Ort / eine Meil-Weges von der Stadt gelegen/ bestimmete/ und darauf seinen Abschied nahme.

Aimir mit seiner Gesellschafft verweilete noch etwas bey dem Statthalter/ deme Harald erzehlete/ was sich zwischen dem Aimir, vormahls Celinden/ und denen Gentlemens beyde mahl auf der Strassen zugetragen/ und wie tapffer sie sich mit ihnen herum getummelt / auch wie er ungefähr darzu kommen / und ihr wider die Gewaltthäter beygesprungen / und wie es mit dem streitigen Pferde daher gegangen/darüber sich der Gouverneur nicht wenig verwunderte / und selbsten Verlangen hatte/ den Aimir kämpffen zu sehen/ warffe auch keine ungemeine Affection auf ihn/ so/daß er diesen Dreyen das Jenige / was ihnen zu vorhabendem Kampff abgehen möchte/ selbsten beyzuschaffen anerbotte; Dessen sie sich zum Höflichsten bedanckten/ ihren Abschied nahmen / und in ihrer Herberge sich zu dem bevorstehenden Gefecht gefaßt machten.

Das VIII. Capitul/

Der Kampff gehet auf Seiten der drey vertrauten Freunden glücklich ab/ und muß Aimir es noch mit einem aufnehmen. Eine Parthey Rebellen wird geschlagen. Albela kommt wieder zu Güthern und Mann. König Jacob hat sich in Weibs-Kleidern ehemahls
auß

auß dem Gefängnüß practiciret. Aimir und Harald
gehen zu Schiff.

Als der zum Kämpffen bestimmte Tag herbey
kommen / ritten unsere drey Rittermässige
Helden nach eingenommenem Frühstück zur
Stadt in Begleitung unterschiedlicher dapfferer
Edelleuten an den bestimmten Ort/ allwo sie ihren
Gegenpart vor sich funden / so auch eine Gesell=
schafft von unterschiedlichen Cavallieren bey sich
hatte. Der General Maccay hatte sich neben andern
fürnehmen Herren mit einer absonderlichen Suite,
jedoch unbekandter Weise / auch an den Streit=
Ort begeben. Wie man dann nachgehends erfah=
ren/ daß auch der Lord Mackbury Carsol, Graf Mel-
ford, Obriste Canon, Vicomte Dundre, fürnehmste
Häupter der Rebellen sich ebenfalls heimlicher
Weise auf der andern Seiten unter den Zu=
schauern befunden. Die drey feindliche Kämpffer/
ansehnliche starcke Personen/ und sehr wol beritten/
stelleten sich ins freye Feld / denen unsere Kämpf=
fer sich entgegen stellten / und sich verglichen / daß
ein Jeder seinen Mann allein/ ohne der andern Zu=
thun/ bestehen / mit Pistohlen und nachgehends de=
nen Degen einander die Proben ihrer Erfahren=
und Tapfferkeit fühlen lassen / und erstlich Zween
und Zween den Anfang machen solten.

Als sie nun Wind und Sonnen gleich gethei=
let / ritten Dummekel, (dieses war deß Schotten
Name/ und ein Verwandter deß Canons/) und
Aimir, als sie zuvor/ insonderheit aber Aimir, ihre
Pferde ein wenig und zierlich getummelt / unter
Trompeten=Schall/ lustig auf einander loß. Dum-
mekel brachte seine Pistohle so wol an / daß er dem

J 2   Aimir

Aimir den Huth vom Kopff herunter / dieser aber Jenen durch den Halß schosse / daß er sich hefftig erblutete/ vom Pferd herunter fiele/ und unmächtig von den Dienern hinweg getragen wurde; welches die feindliche Parthey schmertzlich verdrosse. Darauf ritten Archibald und Harald zusammen/welche/ weilen sie beederseits wegen deß Vergangenen hefftig auf einander erbittert/ alle Beyde vergeblich in die Lufft schossen/ und einander verfehleten/ wiewolen sie geschwind zu der andern Pistohlen griffen / und den ersten Fehler herein zu bringen trachteten / da Archibald zu tieff / und Haralds Pferd in den vordern rechten Bug / dieser aber den andern durch den lincken Arm / wiewol ohne sonderbahren Schaden/schosse/und darauf Beyde von den Pferden stiegen/ den Streit mit dem Degen zu endigen. Graham, der Dritte / nahme den Streit mit Ethelred auf / schosse ihme durch die Perruquen / daß die Umstehenden nicht anders meyneten / als er wäre durch den Kopff geschossen; Ethelred aber versagte seine Pistohle / jedoch hatte er dabey diesen Vortheil/ daß er im Wenden dem Graham so nahe kam/ daß er ihm die ungetreue Pistohle um den Kopff schlug/ welches Graham sehr hoch empfande / und geschwind nach der andern Pistohlen griffe / worinnen Ethelred auch nicht säumig ware / und indeme Jener fehl schosse/ verwundete ihn Ethelred mit seinem Schuß oben im Schenckel; Hierauf griffen sie Beyde zu den Degen / und trieben einander wacker herum / worzu ihre wolgewandte Pferde sehr wol dieneten. Als endlich Graham deß Ethelreds Pferd eines versetzte / daß dasselbige darvon etwas Scheu wurde / kriegte er Gelegenheit dem

Ethelred

Ethelred einen Stoß auf die Brust anzubringen/ der zwar auf einer Ribben abwiche/jedoch aber eine zimliche Verblutung verursachte / Ethelred aber verwundete ihn in den Arm/daß er weder das Pferd recht regieren / noch den Degen bequem mehr führen kunte; Weilen sie nun Beyde verwundet/und zimlich verblutet/ musten sie sich/ wiewol Graham am Ersten / verbinden lassen.

Archibald und Harald giengen indessen zu Fuß einander rechtschaffen auf die Haut/ und kunte keiner dem andern eine gute Zeit etwas abgewinnen/ doch kriegte Harald einen geringen Stoß über der Hand/ der ihn ein wenig schweissen machte/welches ihn dann zu desto tapfferer Gegenwehr anspornete/ daß er dem Archibald einen Stoß an den Obertheil deß Arms / und bald darauf einen andern auf den Mund beybrachte/ daß er darüber zur Erden stürtzete/ zu welchem Harald sagte: Erkenne nunmehr/ daß dein loser Mund gefrevelt / indem du mich und meinen Cameraden verleumderisch deß Strassen-Raubs bezüchtiget / oder deine Zunge solle zugleich mit deinem Leben büssen. Archibald sagte dargegen: Ich erkenne euch für einen redlichen Rittersmann/ an dem sich mein Mund vergriffen / und deßwegen durch euren Degen billich abgestrafft worden; Hiermit war Harald zufrieden / und steckte seinen Degen in die Scheide/weilen er keine weitere Rache verlangte / und mit der erfochtenen Ehre vergnüget war. Weilen dann biß daher Aimir, der gleich im ersten Gang mit seinem Gegner fertig worden/ nur einen Zuseher abgegeben / verdrosse solches den Gegenparth nicht wenig / deßwegen ritte ein ansehnlicher Hertz auß dem Hauffen herfür/ und sprach zu

Aimir: Ritter/ob ich zwar wider eure Person keine abſonderliche Feindſchafft trage/ ſo gehet mir gleichwol der Unfall meines von euch übel verwundten Schwagers ſehr zu Hertzen/ und weilen ihr ohne dem noch eine geladene Piſtohle/ und bey dieſem Gefecht keine ſonderbare Bemühung gehabt/ ſo laſſet euch Belieben/ eure Kugel mit einer der meinen zu verwechſeln/ zu ſehen/ ob das Glück euch eben ſo günſtig ſey/ oder ich meinen Schwager zu revangiren/ ſo glücklich ſeyn werde.

Aimir antwortete hierauf gar höflich: Ritter/ mir iſt der Unfall eures Schwagers hertzlich leyd/ und würde er/ ohne Zweifel/ bey einer gerechten Sache auch mehr Glück gehabt haben; Ubrigens ſtehet meine Piſtohl ſo wol/ als mein Degen zu ſeinem Dienſten/ und der Außſpruch darüber bey dem Himmel; Nahm darauf das Feld ein/ und erwartete ſeines Gegentheils großmüthig/ der ihm tapffer begegnete/ und ſeine Kugel durch deß Aimirs Rock jagete/ und Seit-wärts ein wenig brennete/ Aimir hingegen ihn oben auf der Achſel ein wenig verwundete/ und hierauf ſo wol/ als ſein Gegner zum Degen griffe/ da dann zu verwundern war/ wie ſie die Stöſſe und Hiebe ſo wol außzuſchlagen und abzuwenden wuſten/ daß keiner dem andern einigen Vortheil abjagen konte/ daß auch ihre Pferde gantz darüber ermüdeten/ und ſie Beyde zugleich von denſelben abſtiegen/ und den Streit zu Fuß wieder erneuerten/ auch ſolchen eine geraume Zeit continuirten/ mit ſonderbarem Luſt der Zuſchauenden/ biß endlich Aimir den andern durch eine Finte und falſchen Stoß auß ſeinem Lager und Vortheil/ mithin auch zugleich einen Stich oberhalb den Lenden/

Eduards / 1. Theil.

den/ doch nicht gar gefährlich/ anbrachte. Darauf Aimir sagte: Ritter/ mich dunckt den Ehren gnug gethan / und ihr nicht Ursach zu haben / euch weiter in Gefahr zu setzen / weilen ich doch keinen andern Vortheil von euch als die Gerechtigkeit meiner Sache habe. Dem Ritter gefiel diese Höflichkeit so wol/ daß er dem Aimir die Hand bothe / und sein Freund zu seyn gelobet. Hierauf ritte unsere Sieghaffte Gesellschafft mit Freuden wieder nach der Stadt / und wurden von Jedermann wegen ihrer Tapfferkeit gerühmet/ und von allen Cavallieren bey Hof/ auch andern/ besuchet.

Harald und Ethelred liessen ihre geringe Wunden verbinden/ und ruheten selbigen Tag in ihrer Herberge auß / folgenden Tages liesse der Statthalter sie zum Mittags-Mahl bitten/ da er ihnen erzehlete / wie er gewisse Nachricht bekommen / daß eine starcke Parthey Rebellen im Anzug begriffen/ einen Streiff in das Land zu thun / und die getreue Unterthanen zu berauben/ deßwegen er bereits etliche Trouppen beordert / denselben entgegen zu gehen/ ihr böses Vorhaben zu hintertreiben. Aimir und die übrige erbotten sich alsobald zu dieser deß Königreichs Defension mitzugehen / welches der Gouverneur sich wolgefallen ließ / und deßwegen nöthige Instruction gab. Sie giengen darauf gleich deß Morgens früh ins Feld/ mit den commandirten Völckern sich zu conjungiren / geriethen auch nicht lang hernach mit den rebellischen Schotten/ die indessen etliche Oerter geplündert und verbrandt/ auch eine grosse Anzahl Vieh erbeutet hatten/ in eine scharffe Action, worbey der Rebellen in 300. der Königischen aber kaum 30. Mann geblieben/ auch allen

Deß Engelländischen

allen genommenen Raub wieder erober
der tapffern Anführung der dreyen Her
rem trefflichen Valor zugeschrieben wur
sie gleichsam Wunder bey diesem Sch
würcket/viel mit eigener Faust niederge
hatte Ethelred einen vornehmen Rebell
bekommen/ und dem General Maccay
der auch gefangen auf das Castel zu E
bracht wurde.

Albela unterliesse indessen nicht
Harald und Ethelred zu ersuchen / ob
Statthalter dahin vermögen möchten
verstorbenen Manns/ und ihren von d
gezogenen Güthern / in Betrachtung
Manns Verbrechen gantz unschuldig g
wieder einen Theil zukommen zu lassen
ein ihrem Stand gemässes Außkom
möchte; Welches sie zu thun versprach
viel außrichteten / daß selbiger/ in An
trübseligen Stands/ ihr das Meiste w
händigte/ wordurch sie nicht nur zu gut
sondern auch in gutes Ansehen / zugleic
sie mittelmässigen Alters/ und noch sc
gesicht war / Gelegenheit sich wieder
then bekam; Und weil Ethelred schon v
Jahren/ und sein Vermögen meist
vielen Räysen durchgebracht / guten
tapffer von der Faust/ und bey dem K
halter in gutem Ansehen war/ gute
zu hoffen / und bereits eine denen Rebel
Fisco eingezogene feine Herrschafft Le
bekommen hatte/ wurde zwischen ih
eine Heyrath gestifftet / und bald dara

Eduards / 1. Theil.

Aimir, famt den Ubrigen/bedanckten sich auffs Höchste / wegen solcher Gnade / und suchten die zween Außländer von dem Statthalter ihren Abschied / und Erlaubnuß / auß dem Königreich zu ziehen; Dann/ weilen immerzu neue Conspirationes wider den König Wilhelm und die neue Regierung angesponnen und entdeckt wurden / so war Niemand erlaubt ohne Paßport auß dem Königreich zu rayfen / und wurde deßwegen auf denen Schiffen starck nachgeforschet/ wormit sie dann der Statthalter der Gebühr nach versahe/ sie aber noch zur Letze bey der Mittags-Mahlzeit behielte / und von Aimir und Harald eines und das andere zu wissen begehrte. Letztlich fragte er auch/ was doch die eigentliche Ursach/ daß Aimir sich in Weibs-Kleidern auf die Räyse anhero begeben / und nicht viel eher als ein tapfferer Cavallier, (wie er zu seyn mit der That erwiesen /) in seinem gewöhnlichen Auffzug solche Räyse verrichtet? Aimir beantwortete solches also: Wann nicht eine unumgängliche Noth und Verfolgung meiner Person mich hierzu genöthiget/ würde ich nimmermehr weder in dergleichen Kleidung mich begeben / noch auch in dieses Königreich kommen seyn / als worinnen ich nicht das Geringste zu verrichten; Aber der Lebens-Gefahr zu entgehen / habe ich gantz eine widerwärtige Räyse ergreiffen müssen; Wiewolen ich meinen hochgeehrtesten Herrn Statthalter versichern kan / daß solches eine gantz Particulir-Ursache zum Grund/ und meines Hauses Intrigues mit denen Reichs-Händeln und publiq Affairen nicht die geringste Gemeinschafft / sondern alles die Liebe/ und darauß entspringende seltzame Disordres zum Urheber hat/

J 5 wie

wie zu seiner Zeit wol was mehrers wird zu vernehmen seyn.

Weil nun der Statthalter sahe/ daß Aimir sich nicht gern weiter herauß lassen wolte/ liesse er es auch darbey bewenden/ und sagte nur dieses: Daß es in denen Rechten verbotten/ und in dem Concilio Gangrensi die Jenige verbannet und verdammet worden / welche durch falsche Kleidung ihr Geschlecht verläugnet/ und solche Kleider-Aenderung/ weil sie meistentheils zu Außübung allerhand Betrugs gebraucht werde/ (wie man dessen viel Exempel / und absonderlich vom Clodio, Caligula, Heliogabalo, Sulpitio Gallo, und Sardanapalo, anführen könte/) strafbar und unzulässig/ auch keinem tapffern Mann wolanständig seye. Dem Aimir bescheidentlich antwortete: Daß zwar dem nicht anders/ jedoch seyen jeder Zeit gewisse Fälle/ und wañ es zu einem Niemand schädlichen Absehen gerichtet/ und ein Grosses daran gelegen gewesen/ außgenommen worden; Wie solches mit vielen Exempeln könte dargethan werden; Er wolle sich aber vergnügen für dißmahl daß einige Exempel/ deß neulich entthronten Königs Jacobi II. zu seiner Entschuldigung anzuführen / dem Niemand übel gedeutet/ daß er selbsten ehemahlen dergleichen Stücklein practicirt/ wie ihme dann auch Niemand verüblen würde/ wann er bey seiner jüngsten Flucht auß Engelland / mehrerer Sicherheit halben/ sich eben solcher Verkleidung wiederum bedienet hätte.

Harald, der hiervon keine Wissenschafft hatte/ bathe ihm solches besser zu erklären; Welches Aimir mit folgenden Umständen that: Als erstgedachter

gedachter König Jacobus annoch Hertzog von Jorck war/ wurde Er Anno 1646. noch in seiner blühenden Jugend/ nach der Eroberung Oxfort, samt dero Herrn Bruder/ dem Duc de Glocester, und der Printzessin Elisabethen gefangen nach Londen gebracht/ auch daselbsten 2. Jahr in guter Verwahrung gehalten/ biß sie nach solcher Zeit in Weibs-Kleidern auß der Gefängnuß entkommen/ worzu der Oberste Pamphild treulich geholffen/ und sie mit sich in Holland geführet; Wiewol Sie daselbsten nicht lang geduldet/ sondern wegen deß Protector Cromwels so wol daselbsten/ als auch nachgehends in Franckreich außgeschafft worden.

Nach vollendeter Mahlzeit nahmen Aimir und Harald völligen Abschied/ begaben sich darauf nach Hauß. Deß folgenden Tages räyseten sie nach Barnick, biß dahin sie Ethelred begleitete/ woselbst sie sich auf ein Holländisches Schiff setzten/ und deß andern Tages zu See giengen/ und den Ethelred betrübet zuruck liessen. Wir wollen sie aber ihres Weges fortschiffen lassen/ und dem Ethelred das Geleit nach Edenburg zuruck geben/ wiewol er nicht gar ohne Anstoß dahin gelangen kunte/ sondern unter Weges von einem deß Grahams Befreundten/ den er im jüngsten Duell verwundet hatte/ angesprenget/ und samt seinem Diener verwundet/ der Ansprenger aber selbsten todt geschossen wurde.

Nachdem er wieder völlig geheilet/ welches in weniger Zeit geschehen/ hielte er mit der Albela Beylager/ und setzte sich bey Hof und dem Königl. Statthalter in gar gutes Ansehen und Credit, daß er täglich freyen Zutritt daselbsten hatte. Weil er

nun

nun gute Correspondentz auß Holland und anders woher unterhielte / wuste er immer etwas Neues auß Teutschland und andern Orten mitzutheilen; Wie er dann eines Tages anbrachte/ daß er Nachricht bekommen/ daß die Krönung der Römischen Käyserin zu Augspurg glücklich und prächtig von statten gangen/auch allereheſtens die Krönung deß Ungariſchen Königs JOSEPHI zum Römiſchen König mit nicht weniger groſſem Pracht ſolte vollzogen werden. Weil nun der Statthalter einige Particularitäten hiervon zu vernehmen ſich begierig erwieſe/machte ſich Ethelred gefaßt/ ihn auß ſeinem deßwegen empfangenen Bericht folgender Maſſen zu vergnügen:

Das IX. Capitul/
Von der Römiſchen Käyſerin Krönung / Privilegien / Prærogativen/ und was bey Dero Krönung vorgangen.

Ndeme man auf dem zu Augſpurg angeſtellten Collegial-Tag von den wichtigſten Reichs-Geſchäfften und Angelegenheiten/ vornemlich aber der Wahl eines Römiſchen Königs handelte/ wurde zugleich auch beliebet/ die mit den allerfürtrefflichſten Käyſerlichen Tugenden reichlich begabte Regierende Käyſerin / mit feyerlicher Auffetzung der Römiſchen Käyſers Krone/ in Dero hohen Würde noch mehr zu beſtättigen.

Hier fiele ihm der Königl.Statthalter in die Rede / und ſagte: Ich möchte gern zuvor wiſſen/ ob dann eine Römiſche Käyſerin auch gewiſſe Prærogativen und Privilegia hätte? In allweg/wieder-antwortete Ethelred, dann neben dem/daß Sie mit dem Käyſer Paria Jura hat / ſo wird Ihr auch das

Jus

Eduards/ 1.Theil.

Jus Primarum precum an die Aebtissinne zugeeignet. Zweytens/ hat Sie ratione Ihrer Rent-Kammer mit dem Käyser gleiche Privilegia Fisci, und bey einem Concursu Creditorum & tacitæ Hypothecæ das Vorgangs-Recht. Drittens/ das Jus Immunitatis von allen Gabellen/ Gleit/ Zoll/ Accis, und dergleichen. Vierdtens/ seyn alle Schenckungen/ welche zwischen Ihr und dem Käyser vorgehen/ von selbsten gültig/ ohne Gerichtliche Insinuation oder Confirmation. Zum Fünfften/ kan die Römische Käyserin Testamenta Oblata annehmen/ und Depositen-Schein darüber geben lassen/ und wann schon die Solennitates Juris nicht beobachtet worden/ haben sie dannoch ihren Valor und Gültigkeit. Uber das soll einer Käyserin auch eine besondere Cantzley und das Jus Archivi zustehen/ wie Sie dann auch einen Ertz-Cantzler hat/ welche Dignität dem Herrn Abt deß Staffts Fulda immerwährend zustehet. Ferner hat Sie einen Ertz-Marschallen/ welcher der Gefürstete Abt zu Kempten ist/ welcher Titul demselben von noch jetzo Regierendem Käyser ihme vor sieben Jahren wieder aufs Neue conferirt worden ist.

Werden dann alle Käyserinnen/ fragte er ferner/ gekrönet? Nein/sagte Ethelred, und geschiehet solche selten/ und nicht bey allen/ obwolen alle solche prætendiren können/ weilen/ wie ich gehöret/ Imperatrix tot Coronationes petere potest, quot ipse Imperator. Jedoch weiß man/ daß in dem 15. und 16. Seculo die Krönungen der Käyserinnen gar unterlassen worden/ und also durch zwey Jahr-hundert keiner Käyserin dergleichen Ehre wiederfahren/ biß zu Käysers Matthiæ Zeiten/ welcher die abgegangene Krönung Anno 1612. bey seiner Gemahlin

wieder-

wiederum erneuern laſſen. Was nun den Actum Unctionis, Coronationis, Inthroniſationis und Conſecrationis ſelbſten anlanget / ſo verhält ſich ſelbiger folgender Maſſen / (damit nahme er die ſchrifftliche Nachricht / und laſe/) dieſes Jnnhalts:

Nachdeme in der berühmten Reichs-Stadt Augſpurg durch den Reichs-Marſchall / gewöhnlicher Maſſen / die Anſage zu bevorſtehender Käyſerl. Krönung geſchehen/ auch alle Vorbereitungen/ die zu dergleichen hohen Verrichtungen erfordert werden / den 19. Januarii in ihren völligen Stand waren: Alſo/ daß ſo wol dem Ort/ wo die Krönung als das Freuden-Mahl ſolte gehalten werden/ nichts fehlete. Dann/ was dieſes anlanget/ ſo wurden nicht allein etliche Küchen auf denen Gaſſen auferbauet/ ſondern auch auf daſigem Rath-Hauß der oberſte Saal mit allerhand raren Indianiſchen Teppichen außgezieret / und mit denen gröſſeſten ſilbernen Wand- und Kron-Leuchtern behänget / die Käyſerliche/ Chur- und Fürſtliche Tafeln/ nebſt denen Credenz-Threſoren/ ſamt der beſondern Bühne vor die Käyſerl. Muſicanten / an Ort und Stelle gefüget: Was aber den Krönungs-Ort betrifft/ ſo iſt ſelbiger in der Dom-Kirche zu Unſerer Lieben Frauen angeordnet worden; Jedoch nicht in dem Chor vor dem groſſen Altar / weil der Platz allda gar zu enge / ſondern vor dem Altar / ſo an dem daſelbſt vorhandenen eyſernen Gatter/ auſſerhalb deß Chors/ ſtehet/ und mit dem koſtbarſten Kirchen-Ornat außgezieret; Solchem nun gegen über faſt mitten in Navi Eccleſiæ war unter einem ſchwebenden Baldachin, gleichſam auf einen Thron/ 3. Staffeln hoch / der AUGUSTÆ IMPERATRICIS Bett-Stuhl

Stuhl zum Knien und Sitzen angerichtet/ und mit gantz göldenem und silbernem Stück verkleidet/ zu beyden Seiten dieses Käyserl. Bett-Stuhls sind hinterwärts etliche Bäncke zum Niederknien mit hoch-rothem Sammet überzogen/ vor Jhro Majestät/ der Käyserin Obristen Hofmeister/ Herrn Grafen Carln von Wallenstein/ und Dero Obriste Hofmeisterin/ Gräfin von Buchheim/ gestellet worden.

EX PARTE EVANGELII, nicht weit von besagtem Altar/ hat gestanden ein kleines Tischlein/ mit rothem Sammet bedecket/ darauf drey schöne Carmesin-rothe Sammete Küssen gewesen/ auf welchen die Reichs-Insignia, als Kron/ Scepter und Reichs-Apffel geleget werden sollen; Nachgehends hat an dieser Seiten unter einem prächtigen Baldachin gestanden/ der Käyserl. Thron/ vier Staffeln hoch/ auf zwo Sessiones mit göld- und silbernem Stück behänget; Hierauf folgeten ohngefähr drey Sühe darvon der Geistlichen Herren Chur-Fürsten Banck/ zum Knien und Sitzen/ von rothem Sammet und güldenen Frantzen außgemachet/ auch mit dergleichen Polstern beleget; Nach diesem sind der Geistlichen Fürsten/ als der Bischöffe und Prælaten/ ihre Stände angeordnet gewesen/ ebenfalls mit rothem Sammet/ jedoch mit schmahlen güldenen Galonen eingefasset/ und ohne Polster.

EX PARTE EPISTOLÆ aber oben/ nicht weit von dem Altar/ war ein schöner Baldachin von rothem Sammet/ mit Gold gesticket/ für den Chur-Fürsten von Mäyntz/ als Consecratorem, aufgerichtet/ dann sind etliche Sessel ohne Lehnen für die Herren Geistlichen/ welche bey dem Altar ihre Function

ction mithaben / gestanden. Nach solchem ist pro Electoribus Secularibus die Banck auf gleiche Art/ wie der Ecclesiasticorum ihre / und in gleicher Linie, angerichtet gewesen; Zween Schuhe lang darvon war die Weltliche Fürsten-Banck / mit rothem Sammet/ jedoch ohne Polster. Mitten in der Kirchen waren unterschiedene Zwerg-Báncke / deren Erstere pro Nuntio Apostolico & Legato Hispanico, mit schönem rothem Sammet außgezieret / sant denen Polstern / hinter diesen auf gleiche Art für den Schwedischen / Dähnischen/ Engel- und Holländischen Gesandten eine Banck / dann folgeten die Tusican-Báncke/für die Jenige Käyserliche Ministros, so das güldene Vlies tragen.   Nach diesen die Käyserliche Herren Gehein:de Räthe / wie auch Reichs-Grafen / dann zu Ende Navis Ecclesiæ für die Chur- und Fürstl. Ministros, frembde Cavallier, Dames, für den Augspurgischen Stadt-Magistrat, und andere viele Personen / sind eine ziemliche Anzahl Staffeln / und zwar immer eine höher / als die andere / (darvon die Vordersten mit schwartzem/ weissem und gelbem Tuch behänget waren/) auffgerichtet gewesen; Inzwischen wurde von deß H. Römis. Reichs Stadt Nürnberg die Käyserl. Krone / und andere Kleinodien / durch die Hoch-Edelgeborne / Fürsichtig- und Hochweise Herren/ Herrn Christoph Führern/von und zu Heimendorff und Wolckersdorff / Jhro Römisch-Käyserl. Maj. Rath/deß Hoch-Löbl. Fränckischen Cräyses Kriegs- und deß Heil.Römis.Reichs Stadt Nürnberg ältern Geheimen- und Kriegs-Rath/dritten Obristen und Kriegs-Hauptmann/ &c. und den gleichfalls Hoch-Edelgebornen / Fürsichtig- und Hochweisen

Herrn/

Eduards/ 1.Theil. 145

Herrn/ Herrn Gustav Philipp Tetzeln/ von und zu Kirchensittenbach/ Artelshofen und Vorra/ deß Innern Geheimen-und Kriegs-Rath/als Gesandten/ in Begleitung unterschiedener von Nürnbergischen alten Adelichen Familien/ nebst denen bey sich gehabten Einspännigern/über gebracht/von der Stadt aber durch den Herrn Reichs-Quartier-Meister/ so mit etlichen Pferden entgegen geschickt worden/ dieselben angenommen/ und in das bestimmte Quartier geführet.

Wie nun alle zu einem solchen Hochansehnlichsten Actu gehörige Requisita observiret/ und beyhanden; Als ist auch so dann durch deß Reichs Erb-Marschalls Excell. Herrn Grafen von Pappenheim/denen Weltlichen Chur- und Fürsten/wie auch andern anwesenden Ständen deß Reichs/ morgenden Tages/ Vormittag um 8.Uhr/ in dem Bischoff-Hof/ sonsten die Pfaltz genannt/ zusammen zu kommen/ und dieser Käyserl. Krönung mit beyzuwohnen/ die Intimation geschehen/ zuförderist aber denen Geistlichen Chur-und Fürsten/wie auch denen Bischöffen und Prælaten/ daß sie um selbige Zeit in besagter Dom-Kirche erscheinen wollen.

Auf den 19. Monats Januarii, nachdem die Käyserl. Reichs-Kleinodien/ oder Insignia, auf einem mit rothem Sammet bedeckten Wagen/unter Männigliches Freuden-Bezeigungen / von obwolgedachten Nürnbergischen Herren Abgeordneten/ in Begleitung der Käyserl.Leib-Guarde von Hatschieren und Trabanten / wie auch der Stadt Nürnberg Einspänniger/in Colleten/ denen Geistlichen Herren Chur-Fürsten in der Dom-Kirche überbrachten; Haben vom Käyserlichen Hof auß/

I.Theil. K Beyde

Beyde Käyserl. Majestäten nach dem destinirten Bischoffs-Hof sich incognito begeben/ deßgleichen auch die Weltliche Herren Chur-Fürsten und Chur-Fürstl. Abgesandten ebenfalls ohne Staat/ und zwar Jeder in sein angewiesenes Zimmer/ daselbsten Ihro Majestät/ der Römische Käyser/ sich den Käyserl.Ornat anlegen/und Ihre Majestät/die Käyserin/ in einen sehr kostbaren Spanischen Habit ankleiden lassen; Mittler Zeit hatten sich allda die andern Reichs-Stände/ nebst vielen Käyserl. Chur- und Fürstl.Ministris, und andern Cavallieren/ wie auch alle Käyserl.Hof- und viele andere Dames nicht allein eingefunden/ und versammlet; Sondern es brachte auch der Herr Abbt von Fulda/ in seinem Pontifical-Habit die Römis.Käyserl. Krone auf einem Sammeten Küssen/ in Käyserl. Majestät Retirade getragen/ worauf die Reichs-Insignia unter die Reichs-Erb-Aemter/ als Herrn Grafen Sebastian Wunibald von Zeyl/ Freyherr zu Waldburg/&c. der Römisch-Käyserlichen Maj. Reichs-Hof-Raths/ Vice-Præsident, der Reichs-Apffel/ dann an Statt deß Fürsten von Hohen-Zollern/ Herrn Grafen Christoph von Zeyl/ das Reichs-Scepter/ und Herrn Grafen Theodorn von Sinzendorff/ die Reichs-Krone zu tragen/ von Ihro Käyserl.Maj.Obristen-Hofmeistern/Fürsten von Dieterichstein/außgetheilet. Ratione aber dieser Kron-Tragung ereignete sich offentlich einige Widersprechung von deß Heil.Römis.Reichs Erb-Schencken/ Herrn Grafen Vollrath von Limburg Speckfeld/ unter dem Vorwenden/ wie dergleichen dem Hause Limburg von undencklichen Jahren/ testantibus Actis, nec non Literis Investituræ ac Scriptori-

Eduards/ 1.Theil.

ptoribus Politicis Schardio & Goldasto zugestanden/ und von dessen Antecessoren noch Anno 1636. bey FERDINANDI III. und dessen Königl. Gemahlin Krönung solches Reichs-Insigne getragen/ und unter währender Meß gehalten; Dieses mahl aber/ weil in ipso Actu dieser Passus nicht zu ändern war/ solcher Protestando in Suspenso gelassen / und alle Nothdurfft vorbehalten worden. Kurtz hierauf wurde von dar die Procession auf einer Brücke / so mit schwartzem/ gelbem und weissem Tuch beleget/ in die Dom-Kirche fortgestellet / bey welcher man folgende Ordnung beobachtet; Und sind in denen prächtigsten Kleidungen und schönster Galle gegangen:

1. Der Grafen / und so dann der Fürsten fürnehmste Bediente; Welchen gefolget:

2. Die Chur-Fürstl. Hofstätte/ an Cavallieren und Ministern.

3. Die Käyserl. Hofstatt / und mit derselben der Käyserl. Ober-Hof-Marschall / Hertz Ferdinand/ Fürst von Schwartzenberg / mit dem Stab/ samt denen Reichs-Grafen.

4. Darauf sind gefolget / die nicht Regierende Fürsten.

5. Die Regierende Fürsten. Dann

6. Die fünff Herolden / als Zween vom Römisch. Reich / ein Oesterreichischer / ein Böhmischer und ein Ungarischer / mit ihren Wappen-Röcken und weissen Stäben.

7. Die Chur-Fürstliche Marschalle/ mit dem Schwerdt in der Scheide unterwärts.

8. Der Weltlichen Chur-Fürsten Herren Sub-Officiales, mit denen Reichs-Insignien / von welchen

welchen die Kron in der Mitten/ das Scepter zur Rechten/ und der Reichs-Apffel zur Lincken getragen wurde.

9. Der Beeden Abwesenden Herren Chur-Fürsten fürnehmste Gesandten/ als Herꝛ Baron von Gersdorff/ und der ältere Herꝛ Baron von Danckelmann.

10. Beede Chur-Fürsten/ als Chur-Bäyern und Chur-Pfaltz/ in Dero Chur-Mützen oder Cornetten/ und in hoch-roth-Sammeten mit Hermelin kostbar außgezierten Chur-Röcken.

11. Der Reichs-Erb-Marschall/ Graf von Pappenheim/ mit dem blossen Schwerdt.

12. Jhro Majestät/ der Käyser/ in Käyserl. Habit/ cum Toga, Sandaliis & Chirothecis, und die Hauß-Cron/ welche von Gold/ mit denen schönsten Diamanten und Perlen versetzet/ auf dem Haupt/ unter einem Himmel; Auf beyden Seiten/ und etwas von Deroselben/ sind gangen zween Grafen/ als Guarde-Hauptleute.

13. Nach Jhro Käyserl. Maj. sind ein wenig Ruckwärts gefolget/ beede Fürsten von Dietrichstein/ der Obriste Hofmeister mit dem Stab zur Rechten/ und der Obrist-Cämmerer zur Lincken.

14. Hierauf sind Jhro Käyserl. Majestät/ die AUGUSTA ELEONORA, welche Dero Obrister Hofmeister/ Herꝛ Graf von Wallenstein/ geführet/ unter dem Himmel/ in sehr kostbaren Spanischen Habit/ deren mit reichem Gold und Silber weiß gestickten Rock/ die drey Chur-Pfältzische Prinzessinnen/ als Prinzessin Dorothea/ Prinzessin Elisabetha und Prinzessin Leopoldina getragen/ gefolget.

Eduards / 1. Theil.

15. Der Käyserin Obriste Hofmeisterin / die Gräfin von Buchheim / ein Paar Schritte auf der lincken Seiten gangen / weilen dieselbe nicht an der Hand seyn müssen.

16. Die Gäfin Breunerin / als Hofmeisterin der Käyserl. Hof=Dames.

17. Ihro Majestät / der Käyserin / 12. Hof=Dames und Kammer=Fräulein; Als:

1. Fräulein Theresia / Gräfin von Fürstenberg.
2. — Maria Elisabeth / Gräfin Götzin.
3. — Sibylla Christina / Gräfin von Witt.
4. — Francisca / Gräfin von Auersperg.
5. — Esther Juliana / Gräfin von Oppersdorff.
6. — Maria Anna / Gräfin von Brandiß.
7. — — Gräfin von Collobrath.
8. — Claudia / Gräfin von Königlin.
9. — Maria Eleonora / Gräfin von Wierren.
10. — Francisca / Gräfin von Rindsmaul.
11. — Leopoldina Margaretha / Gräfin von Colonia.
12. — N. N. Gräfin von Styrum.

Welchen zur rechten Hand eine Käyserliche Geheimde Rath=Frau / und auf der Lincken eine Reichs=Gräfin gegangen / bey welchen aber keine Geheimde Raths=Frau mehr vorhanden / so sind auf die rechte Hand die Reichs=Gräfinnen / und auf die Lincke eines Käyserl. Cämmerers Frau genommen worden.

Diesem nach haben bey dem Eintritt in die Dom=Kirche / Hochgedachter Chur=Fürst von
Mayntz/

Deß Engelländischen

Mayntz/ in seinem von Gold/ Perlen und Edel-Gesteinen/ sehr pretios außgezierten Ertz-Bischöfflichen schönsten Ornat, als Consecrator, mit Chur-Trier und Chur-Cölln/ als Assistenten/ wie auch andere Bischöffe/ Aebte und Prælaten/ nemlich:

Herr Placidus, Abt deß Stiffts Fulda/ deß H. Römis. Reichs Fürst/ der Römis. Käyserin Ertz-Cantzler/ durch Germanien und Gallien Primas.

Herr Paulus, Bischoff zu Brixen/ deß H. Römis. Reichs Fürst/ &c.

Herr Ruprecht/ Abt deß Stiffts Kempten/ deß H. Römis. Reichs Fürst/ und der Römis. Käyserin Ertz-Marschall.

Herr Eustachius Egolph, Weyh-Bischoff zu Augspurg.

Herr Simon Thaddæus, Weyh-Bischoff zu Freysingen.

Herr Weyh-Bischoff von Gran auß Ungarn.

Herr Emanuel, Abt deß Stiffts Salmansweyler.

Herr Willibald/ Abt deß Stiffts Weingarten.
Herr Elias/ Abt zu Käyersheim.
Herr Gordian/ Abt zu Ottenbeuren.
Herr Meinard/ Abt zu Elchingen.
Herr Joseph/ Abt zu Ursperg.
Herr Adelbert/ Abt zu Roggenburg.
Herr Martin/ Abt zu Münchsroth.
Herr Michael/ Abt zu Weissenau.
Herr Tiberius, Abt zu Schussenrieth.

Wie auch die Jenige/ so nicht Reichs-Prælaturen haben:

Herr Benedict, Abt S. Magni zu Fürmen.
Herr Maurus, Abt zu Wieblingen.

Herr

Herr Anselm / Abt zu Dekhingen.
Herr Simsert / Abt zu Neresheim.
Herr Michael / Abt zu Waldsee.
Herr Bonifacius / Abt zu Fultenbach.
Herr Felix / Abt zum H. Creutz in Augspurg.

Allerseits in ihrem Pontifical-Habit und einer ansehnlichsten Parade Beede Majestäten erwartet/ Dieselbe bey ihrer Herannahung gantz Devot empfangen / und Chur-Mäyntz innerhalb der Pforte über Ihro Majestät der Käyserin das gewöhnliche Gebett gesprochen/ und so dann Dieselbe/ die zween Herren Assistenten zu beyden Seiten gehend / in Begleitung obbemelter Herren Geistlichen zu dem ordinirten Bet-Stuhl geführet. Nach diesem nun/ als Ihro Majestäten der Käyser und Käyserin/ Chur-Fürsten und Stände / samt allerseits hohen Ministris an behörigen Orten ihre Sessiones genommen / und die Hof-auch andere Dames auf die vor dieselben besonders aufgerichtete Balconi geführet worden / haben bey Ihro Majestät dem Käyser an der Wand auf der andern Staffel deß Käyserl. Throns die zween Guarde Hauptleute / dann auf eben dieser Staffel besser voran / und zwar gegen die Mitte der Käyserl. Obrist-Hofmeister / auf der ersten Staffel an der Wand der Obriste-Cammerer gestanden / vorn auß etwas davon der Reichs-Erb-Marschall mit dem entblösseten Schwerdt/ nach diesem gegen dem Altar in einer Linie unweit deß kleinen Tischleins die Reichs-Erb-Aemter/ und hinter diesen die fünff Herolden; Die beyde Durchleuchtige Chur-Fürstinen von Bäyern und Pfaltz / haben auf dem Chor incognito zugesehen; Der Päpstliche Nuntius und der Spanische Bottschaffter

schaffter aber sind gar nicht darbey erschienen; So bald nun alles in guter Ordnung gestellet war / hat der Ertz-Bischoff und Chur-Fürst zu Mäyntz unter stattlicher Music das Officium Missæ angefangen / welches dieselbe mit gantz annehmlichster und besonderer Devotion gehalten und consecriret; Da dieses vorbey / sind Ihro Majestät der Römische Käyser auß Dero Thron in Begleitung Dero Ministern und Reichs-Erb-Aemtern vor den Altar getretten/ und haben dem Herrn CONSECRATORI die AUGUSTAM IMPERATRICEM zur Krönung dargestellet; Als nun der Herr CONSECRATOR darauf annuiret / erhuben sich Ihro Käyserl. Majestät wiederum zuruck auf Dero Thron / und wurde die Käyserin von beyden Herren Assistenten/ Chur-Trier und Cölln/ samt denen Bischöffen und Prælaten auß Ihren Bet-Stuhl vor den Herrn Consecratore, so an dem Altar gesessen/ geführet/ daselbsten die AUGUSTA sich auf zwey weissen mit Gold gestückten Küssen so lange zur Erden kniend niedergehalten / biß die Clerisey die Litaney / und Chur-Mäyntz die gewöhnliche Gebette verrichtet. Nach Endigung deren haben Ihro Majestät die Käyserin sich wiederum aufgerichtet / und so dann ist der Herr CONSECRATOR zu der Salbung geschritten / bey welcher insonderheit und dem ACTUI CORONATIONIS mit assistiret und aufgewartet

1. Als Director Ceremoniarum; Herr Christoph Rudolph/ Freyherr von Stadian/ Dom-Dechant zu Mäyntz / &c.

2. Als Presbyter, Herr Friedrich Anthon/ Cammerer von Worms / Freyherr von Dalberg/
deß

Eduards / 1. Theil.   153

deß hohen Ertz-Stiffts Mayntz Capitular-Hertz / &c.

3. Als Diaconus, Hertz Philipp Wilhelm/ Freyherr von Boyneburg / der Hohen Ertz- und Dom-Stiffter Mayntz und Trier Capitular-Hertz / &c.

4. Als Sub-Diaconus, Hertz Philipp Ernst / Graf von Hohenloh / der Hohen Frey- und Dom-Stiffter Mayntz und Cölln Capitular-Hertz.

5. à Mitra, Hertz Casimir Ferdinand / Graf von Pappenheim / der Hohen Ertz- und Dom-Stiffter Mayntz und Trier / Capitular-Hertz / und Chur-Bischoff.

6. à Pedo, Hertz Christoph Otto / Graf zu Schallenberg / deß Hohen Dom-Stiffts zu Augspurg Capitular-Hertz.

7. à Cruce Archi-Episcopali, Hertz Lotharius Franciscus, Freyherr von Schönborn / der Hohen Ertz- und Käyserl. Dom-Stiffter/ Mayntz/ Bamberg und Würtzburg / resp. Scholaster und Capitular-Hertz.

8. Als Sacellani,

Primarius, Gerardus Josephus Kieble, deß Hohen Ertz- und Dom-Stiffts zu Cölln Beneficiatus.

Secundarius, Adamus Heinricus Bruner, ad S. Joannem Canonicus zu Mäntz.

9. à Lumine, Joh. Senfft, Diaconus Aschaffenburg. Eccles. SS. Petri & Alexandri.

10. à Thuribulo, Georg Ludwig Meser/ Metropolit. Vicarius Moguntiæ.

Bey der Salbung dienete auch mit die Käyserl. Ober-Hofmeisterin/ und eröffnete Ihrer Majestät die Kleidung/ da der Hertz Consecrator accepta Mitra die Käyserin Creutz-Weiß auf dem rechten Arm
und

Deß Engelländischen
und zwischen denen Schultern mit dem gesegneten
Oel gesalbet/ und das gewöhnliche Gebett darzu
gesprochen : DEUS PATER æternæ Gloriæ, sit tibi
Adjutor & Omnipotens benedicat Tibi, preces Tuas
exaudiat, Vitam Tuam longitudine Dierum adimpleat, Benedictionem tuam jugiter confirmet, Te cum
omni Populo in Æternum conservet, inimicos Tuos
Confusione inducat, & super Te Christi Sanctificatio,
atque HUJUS OLEI INFUSIO FLOREAT, ut qui
Tibi in Terris tribuit Benedictionem, ipse in cœlis
conferat meritorum Angelorum, & Benedicat Te, &
custodiat in Vitam æternam, JESUS CHRISTUS Dominus Noster, qui vivit & regnat in Secula Seculorum
Amen! Nachdem dieses erfolget/sind Ihro Majestät die Käyserin aufgestanden/von beyden Herren
Assistenten/ und andern/ wie auch Dero Obristen
Hofmeisterin/ nebst denen drey Chur-Pfältzischen
Prinzessinnen und Dero Obriste Hofmeisterin in
die Sacristey geführet/ daselbst nicht allein abgetrucknet/ sondern auch mit einer sehr kostbaren
Käyser- und Königlichen Kleidung/ so mit vielen
Kleinodien und Edelgesteinen behänget/ angethan
worden/ mittler Zeit aber wurde dem Herrn Consecratori ein sehr schönes grosses silbernes Lavor, so
verguldet/ vor den Altar gebracht/ und auß dergleichen Gieß-Kanne das Wasser zum Waschen
der Hände dargereichet; Bald hierauf kamen Ihro Majestät wiederum zuruck/ in voriger Begleitung/ vor den Altar/ allwo Dieselbe sich auf ein
Küssen kniend vor dem Herrn Consecratore eine
Staffel höher niedergelassen/ da wurde die Reichs-
Kron von dem Herrn Directore Ceremoniarum, dem
Herrn Abten von Fulda/ gereichet/ und von diesem
dem

Eduards / 1. Theil.

dem Herrn Consecratori, welcher selbige Ihro Majestät der Käyserin solenniſſime aufgeſetzet/ in währendem Auffetzen aber berührten zugleich auch die Kron die zween Herren Aſſiſtenten / und der Herr Abt von Fulda / mit dieſer Anrede: ACCIPE CORONAM GLORIÆ UT SCIAS, ESSE CONSORTEM REGNI, &c. Darbey die erſte Salve auß dem groben Geſchütz rings um die Stadt/wie auch von der vor der Dom-Kirchen aufwartenden Bürgerſchafft / iſt gegeben worden. Indeſſen reichete der Director Ceremoniarum denen beyden Herren Aſſiſtenten den Reichs-Apffel und Zepter / und dieſe folgends dem Herrn Consecratori, welcher beydes Ihro Majeſtät der Käyſerin in die Rechte das Zepter/und in die Lincke den Reichs-Apffel reichete/ mit dieſen Worten : ACCIPE VIRGAM VIRTUTIS ET VERITATIS, &c.

Nach vollbrachtem Actu Coronationis , ſind Ihro Majeſtät / die gekrönte Römiſche Käyſerin/ von Chur-Mäyntz und denen beyden Herren Aſſiſtenten/ wie auch Biſchöffen und Prælaten / in den Käyſerl.Thron geführet/und von Ih.Majeſtät dem Käyſer etwas entgegen komend/mit beſonderer Reverentz empfangen worden/darbey der Herr Conſecrator dieſe Worte geſprochen: Sta & Retine locum Regium, und ſich ſo dann wieder vor den Altar begeben; Die nunmehr gekrönte Käyſerin gab den Zepter und den Reichs-Apffel denen Herren Aſſiſtenten / welche beydes auf das Tiſchlein bey dem Altar legten ; Unterdeſſen wurde mit dem Officio Miſſæ unter einer überauß ſchönen Muſic fortgefahren/ und reichete Chur-Trier beyden Käyſerlichen Majeſtäten das Evangelium zu küſſen/ und empfiengen

pfiengen darbey Pacem & Incensum. Kurtz hierauf sind Jhro Majestät die gekrönte Käyserin/ mit der Kron auf dem Haupt/ wiederum mit vorigen Comitat vor den Altar ad Offertorium geführet / und Deroselben von denen Herren Assistenten das Zepter und der Reichs-Apffel gegeben worden / Jhro Majestät knieten nieder/ und küsseten das von dem Herrn Consecratore gereichte Patin, und opfferten hernach ein schön Stück Gold / worbey die Consuetæ Preces gesprochen / und Jhro Majestät wiederum in den Käyserl. Thron begleitet / auch nachgehends ohne Kron und Insignien abermahls zu dem Altar geführet / und von dem Consecratore communiciret worden.

Nach geendigter Communion hat man die Käyserin an vorigen Ort wiederum gebracht / der Herr Abt von Fulda setzte Derselben die Kron auf/ Chur-Trier und Chur-Cölln gaben den Zepter und den Reichs-Apffel in die Hand/ und wurde mithin die Meß geendet. Hierauf wurde das Te DEUM Laudamus gesungen/ unter welchem die andere Salve gleich der Ersten geschehen / und legten Chur-Mäyntz/ Chur-Trier und Chur-Cölln Jhre Pontificalia im Chor ab/ und hingegen Jhren Chur-Habit an; Wormit auch ein Jedweder der vorigen Ordnung nach / sich an die behörige Stelle zu verfügen/ fertig stunde/ inmassen die Procession auß der Kirche / welche über eine mit schwartz- weiß- und gelbem Tuch belegte Brücke/ zwischen der Löblichen Burgerschafft/ so zu beyden Seiten im Gewöhr stunde / biß zum Rath-Hauß geschahe/ gleich wie vor gemeldet/ zu Fuß erfolget/ und giengen Beyde Käyserliche Majestäten in Jhren Käyserl. Ornaten mit

Eduards / 1. Theil.

mit denen Kronen auf den Häuptern / samt denen Insignien in den Händen / sehr prächtig / unter einem grossen / mit dem Römischen Reichs-Adler außgezierten Himmel / welchen sechzehen Herren deß Augspurgischen Magistrats / von Adelichen Geschlechtern / als:

Herr Johann Wilhelm Langenmantel/
Herr Johann Matthias Koch/
Herr Carl Sebastian Langenmantel/
Herr Gustav Adolph Sultzer/
Herr Heinrich Langenmantel/
Herr Gottfried Aman/
Herr Johann Jacob im Hof/
Herr Johann Christoph Ilsung/
Herr Johann David Langenmantel/
Herr Ignatius Langenmantel/
Herr Frantz Albrecht Zech von Deibach/
Herr Philipp Reinmund Rembold/
Herr Christoph Sigmund Aman/
Herr Johann Christoph Koch/
Herr Johann Philipp Wanner/
Herr Johann Paulus Aman/

und zwar Abwechslungs-Weise jedes mahl Achte getragen; Nach Ihro Majestät der Römischen Käyserin aber / sind gefolget / Chur-Mäyntz / Chur-Trier / und Chur-Cölln / welchen durch Ihre Marschälle das Chur-Schwerdt in der Scheiden / wie auch das Ertz-Bischöffliche doppelte Creutz vorgetragen worden / dann die drey Geistliche Reichs-Fürsten / der Herr Abt zu Fulda / der Bischoff zu Brixen / und der Abt zu Kempten. So bald beyde Majestäten / Majestäten / wie gedacht / zum Rath-Hauß eingiengen / wurden die aufgelegte Tücher dem

Deß Engelländischen

dem Volck Preiß gegeben / welches sie in einer gar kurtzen Zeit unter einem reissenden Getümmel/doch ohne Jemands sonderliches Unglück/in viel hundert Hände theilten.

Als nun die gantze Procession bey dem Rath-Hauß angelanget / und die Herren Chur-Fürsten Ihre Majestäten den Käyser und die Käyserin in Dero Retirada begleitet / haben Dieselben sich auch nach Ihren Zimmern retiriret / und daselbsten so wol der Käyser den Käyserl. Ornat samt der Kron/ als auch die Chur-Fürsten Ihren Habit abgeleget; Inzwischen hatten sich auch die Chur-Fürstin von Bayern/und die Chur-Fürstin von Pfaltz auf dem Rath-Hauß eingefunden / und die Herren Grafen deß Reichs die Speisen zur Käyserl. Tafel aufgetragen. Welchem nach/ als Jhro Majestät der Käyser in seinem Spanischen Kleid und Mantel von güldenem Stück / die Römische Käyserin aber mit der Römischen Käyser-Kron auf dem Haupt/ in Begleitung sämtlicher Chur-Fürsten zur Tafel geführet worden / die dritte Salve so wol auß denen Stücken um die Stadt herum/ als auch von der Burgerschafft gegeben wurde. Bey der Käyserl. Tafel aber reichete Jhro Majestät dem Käyser das Serviet, Hertzog Augustus von Hannover/ und Hertzog Ludwig von Würtenberg der Käyserin / der Herr Land-Graf von Hessen-Darmstadt schnitte vor; Herr Marggraf Carl Gustav von Baaden reichete Jhro Majestät dem Käyser zu trincken/und der gekrönten Käyserin Herr Graf Vollrath von Limburg / welcher auch bey dem Niedersitzen zur Tafel Derselben die Kron nicht allein abgehoben/ und auf ein Neben-Tischlein geleget / sondern auch bey

bey dem Auffstehen von der Tafel Ihrer Majestät selbige wieder auffgesetzet hat/ und gab der Fürst von Nassau das Hand-Wasser zum Waschen. Indem setzten sich auch die sämtliche Herren Chur-Fürsten nebst beyden Chur-Fürstinnen und Chur-Fürstl. Herren Abgesandten zur Tafel/ so in der Mitte deß Saals der Käyserl. Tafel gegen über/ jedoch etliche Schritte darvon war / über welcher Ihre Chur-Fürstliche Gnaden von Mayntz in der Mitte/ zur Rechten aber Derselben Chur-Trier/Chur-Bäyrn und Dero Chur-Fürstliche Gemahlin/ zur Lincken Chur-Cölln/ Chur-Pfaltz und Dero Chur-Fürstl. Gemahlin / in einer Reyhe saßen; Die beyden Herren Abgesandten/ als Herr Baron von Gerßdorff/ und dann Herr Baron von Danckelmann/ Seit-wärts der Tafel / oben bey der Chur-Fürstin auß Bäyern/ und hatten so wol Chur-Fürsten als Gesandten währender Speisung/ gleich dem Käyser/ Ihre Hüte aufgesetzet/ wie auch die Reichs-Fürsten über der Fürsten-Tafel / welche nicht weit von obiger Tafel/ jedoch Ihro Majestät dem Käyser zur Rechten an der Wand war/ worüber der Bischoff von Brixen/ der Abt von Fulda/ und der Abt von Kempten/dann Fürst Carl Dieterich Otto von Salm / Fürst Ferdinand von Dietrichstein / und Fürst Ferdinand von Schwartzenburg gesessen; Zur lincken Hand an der Wand saßen über einer besondern Tafel oben-ermelte drey Chur-Pfältzische Prinzeßinnen/ am Ende aber dieses Saals befanden sich die Käyserl. Musicanten / welche sich unvergleichlich hören laßen. In dem untern Saal wurden in unterschiedenen Zimmern wenigstens auf 10. Tafeln angerichtet / als zwey vor die Dames,

zwey

zwey vor die Käyserl. Miniſtros, vier vor Chur-und Fürſtliche Cavallier, dann zwey vor die Reichs-und andere Grafen/welche nebſt dem Reichs-Marſchall zuletzt geſpeiſet haben; Wie dann gegen 6. Uhr Abends die Käyſerliche Tafel mit dem Gratias deß Herrn Biſchoffen von Brixen beſchloſſen / und nachgehends der AUGUSTUS und die AUGUSTA CORONATA von denen ſämtlichen Herren Chur-Fürſten und reſpectivè Abgeſandten biß nacher Hof in Caroſſen hochanſehnlichſt begleitet worden / wormit dieſes ſolenne Krönungs-Feſtin erwünſcht vollbracht / und mit Jedermanns freudigem Vergnügen ſich geendiget hat. Feliciter!

Das X. Capitul /

Begreifft eine kurtze Beſchreibung deß Königreichs Schottland / deß Landes Regierungs-Art / Gerichte/ Kriegs-Macht / Gewerb. Der König und Edelleute beſchlaffen anderer Bräute am Erſten. Schottiſche Könige/inſonderheit vom Hauſe Stuart, ſeyn unglücklich. Dieſes Hauſes Urſprung und Weiſſagung eines Geſpenſtes. Vom Ritter-Orden S. Andreæ. Sehr fruchtbare Weiber/ die viel Kinder auf einmahl gebohren.

Der Königliche Statthalter war über dieſe ertheilte Nachricht ſehr vergnüget / und noch mehr daß ihm Ethelred, als ein nicht nur wolgeräyßter/ſondern auch wolbeleſener Edelmann/ſo gute Anleitung zu geben wuſte/ wo er von dergleichen Sachen fernere ſchrifftliche verzeichnete Anweiſung finden kunte / bedanckte ſich demnach wegen gehabter Bemühung gantz höflich.

Wir wollen aber dem Edlen Ethelred mit ſeiner Albela bey dem Statthalter nunmehr in Ruhe laſſen/

Eduards / 1. Theil.

laſſen / und dem Aimir und Harald zu Schiff nach=
folgen / welche mit gutem Wind fortſegelten / und
mit allerhand Erzehlungen ſich ſelbſten die Zeit
kürtzeten. Im Schiff war neben andern auch ein
Schottländiſcher Cadet, der ſich auf die Studien in=
ſonderheit geleget / und von vielen Sachen guten
Bericht zu geben wuſte: Denſelbigen erſuchte Harald, ob er ſo gut ſeyn möchte / ihme die Beſchaffen=
heit deß Königreichs Schottland /, ſo viel möglich/
zu entwerffen / dann ob er wol ſelbſten etwas weni=
ges darinn geſehen / möchte er doch einen genauern
Bericht darvon haben.

Aimir ſecundirte deß Haralds Bitte / ſagend:
Ob ich ſchon in Engelland gebohren / und alſo zu=
gleich auch deß Schottiſchen Königreichs und
Staats Beſchaffenheit nicht unerfahren ſeyn ſolte/
ſo trage ich jedannoch einiges Verlangen mehrern
Bericht / ſo wol als dieſer tapffere Cavallier einzu=
nehmen; Wird demnach mein Hertz durch ſothane
Mittheilung ſeiner hierinnen habenden Wiſſen=
ſchafft uns ihm ſehr verbinden / und wir ihm deß=
wegen zu anderwärtigen Freunds=Erweiſungen
willfährige Schuldner ſeyn.

Der Schottiſche Cadet war hierzu willig/ und
fieng ſeine Summariſche Erzehlung folgender Ge=
ſtalt an: Deß Königreichs Schottlands Gräntzen
ſeyn von Mittag gegen Engelland die Flüſſe Tuue-
da, oder Tay, ſo gegen Morgen / und Soluæus, der
gegen Abend laufft / wo der Meer=Buſen oder
Enge Solway iſt; Von Mitternacht umſchlieſſet
es der Oceanus Deucaledonius, vom Abend das Jrr=
ländiſche / und von Morgen das Teutſche Meer;
Weil auch das Meer an vielen Orten ſich ins Land
hinein

Deß Engelländischen

hinein begibet/ so findet man viel See-Busen/ Vor-Gebürge / gantze und halbe Jnsuln / See und Pfützen.

Die Länge schätzet man auf 67. Teutsche/ oder 257. Englische / die Breite auf 52. Teutsche / oder 190. Englische Meilen; Jst gelegen zwischen dem 12. und 20. Gr. Longitudinis, und 55. und 60. Gr. Latitudinis. Das gantze Königreich wird in den Mitternächtigen/ oder hohen/ und den Mittägigen/ oder niedrigen Theil abgetheilet. In Jenem ligen die Provintzien Anguisch, Stratnaveren, Cathenes, Sutherland, Rosse, Murray, Loquaber, Stratdee, Argile. In diesem seyn gelegen Lauden, oder Lothien, (in welchem die Königliche Haupt- und Residentz-Stadt Edenburg liget/) Clydsdale, Fisa, Galloway, Cunningham, Sterlin, samt mehr andern. Zu diesem Königreich werden auch gerechnet die Jnsuln Hebrtdes, deren 44. und die Orcades, oder Orkney, deren bey 30. gezehlet werden / darunter Pomonia, oder Mainland/ die Fürnehmste / allda im Städtlein Kirchwale ein Bischofflicher Sitz / woselbst der Trinck-Becher S. Magni fleissig aufgehoben / und wann ein neuer Bischoff bey ihm darauß getruncken hat / viel Uberfluß und Gutes verhoffet wird. Unter denen Orcadischen ist auch die bekandte Jnsul Hittland / oder Schettland / deren Einwohner so starcker Natur / daß sie kein Bedencken haben nach 100. Jahren sich wieder zu verehelichen; Jhrer viel fahren im 130. und 140. Jahr noch auf die Fischerey auß.

Es ist dieses Königreich wie von ungleichem Lager / also auch von ungleicher Beschaffenheit. Der hohe Theil gegen Norden ist unfruchtbarer als

Eduards/ 1.Theil.

als der Südliche. Ist niemahls von den Römern bezwungen worden/ dann die Einwohner sind rauh und wild/ und nehmen die Schlüsse deß Parlements nicht so leicht an/ lassen sich auch durch dessen Wachen nicht alle wol beherrschen. Das Südliche Theil ist fruchtbarer/ und die Innwohner mehr civilisirt.

Es hat die Natur dieses Königreich begabet mit allerhand Metallen/ Edelgesteinen/ Perlen/ blauen Farben/ Gagat/ Steinkohlen/ Silber-Gruben/ eine Menge Salmen/ oder Lachsen/ deren offt 300. auf einen Zug gefangen werden/ darunter mehrmahlen 40. und mehr Pfündige Stücke seyn. Häring gibt es in solcher Menge/ daß man sagen kan: Die Schottische Ufer seyen derselben eigentlicher Aufenthalt/ wiewolen die Holländer mehr/ als die Schottländer mit deren Fang beschäfftiget seyn. Zu Dumbarton gibt es Fische/ ohne Floßfedern. Der wilden Gänse/ Sooland Geese genannt/ gibt es eine solche Menge/ daß man von deren Nestern Brenn-Holtz zur Nothdurfft haben kan. Die Bernicles, oder Boot-Gänse/ sollen auß den Bäumen und auß Muscheln wachsen und hervor kommen/ wiewol heutiges Tages solches nimmermehr/ wenigst von denen Klügeren nicht geglaubet wird. Im übrigen ist es an Fruchtbarkeit Engelland nicht gleich/ weil das Erdreich meistentheils Schwefelich und zähe/ dahero kan es auch seine Einwohner nicht gnugsam ernähren. Dieses ist was sonderliches/ daß es in diesem Land keine Ratzen gibt/ wie dann dergleichen auch zu Augspurg und auf dem Schloß Glücksburg/ im Hertzogthum Schleßwig/ keine sollen gefunden werden. In dem Norder-Quartier

soll

Deß Engelländischen soll es eine Art Hunde geben/ welche die Diebe und Räuber/ sie seyen so fremd/ als sie wollen/ von ehrlichen Leuten unterscheiden/ und anfallen. Die Innwohner sind wegen ihrer Treu und Tapfferkeit von Alters her bekandt/ und gute Kriegs-Leute/ dahero auch Außländische Potentaten sie zu Ihrer Leib-Garde zu werben pflegen/ zum Studiren seyn sie sehr tauglich/ und gibt es viel geschwinde und lebhaffte Geister. Ja die freyen Künste und Studia haben sich eine Zeitlang in diesem Königreich aufgehalten/ da andere Länder in der Barbarey lebeten/ wie dann verschiedene Lehrmeister zu andern Nationen darauß geholet worden/ und wird man/ ohne Ruhm zu melden/ wenig dieser Landes-Leuthen finden/ die gantz ungelehrt sind/ wie ich dann von berühmten Gelehrten Schotten einen gantzen Catalogum anführen könte. Die Sprache ist nicht einerley/ die/ so an Engelland gräntzen/ reden Englisch/ und seyn/ wie gesagt/ Polit und Sinnreich. Die andere Sorte aber/ so von den alten Schotten/ oder Picten/ noch übrig/ seyn wilde und grobe Leute/ die sich der Irrländischen Sprache/ Bogen und Pfeile/ auch breiter Degen und spitziger Dolchen bedienen/ und ihr Gewand mit Saffran anstreichen. Sonsten seyn sie etwas hochtrabend/ und machen die meisten vom Adels-Stand viel Rühmens/ und versteigen sich auch geringe Leute dermassen in ihrer Einbildung/ daß sie sich nicht scheuen/ Könige zu ihren Ahnen zu benennen. Sie seyn darbey auch Raachgierig/ dannenhero fast so viel Factiones unter ihnen/ als Familien gefunden werden.

Es ist das Königreich Schottland ein Erb-Königreich/ und fället auch auf das Weibliche Geschlecht/

Eduards / 1. Theil.

schlecht / wie auß der Historie der Königen / und dero Erb-Folge / zu erkennen. Der jetztmahlige König ist der Durchleuchtigste und Großmächtigste Fürst und Herr/Herr WILLIAM,&c. auch König in Engelland.&c. von welchem und dessen Thaten dermahlen die gantze Welt überflüssige Materie zu reden und zu schreiben hat.

Der Schottischen Könige Macht und Gewalt aber ist souverainer/als eines Königs in Engelland/ dann sie haben die höchste Gewalt über alle Stände deß Königreichs / Geistliche und Weltliche / sie haben das Kriegs- und Friedens-Recht absolutè, und können Allianzen schliessen / mit welchem Potentaten es ihnen wol gefället. Die nächste Person nach dem König ist dessen Erstgebohrner Sohn / der Kron-Printz von Schottland / welcher die Qualität deß Hertzogs von Rotshag, und eines gebornen Senneschalls führet. Der zweyte Printz führet das Prædicat the Carle of Rosse, die übrigen werden schlechthin Printzen genennet. Für jetzo wird der Königliche Zepter durch einen Vice-Re oder Königl. Statthalter / wie dieselbige selbsten wissen / verwaltet.

Die Stände deß Königreichs werden / wie in Engelland / auch in 3. Classes ab- und eingetheilet/ nemlich und zum Ersten in die Geistlichkeit / diese bestehet in zweyen Ertz-Bischöffen / nemlich dem zu St. Andreæ, welches Primas Regni ist / und dem zu Glasco. Diesen seyn noch eilff Bischöffe/ verschiedene Aebte/ Pröbste und Prioren untergeben. Es ist zwar der Bischöffliche Gewalt mächtig herunter kommen / und Zeit währendem Protectorat deß Cromwels gantz gesuncken; Aber König Carl der

L 3 Andere

Andere hat nach seiner Wieder-Einsetzung die Bischöffliche Authorität wieder zu vorigem Gewalt/ und in Jure Status restituiret.

Der zweyte Stand ist der Weltliche/ der wieder in den hohen und niedern Adel eingetheilet wird. Unter dem höhern Adel werden begriffen / die Hertzogen / Marggrafen / Grafen/ Viconten und Baronen/ welche alle bey Reichs-Conventen und Parlementen Personal-Vota und ihren Sitz haben. Der niedere Adel bestehet auß den Rittern von S. Andreas / Göldenen und andern Rittern / gemeinen Baronen und Edelleuten/auch denen/so auß fürnehmen Häusern und Geschlechten entsprossen / vor sich aber keinen höhern Characterem, Titul und Ehren-Stelle haben/werden Gentlemens genennet.

Der Dritte ist der Bürgerliche Stand / begreifft in sich die Städte / dero Obrigkeiten und Bürger/ Kauff- und Handwercks-Leute.

Es haben aber diese gesamte Stände auch ihre Freyheiten und Privilegien / so darinnen bestehen/ daß der König über sie keine Eigenwillige Macht und Herrschafft hat / sondern sich nach den Fundamental-Gesetzen richten muß/welche durch deß Parlements Schlüsse / oder Reichs-Tags-Decrete, geordnet werden. Ist demnach der König nicht völlig absolut, sondern das Schottische Regiment/auß der Monarchie, Aristocratie und Democratie vermischet/ wiewol die zwey erste Theile den Vorzug haben.

Neben dem Parlement hat es auch einen besondern Justiz-Rath / oder the Session, samt verschiedenen Unter-Gerichten / von denen man an besagtem Justiz-Rath oder the Session appelliret. Die Peinliche Sachen werden zu Edinburg anhängig gemacht/

macht / und darinnen erkannt; Und ist einem Mißsethäter in den gröſten Verbrechen/auch der Beleydigten Majeſtät ſelbſt/ zugelaſſen/ einen Advocaten zu ſeiner Defenſion anzunehmen. Die Proceſs werden ohne ſonderbare Weitläufftigkeit geführet/ wie dann die meiſte Streit-Sachen/ zumahl in denen Unter-Gerichten/mehr der Billigkeit als dem ſtrengen Recht nach/verabſchiedet werden. Die Strafen/ſo Leib und Leben nicht angehen/ werden gemeiniglich mit einer Anzahl Kühe und Ochſen gebüſſet.

Das Intereſſe von Schottland iſt mit dem Engliſchen einerley / weil dieſe beede Reich eine Inſul machen. Die Macht der Land-Miliz iſt nicht gar zu groß / und wird höher nicht / als etwan 30000. Mann/ gerechnet. So iſt auch das Land nicht ſo reich / daß es viel fremde Soldaten werben könte/ zumahlen die Eingebohrne anderswo ihre Suſtentation ſuchen. Die Flotte und See-Macht könte wol wichtiger ſeyn / wann die Reichs-Einkünffte ſich höher erſtreckten. Deß Königs Einkommen/ und von den Ständen gemachtes Deputat, belaufft ſich / neben vielen Regalien / auf 40000. Pfund Sterlings. Deß Landes Einkommen wird auß dem Wollen- Fiſch- Bier- Saltz-Bley-und Stein-Kohlen-Handel erhoben/ die übrige Commercien haben ſich meiſtens in Engelland gezogen.

Sonſten iſt vor Alters der Gebrauch geweſen/ und hat König Evenus III. ein Ertz-wollüſtiger Herr/ das Geſetz gegeben: Daß ein Jeder König nach Belieben nicht nur Concubinen brauchen / ſondern auch den Adelichen Bräuten die Jungfrauſchafft benehmen/ und die Edelleuthe hingegen deß gemeinen Volcks ihre Bräuten entblumen möchten.

Welche

Welche schändliche Gewonheit lange Zeit hernach der König Milcolumbus III. oder / wie andere wollen / Malcolm, auf seiner Gemahlin Bitte / abgeschaffet / hingegen verordnet / daß der Bräutigam/ oder neue Eheleute / für solches Recht dem König/ oder der Herzschafft / eine halbe Marck Silbers erlegen sölte / welches Schlaff-Geld man Marchettas Mulierum nennet / wiewolen der von einem Schottischen Poeten gemachte Vers noch nicht allerdings in Abgang kommen/ der also lautet:

Mansit apud Scotos indeclinabile Cornu.

Was anlanget die Religion in Schottland / so hat es fast gleiche Bewandnüß mit derselben / wie in Engelland. Die Prædominirende Religion ist die Calvinische/ oder Reformirte / welcher die Ertz- und andere Bischöffe / samt der übrigen Geistlichkeit / zugethan seyn. Der Secten und Schwermereyen gibt es fast eben so viel / als in erstgedachtem Engelland / dahero immerzu Unruhe und Trennungen entstehen.

Ich solte meinen Hochgeehrten Herren billich auch eine Erzehlung der Schottischen Könige thun; Ich mag aber derselben Gedult nicht mißbrauchen/ sondern nur dieses melden / welches sonderheitlich zu mercken / daß auf die 54. derselbigen/ entweder durch Krieg/oder durch der Stände/ oder durch ihrer eigenen Bluts-Freunden Nachstellungen ums Leben gebracht/und also eines Gewaltsamen Todes gestorben seyn.

Harald verwunderte sich sehr / daß die Könige in Schottland meistens so unglücklich solten gewesen seyn/und sagte: Ich habe vermeynet/daß allein

das

das Stuartische Hauß unglücklich gewesen / so höre ich wol / daß auch die andern Könige / ihre Vorfahren / nicht minder dem Unglück weichen müssen!

Dem ist nicht anders/versetzte Humfred, (dieses war deß Edelmanns Name/) allein ist insonderheit Merck=würdig / daß alle Könige deß Stuartischen Hauses durchgehends dem Unglück am hefftigsten unterworffen gewesen. Harald fragte: Ob er nicht einige Nachricht von dem Ursprung und Auffkommen deß Stuartischen Geschlechts geben kunte? Gar wol/sagte Humfred, wiewol die Scribenten nicht allerdings hierinnen gleich stimmen. Der Gelehrte Boëtius schreibet hiervon gar nachdencklich / auf folgende Art: Vor etwa 339. Jahren / (von der Zeit Boëtii anzurechnen/) begab es sich/daß Macchabæus, ein naher Bluts=Verwandter deß damahligen Schottischen Königs Duncan, und Banco Stuart Forres, ein tapfferer und gestrenger Mann / mit einander durch einen Wald nach dem Königl. Hof rayseten/ da ihnen drey Frauens=Personen von ungemeiner Gestalt begegneten/ deren eine zu dem Ersten gesaget: Sey gegrüsset Macchabæ Thane Glammis , (dardurch ward die jenige Würde/ die er neulich erlanget / angedeutet.) Die andere Frau sagte: Sey gegrüsset Caldariæ Thane, und die dritte sprach: GOtt grüsse dich Macchabæ, künfftiger König! Darauf erhub Banco seine Stimme/und sprach: Ihr Frauen kommet mir nicht für/ als glückliche Botten / indem ihr diesem Mann allein alle Würden / ja selbst die Königliche Krone zusprechet / da hingegen ich von allem nichts haben soll. Solches beantwortete die erste Frau folgender

der Gestalt: Sey zufrieden Banco, wir verkündigen dir noch etwas Grössers/dann dieser wird zwar zur Regierung kommen/ aber mit einem schlechten Außgang/ weil keiner von seinen Nachkömmlingen den Thron besitzen wird. Ob nun gleich du selber nicht ein König von Schottland werden wirst / so sollen dannoch deine Nachkömmlinge auf etlich 100. Jahr die Krone tragen. Nach diesen Worten seyn alle drey Frauen auß ihren Augen verschwunden. Die zween Gefährten hielten solche Weissagung Anfangs für eine Eitelkeit/und grüssete Banco den Macchabæum vor einen König/ dieser hingegen nennete den andern einen Vatter vieler Königen.

Als aber Macchabæus Chaldarius, (dieses ist ein Schottischer Ehren-Name/) hernach wider Verhoffen / zum König gemacht worden/ nachdem er den König Duncam, (der zween Söhne hatte/) erschlagen / da erinnerte er sich dieses Gesichts / und nahm ihm vor/den Banco und dessen einigen Sohn/ Fleanchum, zur Mahlzeit zu nöthigen / und darbey erwürgen zu lassen. So gesagt / so gethan. Banco erschien bey der Königl. Tafel / samt seinem Sohn/ aber mit ungleichem Außgang; Der Vatter ward erschlagen / und der Sohn entwischte durch Hülffe der Finsternüß/errettete also sein Leben. Nicht lang hernach wurde Macchabæus von Malcolmo, deß erschlagenen Königs Duncan Sohn getödtet / und darauf ist eine Zeitlang hernach die Königl. Schottische Kron auf deß Banco Stuarts Geschlecht/wie die Wahrsagerin bedeutet hatte/ gefallen.

Von andern wird es aber anders aufgezeichnet befunden / daß nemlich in der Schottischen Landschafft Loqvuhabria ein Lands-Verweser gewesen

Eduards / 1. Theil.

wesen sey/ mit Namen Banqhuon, welcher von einem Bastart/ Machbeth genannt/ der sich auf den Königl. Thron getrungen / auß Furcht einiger Unruhe und Regiersucht/ deren er sich von dem Banqhuon besorget/ um das Leben gebracht worden / deß erschlagenen Banqhuons Sohn aber / Fleanchus genannt/ ist inzwischen entrunnen/ und hat sich in Wallis niedergelassen / allwo er einen Sohn/ Namens Walther, erzeuget/ welcher mit der Zeit wieder in Schottland kommen/und die daselbst schwebende Unruhe gestillet/auch mit sothaner Klugheit dem Land vorgestanden hat/ daß ihn König Milcolombas, (oder Malcolmus,) III. zum Reichs-Semeschall oder General-Rentmeister / so man ins gemein auf Schottisch Stewart nennet/ gemacht/ woher dann dieser Amts-Name Stewart oder Stuart entstanden / und hat sich dieses Stuartische Geschlecht so weit außgebreitet/ und ist zu solchem Reichthum und Ansehen gestiegen/ daß es endlichen gar zur Königl. Hoheit gelanget ist / indem Robert Stuart, der Anno 1390. gestorben/ wegen seiner Mutter Marioria, die deß Königs Roberti Brussii Tochter gewesen / König in Schottland worden.

Im übrigen ist auß denen Historien bekandt/ daß das nunmehro vor Alterthum schier zerfallene Schottland / eines von den ältesten Königreichen Europæ ist / als dessen erster König Fergasias, 330. Jahr vor Christi Geburth solle gelebet haben/ und von solchem biß auf den letztlich außgewichenen Jacobum VII. (nach der Schottischen Rechnung / oder Jacobum II. nach der Englischen /) hundert und eilff Könige gezählet worden. Was für Unglück aber bey dieser Könige Zeit/ das Land und die Kö-

nige

nige selbsten betroffen/ist mit Verwunderung zu lesen. Das Hauß Stuart ist in dem vierzehenden Seculo zur Schottis. Kron komen/ und ist dieser in Franckreich geflüchtete Jacobus, der Dreyzehende darvon; Welcher eben so wol/ als alle seine Vorfahren/ wie schon erwähnet/ unglücklich regieret hat.

Harald sagte hierauf: Mein Herz verzeyhe mir/ daß ich denselbigen mit noch einer Frage zu bemühen mich unterstehe! Ich habe von demselben bey Beschreibung deß weltlichen Standes/ und dessen zweyter Classe oder Ordnung verstanden/ daß unter dem niedern Adel/ auch die Ritter/ und zwar die Ritter von S. Andreas begriffen seyen. Nun möchte ich gerne wissen/ was es mit solchen für eine Bewandtnuß hätte. Deme Humfred mit folgender Nachricht willfahrete: Dieser Orden S. Andre ist dem Apostel und Schutz-Heiligen deß Schottlandes vom Könige Hungus, nachdem er Athelstan, König in Engelland überwunden/gestifftet worden/ hat auch den Namen deß Distel-Ordens. Die Ritter führen an einer Kette oder güldenen Bande mit Knöpffen/ zum Ordens-Zeichen das Bildnuß deß Apostels/wie er sein Creutz vor sich hält. Oberhalb dieser Medaille sind auf beeden Seiten Distel-Blumen angeknöpffet / mit der Umschrifft: Nemo impune lacessit. Die Ritter führen solches Creutz auch gestickt auf der Schulter. König Jacob aber / hat nach Vereinigung der Reiche Engelland und Schottland verordnet/ daß dem so genannten Ordens-Kleinod deß Knie-Bandes/ auch die Distel-Blumen beygesetzet / und also beedes zugleich getragen werden solte/damit man die grosse Conjunction beeder Reiche in Groß-Brittannien

desto

Eduards / 1. Theil. 173

desto eher bemercken möchte. Der jetzige/oder vielmehr entzepterte König / hat diesen Orden S. Andre Anno 1687. wieder erneuert und authorisiret/nachdem er seit König Jacobs deß VI. oder I. Zeiten/ nicht æstimirt gewesen / und pfleget das Ordens-Zeichen anjetzo an einem Purpur-farben Band getragen zu werden. Die Ursach dieser Renovation glaubt man seye gewesen/ daß er viel Creaturen seiner Religion mache/ auch solle er Vorhabens gewesen seyn / denen Maltheser-Ordens-Rittern ihre Ordens-Güther wiederum zu Handen zu stellen/so aber bey jetzt-mahligen Conjuncturen wol unter Wegen bleiben wird.

Mit diesem endigte der Gelehrte Schottische von Adel seine Erzehlung / gegen welchen sich die gantze Gesellschafft sehr höflich bedanckte / und mit dieser Beschreib- und Vorstellung deß Königreichs Schottland sehr vergnügt waren/doch sagte Harald abermahlen / weilen er ehemahlen gehöret / daß die Schottische Weiber sehr fruchtbar seyen/ und darinnen andere Nationen fast übertreffen / als möchte er wissen / ob dem also seye? Und dann / woher die Schotten eigentlich ihren Namen herbekommen? Darauf der Schotte wieder antwortete: Mein Herz erinnert gar recht/und solte ich billich/was die letzte Frage betrifft / gleich Anfangs darvon geredet haben/ wiewolen so groß nicht daran gelegen. Es ist aber zu wissen / daß Scotia nicht ἀπὸ τȣ̃ σκότȣς, à tenebris von der Finsternuß / wie etwan einige sich einbilden möchten / seinen Namen bekommen/ sondern von denen Scotis, oder vielmehr Scythis, als von welchen Völckern die Scoten / oder Schotten/ herstammen / daher sie auch Scuti und gleichsam
Skütten/

Sküttẽ/das ist/ Sagittarii, oder Schützen von denen Nieder-Teutschen genennet werden; Vor Alters wurde das Land auch Albania und Albia genennet. Und woher nennet man sie Picti oder Picten/ fragte Jener wieder? Daher/ versetzte dieser/ daß ein Theil dieser Völcker an verschiedenen Orten nackend einher zu gehen pfleget/ und ihre nackende Leiber mit Himmel-blauer Farbe bestrichen und färbeten/ daher hat man sie Pictos, die Gefärbte oder Gemahlte genennet. Was aber die erste Frag von der Schottischen Weiber Fruchtbarkeit/ anlanget/ so ist nicht ohne/ daß sie es hierinnen vielen Landschafften bevor thun; Anerwogen in diesem Königreich es gar gemein ist/ daß die Weiber meistens Zwillinge gebähren/ Ja/ es ist gar nicht seltzam/ daß sie öffters 3. Kinder zumahl zur Welt bringen.

Der Schiffmann liesse sich hierüber vernehmen/ er gebe gerne zu/ daß in Schottland mehr Zwillinge/ auch öffter Dreylinge/ gebohren werden/ jedoch geschehe solches auch an andern Orten und Ländern/ wie man dann/ welches mehr zu verwundern/ bey Antritt dieses 1690sten Jahrs/ gewisse Nachricht von Franckfurt bekommen habe/ daß eine Jüdin zu Hanau 4. Kinder zumahl zur Welt gebohren/ nemlich 3. Söhne/ so todt gewesen/ und eine Tochter/ so biß den andern Tag gelebet. Und eben zu solcher Zeit/ nemlich im Januario dieses Jahrs/ hat ebenfalls eine Jüdin zu Prizemsky in Pohlen 4. Kinder zugleich an das Liecht gebracht/ nemlich 3. Söhne und ein Monstrum mit einem Kalbs-Kopff/ zwey Söhne blieben bey Leben/ der Dritte aber und das Monstrum seyn gestorben;

Aller-

Eduards / 1. Theil.   175

Allermassen die neueste eingeloffene Avisen solches enthalten.

Dergleichen Exempel hat man unterschiedlich auch von andern Christlichen Weibern/ wie ich mich dann entsinne/ sprach Harald, in denen Ephemeridibus der curiosen Teutschen / gesehen und gelesen zu haben/ daß vor weniger Zeit/ nemlich Anno 1683. zu Augspurg ein schlechtes Weib 4. Kinder auf einmahl lebendig zur Welt gebracht/ und waren zwey Söhne und zwey Töchter/ welche zwar alle wieder gestorben/ doch mit dieser Merck-würdigen Ordnung/ daß sie im Sterben die Geburts-Ordnung umgekehret/ so/ daß das Letzt-gebohrne im Sterben das Erste gewesen/ und in solcher Ordnung eines dem andern gefolget/ daß das Erst-gebohrne zuletzt gestorben. So gibt es auch sonsten hin und wieder dergleichen fruchtbare Weiber/ die denen Schottischen am reichen Kinder-Seegen nichts nachgeben/ deren Mütter/ so 20. 30. und mehr Kinder einzelich zur Welt gebohren/ zu geschweigen/ wil ich nur erzehlen/ was ich von einem Weib in dem Hertzogthum Würtenberg/ Uracher-Amts/ vernommen/ diese/ so einem Maurer zu Metzingen unter Urach vertrauet/ hatte mit ihrem Mann 22. und darunter einzelich 10. zweymahl aber allweg 3. und dreymahl 2. Kinder zur Welt gebohren / worbey doch das Weib munter und starck geblieben / von den einzeln gebohrnen Söhnen hat vor etlichen Jahren noch ein Sohn von etlich und 60. Jahren gelebet/ der in der Länge und Grösse alle Männer daselbsten um eines Kopffs Höhe übertroffen/ daß/ wann man auch seine Schenckel betrachtet/ er fast einer Risen-Art ähnlich zu seyn geschienen.

Aimir

Aimir liesse sich hierüber also hören: Noch verwunderlicher kommt mir vor/ was der Frantzösische berühmte Artzt Paræus angezeichnet/ wann er unter andern erzehlet/ daß zu seiner Zeit eines Edelmanns/ Maldemere genannt/ Frau in Franckreich das erste mahl eins/ das andere mahl zwey/ das dritte mahl drey/ das vierdte mahl vier/ das fünffte mahl fünff/ und das sechste Jahr 6. Kinder auf einmahl/ also in sechs unterschiedlichen Geburten 21. Kinder zur Welt gebohren.

Der Schiffer schüttelte den Kopff/ und sagte: auf solche Weise darff ich meinen Doppel-Zwillingen und Juden-Kindern kein so grosses Wunder machen/ als ich mir eingebildet. Nein/ fürwahr gantz nicht/ sagte Aimir wieder/ sintemahlen der Exempeln viel zu erzehlen seyn/ da ungemein fruchtbare Weiber 3.4.5.6. und mehr Kinder auf einmahl zur Welt gebracht. Eine Gräfin von Querfurt hat 9. Kinder zugleich gebohren; Eine andere Teutsche/ Dorothea genannt/ hat das allererste mahl 10. und das andere mahl wieder 10. Kinder auf eine Geburt an das Liecht gegeben. Deß Breßlauischen Bischoffs Golancevi Mutter/ hat deren 12. zumahl/ und Irmentrud, Grafen Isemberti von Altdorff Gemahlin/ eben so viel an die Welt gebracht/ darvon sie die 11. als junge Hunde zu ertrâncken befohlen/ die aber wunderlich bey Leben erhalten worden. So sollen auch die 9. Musæ zugleich und auf eine Geburt gebohren/ und dannenhero/ weil sie zu gleicher Zeit herfür gebrochen/ Musæ, ἀπὸ Ἰοῦ ὁμοῦ οὖσαι, quod simul existant genennet worden seyn. Deme der Gelehrte Humfred Beyfall gab/ der Schiffer aber schier nicht glauben wolte/ dan-

Eduards / 1. Theil.

te / dannenhero sprach: Es werden ja dergleichen Weiber nicht gleiche Art mit den Persischen Mäusen haben / welche biß 100. ja 120. auf einmahl werffen/ welches ich als einen Auffschnitt mit anführen wollen. Humfred sagte: Ey gemach/ gemach/ guter Freund/ man hat dessen einen all zu glaubwürdigen Zeugen/nemlich Aristotelem, der sich selbsten angibt/daß er es mit Augen gesehen/ deßwegen auch nicht unbillich zu glauben.

Ein Kauffmann / so mit in der Gesellschafft war/ nach erbettener Erlaubnuß/ sagte: Ob zwar dergleichen Erzehlungen nicht allezeit Jedermann wahrscheinlich fürkommen / so zweifle doch er seines Orts desto weniger daran/ weil er sich erinnere/daß ihme auf seiner Räyse durch Franckreich / zu Arles ein Hauß gewiesen worden / so dem Geschlechte der Porcelletten zugehörig/ darvon man ihm folgende Geschicht erzehlet: Daß nemlich ein armes / mit etlichen Kindern beladenes Weib/ von der Frauen dieses Hauses ein Allmosen geheischet habe/welches ihr aber diese Frau abgeschlagen / und noch darbey das arme Weib/ wegen ihrer vermeynten Geilheit/ tapffer außgescholten / worüber das arme/ fromme und betrübte Weib GOTT gebetten/daß doch diese Frau so viel Kinder / als eine Schweins-Mutter Färcklein auf einmahl gebähren möchte. Welches Bitten und Wünschen GOTT erhöret / also/ daß die Frau 9. Knäblein auf einmahl gebohren/darvon sie 8. wolte erträncken lassen / aber zu allem Glück begegnete der Magd ihr Herr / und fragte: Was sie trüge / und wohin sie gedächte? Da sie nun geantwortet/ junge Färcklein/ selbige zu erträncken/ weil die Schweins-Mutter selbige nicht aufbringen

I. Theil. M

gen kőnte. Weil aber ungefähr ein Kinds-Händlein herfür hangete/ da deckte der Herz das Verborgene auf/ und wurde deß Betrugs gewahr / und von der Magd deß Verlauffs berichtet; Lässet demnach/ der Mutter unwissend/ dieseKnäblein erziehen/und da sie etwas erwachsen / eben auf die Manier / wie das zu Hauß erzogene Knäblein kleiden / in die Stadt und in sein Hauß bringen/ und der Mutter vorstellen / welche er hernach/ so lang sie gelebet/ gefänglich gehalten. Diese Knäblein seyn an erwähntem Hauß zu Arles annoch in Stein eingehauen zu sehen.

Humfred gabe abermahl Beyfall / mit angehängter Erinnerung / daß neben andern Scribenten auch Belleforestus und Gaulartius solches bezeugeten. Ingleichem / daß zu Padoua, in Italien / eine fast gleiche Geschicht mit dem vornehmen Geschlecht der Scrophen sich zugetragen habe. Ferner / sagte er/ gedenckt der bekandte Albertus, daß ein Weib / vornehmen Geschlechts / zugleich und auf einmahl 70. Kinder gebohren. Wem dieses unglaublich vorkommt / der muß noch über das wissen / daß eben dieser Author meldet/ von einer andern Frauen/ die 150. Embryones, oder zarte Geburten auf einmahl von sich gegeben.

Der Kauffmann sagte: Es seye in Holland nicht unbekandt / auch das Monument und Grabschrifft annoch daselbsten zu sehen / von Margaretha, deß Grafen von Hollands Gemahlin/welche so viel Kinder als Tage im Jahr seyn / nemlich 365. auf einmahl zur Welt gebracht / halb Knäblein und halb Mägdlein/ darvon Jene in der H.Tauff alle Johannes, diese aber Elisabethæ genennet worden.

Humfred

Humfred erinnerte abermahlen/ daß ihme eine dieser ähnliche Historie bekandt/ von einer andern/ und zwar Holsteinischen Gräfin / die zwar auch Margaretha geheissen/ aber ausser dem Namen mit der erst-erzehlten keine Gemeinschafft habe/ und erweißlich/ daß es gantz eine besondere Geschicht seye/ die ebenfalls in einer Geburt 364. Kinder der Welt zu verwundern an das Liecht gegeben.

Indem die Anwesende sich höchstens hierüber verwunderten/ lächelte Aimir, und sagte: 365. Kinder auf einmahl gebohren / seyn noch nicht gnug/ wir müssen deren mehr haben/ und wil ich hoffentlich anjetzo den Weh-Müttern zu thun gnug geben/ wann ich eine weit weit grössere Zahl ihnen vorlegen werde. Harald sagte: Wolan dann/ wir wollen sehen/ ob wir zu solchen Kindern Ammen und Wiegen gnug bekommen mögen; Wie viel gedenckt mein Hertz auf einmahl zu gebähren? Vielleicht Tausend? Nein/ sagte Aimir, sondern ich berichte/ daß Mechthild, eine Hennebergische Gräfin / und Schwester Guilielmi deß Römischen Königs/ 1514. Knäblein auf einmahl solle zur Welt gebracht haben/ welche man allesamt in ein grosses Becken gethan / und von Otthone, Trajectensi Episcopo, getaufft worden/ welche darauf alle mit einander gestorben.

Humfred schlosse endlich/ es seyn für jetzt wunderwürdige Sachen von grosser Fruchtbarkeit der Weiber und vieler auf einmahl gebohrner Kinder erzehlet worden; Es ist aber nicht weniger Wundens-würdig die seltzame Einbildung/ so die Juden haben/ indem sie glauben/ daß/ wann der so lang vergeblich erwartete Messias kommen werde/ so werde alsde alsdann auch die dem Abraham geschehene Verheissung von grosser Vermehrung seines Saamens wie die Sterne deß Himels und Sand am Meer/ allererst erfüllet und wahr werden / und demnach die Jüdische Müttern Jede für sich besonders jedes Tages Zwillinge oder Dreylinge gebähren / wie solches Petr. Cluniacensis von ihnen schreibet.

Das XI. Capitul/

Harald erzehlet seine Freundschafft mit Biorn, und Liebe gegen der schönen Sigeberta, kriegt an Frotho einen Neben-Buhler. Eine artige Begebnüß/auß Forcht vor den Mäusen verursachet. Von wunderlichen Antipathien und verborgenen Feindschafften. Geringe Sachen geben offt zu grossen Händeln Anlaß. Biorn wird von Frotho verwundet. Weibliche Verschlagenheit/ sich ohne eigenen Schaden zu rächen. Frotho wird von Harald im Zweykampff erleget.

Mit dergleichen Erzehl- und Unterredungen vertrieben sie die Zeit/und waren zum Theil darüber nicht wenig verwundert. Inmittelst gienge das Schiff bey mittelmässigem Wind zimlich fort / daß sie die Niederländische Küste in kurtzem zu erreichen verhofften; Weilen dann Aimir wegen seines Freundes Haralds Person gern einige mehrere Nachricht gehabt hätte/ als gab er ihme solches mit einigen weitschweiffigen Reden zu verstehen/ der solches alsobald merckete/ und sich darzu nicht ungeneigt finden liesse / theils den Aimir und übrige damit zu vergnügen/ und so ansehnlichem Freund zu willfahren / theils auch Anlaß zu geben/ daß Aimir sich alsdann seines Standes halber auch/wie er ehemahls schon versprochen/etwas umständlichers herauß lassen und erklären möchte.

Ich

Ich achte für unnöthig / fieng er darauf an/ meine Kindheit / und was mir biß zu meinen erwachsenen Jahren zugestoffen / dermahlen weitläufftig zu erzehlen / sondern wil allein anzeigen/ was mir bey weniger Zeit zu Handen gegangen/ und wie das Glück mit mir verfahren; Gnug ist es / wann ich sage / wie meinem werthesten Herrn Aimir vorhin schon wissend/daß ich in einem solchen Königreich / das zwar nicht unter die Mächtigste zu rechnen/dannoch aber von solcher Consideration ist/ daß es nicht grosse Ursach hat / andere wegen ihrer Glückseeligkeit zu neyden / ja / welches viel eher von andern selbsten scheel angesehen / zumahlen auch von einem der tapffersten Monarchen Europæ beherrschet wird/ gebohren und meistens erzogen bin. Ich habe nicht unterlassen/ auch außländische Höfe und fremde Landschafften zu besuchen / und in Ritterlichen Ubungen mich / so viel möglich / zu verbessern / biß ich nach Verlauff einiger Zeit wieder nach Hauß kommen / da es dann zu meinem / ich weiß nicht soll ich sagen Glück oder Unglück/sich begeben/ daß ich mit einem noch sehr jungen/darbey aber sehr Tugendhafften und Qualificirten Cavallier, Biorn genañt/in sehr gute vertrauliche Kund-und Freundschafft geriethe / so / daß er fast stätigs um mich zu seyn sich befliesse / wie ich dann meines Orts seine artige Manieren und wol-anständiges Vorfahren mir auch höchstens gefallen liesse / und weilen seine Eltern es gar gerne sahen / daß er mit mir in guter Freundschafft lebete / als kame ich auch zum öfftern zu ihme / wodurch ich Gelegenheit bekame / mit seiner Schwester/ so eine sehr schöne/ höfliche/ und mit unvergleichlich-schönen Natur- und Gemüths-Gaben

Gaben reichlich=gezierte Fräulein war bekandt worden/ gegen welcher ich/ in Betrachtung ihrer ungemeinen Artigheiten und Tugenden/ erstlich eine geziemende Hochachtung truge/ die sich nach und nach durch öfftere Besuchung in einen solchen Affect bey mir zu verwandeln begunte/ den man ins gemein die Liebe zu nennen pfleget. Mich dauchte ein Tag/ den ich nicht die Ehre hatte/ sie zu sehen/ und ihrer Ansprach zu geniessen/ ein gantzes Jahr lang zu seyn/ und kunte ich nirgend meine Zufriedenheit finden/ich war dann bey ihrem Herrn Bruder/ und hätte Gelegenheit sie zu sehen/ mit ihr zu reden/ und nach Würden sie zu veneriren. Dero Eltern/ samt dem Bruder/ waren mir hierinnen gantz nicht zuwider/weil sie von mir nichts als Treu und Aufrichtigkeit verspühreten/ und daß unsere Besuch= und Unterredungen die Tugend zum Grund und Endzweck hatten. Die Fräulein/ so Sigeberta hiesse/ liesse ihr auch/ wie ich wol verspührete/ meine Bedien=und Aufwartung gantz nicht zuwider seyn/ allermassen ich solches bey unterschiedlichen Begebenheiten wahrgenommen zu haben mich selbsten versicherte/ so/ daß ich einsten die Kühnheit nahm/ihr von meiner gegen sie tragenden Neigung ein und anders/ jedoch mit gebührender Bescheidenheit vorzuschwatzen/ und mit Ernst=vermengten Schertz ihr meine Flammen mit zwar verblümten Worten zu entdecken/ welches sie Anfangs gar kaltsinnig/ als wann sie mich nicht verstünde/ beantwortete/ biß durch mehrfaltige Besuchungen und Conversationen sie sich etwas milder erzeigete/und mir/in Ansehung wir am Stand einander nicht ungleich/ihre Gewogenheit etwas mehrers

Eduards / 1. Theil.

rers blicken liesse / wiewolen hierbey eine ziemliche Zeit verflosse.

Es dauchte aber nicht nur mich allein die Sigeberta schön zu seyn / sondern es hatte derselben Schönheit auch einen andern Ritter / hohen Geschlechts und Vermögens / ebenmässig entzündet/ daß er ihretwegen brandte/ dannenhero er auch keine Gelegenheit versäumete/diese seine Leydenschafft derselbigen kund zu machen / die aber dessen wenig Acht hatte/und seiner heimlich nur lachete. Damit er nun seinen Zweck desto eher erreichen möchte / trachtete er sich bey ihrem Herrn Bruder/dem Biorn, einzuschmeicheln/ um hierdurch Vorschub und Anlaß zu bekommen / die Fräulein desto eher zu sehen und zu besprechen. Biorn zwar liesse solches geschehen / erwiese ihm aber bey weitem so viel Freundschafft nicht/als er gegen mir thäte/ anerwogen/daß Frotho, so nennete sich dieser Ritter / all zu hochmüthiger Geist / mit deß Biorn seinem sanfftmüthigen Humor sich nicht recht vergleichen kunte / und eben um dieser Ursache willen / war er der Sigeberta auch nicht angenehm / und flohe / so viel immer möglich/ und die Gesetze der Höflichkeit zuliessen / seine Gesellschafft/welches dem Frotho nicht geringen Verdruß / und weil er darfür hielte / daß ich ihme im Weg stünde / und von der Sigeberta freundlicher angeblicket würde / gegen mir einen heimlichen Neyd und Eyfersucht erweckete / dessen er sich doch offentlich nicht durffte vermercken lassen / sondern den gegen mir tragenden Grollen verbeissen muste/ wiewolen ich meines Theils solches nicht groß achtete/und nichts desto weniger ihme mit aller Freundlichkeit begegnete.

Es fügte sich aber gar wunderlich/ daß/ als ich einsten den Biorn, meiner Gewohnheit nach/ besuchete/ zugleich aber auch und vornemlich der Sigeberta meine Aufwartung leistete/ und von allerhand/ auch Liebes-Sachen/ mit ihr in ihrem Zimmer/ indem Biorn ein wenig abwärts in das Neben-Zimmer getretten war/ Unterredung pflegte/ und an nichts Widriges im Geringsten gedachte/ daß Sigeberta gantz unversehens zu erblassen/ zu zittern/ und endlich mit heller Stimme um Hülff zu schreyen anfienge/ ich kunte nicht begreiffen/ woher eine so schnelle unvermuthete und hefftige Veränderung ihren Ursprung hernehmen solte/ und war dannenhero nicht minder bestürtzet/ sie so erschrocken/ blaß und zitternd zu sehen/ und sich äusserst zu bemühen/ ihre Kleider zusammen zu fassen/ und sich gleichsam vor besorgendem Gewalt zu verwahren. In solchem Stand nun/ und damit sie nicht zur Erden fiel/ nahm ich sie in meine Arme/ und war beschäfftiget/ sie auf das allernächst bey uns stehende Span-Bette sittsamlich hin zu legen/ indessen war auf das Geschrey nicht nur Biorn, sondern auch ihre Frau Mutter herbey geloffen/ Rettung zu thun/ indem sie aber gleich alsobald sich wieder erholete/ Biorn auch/ der die Ursach ihres Schreyens bereits wahrgenommen hatte/ zu lachen anfieng/ kunte ich desto weniger in diesen verwirrten Handel mich schicken/ und wuste nicht/ ob ich mich verwundern/ oder aber erzörnen solte/ als ob es allein mich zu vexiren also angestellet worden. Aber ich wurde bald deßwegen berichtet/ daß Sigeberta von Natur einen Abscheuen und hefftiges Entsetzen ab den Mäusen habe/ und sie auf Erblickung dergleichen in grosse Angst und

Schre-

Schrecken geriethe; Weil dann nun unter unserm Besprach ein dergleichen unschädliches Thierlein zwischen denen Tapezereyen und einem daselbststehenden Kuffer unversehens hervor kommen/ und so bald seine Retirada nicht wieder finden können/ Sigeberta aber solches unvermuthet erblicket/ als hat solches ihr solchen Angst-Schweiß und Geschrey außgepresset; Biorn hatte das unschuldige Thierlein noch gesehen/ und der Frau Mutter angezeiget/ dannenhero sie gutes Muths waren/ und nebst mir/ und der Sigeberta, deren der Schrecken indessen völlig vergangen/ über diesen Zufall lacheten/ Sigeberta auch wegen ihres Schreyens sich entschuldigte/ zugleich auch wegen erzeigter Hülffe und Sorgfalt danck sagete/ wiewolen ich es für unnöthig hielte/ und im Gegentheil wünschete/ daß mir öfftere Gelegenheit an Hand kommen möchte/ sie jedoch ohne ihre und meine eigene Gemüths-Verwirrung und Forcht freundlich umarmen zu können/ worüber sie erröthete/ und sich deß Vorgegangenen gleichsam schämete.

Darauf geriethen wir auf den Discurs, wie es doch käme/ daß viel Menschen gefunden würden/ sowol Männ- als Weiblichen Geschlechts/ die vor den Mäusen/ Spinnen/ Krebsen/ Katzen/ item, gewissen Speisen/ als Käß/ Eyer/ Milch/ ingleichem Blut/ wann auch dessen nur mit Worten gedacht würde/ oder dergleichen etwas in einem Zimmer aufbehalten oder verborgen wäre/ einen natürlichen Eckel und Abscheuen haben? Ja/ welches noch mehr zu verwundern/ daß deren Exempel vorhanden/ da die Menschen selbsten einander nicht ertragen/ noch ohne innerliche Hertzens-Angst erleyden können/

können? Als da etliche kein kleines/oder neu-gebornes/ eingewickeltes Kind; andere kein altes Weib; wieder ein anderer gar keine Weibs-Person/ ohne besorgende und gewiß sich ereignende Unmacht angesehen/ und aber ein anderer/ wann von einem gantz heimlich und im Verborgenen/ (wie man sagt/) die Feige gewiesen/ und der Daum-Finger in die Hand zwischen die übrige Finger gestecket wurde/ ohne äusserstem Unwillen und Hertzens-Bangigkeit nicht erdulden können/ wovon weitläufftiger zu handeln ich dieses Orts für unnöthig achte/ indeme Niemand leichtlich gefunden wird/ deme nicht selbsten ein und anders dergleichen Beyspiel bekandt wäre; Die Ursachen aber dessen anzuführen/ etwas zu lang fallen würde.

Gleich wie aber vielmahlen auß geringen Sachen grosse Händel entstehen können; Also hat auch der Neyd und Eyfersucht/ auß dieser Begebnuß eine gantz gefährliche Mißverständnuß angesponnen/ welche nachgehends mit Blut abgewaschen werden müssen/ wie auß fernerer Erzehlung wird zu ersehen seyn.

Es begabe sich eine Zeitlang nach diesem/ daß bey einer Gesellschafft/ wobey Biorn und Frotho sich auch mit befunden/ neben allerhand Gesprächen/ auch verschiedene Schertz-Reden/ vorgebracht wurden/ die Anfangs von keinem wichtigen Nachdencken waren/ wobey endlich Frotho gegen den Biorn sich einiger Stachel-Reden vernehmen liesse/ worinnen er so wol auf seine Schwester als auch mich stichelte/ und ihme zu verstehen gab/ er hätte nicht Ursach/ mir mehr gewogen zu seyn/ als ihme/ insonderheit darum/ weilen er für seine Person nimmermehr

Eduards/ 1. Theil. 187

nbescheiden sich aufführen würde/ ei=
mit ungeziemender Umarmung be=
seyn/ weniger dahin zu bemüssigen/
igen Gewalts sich zu entladen/ ihrer
zu haben/ und ihre Ehre zu retten/ um
en/ wie er wisse/ daß ich mich frevent=
zen habe/ dessen aber unerachtet/ dan=
caressiret würde.

der alsbald sahe/ worauf Frotho mit
igkeit zielete/ kunte sich vor Eyfer nicht
I sagen/ daß dieses eine unverschämte
ng und nicht wahr seye. Frotho, der
mertzen kunte/ daß er vor der gantzen
so keck solte Lügen gestrafft werden/
hierüber/ und behauptete sein Vorge=
n Worten/ deme Biorn eben so hart
nete./ daß Frotho zum Degen griffe/
n mit eben so grosser Courage ins
te/ aber von Frotho übereylet/ und in
verwundet/ aber durch Darzwischen=
Anwesenden ein mehrers Unglück ver=
Biorn verbunden wurde. Mir bliebe
sach eine Zeitlang verborgen/ wiewol
nt, meinem Freunde erwiesen/ sehr zu
ze/ und gerne Gelegenheit gehabt hät=
l an seinem Widerpart zu revengiren/
er nicht/ wie ich verlangte/ ereignen
n, so bald er seiner Wunden genesen/
urtzum den Frotho vor der Klingen se=
lige aber solches/ vornemlich aber Sige-
Weges zugeben/ in Betrachtung/ seine
ser/ als bey so blühender Jugend seine
n; Es wußte auch die kluge/ oder viel=
mehr

mehr arglistige Sigeberta die Sache dergestalten einzurichten / und ihren Brudern einer ungezweiffelten zumahlen auch reputirlichen Revange zu versichern / daß er sich zufrieden gabe / und geschehen liesse / daß durch etlicher Freunden Vermittlung/ indeme ich gewisser Geschäfften halben abwesend/ mit dem Frotho sich wieder verglichey / daß dannenhero Frotho mehr und nähere Gemeinschafft mit dem Biorn suchte / als biß daher geschehen.

Es dienet aber zu wissen / daß Frotho den Zufall / so sich zwischen der Sigeberta und mir durch Veranlassung der Mauß geschehen / durch deren Kammer-Magd / die er / der Sigeberta und mein Verhalten außzukundschafften / erkauffet hatte/ in so weit erfahren / wie nemlich ich / da ich allein bey der Sigeberta im Zimmer gewesen / mich unterstanden/freventlich Gewalt an ihr zu üben/mit Gewalt sie auf das Bette zu werffen / und weiß nicht / was derselbigen zuzumuthen/ daß sie dardurch mit sorgfältigster Verwahrung ihrer Kleider gemüssiget worden / um Rettung und Hülffe ängstiglich zu ruffen / daß ich darnach von meinem Beginnen abzustehen / durch die Zulauffende genöthiget worden seye. Dieses nun kame dem Frotho, der ohne das von Eyfer verblendet ware / sehr scheinbar und Glaubwürdig vor / dann den Umstand mit der Mauß hatte sie ihme entweder boßhafftiger Weise verschwiegen/ oder / welches fast glaublicher / (indeme sie nur das Jenige/ was sie im Vorbeygehen deß Zimmers/ als dieses vorgegangen/ gesehen und gehöret/ ihme referiret/) nichts Eigentliches davon gewußt. Nun/ dem mag seyn/ wie ihm wolle/ Frotho hatte hierauf seinen eyfernden Argwohn / und

die dem

Edwards / 1.Theil. 189

ie dem Biorn gegebene Stich=und Schimpff=Rede
egründet.

Wie/fiele hier Humfred dem Harald in die Rede/
ist dann dieser vom Frotho verübete Frevel ihme so
schlechter Dings nachgesehen / und nicht gebühren=
der Abtrag von ihme gefordert worden? Der Herr
gedulde sich nur ein wenig/und halte mit der Schot=
tischen angebohrnen Raachgierde/ die er zuvor selb=
sten gestanden/ ein Kleines zuruck / so wird er hof=
fentlich annoch vergnüget/ und zugleich neben ihme
auch die Sigeberta und ich / als Hauptsächlich in=
teressirt/ zufrieden gestellet werden. Humfred schäm=
te sich/ daß er sich hierinn übereylet/ und damit den/
denen Schotten angebohrnen Raach=Geist zu sehr
hervor blicken lassen; Bathe deßwegen um Ver=
zeyhung. Und Harald verfolgete seine Erzehlung
folgender Weise:

Der jenige weise Mann/ sagte er/ der da saget/
daß keine List über Frauen=List seye/ hat sehr weiß
und klüglich geredet/ und wird solches fast täglich
aller Orten in der Welt klar und wahr gemachet/
und getrauete ich mir davon so viel Exempel an=
zuführen / daß ich daran einen gantzen Tag und
mehr zu erzehlen haben würde. Alles andere aber
vorbey zu gehen / wil ich allein berühren/ wie ver=
schlagen die kluge Sigeberta die Sache angegriffen/
so wol sich selbsten/ ihren Bruder/als auch mich/ an
dem Frotho zu rächen/ und zwar also/ daß ihr Bru=
der/ bey solcher reputirlichen Raache/ nicht die ge=
ringste Gefahr auf einigerley Weise zu befahren/
Frotho hingegen ihrem Vermuthen und geschöpff=
ten Hoffnung nach/ seinen Frevel zu büssen hatte.

Mir ware nun nicht mehr verborgen die Ur=
sache/

sache/ um deren Willen Biorn und Frotho an einander gerathen/ und hätte ich nicht lang gesäumet/ scharffe Rechenschafft deßwegen zu fordern / wann nicht Sigeberta unter allerley Vorwand/ mich davon abgehalten / und mir etwas zu unterfangen verbotten hätte; Es wäre dann Sache/ daß solches mit guter Manier/ und nicht nur gesuchter Weise geschehen könte. Ich gehorsamte wider meinen Willen/ und seuffzete doch darbey täglich nach Gelegenheit/ der Sigeberta, Biorns und meine eigene Ehre zu vertheydigen. Höret/ was für kluge Anstalt/ ohne mein und Biorns Wissen / darzu gemacht worden: Es hatte/ wie ich nach der Hand erfahren/ Sigeberta Anlaß gegeben/ zu einer Zusammenkunfft unterschiedlicher Dames und Cavallieren/ doch also/ daß/ wann es nur von ungefähr geschehe. Sie selbsten auch gantz unvermuthet/ und nichts von der Gesellschafft wissend/ darzu käme. Indeme man nun/ neben allerhand Kurtzweil/ auch eine gute Collation anschaffte/ nahme ich wahr/ daß Sigeberta dem Frotho dann und wann einen freundlichen Blick verliehen/ und mehrere Höfligkeit erwiese/ als ich mir jemahlen einbilden können; Gegen mir aber/ wie mich bedunckte/ ziemlich kaltsinnig sich erwiese/ das mir nicht geringe unruhe im Hertzen verursachte/ Frotho, der solches bald beobachtete/ wußte sich dieses / mit vielerhand Liebkosungen trefflich zu Nutz zu machen; Und fürwahr/ wann nicht der gegen Sigeberta tragende Respect, neben ihrem Befehl/ mich zuruck gehalten/ ich wurde alsobald herauß gefahren seyn/ und den Frotho zu affrontiren Ursach gesuchet haben/ wiewol es dannoch nicht lang angestanden/ daß es hierzu erwünschte Gelegenheit gabe/

dann/

Eduards / 1. Theil.

dann / nachdeme Sigeberta mit Frotho eine gute Weile mit meinem höchsten Verdruß sich freundlich besprachet/und meiner Sachen nichts geachtet/ nahme sie endlich ein sehr schönes vor ihr stehendes Glaß Wein / und trancke mir solches zu / auf Gesundheit deß Frotho; Welches ein rechter Donnerschlag in meinem Hertzen / dem Frotho aber höchsterfreulich zu hören ware. Sie stellete mir darauf das Glaß lächlend zu / welches mich noch mehr verwirrete / daß ich mich zu nichts entschliessen kunte/ und fuhre sie darauf in ihrem Gespräch mit Frotho fort. Ich liesse das Glaß vor mir stehen / indeme mir nicht zu Sinne wolte/ meines Feindes und Mitbuhlers Gesundheit/ sonderlich auf so zugebrachte Weise / Bescheid zu thun. Weßwegen Sigeberta über eine Weile mich dessen erinnerte; Ich aber mich damit entschuldigte / daß ich für unnöthig achtete/ den Jenigen / der schon von ihr so hoch beglückseeliget seye / noch mehr auf solche Weise in seinem Glücke andern/ zum Nachtheil/ zu vergrössern. Worüber Frotho grosse Augen machte/ und mit dem von Sigeberta empfangenen Favor sich sehr groß dünckete. Sigeberta erinnerte mich nochmahlen / ich aber bathe/ mir zu erlauben/ ihre eigene Gesundheit auß dem zugebrachten Glaß zu trincken; Worauf Sigeberta wieder: Es stehet zu deß Herrn Belieben/ und begehre ich zu nichts/ wider seinen Willen / ihne zu vermögen. Frotho sagte hierauf: Herrn Haralds Arme und Hände seyn geflissener/ eine Fräulein aufs Bette zu werffen/ und ihre Kleider ungebührlich zu handthieren/ als derselben höflichem Ansinnen Statt zu geben. Ich erwiederte: Und Frotho tauglicher / andern übel nachzureden/

und

und unverdienter Weise zu lästern / als der Dames Respect zu erhalten. Frotho sagte hierüber zu Sigeberta: Gnädige Fräulein / sie lasse sich nur ferner mit ihme unverworren / sintemahlen ein solcher Vergewältiger deß Frauenzimmers allerdings unwürdig/ihre/noch auch meine Gesundheit Bescheid zu thun. Ich voller Zorn und Grimm/mich/so beschimpffet zu sehen / versetzte / weil ich der Fräulein Gesundheit zu trincken von ihr selbsten die Erlaubnuß habe / solle mich kein Ehren-Schänder daran hindern: Es lebe demnach Fräulein Sigeberta, (und damit tranck ich das Glaß rein auß/) und du Verleumder bist nicht würdig/ dieses von ihren werthen Händen allererst berührte Glaß anders / als auf diese Weise / ferner zu berühren / (hiermit schmisse er ihm das Glaß ins Angesicht/daß es in 100. Stücke zertrümmete / auch einige kleine Splitter ihm darinnen kleben blieben/) und solle dir solches hiermit zum Pfand und Zeichen dienen/ dir Morgen zu erweisen / daß du ein Verleumberischer EhrenDieb seyest. Hiermit wurde die gantze Compagnie verstöhret/ weitere Gewaltthaten zwischen uns verhindert/und der Ort/wo dieser Handel deß folgenden Tages mit dem Degen außgetragen werden solte/ bestimmet. Und dieses/wie ich nachgehends erfahren / ware eben das / was Sigeberta, ohne solches an mich zu begehren/ Ursach zu haben gewünschet/ und verlanget hatte. Ich hatte noch selbigen Abend Gelegenheit / bey Besuchung ihres Bruders / sie zu sprechen / da sie sich wegen angemaßter Kaltsinnigkeit gegen mir höflichst entschuldigte / mich beyneben ersuchte/neben meiner eigenen Ehre/ auch die ihre und ihres Herrn Bruders/ gegen dem

boßhaffoßhafften Frotho bestens anbefohlen seyn zu lassen/ mit vertrösteter Versicherung / solches mit aller geziemenden Freundschafft gegen mich danckbarlich zu erkennen. Biorn erbotte sich zu meinem Secundanten/ welches ich aber keines Weges gestatten/ sondern ohne Einmengung anderer Personen / den Handel allein außzufechten/mir vorbehalten haben wolte.

Deß folgenden Tages darauf erschienen wir auf dem bestimmten Kampff-Platz/ und ware der Angriff deß fast wütenden Frotho überauß hefftig/ daß ich alle Kunst und Kräfften anzuwenden hatte/ mich seiner zu erwöhren / und weil ich selbsten auch auß Ehr- und Eyfersucht voller Grimm/und gleichsam verblendet ware / versahe ichs / daß er mir über der Hand einen wiewol geringen Stoß / wie diese Narbe zeiget / anbrachte / welche mich aber nur zu desto mehrerer Behutsamkeit anmahnete/wodurch ich das Glück hatte/ daß er mir im dritten Gang/da er mich auß meinem Lager zu bringen vermeynete/ gantz rasend selbsten in meinen Degen einlieffe/ der ihme auch gar eben zwischen die Rippen ein- das Blut hingegen häuffig herauß drange/ daß er unmächtig zur Erden fiele/ und ich/ weilen ich die Wunde für tödtlich achtete/ auf meine Sicherheit bedacht ware. Noch dieselbige Nacht starbe Frotho, und verfluchte sich selbsten / und der Sigeberta Kammer/daß sie ihme eine mangelhaffte Erzehlung gethan/ er aber derselben so leichtlich Glauben zugestellet/und hierdurch sich selbsten in so grosses Unglück/ja in den vor Augen stehenden Tod fast muthwillig gestürtzet hatte/ indeme er vermeynet/ mich in seinem Rasen unfehlbar zu Boden zu rennen / so ihme

ihme aber/wie gehöret/gefehlet. Er solle auch/wie ich nachgehends erfahren/ mir seinen Tod verziehen/ und zugleich den Seinigen anbefohlen haben/ mich deßwegen nicht zu verfolgen/ noch Raache zu üben/ weil er selbsten die gröste Ursache seines Todes und unglücklichen Untergangs gewesen.

Das XII. Capitul/

Harald reteriret sich in Norwegen/ leydet Sturm/ und endlich Schiffbruch/ kommt in Hittland zu einem Eremiten/ der ihme seine wunderliche Unglücks-Fälle/ zweyer Brüder Eyfersucht/ und barbarische Raache/ ingleichem den unwissend-begangenen Bruder- und Vatters-Mord erzehlet. Harald kommt in Jrland/ und thut in der Belagerung Londonderry Dienste/ gehet in Engel- und Schottland/ und kommt mit der Gesellschafft zu Amsterdam an.

OB ich schon wegen deß Todes deß Frotho mich einiger Massen hätte entschuldigen können/ und seiner eigenen Bekändtnuß nach er selbsten wo nicht mehr/ jedoch eben so viel als ich seines Todes Ursach war/ so dauchte mich doch/ sonderlich in Ansehung seiner grossen Freundschafft/ dem Land-Frieden nicht zu trauen zu seye/ hielte mich deßwegen in guter Gewahrsame/ und setzte mich vermittelst Biorns (der sich mir wegen solcher Revange höchst verbunden erkennete/nachdem ich auch von der Sigeberta einen schmertzlichen Abschied genommen hatte/) emsiger Sorgfalt/deß andern Tages unbekandter Weise auch ein Holländisches Kauff-Schiffe/ das seiner Ladung und Gewerbes halben nach Bergen in Norwegen zu lauffen Seegelfertig lage/ woselbsten wir nach überstandenem starcken Sturm/und nicht geringer Gefahr darnach glücklich angelanget. Als der Schiffer daselbsten

seine

Eduards / 1. Theil.

eine Sachen verrichtet/ uñ die behörige Ladung eingeschiffet / wurden die Ancker wieder gelichtet / und die Seegel aufgespannet / deß Vorhabens / in Schottland überzuseegeln / von dar in Engelland/ und so dann zuruck in Holland wieder zu gehen. Aber unsere Anschläge giengen zuruck / und musten wir bald / nach unserer Außfahrt / einen harten Sturm erleyden/ welcher unser Schiff von seinem Cours weit zuruck triebe / und durch 3. tägiges hefftiges Wüten uns alle Augenblick den Tod und Untergang drohete / wie wir dann endlich strandeten/ und ein Jeder auf ein gutes Hinkommen bedacht seyn muste. Ich / neben dem Unter-Kauffmann und Schiff-Barbierer/ hatten das Glück/ beysammen zu bleiben/ und mit einander an Lande zu kommen / da / allem Vermuthen nach / die übrige alle/ oder doch meistentheils/ samt dem Schiff/ zu Grunde gangen / und denen Fischen zur Außbeute worden. Das Land/ worauf wir uns befanden/ ware die Insul / Schett- oder Hittland / als wir nun wegen unserer wundersamen Erhaltung dem Höchsten gedancket/ auch/ so gut es seyn kunte/ uns wieder gedröcknet / waren wir bemühet / zu Leuten und bewohnten Orten zu kommen / welche wir aber so bald nicht antreffen kunten / als wir wol gerne gehabt hätten; Nach langem Hin- und Wiedergehen geriethen wir endlich an eine kleine und elende Hütten/ zu deren wir uns naheten/ und nächst derselben einen feinen aber sehr schlecht bekleideten Mann/ feines Ansehens / und mittelmässigen Alters / antraffen/ der uns gar freundlich begegnete / auch mit seinen schlechten/ uns aber sehr nothdürfftigen und angenehmen Speisen erquickete/ und nebenst einem

N 2 frischen

frischen Trunck Wassers / nach seinem Vermögen bewirthete / auch seine schlechte Wohnung zu unserer Nothdurfft anerbotte / und mit unserm erlittenen Unglück grosses Mitleyden truge; Wir nahmen dannenhero / in Ermanglung anderer und besserer Bequemligkeit / deß Einsiedlers Offerten an / und verharreten etliche Tage bey ihm / mittler Zeit er uns von einem und dem andern / so wir dieser Insul halben zu wissen Verlangen hatten / guten Bericht ertheilete.

Nachdem wir nun ziemlich gute Bekandtschafft mit einander gemachet / und der gute Einsidler nichts / wormit er uns bedient zu seyn bemühete / unterliesse; Fragte er ihn einsmahls / wer er seinem Stand und Herkommen nach / wie und warum er an diesen Ort kommen? Weil ich mir leichtlich die Gedancken machen könte / daß kein gemeiner Unfall ihn hieher gebracht / und zu diesem harten Leben und Einsamkeit veranlasset hätte? Worauf er nach wiederholeten etlichen tieffen Seufftzern / und Abwischung einiger wider seinen Willen auß den Augen geflossenen Thränen / Folgendes zu erzehlen anfienge:

Meine Geburts-Stadt ist Orense in dem Königreich Gallicien / meine Eltern waren zwar dem Stammen und Geschlecht noch nicht von sonders hohem Adel / aber was am höheren Stand abgienge / wurde mit desto grössern Vermögen von dem Glück reichlich ersetzet / daß dahero ich so gut ja besser als viel dem Stand nach höher mich hervor thun kunte; Ich hatte aber auch noch einen Bruder und Schwester zu Geschwistern / die aber beyde iünger waren als ich. Da ich kaum das 15. Jahr erreichet /

Eduards/ 1. Theil.

urde ich von meinen Eltern in Anba-
:t/ einem fürnehmen Fürsten für einen
arten/ ich ware kaum bey Hof ange-
te der jüngere Fürstliche Printz gleich
solche Affection auf mich geworffen/
seinen Diensten haben wollen/ und ich
/ weil die Affection gegen mir täglich
ne Schatz-Kammer und Behalter
eheimnüssen würde. Es liebte dieser
:, (so ware sein Name/) eine Dame
her Schönheit/ mit Namen Rodisbe,
inwiederum in Ansehung er nach sei-
)te nicht minder schön als sie/ darbey
)licher und liebreicher Hertz war/ mit
degen-Liebe von ihr/ Vergeltungs-
:. Solche ihre Liebe aber musten sie
1 halten/ um dem ältesten Bruder/
:ente, der ein wilder und brutaler
r zugleich auch hefftig in die Rodisbe
/ keinen Argwohn zu geben; Dann
ner Liebe nichts wissen wolte/ geriethe
)ancken/ es könne nicht fehlen/ sie
z mit Liebe anders wohin verpflichtet
1 sie sich/ als Eine geringern und nie-
ides/ seiner Liebe Raum zu geben/
wurde.
Printzen und Rodisben Liebe blühete
nat mit Beyder höchsten Zufrieden-
nügung/ wie allen denen Liebhabern
in. Einsmahls aber bey einem Festin
:, durch die nicht vorsichtig gnug ge-
vincke/ wahr/ woher der Rodisben
keit rührete/ jedoch aber ohne völlige

N 3 Gewiß-

Gewißheit / sintemahl er in seinem stoltzen Sinn nicht begreiffen kunte / warum sie den jüngern vor den ältern Bruder wählen solte/dannenhero er bey sich beschlossen/ genauere Auffsicht zu haben/ und so dann sich ernstlich zu rächen. Ich nahm die Gemüthsänderung Torrente gar bald in Acht / und berichtete solches meinem Herrn / mit gebührender Erinnerung/ sich besser vorzusehen/ dahero er diesen Abend die Rodisbe niemahlen zum Dantz aufgebotten/deßwegen sie hierüber gantz Eyfersichtig wurde. Orgeste, der solches nur darum gethan / sich gegen seinem Bruder nicht zu verrathen / berichtete gleich deß Morgens durch ein freundliches Brieflein dessen Rodisben / welches ich ihr überbringen solte. Aber zu allem Unglück begegnete mir auf dem grossem Saal Torrente, und sahe mich den Brieff/ (den ich nun nicht mehr verbergen kunte/) in der Hand tragen. Er fragte mich alsobald/ was für ein Brieff das wäre? Weil ich nun keine Außflucht sahe/ die Unwarheit zu sagen/ mir grossen Nachtheil bringen kunte / antwortete ich: Daß ich solchen auf meines Gnädigsten Herrn Befehl der Rodisbe bringen wolte. Worauf er den Brieff eröffnete/ weil er aber mit Vorsatz mit allerley zwey-deutigen Worten geschrieben gewesen / kunte er darauß anders nichts/ als nur allgemeine unverfängliche Sachen abnehmen / behielte aber den Brieff bey sich / und befahl mir/ meinem Herrn zu vermelden/ daß ich den Brieff recht bestellet hätte / welches ich zwar versprochen/ aber im Gegentheil meinem Herrn alles erzehlet/ damit er sich darnach richten könte. Torrente hatte wol tausenderley Einfälle / die theils auf Raache zieleten / theils aber zur liebhabenden Gedult anwiesen/

Eduards / 1. Theil.

)offnung machten / der Rodisben hat=
solcher zu überwinden. Dannenher*
nicht / aller Orten sie zu bedienen / sie
auch den Brieff meines Herrn zu zei=
wuste über alles sich zu entschuldigen/
dend / wann schon Printz Orgeste an
/ könne ihr doch solches keinen Nach=
noch Seiner Hoheit zum Vorwandt
;wegen einiger Partheylichkeit zu be=
mahlen dem Printzen frey stünde/ ihr
zu schreiben / wie es dann auch eben=
)rem Entschluß stünde / von solchen
nen einigen anzunehmen; Sie ver=
über das nicht wenig/daß Se. Hoheit
icken von ihr schöpffe/da sie doch eini=
zu nicht gegeben habe/ sondern/ so viel
der geziemenden Höflich= und Be=
icht nachtheilig/ alle Beyde auf einer=
itze und hochhalte/ welches dann auch
var/dann/ unangesehen sie ihrem lieb=
wann sie allein bey ihme gewesen/ die
?iebes=Bezeugung erwiese/ so erzeigte
)r den Leuten so indifferent, ehrbahr
en/ daß sie ein wahres Muster und
Ehrbarkeit selbsten zu seyn schiene.
Torrente sahe/ daß sein Bitten und
gebens / entschlosse er sich Gewalt
er sie nun einsmahls/als Orgeste und
i kommen / küssen wolte / stellete sich
ch)en/ und wolte den Bruder seinen
reichen lassen. Torrente, voller Zorn/
er sich dieses Handels anzunehmen/
rhindern hätte? Dem Orgeste begeg=
nete:

nete: Er hätte ausser der Schuldigkeit das Frauenzimmer vor Gewalt zu schützen / kein ferneres Interesse hierbey. Worauf Jener versetzte: Ihr soltet sagen / auß Schuldigkeit / als ein Verliebter; zohe hiermit zugleich von Leder / und verletzte den Printzen / der so schnellen Anfalls nicht vermuthend war / wiewol nur schlechtlich in eine Seiten. Ich legte mich alsobald zwischen sie / und lieffen auf das erweckte Getümmel einige Edelleute herbey / und brachten sie von einander. Der alte Fürst wurde über solcher Zeitung sehr betrübt / liesse auch den ältern Printzen in Verwahrung nehmen / mit dem Bedeuten / ihne so lang im Arrest zu behalten / biß er seinen beleydigten Herrn Bruder würde um Verzeyhung bitten / welches aber Torrente nimmermehr zu thun gesinnet war. Bald darauf starb der alte Fürst / wie zu vermuthen / nicht so sehr wegen hohen Alters / als Schmertzen und Grämnüß / über der beyden Printzen Mißhelligkeit.

Weil nun Torrente also vollkommener Herr wurde / liesse er Anfangs gegen Niemand einiges Mißvergnügen spühren / sondern wuste die Mörderische Klauen trefflich zu verbergen / liesse auch / nach Verlauff einiger Zeit / Rodisben für sich kommen / zu deren er sprach: Fräulein / ich finde / daß das Sprüchwort wahr seye / daß nemlich hohe Würden auch die Sitten zu ändern pflegen; Da ich noch Printz / und wie eine Privat-Person war / versuchte ich Gewalt gegen euch zu brauchen / welches aber mich anjetzo reuet / derentwegen auch um Verzeyhung bitte / deren ich mich auch gewiß versehe / weilen euere unvergleichliche Schönheit zu solcher Sünde Ursach gegeben; Ich lobe euere Zuneigung /

Eduards / 1. Theil.

gung / die ihr zu meinem Bruder / darum / weilen er jünger ist / traget / und bitte nur diese Gunst von euch mir zu vermelden / was euch ihn vor mir zu lieben an seiner Person veranlasset habe?

Die Dame erstaunete über eine so seltzame Frage / und kunte die Liebe gegen Orgeste, als die auß dem Vorbeygegangenen gnugsam bekandt/ nicht läugnen / derowegen antwortete sie: Gnädigster Herz/ ich finde bey mir keine andere Schönheit/ als welche mir das unverdiente Lob meines Gnädigsten Fürstens unverdienter Weise zueignet / noch weniger haben Sie gethan / was einiger Abbitte / oder Verzeyhung nöthig hätte ; Ich erkenne mich anbey der hohen Gnaden / mit deren Ew. Hoheit mir zugethan / unfähig/ bekenne aber zugleich auch die geschehene Anfrage / daß den Printzen Orgeste zu lieben ich keine andere Reitzung gehabt/ als seine vortreffliche Tugenden / ausser dem wüste ich nicht wol etwas zu nennen/ das mir an seiner Person liebwerther vorkommen / es wären dann solches seine Liebes-flammende Augen.

Torrente erzeigte sich über dieses sehr vergnügt/ und liesse sie mit grosser Höflichkeit von sich; Sie selbsten auch war wegen deß Fürsten bezeigter Reuum höchsten erfreuet / und kunte kaum der Zeit erwarten/ mir solches anzuzeigen/ damit ich es meinem Printzen hinterbrächte. Indem wir uns aber eben nit einander hierüber besprachten/ siehe! da kam ein Cammer-Diener deß Fürsten/ der præsentirte ihr im Namen desselben eine mit Leib-farben Taffet bedeckte güldene Schaale / welche sie / nachdem der Uberbringer abgetretten / aufdeckte / und / was Jammers! die Augen deß Printzen Orgeste, meines

N 5 Herzns/

Herzns/und ihres Allerliebstens/ darinnen erblicke-
te / wie es uns darbey zu Muth gewesen / weiß und
kan ich nicht außdrucken / sie erbleichte / erstarrete/
und wurde gantz unbeweglich / daß ich sie für todt
hielte. Als sie sich ein wenig wieder erholet/ gebär-
dete sie sich nicht anders / als eine Höllische Furie,
nachgehends bathe und beschwur sie mich zugleich/
solche an meinem Herzn verübte That zu rächen/
worzu es aber keines grossen Zuredens bedarffte/
indem ihr Jammer-hafftes Klagen auch ein grausames Tyger-Thier zum Mitleyden solte bewogen
haben. Ich entfernete mich von Hof/ und kam nach
Verfliessung etlicher Monat/ als ein Pilgrim wieder dahin/ deß Vorhabens/ unter dem Schein das
Allmosen zu heischen / den Fürsten zu ermorden/
wolte auch solches in dem Lust-Garten bewerckstelligen / als der Fürst mit wenig der Seinigen darinnen spatzierete; Aber mein Vorhaben erreichte seinen Zweck nicht/ und wurde ich allerdings darüber
ergriffen/ wann ich nicht deß Orts und aller Gelegenheit so wol kundig gewesen wäre / und nach-
mahls mit andern Kleidern/ Barth und Haaren/
mich auß der Stadt und so weiter gemacht hätte/
da ich dann auf der Räyse vernommen/daß Rodisbe vor Wuth und Raachgierde gestorben.

 Dieses war also die Ursach/ um deren willen
ich den Hof und das Hof-Leben verlassen; Aber/
wolte GOtt/daß allhier mein Unglücks-Stern untergangen wäre / und ich nur fremden Unfall zu be-
weinen Ursach hätte/so würde mir noch Hoffnung zu
einiger Linderung meines Jamers übrig seyn/deren
ich aber nunmehr gäntzlich entbähren muß. Höret
demnach weiter mein unglückliches Schicksal / und

traget

raget Mitleyden mit meinen Unstern; Ich ware nunmehr entschlossen / wiederum nach meinem Vatterland zu räysen/ meine Eltern und Geschwistrig/die ich in zimlichen Jahren nicht gesehen/ noch von ihnen Nachricht bekommen/zu sehen und zu besuchen/ mit welcher Räyse/ weil ich allerley Umschweiff nahm/ ich eine zimliche Zeit zubrachte.

Als ich endlichen biß auf etliche wenige Meil-Weges von Orense kam / übernachtete ich in einer Herberge/ wo Beyde/ der Wirth und seine Frau/ schon zimlich alt und betaget waren / und mir allen guten Willen erzeigeten; Unter andern Vergnügungen/die ich allda genosse/ war insonderheit auch diese/ daß ich meine sonderbare Freude hatte / die sehr schöne Tochter deß Wirths zu betrachten / und mit ihr Unterredung zu pflegen. Diese Jungfrau war nicht nur über die Massen schön / sondern auch sehrverständig/dahero ich mich gantz in sie verliebte/ und sie dahin brachte/ daß sie mir Gehör gabe/ kam auch auf die Gedancken/ wann ich zu Hauß meine Sachen würde verrichtet haben/ sie den Ihrigen zu entführen. Als ich deß Morgens Abschied nahm/ begehrte ich nochmahlen mit ihr zu reden / indem ich aber mit ihr im Gespräch begriffen / kam unversehens ihr Bruder darzu/ der vor etlichen Tagen/ gewisser Geschäffte halben/ außgeräyset war / weil er nun ein hitziger Kopff/so fragte er mich gantz trotzig: Was das für eine Manier wäre / und was ich solcher Gestalten hier zu thun hätte? Solche Unbescheidenheit verdroß mich nicht wenig/ nicht anders darfür haltend / als es würde vielleicht dieser Kerl mein Mit-Buhler seyn/ zohe deßwegen von Leder/ auf das Getümmel lieffe auch der Alte/ Hülffe zu leisten/

leisten/ herbey/ ich war aber so hurtig mit der Faust und Degen/ daß ich sie Beyde zu Boden legte; Solches war so bald nicht geschehen / daß ich mich nicht auf das Schnelleste zu Pferd setzte/ und durchgienge.

Als ich in meinem Vatterland angelanget/ fande ich daselbsten weder Vatter noch Mutter/ noch Geschwistrig mehr/ sondern kriegte nur die betrübte Nachricht/daß sie zwar noch alle im Leben/ die Schwester auch bereits Mannbahr seye / aber durch unglücklichen Zeit-Wechsel in solchen Abfall und Elend gerathen / daß sie anjetzo etliche Meilen von der Stadt Wirthschafft zu treiben genüssiget wurden. Auf diese Nachricht/wurde das Geblüt in meinen Adern wie Eyß / und als ich nach mehreren Umständen forschete / kam ich auf die Gewißheit / daß die Beyde von mir Getödtete/ der Eine mein Vatter / der Andere aber mein Bruder gewesen / worüber ich fast in gäntzliche Verzweiflung gerathen / und eine lange Zeit in der Welt im Elend herum vagiret / biß ich endlich an diesem einsamen Ort gerathen / allda ich meine grosse Sünden / die übrige Zeit meines Lebens zu bereuen / und GOtt u n Barmhertzigkeit und Gnade zu bitten/ deß steiffen Vorsatzes bin.

Hierauf vergosse der unglückliche Eremite so eine Menge Thränen / daß er uns zu grossem Mitleyden bewegete / und man wol abnehmen kunte/ daß diese Thränen-Quelle ihren Ursprung auß hertzlicher Reue und Leyd wegen deß Begangenen hatte. Wir samtlich unterliessen nicht/ ihn zu trösten/und nach Möglichkeit zu zusprechen/ vermeynten auch mit allerley Gründen ihn dahin zu vermögen/

Eduards / 1. Theil. 205

etrübte und einsame Leben zu verlassen/
einer andern Lebens-Art eben so wol
jnade und Verzeyhung bitten / mit in
GOtt als seinem Neben-Menschen
en könte; Er gab aber unserm Zureden
sondern blieb auf seiner Meynung/ da-
ne auch nicht weiter beschwerlich mit
:eben seyn wolten.

dere trachteten indessen nach Mitteln/
l dieser Insul ab- und in Schott- oder
ommen möchten/ es wolte sich aber dar-
egenheit ereignen/ wir hatten auch Be-
den Norder-Theil Schottlandes / wo-
eicht hätten übersetzen können / uns zu
eil wir die wilde und Räuberische Art
vohner zu förchten hatten / derowegen
uns auf ein Irrländisches Schiff/ und
t ohne neue Gefahr/ die Orcadische und
Insuln vorbey / und kamen endlich /
in dener gefährlichen Räyse in Irrland
en meine Cameraden bald Gelegenheit
aber begierig/ mich deß Landes besser zu
verharrete daselbsten/ und kam eben zu
ondonderry an/ da die Stadt voller in-
iruhe/ Angst und Schrecken war / und
ß Gewisses entschliessen kunte / weilen
harten Belagerung zu versehen hatten/
lich mit allem versehen war.

es nun für einen Fremdling sehr übel
l war / unterdessen auch auß Engelland
ß-Provision ankam/ ich auch Lust hatte/
er Kriegs-Manier zu sehen/ gab ich mich
averneur, dem Obristen Lundy an/ mich
als

als ein Volontair zu Dienste der Stadt gebrauchen zu lassen/ welches ihm sehr lieb war/ wiewolen er selbsten schlechten Lust hatte/ grosse Dienste allda zu thun / sondern über geschehenes Ersuchen / unter allerhand Vorwandt / sich von dannen hinweg machte/ und dadurch Anlaß gab / daß dem Doctor Walker, einem so wol Gelehrten / als tapffern und verständigen Mann und Geistlichen/ weil sonsten Niemand hierzu capabel erachtet wurde/noch solche Charge übernehmen wolte / das Commando aufgetragen worden; Wie es nun mit solcher Belagerung abgeloffen/und wie Standhafftig und Tapffer die Belagerten sich erwiesen / auch was für unbeschreibliche Beschwerlichkeiten wir eine geraume Zeit erlitten / darvon könte ich eine weitläufftige Erzehlung thun/ wann nicht der gantze Verlauff derselben der gesamten Welt bereits gnugsam bekandt/und vor Augen läge. Als ich nachgehends/ noch unterschiedlichen Scharmützeln und Entreprisen unter dem hochberühmten General, Hertzogen von Schomberg/ beygewohnet/ und für mich selbiger Orten nichts weiter zu thun hatte / begab ich mich in Engelland / und nachdem ich solches durchråyset/in Schottland/ allwo ich/ mein Herz Aimir, die Ehre gehabt/euch anzutreffen/und eurer Kund-Freund- und Gesellschafft biß daher zu geniessen. Anjetzo bin ich gesinnet/ eine Råyse nach meinem Vatterland zu thun/ mich deß Zustands der Sigebertæ zu erkundigen/ weilen ohne dem bey jetztmahliger Zeit-Beschaffenheit die Martis-Söhne sich still und in den Quartieren halten/ biß gleichwol die Gelegenheit sich wieder eignen wird/ den Degen zu Dienst der unrechtmässig Bedrängten mit Ehren anzugürten/ und zu führen.   Bey

Eduards / 1. Theil.

Bey Endigung dieser deß Haralds Erzehlung/ höreten sie einige Canon-Schüsse von fernen/ wurden auch durch die Fern-Gläser gewahr / daß ein/ ihrem Bedüncken nach / Holländischer Kaper/ mit einigen Frantzösischen Schiffen zu thun hatte/ weil nun der Schiffer darfür hielte/ der Kaper wurde selbigen wol gewachsen seyn/ zu dem auch der Wind ihnē sich günstig erzeigte/ als waren sie um denselben desto weniger bekümmert/ sondern giengen geraden Weges fort / traffen auch bald darauf einige von unterschiedlichen Orten herkomende Holländische Kauffardey-Schiffe/ samt einem Convoyer an/ mit welchen sie sich eine Zeitlang vereinigten/ und nachdem sie ausser Gefahr sich vermeynten / ihren Cours gerade nach dem Texel zu nahmen / woselbsten sie auch deß folgenden Tages wolbehalten ankamen/ und von dar an auf einem bequemen Fahr-Zeuge vollends nach der Welt-berühmten Kauff- und Handels-Stadt Amsterdam sich bringen liessen/ da dann Aimir, Harald und Humfred in einer Compagnie beysammen blieben/ und in einer vornehmen Herberge der vornehmsten Strasse sich einlogirten/ deß Vorhabens/ nicht allein eine Zeitlang hier außzuruhen / und die Merck- und Verwunderungswerthe Denckwürdigkeiten zu besichtigen / sondern auch Jeglicher bey sich zu überlegen / wie ein Jeder von ihnen seine Räyse weiter anstellen möchte.

Deß andern Tages/ nachdem sie sich ein wenig erspatzieret / fragten sie bey ihrer Heimkunfft den Gastgeber/ ob er ihnen nicht was Neues von merckwürdigen Sachen erzehlen könte? Der Wirth lächelte hierüber/ und sagte: Vor diesem mag wol das Sprüchwort einiges Fundament gehabt haben/
da man

da man zu sagen gepfleget: Ex Africa semper aliquid novi; Daß nemlich auß Africa man täglich was Neues zu hören und zu sehen habe. Heutiges Tages aber / sonderlich bey jetzigen Läufften / hat man gar nicht noth/ um neue Händel auß Africa sorgfältig / oder bekümmert zu seyn / in Betrachtung das benachbarte Engelland uns täglich gnug neue Materie zu hören und zu schreiben an die Hand gibt/ und wer allhier in Amsterdam/ sagte er ferner/ seine Neugierigkeit mit allem dem/ so nicht nur in Europa, sondern auch in Ost- und West-Indien vorgehet/ nicht ersättigen kan/ der wird es schwerlich an einem Ort in der gantzen Christen-Welt thun können/ und können meine hochgeehrte Herren sich täglich/ so es ihnen nur beliebet / mit Gazzetten und neuen Avisen von allen Enden und Orten ergötzen / und was da und dorten in der Welt passiret / nach Genüge ersehen.

Es hat nicht die Meynung/ mein Herr Wirth/ antwortete darauf Aimir, als ob wir allein Begierde hätten / Gazetten und Gassen-Zeitungen zu wissen / sondern unser Verlangen ist von rechtschaffenen und wichtigen Kriegs- oder Staats-Sachen dieser Landen einige Nachricht zu haben / deren wir/ als Fremdlinge / nicht kundig seyn; Und weil der Herr Wissenschafft von allerley Sachen zu haben scheinet / wir auch schon in etwas an demselbigen vermercket haben/ als wolle er so gut seyn/ uns eintweder selbsten das Jenige/ was ihme wissend/ mitzutheilen / oder Gelegenheit machen / wie wir die verlangte Nachricht holen können. Insonderheit verlanget uns zu wissen/ ob/ und wie die Wahl eines Römischen Königs zu Augspurg möchte abgeloffen seyn/

eyn / auch ob die Krönung allbereit vollzogen worden? Der Wirth bedanckte sich darauf/ wegen der von ihm geschöpfften guten Meynung / und gab zu verstehen/ daß/ so viel er wisse/ so seye besagte Wahl bereits wol und glücklich/ zusamt der Krönung vollzogen / wiewol er darvon keine Special-Nachricht geben könne. Er habe aber seit zweyen Tagen einen vornehmen Teutschen Cavallier im Hauß/ der/ weilen er solchen Krönungs-Solennitäten selbsten Persönlich beygewohnet/ Zweifels-frey von allem guten Bescheid geben könne/ und weil selbiger/ wie ich schon gesehen/ ein sehr höflicher und freundlicher Herz seye/ als werde er sich nicht weigern / in einem so billichen Verlangen/ ihnen ein Gnügen zu thun. Harald bedanckte sich wegen solcher Nachricht/ und bathe zugleich den Wirth/ die Verfügung zu thun/ daß sie mit diesem Hoch-Teutschen Ritter in Bekandtschafft und Gespräch gerathen möchten / welches er ihnen zusagte / und bey der Mahlzeit solches zu bewerckstelligen unvergessen zu seyn / versprache.

Das XIII. Capitul/

Der Ungarische König JOSEPH wird zum Römischen König erwählet/ beschweret die Capitulation, und wird offentlich proclamirt. Der Chur-Fürsten Eyds-Formul, und verschiedene Functiones werden kürtzlich beschrieben/ ingleichem was die Capitulation seye / was darbey beobachtet worden/ und in wie viel Articuln solche bestehe.

ES hatten aber unsere Helden keine sonderbare Sorge deßwegen haben dörffen/ sintemahlen obgedachter Hoch-Teutscher Cavallier, so vornehmen Standes/ und eine sehr ansehnliche und qualifi-

qualificirte Person war / bey der Mahlzeit selbsten Gelegenheit suchte / mit Aimir und Harald bekandt zu werden / auch allerhand von Englisch- Jrr- und Schottländischen Sachen fragte / und auf die Bahn brachte / darvon sie ihme nach Verlangen Bescheid gaben. Nach vollendeter Mahlzeit liesse Aimir sein Verlangen/die Römische Königl. Wahl und Krönung betreffend/gegen Sigfried/ (so hiesse der Teutsche/) mercken / der dann/ als ein sehr höflicher Ritter sich alsobald anerbotte/ so fern sie nur die Gedult haben wolten / seiner schlechten Erzehlung Gehör zu geben / wäre er so willig / als bereit/ sie hierinnen / wo nicht zu vergnügen / doch wenigstens so viel / als ein gewester Augenzeuge / zu vermelden / was er selbsten bey solcher Solennität gesehen und gehöret; Worgegen sie sich zum schönsten bedanckten / in einem Neben-Saal sich zusammen setzten / woselbsten der ansehnliche Teutsche seine Erzehlung folgender Massen beginnete:

Nach glücklich vollzogener Krönung der Römischen Käyserin / so den 9. 19. Januarii dieses lauffenden Jahrs geschehen / haben die Herren Chur-Fürsten / neben denen Chur-Fürstl. Gevollmächtigten Gesandten/so wol/ als vielfältig vorher geschehen / ihre Berathschlagungen eyferigst continuiret / dergestalt / daß der solenne Wahl-Tag auf den 14.24. die Krönung aber auf den 16.26. besagten Monats vestgestellet und angesetzet / und binnen solcher Zeit die Wahl-Capitulation, biß auf den Puncten vom Vicariat, oder Interregno, zu ihrer Richtigkeit gebracht wurden.

Ich wil meinen hochgeehrtesten Herren nicht beschwerlich seyn / mit weitschweiffiger Anzeigung/
was

Eduards / 1. Theil.

was für eine Eydes-Formul die Herren Chur-Fürsten vor der Wahl abzulegen gehalten seyn / wie die Wahl an sich selbsten in dem Conclave geschehe / wie die Stimmen gesamlet / und was sonsten jetzt und ehemahls bey dergleichen Wahlen vorzugehen pflege / aufzuhalten / sondern nur anzeigen / daß / nachdem der gesamte Rath und Burgerschafft zu Augspurg / samt der Stadt Soldatesca, dem Chur-Fürstl. Collegio den gewöhnlichen Sicherungs-Eyd geleistet / und durch offenen Trompeten-Schall durch die gantze Stadt kund gemacht worden / daß alle frembde Personen / so weder zu der Käyserlichen / noch einiger Chur-Fürstl. Hofstatt gehörig / den Tag vor der Wahl sich auß der Stadt begeben solten / (ausser denen Nürnbergischen Herren Abgesandten / denen die Verwahrung der Käyserlichen Reichs-Kleinodien obgelegen /) als seynd darauf aller Außländischen Potentaten Abgesandte / nebst allen Fremden in grosser Anzahl auß der Stadt gewichen / die Stadt-Schlüssel Ihro Chur-Fürstl. Gnaden von Mäyntz überliefert / und etliche Compagnien Burger / neben der Stadt-Guardie, ins Gewöhr gebracht / und vom Rath-Hauß biß an St. Ulrichs-Kirche postiret worden. In welcher / Vermög und nach Ordnung der Güldenen Bull, nachdem die Herren Chur-Fürsten und Chur-Fürstl. Abgesandten den Eyd zuvor abgeleget / die Wahl vorgegangen; Da dann solche unanimiter auf den (Tit.) Ungarischen König JOSEPHUM außgefallen; Worauf durch Deputirte Ihro Käyserl. Maj. um Dero allerhöchste Gegenwart und Erscheinung im Conclavi, wie nicht weniger Ihro Königl. Maj. so es deroselben nicht mißliebig / bittlich

lich erſuchet wurden. Worauf Beyderſeits Maje‡
ſtäten ſich dahin verfüget/für welche Allergnädigſte
Willfahrung das Chur‡Fürſtl. Collegium unter‡
thänigſten Danck abgeſtattet/ und die geſchehene
einſtimmige Wahl Jhro Käyſerl.und Königl.Maj.
eröffnet/ und um Dero Allergnädigſten Conſens
und Acceptirung gebetten/ welche auch darauf er‡
folget/die Gratulationes abgeleget/und mit erwider‡
ter Danckſagung acceptiret wurden.

 Wie nun ſolches alſo vorgegangen/ wurde
dem neu‡erwählten Römiſchen König von Chur‡
Mäyntz vorgehalten/ welcher Geſtalt die Herren
Chur‡Fürſten vor der Wahl/ eines Eydes/ über
etliche Pacta, ſo der Neu‡erwählte beſchwören ſolte/
ſich verglichen/ als würden Jhro Majeſtät/ ſolches
alſo zu leiſten/unbeſchwert ſeyn/worzu ſich Dieſelbe
willig anerbietend/ den ermelten Eyd mit abgeheb‡
ter Kron vom Haupt/ und mit Legung zweyer Fin‡
ger auf das auf dem Altar im Conclavi gelegene
Evangelium‡Buch leiblich geſchworen. So bald
nun das Juramentabgeleget/ wurde Jhro Königl.
Majeſtät durch Chur‡Mäyntz für einen Römiſchen
König offentlich außgeruffen. Darauf man ſich
in den Chor der Kirchen begeben/ das gewöhnliche
Gebett verrichtet/ das Te DEUM Laudamus mit
Trompeten‡ und Paucken‡Schall intonirt/ die
Burgerſchafft ihre Salven hören laſſen/alle Glocken
geläutet/ und auß allen Stücken um die Stadt
herum/ lauter Freuden‡Schüſſe gethan worden.

 Als dieſes vorbey/ ſeyn Jhro Königl. Maj.
von denen Chur‡Fürſten von dem Altar/ (auf
welchen er zuvor gehoben ware/) wieder herunter
gehoben/ und auf eine beſondere darzu gemachte
Bühne

Eduards / 1.Theil.

Bühne gebracht / nach verrichteten unterschied=
lichen Ceremonien / und Eröffnung der Kirchen=
Porten / alles Volck hinein gelassen / und der Neu=
erwählte Römische König / der zwar das zwölffte
Jahr seines Alters noch nicht völlig erreichet / mit=
telst Ablesung einer Schrifft / vor allem Volck of=
fentlich verkündiget / und darauf von demselben zu
dreyen mahlen: Vivat Rex Josephus pro-
clamiret worden / worzu das gesamte Volck in
der Kirchen zu jedem mahl / Vivat REX! Vivat
REX! Vivat REX! mit heller Stimme geruffen /
worbey die Trompeten und Paucken / nebst Läu=
tung aller Glocken / die Salven auß Musqueten und
grobem Geschütz mit Männiglichs Frolocken sich
tapffer wieder hören lassen. Nach solchem seyn
Beede Majestäten / zwischen der im Gewöhr ste=
henden Burgerschafft / über eine mit roth= weiß=
und gelbem Tuch belegte Brücke zu Fuß / in herz=
licher Procession, unter einem von acht Herren deß
Raths auß dem Augspurgischen Patriciat, getrage=
nen Baldachin, nach der Käyserl. Residentz gegangen /
da unterdessen das Volck auf der Gassen und an
den Fenstern das Vivat REX JOSEPHUS! höchst=
erfreulich geruffen / und damit der Actus Electionis
nach 7. Uhr / unter abermahliger Lösung deß Ge=
schützes und Salve der Burgerschafft / sich völlig ge=
endiget.

Aimir hatte diesem Verlauff mit Lust zugehö=
ret / bedanckte sich deßwegen schönstens / und fragte:
Mein Herz / ich habe auß dessen Erzehlung unter
andern verstanden / daß die Herren Chur=Fürsten /
bevor sie zur Königl. Wahl geschritten / einen Eyd
abgeleget; Ist nun solches jedermahlen gebräuch=

O 3

lich /

Deß Engelländischen

lich / oder nur hiesigen Orts beobachtet; Auch der Eyd von allen Chur-Fürsten / oder nur etwan von denen Weltlichen begehret / und geleistet worden? Welches Sigfried also beantwortete: Vermög der Aurea Bulla, oder Güldenen Bulle / seyn die sämtlichen Herren Chur-Fürsten gehalten / bey jedermahligen Käyser- oder Königl. Wahlen / sämtlichen / und Jeder insonderheit / den Wahl-Eyd abzulegen / und wird hiervon keiner außgenommen / wie dann bey dieser letztern Wahl / Jhro Chur-Fürstl. Gnaden von Mayntz die Formulam Juramenti dem Ertz-Bischoff und Chur-Fürsten zu Trier zugestellet / welcher Deroselben das Jurament vorgelesen / und solches von Chur-Mayntz zuerst würcklich præstirt worden. Wie dann Jhro Chur-Fürstl. Gnaden reciprocè dem Chur-Fürsten von Trier / und so dann denen andern / wie auch jedem Gesandten insonderheit dergleichen vorgelesen; So haben die Geistlichen Jhre rechte Hand auf die Brust / die Weltlichen aber zween Finger auf das Evangelium geleget / und folgender Weise geschworen:

JCh N.N. Ertz-Bischoff / &c. schwöre / daß Jch durch den Glauben und Treu / damit Jch GOTT und dem Heil. Römis. Reich schuldig und verbunden bin / nach Meiner Vernunfft und Verständnüß / mit der Hülffe GOttes wählen wolle / ein Weltliches Haupt dem Christlichen Volck / das ist / einen Römischen König zum künfftigen Käyser zu erheben / der darzu geschickt und tauglich sey / so viel Mir Meine Sinne und Vernunfft weisen / und nach vorberührtem Meinem Glauben und Treu Mein Votum und Wahl geben wolle / ohne alle Geding / Sold / Gabe / oder Verheissung / oder welcher

Massen

Maſſen die genannt werden möchten / Als Mir GOTT helffe/ und ſein H.Evangelium!

Ich kan hierbey unerinnert nicht laſſen/ fuhre Sigfried fort/ weil ich die Herren hierzu begierig ſehe/ auch noch dieſes zuzufügen/ daß im Votiren im Conclave Chur-Trier das erſte Votum hat / fordert demnach Chur-Mäyntz / als Director und Decanus deß Collegii Electoralis, von Trier die Stimme zuerſt/ dann von Cölln/ 3. vom König in Böhmen/ 4. von Bäyern/ 5. von Sachſen/ 6. von Brandenburg / 7. von Pfaltz / nach dieſem fraget Chur-Sachſen / wohin Chur-Mäyntz mit ſeinem Voto geneigt ſeye? Sind die Stimmen ſtrittig / ſo hält man den für erwählet / der die meiſten Stimmen hat. Und wann einer unter denen gegenwärtigen Chur-Fürſten zum Römiſchen Käyſer oder König erwählet zu werden / auf beyden Theilen ſeiner Herren Collegen / gleiche Vota hätte / ſo kan Er mit dem Seinigen die jenige Parthey/ die Ihn erwählet hat/ ſtärcken/ und ſich ſelbſt zum Käyſer machen. Wann der Erwählte König oder Käyſer gegenwärtig iſt / wird Er in die Kirche gebracht/ auf den Altar geſetzet / und öffentlich für einen König oder Käyſer außgeruffen und beglückwünſchet.

Es iſt auch in der Güldenen Bulle verſehen/ daß eines Römiſ. Königs oder Käyſers Wahl innerhalb 30. Tagen ſolle zu End geführet werden; Oder widrigen Falls/ ſollen die Chur-Fürſten fürterhin nur Brodt und Waſſer ſpeiſen. Ich zweiffle aber / ob dieſes ſcharffe Geſetz heut zu Tage ſolte beobachtet werden / oder die Herren Chur-Fürſten in ſo enge Zeit ſich einſchlieſſen laſſen/ oder dergleichen Koſt ſich unterwerffen.

Aimir, nachdem er sich gegen Sigfrid wegen zu grossen Fürwitzes abermahl entschuldiget/sagte: Mein Herz seye noch ferner so gut / einige Erläuterung und Nachricht zu geben / was dann eigentlich die Capitulation seye/und worinn dieselbige bestehe/ weilen kurtz vorher Erwähnung geschehen / daß der Erwählte Römische König einen leiblichen Eyd geschworen über unterschiedliche Pacta, und darauffhin für einen Römischen König offentlich außgeruffen worden?

Es ist bißher (willfahrte Sigfried/) im Römisch. Reich Teutscher Nation üblich gewesen / dem Erwählten Römisch. Käyser oder König / die Verwaltung deß Reichs/nicht anderst/als unter gewissen Bedingungen / auffzutragen / und also dessen Macht ein gewisses Ziel / mit seiner Einwilligung zu setzen/ und weil dieselbige in gewisse Absätze/ oder Capitul/ eingetheilet sind/ so werden sie Capitulation genennet. Nach dem Italiänischen ist Capitulare so viel als fare Conventioni, einen Vergleich oder Vertrag auffrichten. Das Wort ist an sich selbst nicht Teutsch/ sondern von Caroli V. Hof mitgetheilet / und vor diesem von denen Chur-Fürsten nicht gebrauchet/sondern solche Geding/Verträge/ vormahlen Articul, oder auch Käyserl. Obligation, und noch unterschiedlich anders/genennet worden/ wovon beym Limnæo ad Cap. Carol. V. p. 2. 3. seqq. nachzusehen. Genug ist es / daß dem Erwählten Käyser / nach beschehener Wahl / gemeiniglich die Capitulation zu beschwören überreichet wird. Erstangezogener Limnæus sagt / es geschehe allezeit; Wann sie aber einen Römischen König / der noch bey Leb-Zeiten deß Käysers erkohren wird / angehet/ so

Eduards / 1. Theil.

het / so habe man es unterschiedlich gehalten. Ferdinandus I. ist / da Carolus V. noch lebete / zum Römischen König aufgenommen/und zu dem gewöhnlichen Eyd gelassen worden; Aber die weitläufftige Capitulation hat man ihm erst / nachdem sich sein Herr Bruder deß Reichs begeben / fürgeschrieben/ welche Er steiff und vest zu halten 1558. versprochen. Maximilianus II. Rudolphus II. und Ferdinandus III. welche gleichfalls denen noch lebenden Römis. Käysern / an die Seiten gesetzet worden/ haben gleich nach der Wahl die Capitulation angenommen/und beschworen. Unser Allergnädigster Käyser LEOPOLDUS hat seine in 47. Articuln bestehende Wahl-Capitulation, denen Herren Chur-Fürsten vor vollbrachter Wahl beschworen/ wie Londorpius in Act. Publ. über das 1658. Jahr f. 349. schreibt. Auß welchem so viel erhellet/daß/was diesen Puncten anbetrifft / es nicht durchgehends gleich/ und einmahl wie das andere gehalten wird/ sondern in dem Arbitrio der Pacifcirenden bestehet.

Gleichwie nun die Zahl der Artickeln Anfangs gar gering gewesen / also ist sie nach und nach gesteigert und vermehret worden. Unter denen/welche man noch heut zu Tage hat / bestehet Käysers Caroli V. Capitulation auß 34. kurtzen / Ferdinandi I. auß 31. längern Artickeln / kürtzer / als diese / ware Maximiliani II. die nur 18. zählet. Rudolphus II. hat sich auf 37. verglichen. Matthiæ besetzten 42. Ferdinandus II. bekame 44. Ferdinandus III. nahme 53. an. Ferdinand der IV. gienge 49. ein, LEOPOLDUS verwilligte 47. Artickel / und in so vielen bestehet auch die Capitulation deß Neu-Erwählten und gekröneten Römischen Königs JOSEPHI,

O 5 wie

Deß Engelländischen
wie auß gegenwärtiger Glaubwürdig und Authentischer Abschrifft mit mehrerm zu ersehen ist / die zu der Herren Diensten / selbige nach Belieben, zu durchsehen / stehet.

 Aimir, samt übriger Gesellschafft/ bedanckten sich wegen münd- und schrifftlicher Communication, den Actum Electionis betreffend / sehr freundlich / nahmen die Capitulation zu sich / und verfügte sich darauf ein Jeder nach seiner Gewahrsame / solche mit Muß und Bedacht zu durchsehen / und Sigfried / nach genommenen höflichen Abschied / wolte ein wenig in der Stadt sich umsehen / und einige Geschäffte bestellen.

Das XIV. Capitul /

Begreifft die beschworne Wahl-Capitulation deß Aller-Durchleuchtigsten / Großmächtigsten / Fürsten und Herrns / Herrns JOSEPHI, Erwählten Römischen Königs / &c. &c. nach allen ihren Articuln.

WIR JOSEPH von GOttes Gnaden Erwählter Römis. König / zu allen Zeiten Mehrer deß Reichs / in Germanien / zu Ungarn / Dalmatien / Croatien und Sclavonien König / Ertz-Hertzog zu Oesterreich / Hertzog zu Burgund / Steyer / Cärnden / Crain und Würtenberg / Graf zu Habspurg / Tyrol und Görtz / &c. Bekennen offentlich mit diesem Brieff / und thun kund Männiglich / als Wir auß Schickung GOttes deß Allmächtigen / durch die / auß bewegenden trifftigen Motiven und Ursachen / vorgenommene ordentliche
Wahl

Wahl / der Hochwürdigen und Durchleuchtigen Anselm Frantzen zu Mayntz: Johann Hugo zu Trier: Joseph Clemens zu Cölln: Ertz-Bischoffen; Maximilian Emanuel in Ober- und Nieder-Bayern/ auch der Obern Pfaltz Hertzogen/ Pfaltz-Grafen bey Rhein &c. Philipp Wilhelmen/ Pfaltz-Grafen bey Rhein / Hertzogen in Bayern; Wie nicht weniger an statt und von wegen deß Allerdurchleuchtigsten Römisch. Käysers LEOPOLDI I. als Königs in Böhmen/ Unsers Gnädigen Herrn Vaters Maj. dann der auch Durchleuchtigen Johann Georgen deß Dritten / Hertzogen zu Sachsen / Gülich / Cleve und Berge/ Burg-Grafen zu Magdeburg: Und Friederichen deß Dritten / Marggrafen zu Brandenburg / und Burg-Grafen zu Nürnberg/ &c. respectivè aller deß Heil. Römisch. Reichs durch Germanien / Gallien und Italien Ertz-Cantzlern / und Ertz-Schencken / Ertz-Truchsessen / Ertz-Marschallen / Ertz-Cämmeren / und Ertz-Schatzmeistern / Unsers Gnädigen Herrn Vattern und lieben Neven/ Oheimben/ und Chur-Fürsten respectivè Ihrer Majestät und Lbd. Lbd. bevollmächtigten Bott-hafften Frantz Ulrich Grafen Kinsky von

Kunitz

Deß Engelländischen Kunitz und Zettaw / Herrn uff Chumatz ob der Zitlina/ Nicol/ Edlen Panner: Und Freyherrn von Gerstdorff / zu Baruth/ Hennensdorff/ Bretting/ Haußwald/ Jackel/ Buchwald/ Krecfwitz/ und Beutelsdorff; Und Sylvestern Jacob von Danckelman / zu Ehr und Würde deß Römischen Königlichen Namens und Gewalts erhoben / erhebet und gesetzet seynd / deren Wir Uns auch GOTT zu Lob / dem Heil. Römischen Reich zu Ehren / und um der Christenheit und Teutscher Nation, auch gemeinen Nutzens Willen beladen. Daß Wir Uns demnach auß freyem / und hierzu gegebenem Vätterlichen / auch Gnädigen Willen / mit denselben Unsern respective Gnädigen Herrn Vattern / und lieben Neven / Oheimben / und Chur-Fürsten / vor sich / und sämtliche Fürsten / und Stände deß Heil. Römischen Reichs / Geding- und Pacts-weiß dieser nachfolgenden Articulen vereiniget / verglichen / angenommen / und zugesagt haben: Alles wissentlich / und in Krafft dieses Brieffs.

Zum Ersten / daß Wir in Zeit solcher Unserer Königlichen Würden-Amt / und Regierung die Christenheit / und den Stuhl zu Rom / auch Päpstliche Heiligkeit / und Christliche Kirchen / als derselben Advocat, in gutem / treulichen Schutz und
Schirm

Schirm halten / darzu insonderheit in dem Heil. Reich Frieden/ Recht und Einigkeit pflantzen/ auffrichten / und verfügen sollen und wollen / damit sie ihren gebührlichen Gang / den Armen wie den Reichen / ohne Unterschied der Personen / Stand/ Würden/ und Religion, auch in Sachen Unser und Unsers Hauses eigenes Interesse betreffend/ gewinnen / und haben / auch behalten / und denselben Ordnungen / Freyheiten und altem Löbl. Herkommen nach / verrichtet werden solle: Gleichwol so viel diesen / wie auch den nachfolgenden 18. Articul jegenwärtiger Obligation, (Auch sollen und wollen Wir bey Unserm Heil. Vatter /) belanget/ haben vorgemeldte Unsere Liebe Oheim / die zwey Chur-Fürsten zu Sachsen und Brandenburg / sich außdrücklich gegen Uns erkläret / was da von dem Stuhl zu Rom / und Päpstlicher Heiligkeit vor Meldung geschicht / daß Jhro Tbd. Lbd. vor sich/ und Jhre Religions-Verwandte darein nicht willigen / noch Uns damit verbunden haben/ noch erstgedachten Advocatia dem Religion und Prophan, zuch zu Münster und Oßnabrück aufgerichteten Frieden zu Præjudiz angezogen / und gebraucht/ ondern demselben gleicher Schutz gehalten und geleistet werden solle / wie Wir Jhnen denen zweyen Chur-Fürsten dann auch solches Krafft dieses Versprechen/ und Uns hiermit darzu verbinden.

2. Wir sollen und wollen auch die Güldene Bull mit der in deme zu Münster und Oßnabrück ufgerichteten allgemeinen Reichs-Friedens-Schluß / (der gleichwol / als viel zu Vortheil der Kron Franckreich darinn enthalten/ wegen deß von itbesagter Kron wider das Heil. Römische Reich
verübten

verübten Frieden-Bruchs nunmehr
ferners nicht mehr verbündlich ist/) c
Electoratum enthaltener Extension
erstberührten Frieden-Schlusses /
Religion- und Prophan-Sachen/ den
samt der Handhabung desselben / n
Augspurg im Jahr 1555. gehaltenei
aufgerichtet/ angenommen/ verabsch
bessert/ auch in denen darauf erfolgt
schieden wiederholt und confirmirt w
lich aber obgemelten Münster-unt
schen Frieden-Schluß/und Nürnber
tions-Receß, wie auch insonderheit
nige/ was bey vorigem Reichs-Tag z
verabschiedet/und geschlossen worder
währendem und künfftigen Reichs-
für gut befunden / und geschlossen n
gleich wäre es dieser Capitulation v
Worten einverleibet / stät / fest und
halten / handhaben / und darwider
schweren/ auch nicht gestatten / daß
ten / von welchem das Instrumentum F
in Ecclesiasticis & Politicis, sub quocu
oder ungleicher Außlegung desselber
oder wider die im Reichs-Abschied A
verleibte Executions-Ordnung / di
rectè gehandelt werde; Deßgleich
wollen Wir auch andere deß Heil.
Ordnungen und Gesetze / so viel die
melten angenommenen Reichs-Absc
Jahr zu Augspurg aufgerichtet/ und
tem Frieden-Schluß nicht zuwider
miren / erneueren / und dieselbe mit

ens Unfer/ und deß Heil. Reichs Chur=Fürften/ Fürften/ und anderer Ständen/ wie das deß Reichs Gelegenheit zu jeder Zeit erfordern wird/ beffern/ zumahlen auch die Jenige/ so sich gegen ehtvermeltem Frieden=Schluß/ und darinn beftätigten Religions=Frieden/ als ein immerwährendes Band zwischen Haupt und Gliedern/ unter sich elbften zu schreiben/ oder etwas in offentlichen Druck herauß zugeben/ (als dardurch nur Ufruhr/ Zwietracht/ Mißtrauen und Zanck im Reich ange= ichtet wird/) unternehmen würden/ oder folten/ jebührend abftraffen/ die Schrifften und Abdruck affiren/ und gegen die Authores so wol/ als Complices, wie erst gemelt/ mit Ernft verfahren/ auch iIle wider den Frieden=Schluß eingewendete Proteftationes & Contradictiones, sie haben Namen/ vie sie wollen/ und rühren woher sie wollen/ nach Besag erftgenannten Frieden=Schluffes verwerfen und vernichten/ auch weder Unserm Reichs= Hof=Rath/ noch dem Bücher=Commiffario zu Franckfurt am Mähn verftatten/ daß Jener uf deß Fifcals/ oder eines andern Angeben/ in Erken= nung der Proceffen/ und dieser in Cenfir= und Con= ifcirung der Bücher einem Theil mehr als dem an= dern favorifiren.

3. Und zum Dritten sollen und wollen in alle Weg die Teutsche Nation, das Heil. Römis. Reich/ und die Chur=Fürften/ als dessen forderfte Glieder/ und deß Heil. Römischen Reichs Grund=Säulen/ nsonderheit auch die Weltliche Chur=Häuser bey ihrem Primogenitur-Recht/ und ohne daffelbe wider die Gebühr reftringiren zu laffen/ nach Inhalt der Gülden=Bull/ sonderlich deß 13. Articuls/ wie auch andere

andere Fürsten / Prælaten / Grafen / Herren / und Stånde / samt der ohnmittelbahren Freyen Reichs-Ritterschafft bey ihren Hoheiten / Geist- und Weltlichen Würden / Rechten / Gerechtigkeiten / Macht und Gewalt / auch sonst Jeden / nach seinem Stand und Wesen / verbleiben lassen / ohne Unseren und Männigliches Eintrag und Verhinderung / und ohne der Chur-Fürsten / Fürsten / und Stånden vorhergehende Einrath- und Bewilligung keinen Reichs-Stand / der Sessionem & Votum in den Reichs-Collegiis hergebracht hat / darvon suspendiren oder außschliessen / darzu den Stånden / samt erstgedachten Reichs-Ritterschafft / ihre Regalia, und Obrigkeiten / Freyheiten / Privilegien / Pfandschafften und Gerechtigkeiten / auch Gebrauch und gute Gewonheiten / so sie bißhero gehabt haben / oder in Ubung gewesen seyn / zu Wasser und Lande auf gebührendes Ansuchen / ohne einige Weigerung und Aufenthalt / in guter beståndiger Form confirmiren und beståttigen / sie auch darbey / als Erwåhlter Römis. König / handhaben / schützen und schirmen / und Niemanden einig Privilegium darwider ertheilen / und da einige vor oder bey vorgewesenem 30. Jåhrigen Krieg darwider ertheilet worden wåren / so im Frieden-Schluß nicht gut geheissen / oder approbirt worden / dieselbe gåntzlich cassiren und annulliren / auch hiermit cassirt und annullirt haben / und keinem Chur-Fürsten und Stand / die ohnmittelbahre Reichs-Ritterschafft mit begriffen / seine Landsassen / ihme mit oder ohne Mittel unterworffne Unterthanen / und mit Lands-Fürstlichen / auch andern Pflichten zugethane Eingesessene / und zum Land Gehörige / von deren Bottmåssigkeit und
Juris-

Eduards / 1.Theil.

urisdiction, wie auch wegen Lands-Fürstlicher ho-
er Obrigkeit / und sonsten rechtmässigen herge-
rachten respectivè Steuren / Zehenden / und an-
ern gemeinen Bürden und Schuldigkeiten/weder
inter dem Prætext der Lehen-Herrschafft/ noch eini-
en andern Schein / eximiren und befreyen / noch
ndern solches gestatten / auch nicht gut heissen /
och zugeben/ daß die Land-Stände die Dispositition
ber die Land-Steuer / deren Empfang / Außgab/
nd Rechnungs-Recessirung / mit Außschliessung
eß Lands-Herrn privativè vor- und an sich ziehen/
der in dergleichen und andern Sachen / ohne der
ands-Fürsten Vorwissen/und Bewilligung/Con-
enten anstellen und halten/oder wider deß jüngsten
Reichs-Abschieds außdrückliche Verordnung sich
eß Beytrags / womit Jedes Chur-Fürsten / Für-
en und Stands Landsassen und Unterthanen zu
Besetz- und Erhaltung deren einen und andern
Reichs-Stand zugehöriger nöthiger Vestungen/
Plätzen / und Guarnisonen / wie auch zu Unsers und
eß Heil. Reichs Kammer-Gerichts Unterhalt an
hand zu gehen schuldig seynd / zur Ungebühr entschlagen; Auf den Fall auch Jemand von den
and-Ständen oder Unterthanen wider dieses
der andere obberührte Sachen / bey Unserm
Reichs-Hof-Rath oder erstbemelten Kammer-
Gericht etwas anzubringen/ oder zu suchen/ sich ge-
üsten lassen würde / wollen Wir daran seyn / und
arauf halten / daß ein solcher nicht leichtlich ge-
ört/ sondern à Limine Judicii ab- und zu schuldiger
arition an seinen Lands-Fürsten und Herrn gewiesen werde. Gestalten Wir auch Alle und Jede
argegen und sonsten contra Jus Tertii, und ehe der-

I.Theil.   P   selbige

Deß Engelländischen

selbige darüber vernommen / hiebevor sub- & obreptitiè erhaltene Privilegia & Exemptiones·, samt allen derselben Clausulen / Declarationen und Beståttigungen / wie auch alle darauf / und denen Reichs-Satzungen zuwider / an Unserm Käyserl. Reichs-Hof-Rath / oder Kammer-Gericht / wider die Lands-Fürsten und Obrigkeiten/ohne Deroselben vorhero schrifftlich-begehrten und vernommenen Bericht/ ertheilte Processus, Mandata & Decreta, prævia Summariâ Causæ Cognitione vor null und nichtig erklären/ und dieselbe cassiren und aufheben sollen und wollen.

4. Insonderheit aber sollen und wollen Wir dem Hertzogen zu Savoya, durch die Person seines rechtmässigen Gewalthabern / die in dem zu Münster- und Oßnabrück aufgerichten Instrumento Pacis, §. Cæs. Maj. &c. frey und unbedingt/ neben andern versprochene Belehnung deß Montferrats/ auf die Form und Weiß/wie sie von weyland Römisch. Käyserl.Maj. Ferdinando II. dem Hertzogen zu Savoya, Victori Amadeo, ertheilet worden / so bald Wir nach angetrettener Unserer Käyserl. Regierung hierum gebührend ersucht und angelangt werden/denen Reichs-Constitutionen und Lehen-Rechten gemäß / zumahl ohne Anfang einiger ungewöhnlicher General- oder Special- Reservatori - Salvatori- oder dergleichen Clausul, samt übrigen allen/ was in gedachtem Instrumento Pacis, und denne darinn confirmirten Tractatu Cherascensi,dem Hauß Savoya mehrers zu Gutem verordnet und zugesagt worden / erfolgen lassen / und ihme darzu durch Unser Käyserl.Amt executivè verhelffen/ auch deren Keines unter einigem Schein / Ursach oder Fürwand/

wand / sonderlich auch die Belehnung deß Montferrats / wegen der von dem König in Franckreich dem Hertzogen zu Mantua schuldiger und noch nicht bezahlter 494000. Kronen / worvon der §. Ut autem omnium, &c. disponirt / und das Hauß Savoya allerdings darvon befreyet / im Geringsten verschieben / oder aufhalten / benebens Unsere Käyserl. Authorität bey dem König in Hispanien kräfftiglich einwenden / daß derselbe dem Hertzogen von Savoya die Stadt Trino unverzüglich / gäntzlich und ohne Entgeld restituiren thue / dem Hertzogen von Mantua aber von Käyserl. Macht und Gewalts wegen / alsbald Ernstlich befehlen / auch Jhne durch gehörige Mittel würcklich dahin anhalten / in einem vorgesetzten kurtzen Peremptorischen Termin sich alles Exercitii-Jurisdictionis daselbst und an andern in dem Montferrat gelegenen / und dem Hauß Savoya durch die Reichs- und vorhergegangene Friedens-Handlungen zuerkannten Orten zu entschlagen / damit der Hertzog von Savoya seiner Jhne in demselbigen zuständiger Jurisdiction gebührend und ruhiglich geniessen möge / wie Wir dann nicht wenigers darob seyn / und durch Außfertigung Ernstlicher Pœnal-Mandaten verfügen wollen / daß weder Er / der Hertzog von Mantua, und seine Nachkommen / noch auch Jemand anderer für sich / oder von ihrentwegen / fürterhin dem Jenigen / was wegen deß Montferrats für das Hauß Savoya, in dem öffters angezogenen Frieden-Schluß / und dieser Unserer Capitulation begriffen / auf einigerley Weiß und Weg / im Geringsten zu contraveniren / und zuwider zu handeln sich unterstehen; So thun Wir auch das Jenige / was das Chur-Fürstl. Collegium,

P 2   unter

Deß Engelländischen
unter Dato den 4. Junii in längst-verwichenen 1658.
Jahr an Ihme wegen Annullir- und Aufhebung
deß dem Hauß Savoya zu Nachtheil unterfangenen
Käyserl. und Reichs-Vicariats und Generalats in
Italien geschrieben/ hiermit allerdings einwilligen
und bestättigen/ dergestalt/ daß Wir ob desselben
Begriff vestiglich halten/ und die Hertzogen von
Savoya bey ihrer in Italien habender Vicariats-
Gerechtigkeit und Privilegien gebührend schützen
und handhaben wollen/welches alles jedoch auf die
Condition gestellet wird/wann sich der Hertzog von
Savoyen denen von Ihrer Käyserl. Majestät von
Reichs wegen publicirten Inhibitoriis und Avocato-
riis gemäß bezeigen und verhalten wird.

5. Nachdemmahlen sich auch eine Zeitlang
zugetragen/ daß Außländischer Potentaten/ Für-
sten/ Republiquen Gesandte/ und zwar diese unter
dem Nahmen und Vorwandt/ als wären die Republiquen vor Gekrönte Häupter/ und also denselben in Würden gleich zu achten/ an denen Käyser-
und Königl. Höfen und Capellen die Præcedentz vor
den Chur-Fürstl. Gesandten prætendiren wollen;
So sollen und wollen Wir in das Künfftige solches
weiter nicht gestatten; Wäre es aber Sach/ daß
neben den Chur-Fürstl. Gesandten der recht Titu-
lirter und Gekrönter Regierender Außländischer
Königen/ Königl. Wittiben/ oder Pupillen/ (denen
die Regierung/ so bald sie ihr gebührendes Alter
erreichet/ zu führen zustehet/ und inmittelst in der
Tutel oder Curatel begriffen seynd/) Bottschaffter
zugleich vorhanden wären/ so mögen und sollen
zwar dieselbe den Chur-Fürstl. Gesandten/ diese
aber allen Außwärtigen Republiquen Gesandten/
und

Eduards/ 1. Theil.   229

und auch denen Fürsten in Person ohne Unterschied vorgehen / was auch darwider hiebevor per Decreta, und absonderlich Anno 1636. oder sonst vorgenommen/oder verordnet/forderist abgestellet und Krafftloß seyn solle. Wie Wir dann auch zu Verhütung allerhand Simultäten/und der darauß entstehender gefährlicher Weiterungen / nicht gestatten wollen/ daß Außländischer Königen und Republiquen Bottschafften / weder an Unserm Hof / noch bey Reichs=Deputations=Collegial=oder andern publicis Conventibus, mit bewöhrter Garde zu Pferd oder zu Fuß auf der Gassen und Straffen aufziehen und erscheinen mögen / viel weniger zulassen/ daß sich einige frembde Bottschafft / heimlich oder öffentlich/ in die Reichs=Sachen / so ihre Principales nicht angehen / sondern Chur=Fürsten und Stände allein gehörig/ einmische.   Auch sollen und wollen Wir im übrigen die Vorsehung thun / daß denen Chur=Fürsten selbst Jhre von Alters hergebrachte / und sonst gebührende Würde und Prærogativen erhalten/ und darwider von frembder Regenten und Republiquen Gesandten / oder andern an Unserm Käyser= und Königlichen Hof/ oder wo es sich sonst begeben könte / nichts Nachtheiliges oder Neuerliches vorgenommen oder gestattet werde.   So sollen auch bey Käyserl. oder Königl. Krönungen/ und andern Reichs=Solennitäten / den immediat Reichs=Grafen und Herren/die im Reich Sessionem & Votum haben/ vor andern auß= und inländischen Grafen und Herren / wie auch Käyserl. Kammer= Herren und Räthen / und zwar gleich nach dem Fürsten=Stand/ in dessen Reichs=Rath sie erstgedachtes Votum & Sessionem hergebracht/ deßwegen

P 3   ihnen

ihnen auch billich / wie bey den Consultationibus, Oneribus, und Beschwerlichkeiten/ also auch solchen Actibus Solennibus, nächst denen Fürsten die Stelle gebühret / die Præcedentz gelassen / und ebenmässig ausser solchen Reichs-Festivitäten/ am Käyserl. Hof mit den Jenigen / so nicht in würcklichen Käyserl. Diensten begriffen/ observiret werden.

6. Wir lassen auch zu/ daß die sieben Chur-Fürsten je zu Zeiten / Vermög der Güldenen Bull und Observantz/ nach Gelegenheit und Zustand deß Heil. Reichs zu Ihrer Nothdurfft/ auch so Sie beschwerliches Obligen haben/ zusammen kommen mögen / dasselbe zu Bedencken und zu Rathschlagen/ das Wir auch nicht verhindern noch irren/ und derohalben keine Ungnad oder Widerwillen gegen Ihnen sämtlich/ oder sonderlich schöpffen und empfangen/ sondern Uns in deme und andern/ der Güldenen Bull gemäß/ Gnädiglich und unverweißlich halten sollen und wollen. Gestalt Wir dann auch der Chur-Fürsten gemeine und sonderbare Rheinische Verein / als welche Beyde ohne das mit Genehmhaltung und Approbation der vorigen Käyser rühmlich aufgerichtet/ so wol in diesem/ als andern darinnen begriffenen Puncten / und was darüber noch weiters die Herren Chur-Fürsten allerseits unter einander gut befinden /. vergleichen möchten / auch Unsers Theils approbiren und confirmiren thun/ soll auch denen andern Reichs- und Cräyß-Ständen unverwöhret seyn/ so offt es die Noth und Jhr Interesse erfordert/ circulariter und collegialiter ohngehindert Männigliches zusammen zu kommen / und Dero Angelegenheiten zu beobachten; Wie Wir dann auch die vor diesem unter

Ihnen/

Eduards / 1. Theil.

Jhnen / denen Reichs-Constitutionibus gemäß gemachte Uniones gleicher Gestalt / zu forderist aber die unter den Chur-Fürsten / Fürsten und Ständen aufgerichte Erb-Verbrüderunge hiermit confirmiren und approbiren.

7. Wir sollen und wollen auch alle unziemliche / lässige Bündnüssen / Verstrickungen und Zusammenthun der Landsassen / Unterthanen / gemeinen Volcks / und anderer / was Standes oder Würden die seyn / ingleichem die Empörung und Aufruhr / und ungebührliche Gewalt / so gegen den Chur-Fürsten / Fürsten / und andern / (die unmittelbare Reichs-Ritterschafft mit begriffen /) vorgenommen / und die hinführo geschehen möchten / aufheben / abschaffen / und mit Jhrer / der Chur-Fürsten / Fürsten und anderer Stände Rath und Hülff darin seyn / daß solches / wie es sich gebühret und billich ist / in künfftige Zeit verbotten und vorkommen / keines Weges aber darzu durch Ertheilung unzeitiger Processen / Commissionen / Rescripten und Mandaten und Ubereylung Anlaß gegeben werde; Massen dann auch Chur-Fürsten / Fürsten und Ständen zugelassen und erlaubt seyn solle / sich nach Verordnung der Reichs-Constitutionen / bey ihren hergebrachten und habenden Fürstl. Juribus selbsten und mit Assistentz der benachbarten Stände / und wider ihre Unterthanen zu manuteniren / und sie zu Gehorsam zu bringen; Da aber die Strittigkeiten vor dem Richter mit Recht befangen wären / sollen solche aufs schleunigste außgeführet und entschieden werden.

8. Als auch in Veranlassung deren von weyland denen vorgewesenen Römischen Königen und Käysern /

Deß Engelländischen

Käysern / etlichen außwärtigen / von deß Heiligen Reichs Jurisdiction eximirten Fürsten und Potentaten über Immediat- und Mediat-Städte und Stände vor Alters gegebenen/oder von ihnen selbst erworbenen und angenommenen/oder sonsten usurpirten Schutz- und Schirms-Brieff/ indem sie sich deren jeweilen auch wider ihre eigene Lands-Obrigkeit in Civil- und Justitz-Sachen / deß Heil. Reichs Satzungen zuwider/bedienet/ nicht geringe Weiterungen und Zerstörungen gemeinen Land-Friedens entstanden / dardurch dann deß Heil. Reichs Jurisdiction, Authorität und Hoheit mercklich geschwächet / dieselbe auch mit Entziehung ansehnlicher Glieder gar intervertiret worden; Als sollen und wollen Wir/zu Abwendung obverstandener gefährlicher und gemeiner Tranquillität deß Heil. Römisch. Reichs schädlicher Zergliederung und Mißverstände/dergleichen Protection-und Schirm-Brieff über mittelbare Städte und Landschafften denen Gewalten und Potentaten / so Unserm und deß Heil. Reichs Zwang und Jurisdiction, wie gemeldet/nicht unterworffen/nicht allein nicht ertheilen/noch solche zu suchen und anzunehmen gestatten/noch auch die/ so von vorigen Römischen Käysern in etwan anderwärten der Sachen und Zeiten Stand und Consideration ertheilet/und von Mediat-Ständen aufgenommen worden / durch Rescripta, oder andere Weiß confirmiren / sondern vielmehr darob und daran seyn/damit/vermittelst Unserer Interposition, oder durch andere erlaubte Mittel und Wege / oberwehnte von vorigen Käysern Oblauts gegebene oder angenommene Protection aufgekündet und abgethan/oder wenigst in die Schrancken Ihrer ersten

Käyserl.

Käyserl. oder Königl. Concessionen/wo die vorhanden/ ohne einige fernere deren Extension und Außdehnung reducirt/ also Männiglich forthin in Unserm und deß Heil. Reichs alleinigem Schutz und Verthädigung gelassen/ und Chur-Fürsten/ Fürsten und Ständen deß Heil. Reichs/ samt der ohnmittelbaren Reichs-Ritterschafft/ und allerseits angehörigen Unterthanen/ ohne Imploration inund außwendigen Anhangs und Assistentz/ bey gleichem Schutz und Administration der Justitz in Religion- und Prophan-Sachen/den Reichs-Satzund Kammer-Gerichts-Ordnungen/Münster-und Oßnabrückischem Frieden-Schluß/und darauf gegründeten Executions-Edictis, Arctiori Modo Exequendi, und Nürnbergischen Executions-Recess,wie auch nächst vorigem Reichs-Abschied gemäß erhalten/die hierwider eine Zeithero verübte Mißbräuch/ da zum öfftern die Rechtsfertigung von ihren ordentlichen Richtern deß Reichs ab- und nach Holland/ Braband und andere außwendige Potentaten gezogen werden/ und die unter denselben auß der angemaßten Brabandischen Güldenen Bull zu unterschiedlicher Chur-Fürsten/Fürsten und Ständen mercklichem Nachtheil herrührende Evocations-Processen gänzlich aufgehebt/ wie auch das A. 1594. bey damahligem Reichs-Tag verglichene Gutachten vollzogen/ und denen durch die Brabandische Bull gravirten Ständen/ auf erforderten Nothfall/ durch das Jus Retorsionis kräfftige Hülff geleistet werde/so dann die zehen vereinte Reichs-Städte im Elsaß/ Krafft Instrumenti Pacis, unter dem Heil. Römis. Reich/gleich wie andere Immediat-Stände/ einverleibt bleiben. Und nachdemmahlen auch verschie-

verschiedene Immediat-Fürstenthumen / Stifft-Graf- und Herrschafften / ohne einige Recht und Befugnuß / durch außwärtige Völcker noch immerhin mit Einquartierungen/und andern Kriegs-Ungelegenheiten höchst beschweret werden/und dahero deß so theuer erworbenen Frieden-Schlusses in nichts genieſſen mögen / vielmehr dem Reich entzogen/ und gleichsam zu Mediat-Ständen gemacht werden wollen; Als versprechen Wir nicht allein durch eyferige Interposition die Abstellung zu befördern/ sondern auch / Vermög der Reichs-Constitutionen/bey denen nächst angeseſſenen Cräyß-Ständen die Vorsehung zu thun / daß ermelten ohnmittelbaren Stifft-Graf-und Herrschafften kräfftiglich assistirt / und sie bey ihrer zustehenden Immedietät per omnia gelaſſen werden/bey welchem allem Wir Chur-Fürsten / Fürsten und Stände / ingleichem die freye Reichs-Ritterschafft/ samt deren allerseits Land/ Leute und Unterthanen / nach Vermögen schützen/ manuteniren und handhaben / und darwider in keinerley Weiß beschweren laſſen wollen.

9. Und weilen auch in der That verspühret worden/daß die außwärtige Gewalt sich in Reichs-Sachen / und sonderlich die / so zwischen Reichs-Ständen und Ihren Unterthanen obschweben / unter dem Prætext der Hansee-Bündnuß / und anderm dergleichen Vorwandt / einzumischen / zusammen zu kommen / und dero Angelegenheiten zu beobachten/ zumahlen die vor diesem unter ihnen aufgerichtete Uniones gleicher Gestalt zu confirmiren und zu approbiren sich unterstehen / das Instrumentum Pacis aber allein Chur-Fürsten und Ständen Confœderationes und Verbündnüſſen / worunter

Eduards/ 1.Theil. 235

ter insonderheit die begriffen/welche zu deß Reichs Besten und gemeiner Lands-Defension, auch mehr bequemer Verrichtung der Cräyß-Verfassungen aufgerichtet werden/einzugehen erlaubt/und denen Unterthanen dergleichen nicht zugibt/sondern deroselben hierzu erhaltene Privilegia und Indulta cassirt und aufhebt; Als wollen Wir nicht allein durch Abmahnungs-Schreiben solchem weit-außsehendem Vornehmen begegnen/ und nicht gestatten/ daß der Güldenen Bull, dem Frieden-Schluß/ und denen Reichs-Constitutionen zu wider / einige Mediat-Unterthanen mit außwärtigen Potentaten und Republiquen / oder anderwärtigen Reichs-Ständen / oder dero Land-Ständen und Unterthanen einige Confœderation, Protection, Mediation, und Garantie sub quocunque Prætextu, vel Colore eingehen oder aufrichten mögen/und was darwider vorgenommen/ohnverzüglich/jedoch mit der in vorgehendem 8.Art. vermelter Restriction abstelle/sondern auch gegen die beharrliche Contraventores, insonderheit aber dieJenige/welche sich wider ihre Lands-Obrigkeit an fremde Gewalt hängen / und deroselben Hülff indigenat und Schutz würcklich begehren/ annehmen/gebrauchen/ darbey zu bestehen sich unterfangen / und solchen unziemlichen Handlungen auf vorgehende Erinnerung/ nicht renunciren / Vermög der Rechten und Reichs-Constitutionen/ ernstlich verfahren / und auf den Nothdurfft-Fall die ereignende Thätlichkeiten und Invasiones durch gehörige Gegen-Mittel/den Reichs-Constitutionibus gemäß/ abkehren.

10. Wir sollen und wollen auch für Uns selbst/ als erwählter Römischer König / in deß Reichs Händeln

Händeln keine Verbündnuß oder Einigung mit fremden Nationen / noch sonsten im Reich machen/ Wir haben dann zuvorhero der Chur-Fürsten/ Fürsten und Ständen Bewilligung hierzu erlanget; Da aber publica Salus & Utilitas eine mehrere Beschleunigung erforderte / da sollen und wollen Wir dann der Sieben Chur-Fürsten sämtliche Einwilligung zu gelegener Zeit und Mahl-Stadt/ und zwar auf eine Collegial-Zusammenkunfft/ und nicht durch absonderliche Erklärungen/ biß man zu einer gemeinen Reichs-Versammlung kommen kan/ wie sonsten in allen andern deß Reichs Sicherheit concernirenden Sachen / als auch in dieser erlangen. Wann Wir auch ins künfftige Unserer eigenen Landen halben / einige Bündnuß machen würden/ so solle solches anderer Gestalt nicht geschehen / als unbeschädiget deß Reichs / und nach Inhalt deß Instrumenti Pacis; So viel aber die Stände deß Reichs in gemein belanget/ soll denenselben Allen und Jeden das Recht der Bündnuß unter sich/ und mit außwärtigen zu ihrer Defension, Conservation, Sicherheit und Wolfahrt zu machen dergestalt frey bleiben / daß solche Bündnuß nicht wider den Regierenden Römischen Käyser / noch wider den allgemeinen Land-Frieden/ und Münsterischen Frieden-Schluß seye / und daß dieses alles nach Laut desselben / und ohnverletzt deß Eyds beschehen / wormit ein jeder Stand dem Römischen Käyser und dem Heil. Römis. Reich verwandt ist/ daß auch die von fremden Potentaten begehrende Hülffe also und nicht anders begehret werde / noch gethan seye / dann daß dadurch dem Reich keine Gefahr zuwachsen möge.

11. Was

Eduards/ 1.Theil.

11. Was auch die Zeit hero einem Chur-Fürsten/ Fürsten/ Prælaten/ Grafen/ Herren und andern/ oder dero Vor-Eltern und Vorfahren/ Geistlichen oder Weltlichen Stands/ ohne Recht gewaltiglich genommen/ oder abgedrungen/ oder Inhalt deß beschlossenen Münster- und Oßnabrückischen Friedes/Executions-Edicts/ Arctioris Modi Exequendi, und Nürnbergischen Executions-Recess, zu restituiren ruckständig ist/ und annoch vorenthalten wird/ sollen und wollen Wir/ der Billichkeit nach/ wieder Männiglich zu dem Seinigen/ ohne Unterschied der Religion, verhelffen/ auch das Jenige/ so Wir selbsten/ Vermög jetztgedachten Friedens-Schlusses/und darauf zu Nürnberg und sonsten aufgerichter Edictorum und Arctioris Modi Exequendi zu restituiren schuldig/einem Jedwedern/ so bald und ohne einige Verweigerung/ vollkommentlich restituiren/ bey solchem auch/ so viel er Recht hat/schützen und schirmen/ohne alle Verhinderung/ Aufhalt oder Versaumnuß.

12. Zu deme/ und insonderheit sollen und wollen Wir dem Heil.Römischen Reich und dessen Zugehörungen/ nicht allein ohne Wissen/ Willen und Zulassen gemelter Chur-Fürsten sämtlich nichts hingeben/verschreiben/verpfänden/versetzen/noch in andere Weg veräussern/ oder beschweren/ sondern Uns aufs höchste bearbeiten/ und allen möglichen Fleiß und Ernst fürwenden/das Jenige/ so darvon kommen/als verfallene Fürstenthum/Herrschafften und andere/ auch confiscirte und ohnconfiscirte merckliche Güther/ die zum Theil in anderer frembden Nationen Händen ungebührlicher Weiß gewachsen/ zum förderlichsten wiederum darzu zu bringen/

bringen/ zu zueignen/ und darbey bleiben zu lassen/ nicht weniger die Ergäntzung und Rectification der gesamten zehen Reichs-Cräysen und Matricul zu befördern/vornemlich auch/dieweilen vorkommen/ daß etliche ansehnliche/ dem Reich angehörige Hertzschafften und Lehen in Italien/ und sonsten/ veräussert worden seyn sollen/ eigentliche Nachforschung derentwegen anzustellen/ wie es mit solchen Alienationen bewandt/ und die eingeholte Bericht zur Chur-Fürstl.Mäyntzischen Cantzley/um solches zu der übrigen Chur-Fürsten Wissenschafft zu bringen/inner Jahrs-Frist/ nach Unserer angetrettener Königl. Regierung anzurechnen / ohnfehlbarlich einzuschicken / auch in diesem und obigem allem mit Rath/ Hülff und Beystand der Sieben Chur-Fürsten allein/ oder nach Gelegenheit der Sachen/ auch anderer Fürsten und Ständen jeder Zeit an die Hand zu nehmen / was durch Uns und Sie vor rathsam / nutzlich und gut angesehen und verglichen seyn wird. Weilen auch dem Ritterlichen Johanniter-Orden in- und ausserhalb deß Reichs/ insonderheit bey den hiebevorigen 80. Jährigen Niederländischen Kriegen/gantz unverschuldet ansehnliche Güter entzogen/und bißhero vorenthalten worden/ so wollen Wir solche Restitution durch Gütliche Mittel zu befördern / Uns angelegen seyn lassen; Und ob Wir selbst/ oder die Unsere etwas/ so dem Heil. Römischen Reich zuständig / und nicht verliehen/ noch mit einem rechtmässigem Titul bekommen wäre oder würde/einhätten/ das sollen und wollen Wir bey Unsern schuldigen und gethanen Pflichten demselben Reich ohne Verzug auf Ihr/ der Chur-Fürsten Gesinnen/ wieder zu Handen wenden.

13. Wir

Eduards/ 1.Theil.

ir sollen und wollen auch Uns darzu in
Unserer Regierung/gegen den benach-
anstossenden Christlichen Gewälten
n/kein Gezänck/Fehde noch Krieg/in-
lb deß Reichs/ von desselben wegen/
y Vorwandt/ wie der auch/ seye/ ohne
rsten/Fürsten und Ständen/oder zum
r sämtlichen Chur-Fürsten Vorwissen/
nwilligung anfangen oder vornehmen/
tz-gedachten Consens einiges Kriegs-
eich führen/ oder führen lassen. Da
em/ oder mehr Ständen deß Reichs/
nden Regenten dergleichen vorgenom-
frembdes Kriegs-Volck in- oder durch
m sie auch gehören/unter was Schein
ndt es immer seyn möchte/ geführet
elbe wollen Wir mit Ernst abschaffen/
Gewalt hintertreiben/ und den beley-
den Unsere Käyserl. Hülff/ Handbiet-
gs- Mittel kräfftiglich wiederfahren /
halt der Reichs-Satz-und Executions-
deyhen lassen; Wo Wir aber von deß
n/ oder das Heilige Reich angegriffen
t würden/ alsdann mögen Wir Uns
ebrauchen; Jedoch sollen und wollen
n währendem solchen Krieg/noch auch
: Chur-Fürsten/Fürsten und Ständen
Gebieth keine Vestungen von Neuem
: bauen/ noch auch Zerfallene oder Alte
neuren/ viel weniger andern solches
der zulassen/ auch keinen Stand mit
ing/ wider die Reichs-Constitutiones,
Bir sollen und wollen auch keinen Frie-
den/

den / ohne Chur-Fürsten / Fürsten und Ständen Zuthun und Einwilligung schliessen/ und insonderheit bey dessen Erfolg ernstlich daran seyn / damit das vom Feind im Reich Occupirte / oder in Ecclesiasticis & Politicis Geänderte / zu der bedrückten Ständen und deren Unterthanen Consolation, in den alten / denen Reichs-Fundamental-Gesetzen und Frieden-Schlüssen gemässen Stand restituirt werde.

14. Wir sollen und wollen auch die Chur-Fürsten / Fürsten und Prælaten/ Grafen/ Herren und andere Stände deß Reichs/ ingleichem die unmittelbahre Reichs-Ritterschafft / nicht selbst vergewaltigen/ solches auch nicht schaffen/ noch andern zu thun verhängen/ sondern/ wo Wir/ oder Jemand anders/ zu Ihnen allen/ oder einem insonderheit zu sprechen/ oder einige Forderung vorzunehmen hätten/ dieselbe sollen Wir samt und sonders/ Aufruhr Zwietracht / und andere Unthat/ im Heil. Reich zu verhüten/ auch Fried und Einigkeit zu erhalten/ vor die ordentliche Gerichte / nach Außweisung der Reichs-Abschieden/ Kammer-Gerichts-Executions-Ordnung/ und zu Münster und Oßnabrück aufgerichten Frieden-Schluß/ auch zu Nürnberg darauf erfolgten Edicten zu Verhör- und gebührlichem Rechten stellen/ und kommen lassen/ und mit nichten gestatten/ daß sie in denen oder andern Sachen/ in was Schein / und unter was Namen es geschehen möchte / darinn sie ordentlich Recht leyden mögen und dessen urbietig seynd / mit Raub / Nahm/ Brand/ Pfandungen/ Fehden/ Kriegen/ neuerlichen Exactionen und Anlagen/ oder anderer Gestalt / beschädiget/ angegriffen / überfallen / oder beschweret werden. 15. Wir

Eduards / 1. Theil.

gereden und versprechen auch / wann
uf vorgehabten Rath / mit den sieben
/ und deren darauf gefolgter Bewil-
nsens, die Nothdurfft erfordern wür-
deß Reichs Defension einige Kriegs-
en solten / dieselbe ohne Chur-Für-
und Stände Vorwissen und Bewil-
alb deß Reichs nicht führen / sondern
fension und Rettung der bedrangten
rauchen / und anwenden zu lassen.
uch das Römische Reich / als welches
riegen an Mannschafft mercklich ab-
nicht noch weiters durch die frembde
ntblösset / und öd gemacht werde /
auf dem Reichs-Tag alle gute Vor-
en / und wollen Wir Uns die Vollzie-
außfallenden allgemeinen Reichs-
t Ernst angelegen seyn lassen; Da
oder andern / einiges Volck im Reich /
n eigenen Land / zu Außländischer /
Reich wol zugethaner / zumahlen mit
Potentaten Diensten geworben / wol-
erfügung thun / daß die Chur-Für-
und Stände deß Reichs / samt allen
igen / bey obbemelter Werbung / mit
3 / Durchfuhr / Einquartierungen /
n / oder sonsten in einige andere We-
eichs-Constitutiones, Instrumenta Pa-
)erlich den Reichs-Abschied de Anno
schweret / oder darwider von Uns /
erfahren werde; Wir wollen hinge-
egebende Fälle alles Ernstes verhie-
ie Weiß gestatten / daß im Heil. Rö-
Q   mis-

miſ. Reich Jemand vor ein andern / wer der auch ſeye / als das Vatterland / und deſſen jederzeitliche Bunds-Genoſſene werbe / oder ſich werben laſſe/ und da einer oder anderer hierinn mißhandeln/und bey einem in Comitiis Imperii declarirten/oder ſonſt wiſſentlichen Reichs-Feind / oder deſſen Bunds-Genoſſenen/und Helffers-Helffern/Kriegs-Dienſt annehmen würde/wollen Wir wider denſelben/als deß Reichs Feind / mit Confiſcirung aller ſeiner Haab und Güther / auch ſonſten / nach Anleitung der Executions-und anderer Reichs-Ordnung/ auch gemeiner Rechten/mit aller Schärffe verfahren / dergeſtalten / daß ſelbiger auch an ſeinen Erb- und Lehenſchafften / Anwartungen und Rechten/ auch Haab und Güthern / Aemtern und Dignitäten/ oder auch / da man Jhn erdappet/ an Leib und Leben; Die abweſende Ungehorſame aber in ihrer Bildnüß abgeſtrafft/ihnen und ihren Deſcendenten ihre Stamm-und ſonſten erhaltene Wappen ferner zu führen / nicht geſtattet / noch weniger ſie vor Sifft-und Ritttermäſſig jemahls mehr gehalten/ ſondern ins gemein aller Ehren unfähig erklärt werden ſollen. Es ſoll jedoch auch keinem Reichs-Stand oder Eingeſeſſenen verbotten ſeyn / ſich bey Außwärtigen in Kriegs-Dienſten zu begeben und einzulaſſen/ da es nicht wider das Reich/ oder einen Stand deſſelben angeſehen.

16. Deßgleichen ſollen und wollen Wir die Chur-Fürſten/und andere deß Heil.Römiſ.Reichs Stände/ mit den Reichs-Tägen/ Cantzley-Geld/ Nachreiſen/ Auflagen und Steuren unnothdürfftiglich nicht beladen/ noch beſchweren/ auch in zugelaſſenen nothdürfftigen / unverzüglichen Fällen die
Steuer

Eduards/ 1. Theil.

Steuer-Auflagen/ anderst nicht/ als nach Außweisung berührten Friedens-Schlusses/ ansetzen/ noch außschreiben / und sonderlich keinen Reichs-Tag ausserhalb deß Reichs Teutscher Nation, auch ehe und bevor Wir darzu um der sieben Chur-Fürsten Consens und Verwilligung / durch sonderbahre Schickung angehalten/ und Uns mit Denselben so wol der Zeit / als Mahlstatt verglichen/ oder Sie von selbsten/ deß Reichs Anligenheit halber/ und darum unterthänigst angelanget/ und erinnert/ vornehmen/ oder außschreiben / auch die von dem Reich und desselben Ständen eingewilligte Steuer und Hülffen zu keinem andern Ende/ als darzu sie bewilliget worden/ und andern Reichs-Lasten anwenden/noch Jemand seinen gebührenden Antheil an den bewilligten Reichs-Hülffen/ andern zum Nachtheil/ nachlassen/ oder verringern/ weniger gestatten/daß ein Reichs-Stand von Außwärtigen eximirt werde.

17. Auch sollen und wollen Wir die Chur-Fürsten/ Fürsten/ Prælaten/ Grafen/ Herren/ und andere Stände deß Reichs/ ingleichem die ohnmittelbahre Reichs-Ritterschafft / und deren allerseits Unterthanen im Reich/ mit rechtlichen oder gütlichen Tagleistungen ausserhalb Teutscher Nation, und von ihren ordentlichen Richtern nicht dringen/ erfordern und vorbescheiden / sondern sie alle und jede vornemlich im Reich/ Laut der Güldenen Bull/ wie auch deß Heil. Reichs und Kammer-Gerichts Ordnung/ und andere Gesetz vermögen/ bevorab auch Jeden bey seiner Immedietät/ Privilegiis de non appellando & evocando, Electionis Fori, dem Iure Austregarum, bey der Instanz und deren ordentlichen

lichen ohnmittelbahren Richtern mit Aufheb- und Vernichtung aller deren bißhero dargegen/ unter was Schein und Vorwand es seyn möge/ beschehener Contraventionen/ergangenen Rescripten/ Inhibitorien und Befehlchen bleiben/ und keinen mit Commissionen/Mandaten/und andern Verordnungen darwider beschweren/ noch auch durch den Reichs-Hof-Rath und Kammer-Gericht/ oder sonsten auf keinerley Weiß/ eingreiffen/ in specie aber bey Erkennung der Commissionen die Verordnung deß Instrumenti Pacis, Articulo 5. §. in Conventibus Deputatorum 51. genau beobachten lassen. Als auch von Chur-Fürsten/ Fürsten und Ständen schon von langem hero/ so wol wider das Käyserl. Hof-Gericht zu Rothweil/ als das Weingartische/ und andere Land-Gericht in Schwaben/ allerhand grosse Beschwerungen vorkommen/ auf unterschiedlichen hiebevorigen Reichs-Conventen angebracht/ und geklagt/ dahero auch im Frieden-Schluß deren Abolition halber allbereit Veranlassung geschehen; So wollen Wir immittels/ biß solchen der Ständen Beschwerden würcklich auß dem Grund abgeholffen/ und von der Abolition erstberührter Hof- und Land-Gerichten auf dem gegenwärtigen Reichs-Tag ein Gewisses statuirt werde/ ohnfehlbarlich daran seyn/ daß die eine Zeit hero wider die alte Hof- und Land-Gerichts-Ordnung extendirte Ehehaffts-Fälle abgethan/ und die darbey sich befindliche Excessus und Abusus, zu welcher Erkundigung Wir ohne interessirte Reichs-Stände ehist deputiren/ und solches an die Chur-Mäyntzische Cantzley/ und daß von dannen denen übrigen deß Heil. Römis. Reichs Chur-Fürsten/

Fürsten

Fürsten und Ständen darvon Nachricht gegeben werden möge/notificiren wollen/ förderlichst aufgehebt/ sonderlich aber Chur-Fürsten/ Fürsten und Stände/bey ihren darwider erlangten Exemptions-Privilegien/ ohneracht solche cassirt zu seyn vorgewendet werden möchte/ handgehabt werden/ und nächst dem jedem Gravirten frey stehen soll/ von mehrerwehnten Hof- und Land-Gerichten entweder ad Aulam Cæsaream, oder an das Käyserliche und deß Reichs Kammer-Gericht/ ohne einige Unsere Widerred/oder Hinderung/zu appelliren; In alle Weg aber wollen Wir der Chur-Fürsten und Ihrer Unterthanen/ auch anderer von Alters hergebrachter Exemption von vorberührtem Rothweisischen und andern Gerichten bey ihren Kräfften erhalten/ und sie darwider nicht turbiren/ noch beschweren lassen; Und dieweilen auch vorkommen/ daß in Sachen hoher Lands-Fürstlicher Obrigkeit und Regalien/ als in specie Juris Collectarum,Sequestrae, und dergleichen zu verschiedenen mahlen ad Nulam Instantiam Subditorum, ehe und bevor Chur-Fürsten/ Fürsten und Stände darüber gebührend gehöret/ Mandata cum & sine Clausula ertheilet worden.

Als wollen Wir verfügen/ daß in solchen Fällen dem letzten Reichs-Abschied gemäß/ die interessirte Chur-Fürsten/ Fürsten/ und Stände vorhin vernommen werden/ bey dessen Hinterbleibung aber Ihnen verstattet und zugelassen seyn solle/ solchen Mandatis keine Parition zu leisten.

18. Auch sollen und wollen Wir bey Unserm Heil. Vatter dem Papst und Stuhl zu Rom/ Unser bestes Vermögen anwenden/ daß von demselben

Deß Engelländischen

ben wider die Concordata Principum, und die zwischen der Kirchen/ Päpstl. Heil. oder dem Stuhl zu Rom / und der Teutschen Nation aufgerichtete Verträg/ wie auch eines jeden Ertz-und Bischoffen/ oder der Thom Capitulen absonderliche Privilegia und rechtmässig hergebrachte Statuta, und Gewonheiten/ durch unförmliche Gratien/ Rescripten/ Provisionen/ Annaten/ der Stifftmannigfaltigung/ und Erhöhung der Officien im Römischen Hof/ auch Reservation, Dispensation, und sonderlich Resignation, dann darauf unternehmende Collation all solcher Præbenden / Prælatur-Dignitäten und Officien/ (welche sonsten per obitum ad Curiam Romanam nicht devolvirt werden / sondern jederzeit/ ohnerachtet in welchem Monat sie auch ledig und vacirend werden/ denen Ertz-und Bischöffen/ auch Capituln und andern Collatorn heimfallen/) wie weniger nicht per Coadjutorias Prælaturarum Electivarum & Præbendarum, judicatur super statu nobilitatis, oder in andere Weg / zu Abbruch der Stifft-Geistlichkeit und anders wieder gegebene Freyheit und erlangte Rechten/ darzu zu Nachtheil deß Juris Patronatus, und der Lehen-Herren/in keine Weiß nicht gehandelt; Noch auch die Ertz-und Bischoffe im Reich/ wann wider dieselbe von denen ihnen untergebenen Geistlichen oder Weltlichen etwan geklaget werden solte/ ohne vorherige gnugsame Information über der Sachen Verlauff und Beschaffenheit/ (welche / damit keine Sub- & Obreptio contra facti Veritatem Platz finden möchte / in partibus einzuholen/) auch unangehörter Verantwortung deß Beklagten/ wann zumahlen derselbe Authoritate Pastorali zu Verbesserung und Vermehrung

deß

Eduards / 1. Theil.

deß GOttes-Diensts / auch zu Conservation und mehrerem Aufnehmen der Kirchen / wider die ungehorsame und übele Haußhalter verfahren hätte/ mit Monitoriis, Interdictis, und Comminationibus oder Declarationibus Censurarum übereylet / oder beschweret werden möchten/ sondern wollen solches alles mit der Chur-Fürsten/ Fürsten/ und andern Ständen Rath kräfftigst abwenden und vorkommen/ auch darob und daran seyn/ daß die vorgemelte Concordata Principum, und aufgerichte Verträg/ auch Privilegia, Statuta und Freyheiten gehalten/ gehandhabet / und denenselben vestiglich gelebet und nachkommen / jedoch was vor Beschwerungen darinn gefunden/ daß dieselbe/ Vermög deßhalben gehabter Handlung zu Augspurg in dem 1530. Jahr bey gehaltenem Reichs-Tag abgeschafft/ und hinfürter dergleichen ohne Bewilligung der Chur-Fürsten nicht zugelassen werde: Gleicher Gestalt wollen Wir / wann es sich etwan begebe/ daß die Causæ Civiles von ihrem ordentlichen Gericht im Heil. Reich ab- und ausser dasselbe ad Nuntios Apostolicos, und wol gar ad Curiam Romanam gezogen würden/solches abschaffen/vernichten/und ernstlich verbieten / auch Unsern Käyserl. Fiscalen so wol bey Unserm Käyserl. Reichs-Hofrath als Cammer-Gericht anbefehlen / wider die Jenige so wol Partheyen als Advocaten / Procuratoren und Notarien / die sich hinführo dergleichen anmassen/ und darinn einiger Gestalt gebrauchen lassen würden / mit behöriger Anklag von Amts wegen zu verfahren / damit die Ubertretter/ dem nächstengebührend angesehen und bestrafft werden mögen; Und weilen vorberührter Civil-Sachen willen/ zwischen

zwischen Unsern und deß Reichs höchsten Gerichten / so dann denen Apostolischen Nuntiaturen / mehrmahlige Streit und Irrungen entstunden / indeme so ein als andern Orts die ab der Officialen Urtheil beschehene Appellationes angenommen / Processus erkannt / selbige auch durch allerhand scharffe Mandata zu gröster Irr- und Beschwerung der Partheyen zu behaupten gesucht worden / worinnit dann diesem vorkommen / und aller Jurisdictions-Conflict möchte verhütet werden; So wollen Wir daran seyn / daß die Causæ Seculares ab Ecclesiasticis Rechtlich distinguirt / auch die darunter vorkommende zweiffelhaffte Fälle durch gütliche mit dem Päpstlichen Stuhl vornehmende Handlung und Vergleich erlediget / fort der Geist- und Weltlichen Obrigkeit / einer Jeden ihr Recht und Judicatur ohngestöret gelassen werden möge; Doch / so viel diesen Articul betrifft / Unsern Lieben Oheimen und Chur-Fürsten zu Sachsen und Brandenburg / auch ihren Religions-Verwandten Fürsten und Ständen / ingleichem der ohnmittelbahren Reichs-Ritterschafft / und deren allerseits Unterthanen / und denen Augspurgischen Confessions-Verwandten / die Reformirte mit eingeschlossen / welche unter Catholischen / Geist- oder Weltlichen Obrigkeit wohnen / oder Landsassen seynd / dem Religion- und Prophan-Frieden / auch dem zu Münster und Oßnabrück aufgerichten Frieden-Schluß / und was deme anhängig / wie obgemelt / ohnabbrüchig und ohne Consequenz, Nachtheil und Schaden.

19. Wir sollen und wollen auch über die Policey-Ordnungen / wie die seynd / und ferners auf den Reichs-Tägen geschlossen werden / halten / und die

Commer-

Commercia deß Reichs nach Möglichkeit befördern; Deßgleichen auch die grosse Gesellschafften und Kauff-Gewerbs-Leute / und andere / so bißhero mit ihrem Geld regieret / ihres Willens gehandelt / und mit Wucherung und unzuläßigem Vorkauff und Monopolium, viel Ungeschicklichkeiten dem Reich und dessen Innwohnern und Unterthanen mercklichen Schaden / Nachtheil und Beschwerung zugefüget / und noch täglich einführen / und gebähren thun / mit der Chur-Fürsten / Fürsten und anderer Ständen Rath / inmassen / wie deme zu begegnen / hiebevor auch bedacht und vorgenommen / aber nicht vollstreckt worden / gar abthun / keines Weges Jemanden einige Privilegia und Monopolia ertheilen / sondern / da auch dergleichen erhalten / dieselbe vielmehr / als den Reichs-Satz und Ordnungen zuwider / wiederum abthun und aufheben; Wann auch geschehen solte / daß in einigen Benachbarten Landen / die im Reich machende Manufacturen guter aufrichtiger Waaren / durch- oder einzuführen / verbotten werden / weilen solches der Freyheit der Commercien zuwider / so wollen Wir Uns dessen Abstellung zu befördern angelegen seyn lassen / im Widrigen aber die Fürsehung thun / daß auch derselben Landen Manufacturen und Waaren ins Reich zu bringen gleicher Gestalt nicht zugelassen seyn solle.

20. Wir sollen und wollen auch insonderheit / dieweil die Teutsche Nation, und das Heil. Römis. Reich zu Wasser und Land zum höchsten mit Zöllen beschweret / nun hinführo (jedoch unbeschädiget deren vor diesem von dem mehrern Theil deß Churfürstl. Collegii bewilligter / und von Unsern Vorfahren / Römischen Käysern / absonderlich denen

Chur-Fürsten deß Reichs ertheilter Zoll-Concessionen / Prorogationen und Perpetuationen /) keinen Zoll von Neuem geben / noch einige Alte erhöhen oder prorogiren lassen/ auch vor Uns selbsten keinen aufrichten/erhöhen/ oder prorogiren/ es seyen dann die benachbarte oder interessirte Stände / und dero erfordertes / auch in gebührende Consideration ziehendes Gutachten vorhero darüber vernommen/ und hernacher aller und jeder sieben Chur-Fürsten Wissen/Willen/Zulassen und Collegial-Rath/ mit einhelligem Schluß also und dergestalt in diesem Stück vorgangen / daß keines Chur-Fürsten Widerrede oder Dissens dargegen/ sondern alle und jede dero Collegial-Stimmen einmüthig seyen / massen Wir dißfalls die Majora nicht attendiren/ auch ohne vorgehende Unanimia zu keinem Stand bringen/ und den Supplicirenden mit seinem Begehren gäntzlich hinweg und abweisen / wie auch alle die Jenige / so um neue Zöll / es seye gleich zu Wasser oder Land / oder der Alten Erhöhung / oder auch solcher Erhöhung Prorogation anhalten werden/ einer Collegial-Versamlung zu erwarten erinnern/ und neben dem Chur-Fürstl. Collegio jedes mahl dahin sehen sollen und wollen / damit durch die ertheilende neue Zöll und Concessiones andere Chur-Fürsten/ Fürsten und Stände in ihren vorhin habenden Zoll-Einkünfften keine Vergeringerung/ Nachtheil oder Schaden zu leyden haben; Dieweil es sich aber zuträget/ daß zwar der Nahm deß Zolls bißweilen nicht gebraucht/sondern unter dem Mißbrauch und Prætext einer Niederlag und Staffel-Gerechtigkeit/ oder sonsten von den auf- und abfahrenden Schiffen und Waaren eben so viel/ als wann

es ei=

Eduards/ 1.Theil.

s ein rechter Zoll wäre/erhoben/auch der Handlung und Schifffahrt durch ungebührliche und abgenöhigte Auß- und Einladen/ Außschiffen und Außschütten deß Getraydes und anderer Güther/ mercklichegrosse Beschwer- und Verhinderung verursachet und zugefüget wird; So sollen Alle und Jede dergleichen / so wol unter währendem Krieg/ als vor demselben auf allen Ströhmen und Schiffbaren Wassern deß Reichs ohne Unterschied neuerlich anmassende/und ohne ordentliche Verwilligung deß Chur-Fürstl. Collegii also außgebrachte Concessiones, oder sonsten ein oder andern Orts vor sich unternehmende Usurpationes, unter was Schein und Namen auch dieselbe erhalten worden/ oder eigenes Gewalts und Willens durchzuführen gesucht werden möchten/ Null und nichtig seyn/ dergleichen auch von Uns Niemanden / von was Würden oder Stand auch der / oder dieselbe seyn/ ohne Oblauts deß Chur-Fürstl. Collegii Consens und Einwilligung/ ertheilet werden/ auch einem Jedwedern deß H. Reichs Chur-Fürsten/ welcher sich damit beschwert befindet/frey und bevor stehen/ sich solcher Beschwerung/ so gut Er kan/ selbsten zu entheben; Doch soll den jenigen Privilegien/ welche Chur-Fürsten/ Fürsten und Stände deß Reichs/ samt der gefreyten Reichs-Ritterschafft von weyland denen vorgewesenen Römis.Königen oder Käysern zur Zeit/ da der Chur-Fürsten Consens per Pacta & Capitulationes noch nicht also eingeführet/oder nöthig gewesen/rechtmässig erlanget/ oder sonsten ruhiglich hergebracht/ hierdurch nichts præjudicirt oder benommen/ sondern von Uns auf gebührendes Ansuchen/ Vermög und Krafft deß

obgesetz-

Deß Engelländischen

obgesetzten 3. Articuls confirmirt / und die Stände darbey ohne Eintrag Männigliches gelassen; Alle unrechtmässige Zöll / Staffel und Niederlag aber/ oder derselben Mißbrauch/ da einige wären / gleich bey Antrettung Unserer Käyserl. Regierung/caſſirt und abgethan/und ins künfftig derselben keine mehr ertheilet werden / es geschehe dann erst-besagter Massen mit einmüthigem Collegial-Rath und Bewilligung der sieben Chur-Fürsten; Auf den Fall auch einer oder mehr / was Standes oder Wesens der oder die wären / einigen neuen Zoll oder eines Alten Ersteigerung oder Prorogation in ihren Chur- und Fürstenthumen/ Graf- und Herrschafften und Gebieten zu Wasser und Land/ im Auf-und Abfahren vor sich selbst/ausserhalb Unserer Vorfahren am Römischen Reich / und deß Chur-Fürstl.Collegii Bewilligung angestellet und aufgesetzt hätte / oder künfftiglich ohne Unsere mit obgedachtem einmüthigem aller und jeder sieben Chur-Fürsten Collegial-Consens ertheilte Begnädigung also anstellen / oder auffsetzen würde / den oder dieselbe/ so bald Wir dessen vor Uns selbsten in Erfahrung komen/oder andere Anzeig davon empfangen sollen und wollen Wir durch Mandata sine Clausula und andere behörige nothdürfftige Rechts-Mittel/ auch sonsten in alle andere mögliche Wege davon abhalten/und was also vorgenomen worden/gäntzlich abthun und cassiren / auch nicht gestatten / daß hinführo Jemand de facto und eigenes Vornehmens neue Zölle anstelle/ für sich dieselbe erhöhe/ oder sich deren gebrauchen und annehmen möge.

21. Als auch vielfältig geklaget wird / daß unterschiedliche unmittelbare Reichs- so wol / als

andere

andere Mediat-Städte/ sich eine Zeit hero gantz
Neuerlich unternommen / und noch de facto, auch
durch Arresten / und andere im Heil. Römis. Reich
verbottene eigengewaltige Zwangs-Mittel unterstehen / unter ihren Thoren / oder sonsten anderer
Orten in und vor den Städten / die ein= auß= und
durchgehende Waaren / Getrayd / Wein / Saltz /
Viehe/ und anders/mit gewissen Auffschlägen/unter
dem Namen Accis, Umgeld / Niederlag / Stand-
und Marck=Recht / Pforten= Brucken= und Weg=
Kauffhauß= Renten= Pflaster- und Cento-Geldern/
und andern dergleichen Imposten zu beschweren;
Solches alles aber in dem Effect und Nachfolge vor
nichts anders / als einen neuen Zoll/ ja offtermahls
weit höher zu halten/und denen benachbarten Chur-
fürsten/ Fürsten und Ständen/ deren Landen/Leu-
ten und Unterthanen / auch dem gemeinen Kauff=
und Handelsmann zu nicht geringem Schaden
und Ungelegenheit gereichig/ auch der Freyheit der
Commerciorum, deß Handels und Wandels/ zu
Wasser und Land/ gerad und schnurstracks zuwider;
So wollen Wir so bald/ bey Antrettung Unserer Käys.
Regierung hierüber gewisse Information einziehen
lassen/ auch worinn solche unzulässige Beschwerungen und Mißbräuch bestehen/ von denen benachbar-
ten/ Chur=Fürsten/Fürsten und Ständen Nachricht
erfordern / und dann dieselbe ohne Verzug aller
Orten abstellen/ und aufheben/ auch gegen die
Ubertrettere gebührenden Ernsts Einsehen thun.
Ingleichem Unserm Käyserl. Fiscal gegen dieselbe
auf vorgemelte von Uns eingezogene Information,
oder auf eines oder andern hierunter beschehene
Denunciation, mit/ oder ohne deß Denuntianten
Zuthun/

Zuthun/ schleunigst zu verfahren/ anbefehlen; Und solle darneben einem jeden Chur-Fürsten/ Fürsten und Stand/ ingleichem der freyen Reichs-Ritterschafft erlaubt seyn/ sich und die Seinige solcher Beschwerden / wie bey dem 20. Articul allschon vermeldet / selbst / so gut er kan / zu erledigen / und zu befreyen; Doch den ohnmittelbaren Reichs-Städten/ auf ihre angehörige Burgerschaffte/ wegen der Consumptionen etwas ohne Berührung/ Schaden/oder Nachtheil der Fremden zu schlagen/ ohnbenommen/auch ohne Præjuditz dessen/ so sie vor denen Kriegs-Jahren in rechtmässiger Ubung und Herbringen gewesen.

22. Deßgleichen wollen Wir auch die jenige Stände/ denen von Unsern Vorfahren/ Römis. Käysern/ mit Verwilligung deß Reichs Chur-Fürsten mit dieser Maaß und Vorbehaltung entweder neue Zölle gegeben/ oder die Alte erhöhet/ oder prorogirt worden/daß sie mehrgedachte Chur-Fürsten/ deren Gesandte und Räthe/ und deren Wittibe und Erben bey ihrem Ein- und Abzug/ wie auch ihre Unterthanen/ Diener/ Zugewandte/ und andere gefreyte Personen/auch/ derselben Haab und Güther mit solchen von Neuem gegebenen/ erhöheten/oder prorogirten Zöllen nicht beschweren/ sondern an allen und jeden Orten ihrer Fürstenthümer und Landen mit ihren Waaren und Güthern Zoll-frey durchpassiren / verfahren / und treiben lassen/ sich auch sonsten der Zolls-Erhöhungen halber/ gewisser vorgeschriebener Massen verhalten/ und darüber/ vermittelst eines sonderbaren verglichenen Revers, gegen die Chur-Fürsten krafftiglich verbinden sollen; Die aber solche Revers noch nicht

von

von sich gegeben/ mit allem Ernst/ auch bey Verlust deß concedirten Privilegii dahin erinnern und anhalten/ sich hierinn der Schuldigkeit zu bequemen/ und angeregten Revers ohne längern Verzug herauß zu geben/ und den Chur-Fürsten einzuhändigen; Denen aber/ so ins künfftig/ obbeschriebener Massen/ neue Zölle/ oder der Alten Ersteigerung/ oder Prorogation erhalten werden/ wollen Wir vor Heraußgebung solcher Revers, Unsere Käyserliche Concessiones keines Weges außfertigen/ noch ertheilen lassen; Damit man auch über die hin und wieder im Reich zu Wasser und Land eingeführte neue Zölle/oder der Alten Erhöhung/ neben andern Imposten und Auflagen/ ob/ und wie jeder Prætendens darzu berechtiget/ desto mehr beständige Information und Nachricht haben möge; So wollen Wir Uns dessen bey jedes Cräyses außschreibenden Fürsten erkundigen/ darüber auch eine Specification geben lassen/ und darauf der Abschaffung und Reduction halber mit dem Chur-Fürstl.Collegio communiciren/ und da Jemand bey Uns um neue Zoll-Begnädig- oder Erhöhung der alten und vorerlangten Zöllen suppliciren und anlangen würde; So sollen und wollen Wir ihme einige Vertröstung oder Promotorial-Schreiben an die Chur-Fürsten nicht geben/ noch außgehen lassen/ auch weder am Rhein/ noch sonsten einigem Schiffbaren Strohm im Heil.Römis.Reich keine armirten Schiff/ Außlager/Licenten/noch andere ungewöhnliche Exactionen/oder was sonsten zu Sperr-und Verhinderung der Commercien/ vornemlich aber den Rheinischen und andern Chur-Fürsten deß Heil.Römis.Reichs zu Schaden und Schmählerung ihres hohen Regals

gereichig/

Deß Engelländischen
gereichig/verstatten/oder zulassen. Derentwegen
Wir dann auch nicht zugeben wollen/ daß/wo einer
in den Rhein gehender Fluß weiters Schiffreich
gemacht werden könte und wolte / solches durch
eines oder andern angelegenen Standes darauf
eigennutzig vorgenommenen verhinderlichen Bau
verwöhret werden/ sondern es sollen solche Gebäu
zu Beförderung deß gemeinen Wesens wenigst also
eingerichtet werden / daß die Schiffe ohngehindert
auf- und ab kommen können / und also der von
GOTT verliehenen stattlichen Gelegenheit und
Beneficirung der Natur selbsten/ein Stand weniger
nicht/als der andere nach Recht und Billichkeit sich
gebrauchen möge.

23. Und wäre es Sach/ daß in solchen Fällen
neuer Zöll und Auffätz halber/ dadurch der Chur=
Fürsten Zöll geringert und geschmählert werden
möchten/ die Chur-Fürsten zu Rechtlichen An-
sprüchen activè oder passivè geriethen/demnach dann
solche Zöll= Regal- und Privilegia allein von Römischen Käysern und Königen/ mit Bewilligung der sieben
Chur=Fürsten / nach Außweisung deß 20. Articuls
im Reich ertheilet und gegeben werden / und also
der darüber einfallender Streit=Entscheidung vor
Niemand anders/ als Uns gehörig / sollen solche
Rechtliche Ansprüche vor Uns außgeführet und
erlediget werden/ und kein Chur=Fürst schuldig
seyn / sich derenthalben weder an Unserm und deß
H. Reichs Kamer=Gericht/ oder andern Gerichten
mit Ordinariis Actionibus anstrengen zu lassen/ Gestalt Wir dann hierüber bey gedachtem Kammer=
Gericht gebührende Erinnerung und Verfügung
zu thun nicht unterlassen wollen/ auch alle die jenige
Proceß,

Proceß, welche an ermeltem Käyserl. Kammer-Gericht zwischen den vier Chur-Fürsten am Rhein samt oder sonderlich/ und andern deß Heil. Reichs Ständen oder Städten zu vorigen Zeiten bereits passivè oder activè anhängig gemacht/ darvon wiederum ab- und an Unsern Käys. Reichs-Hof-Rath avociren und ziehen.

24. Und nachdem etliche Zeit hero die Chur-Fürsten an Dero/ an Schiffbaren Ströhmen habenden Zöllen mit vielen und grossen Zollfreyungen über ihre Freyheit und Herkommen/ offtermahls durch Beförderungs-Brieff/ auch Exemptions-Befelch/ und zu Præjudiz der Chur-Fürsten Zoll-Berechtigkeiten ertheilte Privilegia, und in andere Wege ersucht und beschwert worden; Das sollen und wollen Wir/ als unerträglich/ abstellen/ vorkommen/ und zumahlen nicht verhängen/ noch zulassen/ fürters mehr zu üben/ noch zu geschehen/ auch keine Exemptions-Privilegia mehr ertheilen/ und die/ so darwider unter währendem Krieg/ ohne deß Chur-Fürstl. Collegii Bewilligung ertheilet worden/ cassirt/ todt und ab seyn.

25. Ob auch einiger Chur-Fürst/ Fürst/ oder anderer Stand/ die freye Reichs ohnmittelbare Ritterschafft mit eingeschlossen/ seiner Regalien/ Immedietät/ Freyheiten und Privilegien/ Recht und Gerechtigkeiten halber/ daß sie ihme geschwächt/ geschmählert/ genommen/ entzogen/ bekümmert/ oder betrübt worden/ mit seinem Gegentheil und Widerwärtigen zu gebührlichem Rechten kommen/ und ihn fürfordern wolte/ dasselbe/ wie auch alle andere ordentlich schwebende Rechtsfertigungen/ der darüber am Käyserl. Kammer-Gericht erkante

Urtheil/

Urtheil/und derselben Executiones sollen und wollen Wir nicht verhindern / abfordern/ oder verbiethen/ sondern der Justitz ihren freyen starcken Lauff lassen.

26. Wir gereden und versprechen auch / daß Wir die Chur-Fürsten/ Fürsten und Stände deß Reichs/ingleichem die gefreyte Reichs-Ritterschafft mit ihren angehörigen Lehen / die seyen gelegen wo sie wollen/wann deroselben Vasallen oder Unterthanen ex Crimine læsæ Majestatis, oder sonsten ex delicto dieselbe verwürckt hätten/ oder noch verwürcken möchten / nach ihrem Willen schalten und walten lassen / keines Weges aber dieselbe zum Käyserl. Fisco einziehen/ noch ihnen vorige/ oder andere Vasallen auftringen/die Allodial-Güther auch/ welche ex Crimine læsæ Majestatis, oder sonsten ex alio delicto vorgesetzter Massen verwürckt seyn / oder werden möchten / denen mit den Juribus Fisci belehnten/ oder dieselbe sonsten durch beständiges Herbringen habenden Chur-Fürsten / Fürsten und Ständen/ unter welcher Obrigkeitlicher Bottmässigkeit sie gelegen/ nicht entziehen/ sondern die Lands-Obrigkeiten / oder Dominos Territorii mit deren Confiscirung gewähren lassen wollen.

27. Wir sollen und wollen auch vorkommen/ und keines Weges gestatten/daß hinführo Jemanden hohen und niedern Stands/Chur-Fürst/Fürst/ Stand/ oder anderer/ ohne rechtmässige und gnugsame Ursach/ auch ungehört/ und ohne Vorwissen, Rath und Bewilligung deß Heiligen Reichs Chur-Fürsten / welche sich deß Wercks nicht theilhafftig gemacht/in die Acht und Aberacht gethan/gebracht oder erkläret / sondern in solchem ordentlicher Process gehalten und vollzogen werde / wie es sich nach

Auß

Eduards/ 1.Theil.

Aufweisung deß Heiligen Reichs vor-aufgesetzter Satzungen/ und der im Jahr 1555. reformirten Cammer-Gerichts-Ordnung/ auch darauf erfolgter Reichs-Abschieden gebühret/ und was deßhalben bey dem künfftigen Reichs-Tag/ wie reservirt wor- en/ von Chur-Fürsten/ Fürsten/ und Ständen de loco & Ordine weiter verglichen werden möchte. Wäre es aber Sach/ daß die That an sich selbsten antz notori und offenbahr/ der Friedbrecher auch seinem Verbrechen beharrlich und thätlich fort- ihre/ obwolen es dann nicht eben eines sonderbaren rocess vonnöthen; So wollen Wir jedoch auch in esem Fall/ mit Zuziehung deß Heil.Reichs erst- melter Massen ohne interessirter Chur-Fürsten/ e und bevor Wir zu der würcklichen Achts-Er- krung schreiten/ communiciren/ und ohne deren folgten Rath und außdrückliche Einwilligung mit nicht verfahren.

28. Und nachdem das Heil.Römische Reich ist höchlich in Abnehmen und Ringerung gekom- :n/ so sollen und wollen Wir neben anderm die eichs-Steuer der Städte und anderer Gefällen/ in sonderer Personen Hände gewachsen und schrieben/ wiederum zum Reich ziehen/ auch e gewisse Designation, in wessen Handen dieselbe iger Zeit seyn/ inner 6. Monaten den nächsten h würcklicher Antrettung Unserer Käyserl.Re- rung zur Mäyntzischen Chur-Fürstl. Cantzley schicken/ und nicht gestatten/ daß solches dem ich und gemeinen Nutzen/ wider Recht und alle llichkeit entzogen werde; Es wäre dann/ daß hes mit rechtmässiger Collegial-Bewilligung r sieben Chur-Fürsten geschehen wäre.

R 2   29. Wann

Deß Engelländischen

29. Wann auch Lehen dem Reich und Uns bey Zeit Unserer Regierung durch Todfall / oder Verwürckung eröffnet / und lediglich heimfallen werden / so etwas Mercklicheß ertragen / als Fürstenthümer/Grafschafften/Städt/und dergleichen/ die sollen und wollen Wir ohne Vorwissen der sieben Chur-Fürsten ferner Niemand leyhen / auch Niemand einige Exspectantz / oder Anwartung darauf geben / sondern zu Unterhaltung deß Reichs/ Unser und Unserer Nachkommen der Könige und Käyser behalten/einziehen/ und incorporiren/ doch Uns von wegen Unserer Erb-Landen / und sonsten Männiglich an seinen Rechten und Freyheiten unschädlich ; So sollen auch die Lehen-Brieff und Exspectantien über deß Heil.Römis.Reichs angehörige Lehen / welche bey einer andern / als Unserer Reichs-Cantzley / und ohne Vorwissen der Herren Chur-Fürsten ins künfftig ertheilet und außgefertiget werden möchten/ gantz ungültig seyn.

30. In alle Weg wollen Wir Uns angelegen seyn lassen / alle dem Römischen Reich angehörige Lehen/in- und ausserhalb desselben gelegen/auffrichtig zu halten/ und derentwegen zu verfügen/ daß sie zu begebenden Fällen gebührlich empfangen und renovirt / auch wider allen unbilligen Gewalt die Lehen und Lehen-Leut manutenirt und gehandhabt werden ; Da auch Wir deren eines oder mehr Uns angehend befinden/sollen und wollen Wir das/oder dieselbe ohnweigerlich empfangen lassen/oder wann das nicht bequemlich geschehen könte / deßwegen denen Herren Chur-Fürsten zu Sicherung deß Reichs gebührende Revers und Recognition zu stellen.

31. Auf

Eduards / 1. Theil.

31. Auf den Fall aber zukünfftiger Zeit Fürstenthümer / Graffschafften / Hertzschafften / Afftet- und Lehenschafften / Pfandschafften / und andere Güther dem Heiligen Reich mit Dienstbarkeiten / Reichs-Anlagen / Steuer / und sonsten verpflichtet / dessen Jurisdiction unterwürffig und zugethan / nach Absterben dero Inhaber Uns durch Erbschafften / oder in andere Wege heimfallen / oder aufwachsen / und Wir die zu Unsern Händen behalten / oder mit Vorwissen und Bewilligung der Chur-Fürsten / andern zukommen lassen würden / oder da Wir dergleichen allbereit in Unsern Händen hätten / darvon sollen dem Heiligen Reich seine Recht und Gerechtigkeiten / Anlagen / Steuren / und andere schuldige Pflicht / wie darauf hergebracht / in dem Krayß / dem sie zuvor zugehört haben / hindan gesetzt aller prætendirten Exemption, geleistet / abgerichtet und erstattet / auch solche Land und Güther bey ihren Privilegien / Recht und Gerechtigkeit / in Geist- oder Weltlichen Sachen / dem Instrumento Pacis gemäß / gelassen / geschützet und geschirmet werden. Und demnach sich auch unterschiedliche Stände deß Reichs nächst diesem vielfältig beklagen / daß / ungeachtet deren in denen Reichs-Constitutionen enthaltenen Versöhnungen / sie theils in Exemption- Steuer- und Anlag-Sachen / theils in Jurisdiction, und andern gegen das Hauß Oesterreich habenden Irrungen / bißhero zu keinem Rechtlichen Außtrag gelangen können; Als wollen Wir gleich bey Antrettung Unserer Käyserl. Regierung / hierinnen die unverlängte würckliche Vorsehung thun / damit so wol in Exemption- und ermeltem Steuer-Wesen dem im Jahr 1548. bey damahls gehaltenem

Deß Engelländischen

Reichs-Tag / mit Consens und Bewilligung deß Ertz-Hauses Oesterreich verglichenem Rechtlichen Außtrag Unsers Käyserl. Kammer-Gerichts / als auch in andern Sachen der Kammer-Gerichts Ordnung/wegen der Außträg/in gemein würcklich nachgelebt / vor denselben beyde Theil gegen einander in ihren habenden Rechten und Prætensionen vernommen / darauf auch einem Jeden schleunige und ohnpartheyische Justitz administrirt werde.

32. Und nachdem im Reich viel Beschwerung und Mängel der Müntz halber bißhero gewesen/ und noch seynd/wollen Wir dieselbe zum förderlichsten mit Rath der Chur-Fürsten / Fürsten und Ständen deß Reichs zuvorkommen / und in beständige Ordnung und Wesen zu stellen / allen möglichen Fleiß vorwenden / auch zu dem Ende diejenige Mittel/so im Reichs-Abschied de Anno 1570. wegen der in jedem Cräyß anzulegenden drey à vier Cräyß-Müntz-Städten ; Item, wegen der in Anno 1603.und auf vorigen/auch nachfolgenden Reichs-Tägen beliebten Conformität / so wol im gantzen Römis.Reich/als auch mit denen benachbarten insbesonder / der darbey denen Cräyß-Directoriis auffgetragenen Abstraffung der Contravenienten / und darauß resultirenden höchst-nöthigen Abschaffung der Hecken-Müntzen/durch Chur-Fürsten/Fürsten und Stände deß Reichs ingemein bedacht / in gute Obacht nehmen und befördern helffen/auch zumahlen nichts unterlassen / was ferner zuträgliches / zu Abwendung solcher lang-gewährter Unrichtigkeit auf noch währendem Reichs-Tag vor gut befunden werden möchte.

33. Wir

33. Wir sollen und wollen auch hinführo ohne Vorwissen und absonderliche Einwilligung und Consens der sieben Chur-Fürsten Niemands/ weß Stands oder Wesens der sey/ mit Müntz-Freyheiten und Müntz-Stätten begaben und begnadigen/ auch wo Wir beständig befinden/ daß die jenige Stände/ denen solches Regal und Privilegium verliehen/ dasselbe dem Müntz-Edict und andern zu dessen Verbesserung erfolgten Reichs-Constitutionen zugegen mißgebraucht/ oder durch andere mißbrauchen lassen/ und sich also ihrer Müntz-Berechtigkeit/ ohne fernere Erkanntnuß/ verlustig gemacht/ ihnen/ wie auch den Jenigen/ so solches Regal mit Unserer Vorfahrer/ Römischen Käysern/ und der Chur-Fürsten Bewilligung nicht erhalten/ oder sonsten rechtmäßig und beständig hergebracht/ dasselbe nicht allein verbieten/ und durch die Cräyß/ oder sonsten wider sie gebührend verfahren lassen/ sondern auch einen solchen privirten Stand ohne Vorwissen und Bewilligung der Chur-Fürsten nicht restituiren; Wofern sich aber dergleichen bey Mediat-Städten und andern/ so dem Reich immediatè nicht/ sondern Chur-Fürsten/ Fürsten und andern Reichs-Ständen unterworffen/ begebe/ alsdann soll durch deroselben Lands-Fürsten und Herrn wider sie/ wie sich gebühret/ verfahren/ und solche Müntz-Gerechtigkeit ihnen gäntzlich geleget/ assirt/ und ferners nicht ertheilet werden; Massen Wir dann auch den mittelbahren Ständen mit dergleichen/ oder andern hohen Privilegien/ ohne Mit-Einwilligung der Chur-Fürsten/ viel weniger zu derselben/ oder der Ständen Privilegien Behinderung/ oder Abbruch/ nicht willfahren wollen.

34. Und

34. Und demnach wider die im Heil.Römis.
Reich verordnete Post nicht geringe Beschwerden
geführet / selbe auch / nach Anweisung Instrumenti
Pacis, auf den Reichs-Tag außgestellet worden;
So wollen wir mit Beobachtung dessen keines
Weges gestatten / daß Chur-Fürsten/ Fürsten und
Ständen in ihren Landen und Gebieten / wo der=
gleichen Käyserliche Post-Aemter vorhanden und
hergebracht/ solche Personen / welche keine Reichs=
Unterthanen sind/ und deren Treu man nicht ver=
sichert ist/ angesetzt / oder dieselbe ausserhalb der
Personal-Befreyung / von dem Beytrag gemeiner
Real-Beschwerden eximirt und befreyet werden;
Nicht weniger wollen Wir den General-Erb=
Reichs-Postmeister dahin halten / daß er seine
Posten mit aller Nothdurfft wol versehe/die getreu=
und richtige Brieff-Bestellung gegen billiches Post=
Geld / so in allen Post-Häusern / zu Jedermanns
guter Nachricht/ in offenem Druck beständig ange=
schlagen seyn solle / ohnverweißlich befördern / und
also zu keiner fernern Klag und Einsehen Ursach
gebe. Wir sollen und wollen aber zu gäntzlicher
Aufhebung deren zwischen Unsern Post-Aemntern
hafftenden Differenzien / in Erwegung deß vom
Chur-F.Collegio in Anno 1641. auf dem Reichs=
Tag zu Regenspurg wegen deß Reichs-Post-Amts
eingegebenen Gutachten / und der in selbigem
Reichs-Abschied beschehener Verordnung / die
beständige Verfügung thun / daß Unser General-
Obrist-Reichs-Post-Amt in seinem Effect erhalten/
und zu dessen Schmählerung nichts vorgenommen/
verwilliget/ oder nachgesehen/ insonderheit aber der
damit belehnte General-Reichs-Postmeister wider

alle

erm Käyserl. Hof-Post-Amt / Jenem
n Reich beschehene / oder noch ferner
Eingriff und Verschliessung absonder-
Pacqueter gehandhabt / und so wol in
serer Käyserl. Person und Hofstatt /
1 derselben / bey ruhiger Einnehm-
Außtheilung aller und jeder / vermit-
ch)s-Posten ankommender und abge-
ff und Pacqueter / gegen erhebendes
t-Geld gelassen / und was deme / und
eich)s-Abschied zuwider / auf einigerley
Weg ergangen und verliehen worden /
dings aufgehoben seyn; Hingegen
rl. Erbland-Hof-Post-Amt bey seiner
.erlangter Investitur, und deß General-
meisters auf dieselbe ertheilte Revers in
iden gantz ohnbeeinträchtiget verblei-
bey geschützt werden soll.
id insonderheit sollen und wollen Wir
iccession, oder Erbschafft deß Römis.
assen / unterwinden / noch unterziehen /
) trachten / dieselbe auf Uns selbsten /
n und Nachkommen / oder auf Jemand
nden / sondern die Chur-Fürsten ihre
n und Erben / zu jeglicher Zeit bey ihrer
l eines Römischen Königs / nach Inhalt
n Bull, und dieselbe jedes mahls / und
ll / wann sie es vor nöthig / und zu Er-
Grund-Gesetze / und dieser Capitulation,
dem Heiligen Reich nothwendig und
den / auch bey Lebzeiten eines Römis.
oder ohne desselben Consens vorzuneh-
ie Vicarios, wie von Alters hero auf sie

kom-

kommen/ und dem Inſtrumento Pacis gemäß iſt/ die Güldene Bull/ alte Rechten/ und andere Geſetze/ oder Freyheiten vermögen/ ſo es zu Fällen kommen/ die Nothdurfft und Gelegenheit erfordern wird/ bey Ihrem geſondertem Rath in Sachen/ das Heil. Reich belangend/ geruhiglich bleiben/ und gantz unbedrangt laſſen/ auch nicht nachgeben/ daß die Vicariaten/ und deren Jura, ſamt was denſelben anhängig/ von Jemand diſputirt/ oder beſtritten werde; Wo aber darwider von Jemand etwas geſucht/ gethan/ oder die Chur-Fürſten in deme gedrungen würden/ das doch keines Weges ſeyn ſoll/ das alles ſoll nichtig ſeyn.

36. Wir wollen auch die Römiſ. Königl. Kron förderlichſt empfangen/ und bey allem demſelben das thun/ ſo ſich deßhalben gebühret/ auch was zwiſchen beeden Chur-Fürſten zu Mäyntz und Cölln/ wegen der unter Ihnen der Krönung halber entſtandener Irrungen/ bey letzterm Wahl-Tag Anno 1657. gütlich beygeleget/ und verglichen worden/ ebenfalls confirmirt, und beſtättiget haben; Vor dißmahl aber den Krönungs-Actum in der Stadt Augſpurg/ zumahlen die Stadt Aachen wegen jetziger Kriegs-Zeiten darzu der Zeit ohnbequem iſt/ celebriren/ und verrichten laſſen/ auch Unſer Königl. und Käyſerl. Reſidentz/ Anweſung/ und Hofhaltung im Heil. Römiſ. Reich Teutſcher Nation, es fordert dann der Zuſtand zu Zeiten ein anders/ allen Gliedern/ Ständen und Unterthanen deſſelben zu Nutzen/ Ehr und Guten beſtändig haben und halten.

37. Wir wollen und ſollen auch in dieſer Unſerer Zuſag der Wahl-Capitulation, oder Güldenen Bull/ der Reichs-Ordnung/ oder wie dieſelbe ins künfftig

Eduards/ 1.Theil.

künfftig geändert und verbessert werden möchte/ dem obengeregten Frieden in Religion- und Profan-Sachen/ auch dem Land-Frieden/ samt Handhabung desselben/ wie auch der in Anno 1555. aufgerichten Kammer-Gerichts/ neben deß Reichs Executions-Ordnung/ auch mehrermeltem Münster- und Oßnabrückischen Frieden-Schluß/ und deme zu Nürnberg Anno 1650. aufgerichten Executions Receß, auch andern Gesetz- und Ordnungen/ so jetzo gemacht/ oder künfftiglich durch Uns/ mit der Chur-Fürsten/ Fürsten/ und andern Ständen deß Reichs/ Rath und Zuthuung möchte aufgerichtet werden/ zuwider/ kein Rescript, Mandat oder Commission außgehen lassen/oder zugeschehen gestatten/ in einige Weiß oder Weg; Dergleichen auch für Uns selbsten wider solche Güldene Bull/ und deß Reichs Freyheit/den Frieden in Religion- und Profan- Sachen/auch Münster- und Oßnabrückischen Frieden-Schluß und Land-Frieden/ samt Handhabung desselben/ von Niemand nichts erlangen/ noch auch/ ob Uns etwas dergleichen auß eigener Bewegnuß gegeben wäre/ oder würde/ nicht gebrauchen/in keine Weiß/Der aber diesen und andern vorgemelten Articuln und Puncten einiges zuwider erlanget/oder außgehen würde/das alles soll Krafftloß/ todt und ab seyn; Inmassen Wir es auch jetzt alsdann/ und dann als jetzt hiermit cassiren/ tödten und abthun / und wo Noth/ denen beschwerten Partheyen derhalben nothdürfftige Urkundt/ und Brieflichen Schein zu geben/und wiederfahren zu lassen schuldig seyn sollen/ Argelist und Gefährde hierinnen außgeschieden.

38. Wir wollen und sollen auch allen deß Heil. Reichs

Deß Engelländischen Reichs Chur-Fürsten und Ständen / so wol ihren Vottschafften und Gesandten / die von der gefreyten Reichs-Ritterschafft mit begriffen / jederzeit schleunige Audientz und Expedition ertheilen / denenselben / und dem Reichs-Adel / Ihre Confirmationes Privilegiorum, auch Lehen und Lehn-Brieffe / nach dem vorigen Tenor, unweigerlich und aller Contradiction (als welche zum Rechtlichen Außtrag zu verweisen /) ohngehindert wiederfahren / dabey auch dieselbe über die Edition der alten Pactorum Familiæ, mit Exhibition neuer / ein oder ander Hauß allein concernirender / und von dem Lehenthum keine Dependenz habender / nicht beschweren / viel weniger die Rechts-Belehnungen / wegen erstgedachter Edition der Pactorum Familiæ, die seyen neu oder alt / aufhalten lassen. Wir sollen und wollen auch in wichtigen Sachen / so das Reich betreffen / und von hohem Præjudiz, und weitem Außsehen sind / bald Anfangs der Chur-Fürsten / als Unserer Innersten Räthen / Gedancken vernehmen / auch / nach Gelegenheit der Sachen / Fürsten und Ständen Rath-Bedenckens Uns gebrauchen / und ohne dieselbe hierinn nichts vornehmen.

39. Wir wollen auch künfftig / bey Antrettung Unser Käyserlichen Regierung / Unsern Geheimden Rath / wie auch Unsern Reichs- Hof- und KriegsRath / wann nemlich Wir deß Heil. Reichs wegen im Krieg begriffen / mit Fürsten / Grafen / Herren / vom Adel / und andern ehrlichen Leuten / Vermög Instrumenti Pacis, und nicht allein auß Unsern Unterthanen und Vasallen / sondern mehrentheils auß denen / so im Reich Teutscher Nation anderer Orten gebohren und erzogen / darinn nach Standes-

Eduards / 1. Theil.

Gebühr angesessen / und begüthert/der Reichs-Satzungen wol erfahren / gutes Namens und Herkommens / und Niemanden / dann Uns / und sonsten keinem Chur-Fürsten/Fürsten/oder Stand deß Reichs / noch Außländischen Potentaten / mit absonderlichen Dienst-Pflichten verwandt seynd; Ingleichem Unsere Käyserliche und deß Reichs-Aemter am Hof / und die Wir sonsten inn- oder ausserhalb Teutschlands zu begeben und zu besetzen haben / als da seynd Protectio Germaniæ, und vergleichen/mit keiner andern Nation,dann gebohrnen Teutschen/die nicht niedern Stands noch Wesens / sondern nahmhaffte Personen / und mehrentheils von Reichs-Fürsten / Grafen / Herren / und vom Adel / oder sonsten guten tapffern Herkomens/ besetzen / und versehen / auch obgemelte Aemter bey ihren Ehren / Würden / Gefällen / Recht und Gerechtigkeiten bleiben / und denselben nichts entgegen/oder entziehen lassen/ so dann verfügen/ daß in Unsern Reichs-Hof-Kriegs- und andern Räthen auf den Ritter-Bäncken zwischen denen vom Ritter-Stand / welche zu Schild und Helm / Ritter- und Stifftmässig gebohren / und denen Grafen und Herren / so in denen Reichs-Collegiis eine Session oder Stimm haben / oder von solchen Häusern entsprossen / und gebohren seyen / in der Raths Session, dem alten Herkommen gemäß/ kein Unterschied gehalten/ sondern ein Jeder nach Ordnung der angetrettenen Raths-Diensten / ohne einigen von Stands wegen unter denselben suchenden Vorzug verbleibe / wollen auch in Bestell- und Ansetzung Unserer Reichs-Hof-Cantzley / so wol mit deß Reichs Vice-Cantzlers/ als der Secretarien/,

Proto-

Deß Engelländischen

Protocolliſten/und aller andern zu der Reichs-Hof-Cantzley gehöriger Perſonen/ Unſerm Lieben Ne-ven/ dem Chur-Fürſten zu Mäyntz/ als Ertz-Cantz-lern durch Germanien/ in der Ihme allein dißfal[ls] zuſtehenden Dispoſition, unter was Vorwand e[s] ſeye/ keine Eingriff oder Verhindernuß thun/ ode[r] darinn einigen Ziel oder Maß geben. Soll auch was hiebevor darwider vorgangen ſeyn mag/zu kei-ner Conſequenz gezogen/ und wann ins künffti[g] etwas darwider gethan/ oder verordnet werde[n] möchte/ vor ungültig gehalten werden/ und dami[t] hinführo an Unſerm Königl. oder Käyſerl. Hof d[eß] Reichs Ständen/ und andern zum Reich Geh[ö]-renden/ unpartheyiſch und ſchleunig Recht deſto mehrers wiederfahren und adminiſtrirt werden m[ö]-ge; So wollen Wir bey benanntem Reichs-Hof-Rath keinen zum Præſidenten oder Vice-Præſiden-ten beſtellen/ oder verordnen/ es ſeye dann derſelb[e] ein Teutſcher Reichs-Fürſt/ Graf oder Hertz/ i[n] demſelben ohnmittelbahr oder mittelbahr geſeſſen/ und begüthert.

40. Wir wollen auch die neu-angeſetzte und von Unſern Vorfahren/ Glorwürdigſten Anden-ckens/ approbirte Reichs-Hof-Raths-Ordnung/ (es ſeye dann/ daß beym Reichs-Tag ein ander[s] verordnet werde/) veſt halten laſſen/ unterdeſſen aber neben vorgedachtem Præſidenten/wie auch vo[n] Chur-Mäyntz anſetzendem Reichs-Vice-Cantzler/ und Vice-Præſidenten/ Unſerm Reichs-Hof-Rath/ nach Beſag vermelter Reichs-Hof-Raths Ord-nung und Frieden-Schluß/ von Fürſten/ Grafen/ Herren/von Adel/ und andern der Reichs-Satzun-gen wolerfahrnen geſchickten Leuten/ obbedeute[r] Maſſen/

t allein auß Unsern Untersassen / son-
Theils / so im Reich Teutscher Nation
irinnen nach Standes-Gebühr ange-
.ůthert / ansetzen / was auch hierinn-
zion halber in Instrumento Pacis, Ar-
inde, 54. versehen/ in Obacht nehmen;
ie ohnverlängte gewisse Verordnung
o wol auß Unserer Hof-Kammer/ als
n Reich eingehenden Mitteln vor al-
ußgaben / den würcklichen bestelten
Reichs Vice-Cantzlern / als zugleich
Reichs Hof-Raths Vice-Præsidenten/
Reichs-Hof-Räthen / Ihre Reichs-
Besoldung richtig und ohne Abgang
wegen der Reichs Hof-Raths Stelle
) Respect deme nachgelebt werde/ was
eichs-Hof-Raths Ordnung deßhal-
und deroselben Stand gemäß ist/ wie
wegen der Zöll/ Steuer/ und andern
/ Befreyung/ Unsern und deß Reichs
richts Assessorn gleich gehalten wer-
n. Und sie so wol/ als der Ständen
der Land- und andern Gerichten/ und
isdiction, auch so viel die Obsignation,
iventirung/ Edition der Testamenten/
der Kinder/ und dergleichen/ betrifft/
von allen Personal-Oneribus aller-
t seyn/ auch die Jenige/ so sich anders
i wolten/ keines Weges aufgehalten/
sicher / und ohngehindert / auch ohne
idern Entgeld/ oder Vorenthalt ihrer
gelassen/ und zu dem Ende/ auf Be-
rige Paß-Brieffe ertheilet werden

41. Auch

41. Auch sollen und wollen Wir keines Wegs dargegen seyn / daß der Reichs Hof=Rath durch den Chur=Fürsten zu Mäyntz / nach Besag deß Frieden=Schluß / visitirt werde / auch nicht gestatten / verhängen / oder zugeben / daß Unser Geheim des Raths=Collegium, sämtlich oder sonderlich / der Reichs=Sachen / welche vor den Reichs Hof=Rath gehören / sich anmasse / darinn sich einmische / oder auf einigerley Weiß dem Reichs Hof=Rath eingreiffe / viel weniger mit Befehlchen oder Decreten / wodurch die im Reichs Hof=Rath geschlossene Sachen aufgehoben / oder irritirt werden / beschwere / oder irre / was auch einmahl in erstgemeltem Unserm Reichs Hof=Rath / in Judicio Contradictorio cum debitâ Causæ Cognitione, ordentlicher Weise abgehandelt / und geschlossen ist / darbey soll es fürters allerdings verbleiben / und nirgends anders / es seye dann durch den ordentlichen Weg / der in offtermeltem Frieden=Schluß beliebter Revision (welche jederzeit quoad Processum, nach Besag erstgedachten Frieden=Schluß / durch unpartheyische Reichs Hof=Räth / so nicht bey Verfassung der vorigen Urtheil / viel weniger Referenten / oder Correferenten / gewesen / außgefertiget werden soll /) von Neuem in Cognition gezogen / noch dessen Execution gehindert / die am Käyserl. Kammer=Gericht aber anhängig gemachte / und noch in ohnerörteten Rechten schwebende Sachen / von dar ab= und an Unsern Reichs Hof=Rath / nicht abgefordert noch von Uns aufgehoben / und dargegen inhibirt oder sonsten auf andere Weise rescribirt / auch was dargegen vorgenommen / als null und unkrafftig vom Kammer=Gericht gehalten / auch obgemelter

Unser

ι Neven / dem Chur-Fürsten zu
und andere Sachen der klagenden
vann schon dieselbe Unsere Geheime
of-Räthe betreffen/) in den Chur-
er die gesamte Reichs-Räthe / ihrer
schafft nach/ zu bringen/ zu proponi-
liberation zu stellen / kein Einhalt ge-
sten in dero Ertz-Cancellariat, oder
rio Ziel und Maaß gegeben / auch
eß Reichs in Sachen / so præviam
nem erfordern / mit Käyserl.Decretis
nen Rath beschweret / noch dieselbe
ezogen werden sollen.
vollen auch in Schrifften und Hand-
Reichs keine andere Zungen oder
uchen lassen / dann die Teutsche oder
igen / es wäre dann an Orten / auf-
eichs / da gemeiniglich eine andere
ung wäre / und in Gebrauch stünde/
Beg an Unsern Reichs-Hof-Rath
Gericht der Teutschen und Lateini-
unabbrüchig.
sollen und wollen auch in fleissige
n und verschaffen / daß alle Expedi-
naden / und andern Sachen / inson-
iplomata über den Fürsten-Grafen
tand / auch Nobilitationes, Palatina-
erlichen Raths-Titul , samt andern
iten / und Privilegien / welche Wir
tul und Namen eines Römischen
Käysers ertheilen werden / bey keiner
: Reichs-Cantzeley / wie solches von
men / auch Unserer und deß Heil.
     S   Römis.

Römif. Reich Hoheit gemäß ist / geschehen / wie dann Krafft dieses alle diejenige Diplomata, so bey einer andern als der Reichs-Cantzley unter Unserm Käyserlichen Titul und Namen zeit-währen der Unserer Käyserlichen Regierung expedirt werden/hiermit null und nichtig seyn/und die Impetranten / ehe und bevor sie auß der Reichs-Cantzley gegen gebührende Tax-Erlegung confirmirt und legitimirt / darfür im Reich nicht geachtet / noch ihnen das Prædicat oder Titul gegeben werden solle; Was aber für Gnaden-Brieff / Stands-Erhöhungen/ und andere Privilegien in Unserer Reichs-Cantzley außgefertiget / und von dar auß andern Cantzleyen und sonsten wohin intimirt werden / dieselben hiermit schuldig und gehalten seyn / gedachte Intimationes nicht allein ohne allen Entgelt oder Abforderung einiger neuer Tax- oder Cantzley-Jurium, wie die Namen haben mögen / anzunehmen / sondern auch denen Impetranten / dem erhaltenen Stand und Privilegio, gemäß / das verwilligte Prædicat und Titul in denen Expeditionibus daselbsten ohnweigerlich zu geben / und bey Straff deren darinn gesetzten Pœn nicht zu entziehen; Da hingegen auch diejenige Diplomata, welche Wir/als Ertz-Hertzog zu Oesterreich/Krafft deren bey Unserm Ertz-Hauß hergebrachten Privilegien wegen Standes-Erhöhung und sonsten ertheilen werden / (die Wir nicht nomine Cæsareo, sondern Archiducali außfertigen lassen wollen/) in Unserer Reichs-Cantzley auch sonsten allenthalben im Reich auf deren vorgangene gebührende Intimation, ohne einige Entgelt angenommen/und erkeñt werden sollen. Und wollen Wir/wie diese und übrige bißherige Irrungen zwischen

Eduards / 1.Theil.

chen beeden Unsern Reichs- und Oesterreichischen Hof-Cantzleyen abgethan und eingerichtet werden sollen/ Uns mit Unserm lieben Neven deß Chur-fürsten zu Mäyntz L. noch weiters verstehen und vergleichen. Deßgleichen wollen Wir bey Unserer Königl. und Käyserl. Regierung bey Collation Fürstlicher und Gräflicher / auch anderer Dignitäten und Prædicaten / vornemlich dahin sehen / damit auf allen Fall dieselbe allein denen von Uns ertheilt werden / die es vor andern wol meritirt / im Reich gesessen / und die Mittel haben / den affectirenden Stand pro dignitate außzuführen / Niemand aber von den neu erhöheten Fürsten / Grafen und Herrn dem Fürstlichen Collegio, es seye gleich auf selbiger / oder der Grafen Bäncken ad Sessionem & Votum wider deroselben Willen auftringen / sie haben sich dann darzu mit Fürstmässigen und Gräflichen Reichs-Güthern vorhero genugsam qualificirt / und zu einer Stands-würdigen Steuer in denen gewissen Crayß eingelassen / und verbunden / so über solches alles / neben dem Chur-Fürstlichen / auch das jenige Collegium oder Banck / darinn sie aufgenommen werden sollen / vorhero genugsam gehöret worden. Wollen auch zu Præjudiz oder Schmählerung eines höhern Standes / seines Hauses oder Geschlechts / desselben Dignität / Standes / und üblichen Tituls keinem / wer der auch seye / mit neuen Prædicaten höhern oder gleichen Titul, oder Wappen-Brieffen begaben; Damit nicht hierinnen / die geringere Stände mit den höhern / parificirt würden; Soll auch durch eines oder andern unter Chur-Fürsten und Ständen deß Reichs gesessenen und begütherten zu höherer

Stands-

Stands-Erhebung / dem Juri Territoriali nicht nachtheilig seyn / und die ihme zugehörige / und in solchen Landen gelegene Güther einen als den andern Weg unter voriger Lands-Fürstlicher Jurisdiction verbleiben.

44. Weilen auch der Reichs-Cantzley Tax-Amt/ und deren Bedienten / nothwendiger Unterhalt durch die Nachlaß und Moderation der Tax-Gefäll/ so dann/ daß über die Käyserl. Concessiones der Privilegien/Stands-Erhöhungen/und anderer Gnaden / die gewöhnliche Diplomata der Gebühr nicht außgelöset werden/ in grosse Schmählerung/ und Abgang/ und dahero in tieffe Schulden-Last gerathen; Als wollen Wir zu dessen weiter Verhütung/neben deß Herrn Chur-Fürsten zu Mäyntz Lbd. die allein / als Ertz-Cantzler / dißfalls nachlassen/und Moderation zu thun berechtigt seyn/ daß an den üblichen Reichs-Cantzley-Juribus und Taxen nichts mehr nachgelassen und moderirt werde. Wir gereben auch / daß denen / so von Uns dergleichen Käyserliche Begnadigungen ins künfftig erlangen/ und innerhalb 3. Monat Zeit hernach darüber ihre Diplomata bey der Reichs-Cantzley nicht redimiren und erheben / sich der verwilligten Gnaden und Concessionen zu rühmen / oder deren sich würcklich zu gebrauchen / von Uns keines Weges zugegeben/ oder verstattet werden; Sondern Unsere Käyserl. Begnädigungen solchen Falls nach erwähntem Termin ipso Facto hinwieder gefallen / cassirt / und aufgehoben/und Unser Käyserl. Reichs-Fiscal wider alle/welche ohne Unsere Käyserliche Verwilligung/ oder Unsere verordneten Palatinen einiger Stands-Erhöhungen/ Nobilitationen / Raths-Titulen oder

Prædi-

Prædicaten / und Denominationen sich anrühmen/ oder selbst eigene Wappen / mit offenen oder zugethanen Helmen formiren/der Gebühr zu verfahren/ und dieselbe/nach Gestalt deß Verbrechens und der Personen / zu gehöriger Straff zu ziehen schuldig und gehalten seyn solle.

45. Dieweilen Uns auch sonderlich gebühret/ deß Heil.Reichs Chur-Fürsten/als Unsere Innerste Glieder und Haupt-Säulen deß Reichs / vor Männiglichen in sonderbahrer hoher Consideration zu halten / so wollen Wir die Verfügung thun/ wann Deroselben Amts-Verweser und Erb-Aemter bey Unserm Käyserl.Hof begriffen/daß dieselbe jederzeit und insonderheit / wann / und so offt Wir auf Reichs-Wahl- und andern dergleichen Tägen/ Unsern Käyserl. Hof begehen/oder Sachen vorfallen/darzu die Erb-Aemter zu gebrauchen seynd/ in gebührendem Respect halten / und Jhnen von Unsern Hof-Aemtern keines Weges vor- oder eingreiffen; Oder / da je wegen Abwesenheit ihre Stellen mit berührten Unsern Hof-Aemtern jeweilen ersetzt werden solten / wollen Wir doch / daß ihnen / den Chur-Fürstl.Amts-Verwesern und Erb-Aemtern einen Weg als den andern die von solchen Verrichtungen fallende Nutzbarkeiten/wenigers nicht/ als ob dieselbe selbsten verrichtet und bedienet/ ohnverweigerlich gefolget/und nachgelassen/und nicht/wie itz anhero geschehen/ von denen Hof-Aemtern entzogen / auch Unserm Hof-Marschall in seinem zukommenden und von dem Ertz-Marschall-Amt dependirenden Amts-Verrichtungen durch Unsere Lands-Regierung/ oder andere/ kein Eintrag oder Hinderung gemacht werde.

46. Da-

46. Damit auch Unsere Geheime so wol / als Reichs-Hof-Räthe / wie auch Unser Käyserliches Kammer-Gericht dieser Capitulation gebührende Wissenschafft haben / und in ihren Rathschlägen/ Expeditionen / und sonsten sich darnach richten/ wollen Wir ihnen dieselbe nicht allein vorhalten/ sondern auch bey Leistung ihres Amts und Dienst-Pflichten ernstlich verbinden / dieselbe/ so viel einem Jeden gebühret / jeder Zeit vor Augen zu haben / und darwider weder zu thun/noch zu rathen/solches auch ihren Dienst-Eyden mit außdrücklichen Worten einverleiben lassen.

47. Wir sollen und wollen Uns auch keiner Regierung oder Administration im Heil. Römisch. Reich / so lang Ihro Käyserl. Maj. im Leben / oder nach Dero Tod / (welchen GOTT lang verhüten wolle/) zu Præjudiz der Reichs-Vicarien / welche inmittelst die Reichs-Administration führen / die Expedition aber in Unserm Namen verfügen sollen/ unterziehen / biß Wir das 18. Jahr Unsers Alters erreichet und angefangen haben ; Alsdann Wir Uns durch einen Revers gegen die Chur-Fürsten/ nach Inhalt Unsers nach der Wahl gethanen Eyds anders nicht/ als wann Wir denselben von Neuem wiederum abgeschworen hätten / zu Vesthaltung dieser Capitulation nochmahls verbinden / und die Regierung ehender anzutretten nicht befugt seyn sollen noch wollen.

Solches Alles und Jedes/wie obstehet/haben Wir obgedachter Römischer König / den gedachten Chur-Fürsten vor sich und im Namen deß Heiligen Römis. Reichs geredet/versprochen/und bey Unsern Königl. Ehren/ Würden/ und Worten/ im Namen
der

Eduards / 1. Theil.

der Warheit zugesagt / thun dasselbe auch hiermit/ und in Krafft dieses Brieffs / inmaßen Wir dann das mit einem leiblichen Eyd zu GOTT und dem Heil. Evangelio geschworen/ daselbe stät/ vest/ und und ohnverbrochen zu halten/ deme treulich nachzukommen / darwider nicht zu seyn / zu thun / noch zu schaffen/ daß es gethan werde / in einige Weiß oder Weg/ wie die möchten erdacht werden; Uns auch darwider einiger Behelff oder Außnahm / Dispensationes, Absolutiones, Geist- oder Weltliche Rechten / wie das Namen haben mag / nicht zu statten kommen sollen. Dessen zu wahrem Urkund/ auch wegen Unsers geringen Alters zu mehrer Bevestigung haben Ihre Käyserl. Majestät auf Unser und gesamter Chur-Fürsten gehorsames Ersuchen / so dann Wir diesen Brieff eigenhändig unterschrieben/ und Unsere grosse Insiegel anhängen / auch deren sieben gleichförmige Exemplaria machen und fertigen lassen; Gegeben in Unserer und deß Heil. Römis. Reichs Stadt Augspurg den 24. Monats-Tag Jannarii, nach Christi Unsers lieben HErrn und Seeligmachers Geburt / im sechzehenhundert und neunzigsten / Unserer Reiche deß Römischen im ersten / und deß Hungarischen im dritten Jahre.

Das XV. Capitul /

Unterschiedliche Zeitungen werden erzehlet; Grosse Zurüstungen zum Krieg; Der Frantzosen grausame Proceduren und Geld-Erpressungen. Das unglückliche Treffen deß Obristen Strassers mit den Tartarn wird erzehlet. Der Printz von Hannover kommt um. Die Engelländer kriegen glücklich wider die Frantzosen in America. Ursachen/ warum Europa in diesem Jahrhundert mehr / als andere Welt-Theile, mit blutigen Kriegen geplaget seye.

Deß Engelländischen

Die gute Vertraulichkeit zwischen Aimir, Sigfried und Harald, hatte in kurtzer Zeit so zugenommen / daß sie fast nicht ohn einander seyn kunten/ so waren ihnen insgesamt deß Gelehrten Humfreds Discurse auch sehr angenehm/ und vertrieben die Zeit nebst Besichtigung der Amsterdamischen Schön- und Vortrefflichkeiten/ mit allerhand Unterred- und Erzehlungen / sonderlich auch deren Sachen / so da und dorten in der Welt vorgiengen/ worzu ihr Gast-Herr gute Beyhülff thate/ wie er dann eben diesen Nachmittag mit unterschiedlichen Avisen seine Gäste versahe/ darauß sie insonderheit deß Königs in Franckreich Sorgfalt / den auf sich habenden schweren Krieg eyferigst fortzusetzen/ abnahmen. Dann/ weil er sich von allen Christlichen Potentaten verlassen sahe/ als wurde bey Hof alles Fleisses deliberiret/ dem König Jacob in Irrland mit einem nachdrücklichen Succurs an die Hand zu gehen/ damit die Rebellion daselbsten unterhalten / und man von Engelland desto weniger gefähret würde. Zu Brest, wie die Avise sagte/werden 7000. Mann/ nebst einer Artollerie von 100. Stücken eingeschiffet / welche der Graf Lauzun, als General-Lieutenant, commandiren solte; Darbey werden noch für 12000. Mann Gewöhr/ wie ingleichem 16000. Stück Wein zu Schiff gebracht. Als Graf Lauzun, (nachdem er zuvor seine Equipage, und mit derselben 2. Wägen mit Kupffer- und Silber-Müntz/ so König Ludwig für König Jacobum prägen lassen / nach Brest abgeschicket/) bey dem König seine Abschieds-Audientz gehabt/ hat ihn der König mit diesen Worten entlassen: Kommet dem Jenigen / so ich euch sage/

punctuel

Eduards / 1.Theil.

ch / so wird alles wol gehen. Darauf
27.Februarii dahin aufgebrochen / von
gni undMonſ.Hoquette begleitet/denen
nigl.Theſaurier mit 100000. gülbenen
in den neuen Sorten / 100000.Pfund
von 3. und 6. Stüber / und noch einer
ntz-Materie, ſamt dem Müntz-Meiſter/

ed ſagte hierüber: Ich meines Theils
i Zweifel / daß der König in dieſem ſei-
ſtico zutreffen / ſondern halte gäntzlich
Lauzun ſchwere Geſchäffte gnug bekom-
Aber laſſet hören wie es dann weiter
ch gehe/und ob das Frantzöſiſche Geld/
n deſſen ſo viel anderwärtshin verſen-
igreich nicht ſelbſten zu mangeln begin-
wärtigen Aviſen nach/ſagte der Wirth/
freylich den Mangel allbereit / indem
rd / daß die Caſſa ſehr erſchöpffet / und
jen alles unnöthige Silber in die Müntz
ſe / ſo habe auch ein neuer Fund / durch
hteteLeib-Rente,nach unterſchiedlichem
rſonen / dem König bey 20.Millionen
ſo doch alles nichts erklecke. Man
Auflagen auf alle Lebens-Mittel / alle
Kinder werden gegen einer namhafften
ld legitimirt/ und den Ehelichen gleich
lle Müntzen werden geſteigert / und ſo
talt gemacht / die Kirchen-Güther an-
und ſeyen die allerhand Erfindungen/
id Weltlichen/ Hohen und Niedrigen/
eſſen/nicht zu beſchreiben. Den 10.20.
e der König alle Stände und Generals-
S ſ Per-

Perſonen / ſeines Reichs / beſchrieben / um wegen deß Kriegs zu berathſchlagen / und zu bevorſtehendem Feldzug Anſtalt zu machen.

Humfred ſagte abermahlen: Fürwahr König Ludwig iſt ſehr glückſeelig in Erfindung allerley Manieren Geld zu machen / und halte ich ihn für den allergröſſeſten Goldmacher jetziger Zeit / deſſen Kunſt weit richtiger und gewiſſer iſt / als der von denen Alchymiſten / oder ſo genannten Philoſophorum per Ignem, ſo hochberühmter / aber vieler Gelehrter Meynung nach / allein zu Meynungen in Utopia befindlicher Lapis Philoſophorum, und das ſo hochgerühmte Univerſale. Unterdeſſen / (ſagte der Wirth ferner /) fahren die Mordbrenneriſche Frantzoſen mit ihren Barbariſchen Grauſamkeiten fort; Dann / nachdem der General Monclas wiederum zu Landau ankommen / verſammleten ſich die Frantzoſen auß denen Guarniſonen / unweit dieſer Veſtung bey Neuſtatt an der Hart / und hauſete mit Rauben / Verheeren / Sengen und Brennen ärger als jemahls. Den 14.24. Februarii kam auch eine Parthey / 120. Mann ſtarck / nach Creutzenach / und unerachtet dieſe gute Stadt durch öfftere und groſſe von denen Frantzoſen erpreßte Contributionen und Brandtſchatzungen / aufs Blut außgeſogen / führten ſie nichts deſto weniger 16. Burger von dannen / als Geiſſeln / nach Ebernburg / warffen ſelbige in harte Gefängnüß und ſchwere Bande / in Meynung / durch hartes Tractament die übrige Brandtſchatzungen herauß zu preſſen / weil aber ſolche aufzubringen unmöglich / zu dem auch den Frantzoſen / wann es ſchon bezahlet worden / dannoch nicht zu trauen / wurden dieſe Geiſſel ferner auf

Eduards/ 1. Theil.

uf Homburg geführet / und ihnen über Voriges/ aufs Neue 15000.Reichsthl. zur Brandtschatzung angesetzet / welche Summ / weil man sich nicht so gleich zum accordiren eingefunden / zur Ungehorsams-Straff mit noch 3000. Thalern vermehret wurde.

Weil auch einige Herrschafften die Contribuiones noch nicht erleget/ zogen die Generalen Bouffeur, la Breteche, und der Mordt-Brenner Melac 26. Compagnien unweit Ebernburg zusammen / exequirten und verbrandten viel Oerter/ unter andern auch den Chur-Mäyntzischen Flecken Ockenheim / Wolgesheim / Zottenheim / Sprenglingen/ Badenheim/ Steiffgersheim/ Altley/ Hahe/ Meßershausen/ Peterswald und Löffelscheid. Das Amt Alzey und Grünstatt haben sie ebenfalls ruinirt/ Ebernburg und Cromburg unterminirt / und alles in Grund verderbet/ daß weder für Mnschen noch Viehe der geringste Unterhalt nicht zu finden. Ingleichem haben sie das Schloß Alt-Leiningen/ der Herren Grafen von Westerburg-Leinigen uraltes Stamm-Hauß / nachdem es von denen darinn gelegenen 120. Mann freywillig ohne Noth verlassen worden/ besetzt/ 2000. Malter Frucht/ und bey 25. Fuder Wein / neben vielen Mobilien/ Gewöhr/ Pulver/ &c. darvon weggeführet / 50. Minen verfertiget/ und mit 35. Centner Pulver füllen und anzünden lassen.

Sigfried war über diese Zeitung nicht wenig betrübet/ weil ihme der Ort und dessen Herren nicht unbekandt waren/ und erzehlete darauf/ daß dieses nunmehr das fünffte Hauß oder Schloß seye/ so die Könige in Franckreich innerhalb 50. Jahren dieser

Leinin-

Leiningischen Familie habe ruiniren laffen; Als da seyen das schöne und veste Schloß Forbach in Lothringen/ Chatillon in Lotthringen / Rauschenburg in unterm Elsaß/Neu und AltLeiningen/und stehet dahin/ob nicht noch mehrerer Schaden diesem dem Römis.Käyser so beständig getreuem Hoch=Gräflichem Hauß zuwachsen möge.

Harald, der den Sigfried nicht gern traurig sahe/ und ihn auf andere Gedancken zu bringen gedachte/ sagte zu dem Haußwirth/ hat der Herr in seinen Avisen nichts anders/als nur von denen Eyd= und Treu=brüchigen Mordbrennern/ den Frantzosen/ wie gehet es mit denen Käyserl.Waffen in Ungarn/ es werden gewiß diesen Winter durch die Teutsche Ofen nicht nur belagert/ sondern auch ein= und Quartier darinn genommen haben? Der Hauß=Herr war mit der Antwort geschwind fertig/ und sagte: So viel ich auß diesem Bericht sehe/ treibt man weder in Ofen noch sonsten in Ungarn/ und selbiger Orten/ sonderlichen Schertz; Dann/ als der Hertzog von Holstein gewisse Nachricht bekommen/ daß ein grosser Schwarm Tartarn in etlich und 20000.starck/ die Donau passiret/ mit Beyhülff der Türcken die Käyserliche einquartierte Soldaten zu überfallen / das Land und die Einwohner zu verderben/hat selbiger/weilen Er wegen Unpäßlichkeit das Bett hüten muste/ den Obristen Strasser/ Interims=Commendanten zu Nissa / das Commando der Völcker übergeben/ mit gegebener Erinnerung/ an einem gewissen Paß bey Pristina sich zu setzen/ von deß Feindes Vorhaben Kundschafft einzuholen/und das Piccolomische Regiment zu erwarten/ und vor dessen Ankunfft sich auf keinerley

Eduards / 1.Theil. 285

ierley Weise zu hanardiren / wohin auch gedachter Oberster Straffer abmarchiret; Weilen er aber ungedultig/ das Piccolomische Regiment / welches sich im March etwas verweilet / nicht erwarten / noch der Land-Leuten ungleichen Bericht / welche die Tartarn bald starck / bald schwach außsagten/ glauben wollen / so ist er von dannen am Neuen Jahrs-Tag aufgebrochen/ nach Kazianek marchirt/ und dem Feind entgegen gangen. Da er nun dessen grosse Menge ansichtig worden/hat er seine Völcker mit dem Rucken an einem Morast postiret. Weil aber wegen deß Orts Enge die Mannschafft in keine rechte Ordnung kunte gebracht werden / war er genöthiget/sich ins freye Feld zu stellen/und gegen den starck antringenden Feind nach Möglichkeit sich zu wöhren/wurde aber/nachdem er einige Compagnien zu Verstärckung der Flanquen hervor ziehen wollen / von dem so schnellen Feind nicht allein umringet / sondern er kunte darbey auch nicht verhindern / daß sich nicht ein grosser Schwarm in die Mitte setzete / welcher gleich im ersten Anfall die Helffte der Infanterie, nebenst 2.Standarten Cavallerie, in zimliche Unordnung brachte/so doch bald wieder zurecht gebracht wurde / welche der Feind zum andern mahl sehr furios anfiele / und ihre Glieder zu trennen suchte / deme sie aber tapffer widerstunden / und die bey sich habende 4.Feld-Stücke frisch auf ihne löseten / und solcher Gestalt sich 7.Stunden lang Löwen-müthig wider diesen mit vielen Tausenden ihnen weit überlegenen Feindlichen Schwarm sich herum schlugen. Weil aber bey so hefftigen und langwürigen Fechten den Unserigen an Kraut und Loth/ zugleich auch an Kräfften
anfienge

anfienge zu mangeln/ war es ihnen unmöglich mit
dem Geschütz sich ferners zu schützen/ sondern zogen
sich in die Enge zusammen/und wöhreten sich gegen
den immer stärcker anfallenden Feind mit dem
Degen biß auf den letzten Bluts-Tropffen Ritter-
lich/ haben auch also fechtend ihr Leben für die
Christenheit/ (ausser wenigen/ so entrunnen/)
Helden-müthig aufgeopffert.

Jn diesem blutigen Gefecht seyn geblieben
und verlohren worden/ der Herr Hertzog Carl von
Hannover/ Graf von Styrum/ alle Capitain und
Lieutenants todt/ neben 5. Fahnen und 600. Gemei-
nen/ in allem 614. todt und verlohren. Vom Holsteinischen Curaſſier-Regiment/ der Major, Graf
Cransfeld/ alle Rittmeister/ 8. Lieutenant, alle Cor-
neten und Standarten/ samt 450. todt und verloh-
ren/ 300. Mann aber seyn noch von dem Regiment
übergeblieben/ und in Unordnung zerstreuet wor-
den/ die Paucken aber hat der Feind bekommen.
Der Verlust dieses Regiments bestehet also in
475. Mann. Vom Hannoverischen Regiment zu
Pferd mängeln 6. Rittmeister / 8. Lieutenant, 6.
Standarten/ samt ihren Corneten/ und 500. Ge-
meine/ so todt und verlohren/ zusammen 521. Mañ.
Vom Styrumischen Regiment/ Obrist Mauers-
berger/ nebenst 4. Capitainen/ wie auch alle Lieutenant und Cornet, samt allen Standarten und 500.
Mann Gemeine todt und verlohren/ zusammen
525. Mann. Von der Infanterie der Obriste
Strasser/ so das Commando gehabt/ der Major
Auersberg/ der Graf Salari, 4. Capitain vom Asper-
montischen Regiment/ und 100. Gemeine todt/ wie
ingleichem die 4. Canonen und 2. Fahnen verlohren/

in Sum-

Eduards/ 1. Theil.

Summa 106. Mann. Seynd also in diesem unglücklichen Treffen ins gesamt blieben und verlohren gangen 2241. Mann.

In diesem blutigen Gefecht hat sich vor andern Printz Carl von Hannover tapffer und Heldenmässig erwiesen/ sintemahlen er mit eigener Hand biß 10. Feinde erleget/ und damit aufs vierdte Pferd kommen / endlich aber nach empfangenen vielen Wunden/ mit einer Lantzen durchrennet/ samt seinem Kammer-Diener und Pages und Knechten todt auf der Wahlstatt ligen geblieben/ dessen Leichnam haben die Feinde aufgehoben / und weilen sie ihne für einen Teutschen Bassa gehalten / nach Adrianopel dem Groß-Türcken geschickt.

Folgenden Tages / nemlich den 2. Januarii, ist das commandirte Piccolominische Regiment nach dem angewiesenen Paß / den der Obriste Straffer erlassen / anmarchirt / und unter Weges einen Schwarm Tartarn mit einem grossen Raub von Menschen und Vieh angetroffen/ so aber bald/ mit Hinterlassung einiger Gefangenen/ flüchtig worden / worauf der commandirende Officier deß gedachten Regiments / weiter fortgerucket / und über die Brucken eines Morasts gesetzet / Kundschafft von dem Feind einzuholen; Er war aber kaum ins freye Feld gelanget/ so wurde er einer grossen Menge Tartarn gewahr / darauf er einige Reuter an die Brucken zuruck commandirt / sich deren zu versichern / seine Mannschafft in gute Ordnung gestellt/ und deß auf ihne in grosser Menge antringenden Feindes / deme nicht mehr zu entweichen ware / erwartet / und mit demselben biß späth in die Nacht chargirt. So bald es aber finster worden/ und der

Feind

Feind ein wenig zuruck gewichen/hat dieser Officier sich durch Hülffe der Nacht mit den Seinigen über die Brücke zuruck gezogen / und sich nach Prestine retiriret/ allwo er um Mitternacht ankommen/ aber den Ort von den Unserigen leer und verlassen gefunden/weil der Hertzog von Hollstein/der von dem unglücklichen Treffen schon Nachricht hatte / alle dieser Orten noch übrige Mannschafft zusammen gezogen/und nach Nissa gangen/der Feind aber hat indessen sich weit und breit außgebreitet / und im Land mit Würgen/ Rauben / Sengen und Brennen unbeschreiblichen Schaden gethan / deß Passes Kazianek mit Accord sich bemächtiget/ die Guarnison zwar biß an die Gräntzen convoyret / aber die National-Völcker alle niedergehauen.

Ey / sagte Sigfried/ das ist eine übele Neue Jahrs-Zeitung und Gedächtnüß gewesen / und ist der Schaden considerabel, und übel zu verschmertzen; Es werden auch wol vermuthlich die Barbarn durch diese erfochtene / ob schon eben nicht so gar hauptsächliche Victorie, sehr aufgeblasen werden. Verhüte nur GOTT/ daß dieser auf unserer Seiten so unglücklicher Anfang deß Jahrs / nicht ein Vorspiel und Vorbotte grössern Unglücks seye/ und selbiger Landschafft kein ferners Unheil vorher verkündige. Dergleichen wollen wir nicht besorgen/ sagte hierüber Aimir, noch solches als ein Omen aufnehmen / bevorab es im Krieg nicht anders seyn kan / als daß der / der Maulschellen außtheilet / zuweilen auch eine dargegen einschlucken muß; Hätte Obrister Strasser seine gehabte Ordre gebührend beobachtet/ wurde dieser Verlust schwerlich erfolget seyn.

Aber/

Aber / wie ist es dann / Herr Hospes, fuhre er ort / gibt es nicht auch was Neues auß Engelland? Von dannen mangelt es selten an neuen Zeitungen / wiewolen jetziger Zeit solche etwas gesparsam inlauffen / indeme das Parlement erst kürtzlich wieder anfangen zu sitzen / und beschäfftiget ist / viel wichtige Sachen / die Freyheit und Religion der Nation betreffend / in den Stand zu setzen. Neben dem wendet man allen Fleiß an / die Englischen Völcker so wol in Flandern / als in Irrland / zu reroutiren; Und gehet so wol deß Königs / als der beyden Parlements-Häuser in Engel- und Schottland / Anschläge dahin / den König Jacob auß Irrland zu vertreiben / und den König Wilhelm mit gnugsamen Geld-Mitteln und Völckern / solches zu bewerckstelligen / außzurüsten. Wie man dann sagt / daß die Land-Stände dem König 3. Millionen Gülden vorschiessen; Auch offerirt das Parlement zu Londen / über die bereits verwilligte 2. Schilling / noch einen extraordinariè zu geben / das Unter-Hauß verwillige 2. Millionen Pfund Sterlinge / und das Parlement in Schottland 200000. Pf. Sterling herzugeben / dergleichen Summa erbietet sich auch die Stadt Londen zu erlegen / deren die Kauffmannschafft / und einige Particular-Personen / wie nicht weniger die Judenschafft / nachfolgen.

Ausser diesem / so haben sonsten die Engelländer in America wider die Frantzosen bißhero auch gute Progressen gehabt / wie dann die Engelländer / mit Zuziehung der Iraquoisen /(der Frantzosen geschwornen Feinden / einem grausamen Volck / so der Gefangenen Fleisch zu fressen pfleget /) den Frantzosen eingefallen / das Land mit Plündern / Sengen und Bren-

Brennen verderbet/ und 300. Mann/ unter denen
6. Officirer / neben guten Beuten / zuruck gebracht.
Eine andere Englische Parthey/ unter dem Lieutenant Thurnhill/ 500. Mann starck/ hat die Frantzösische Insul S. Bartholomæi erobert / und ohne die
Negros, oder Mohren / 700. Frantzosen darauf gefangen. Von dannen schiffete besagter Thurnhill
nach der Frantzösischen Insul S. Martin, allwo er
auch glücklich anländete/ und die Frantzosen tapffer
angriffe / die sich aber zeitlich/ in 500. starck/ in das
Gebürg retiriret / biß sie von ihren Schiffen 700.
Mann zum Succurs bekommen. Weilen sie nun an
Mannschafft denen Engelländern weit überlegen
waren / meyneten sie/ selbige alle nieder zu machen.
Unterdessen aber wurden diese auch mit 3. Schiffen
verstärcket / welche alsobald die Frantzosen angegriffen/ und in die Flucht schlugen/ dergleichen auch denen zu Land geschahe/ dergestalten/ daß die Frantzosen zu Wasser und Land/ mit grössem Schaden/ den
Kürtzern ziehen musten. Darauf haben die Engelländer noch eine Frantzösische Insul/ Maria-Galant
genannt/ angegriffen/ 300. Mann in die darauf liegende Stadt gebracht/ das Geschütz daselbsten vernagelt / die Stadt in Brandt gesteckt / und mit
reichen Beuten wieder darvon geschiffet/ und denen
Frantzosen das betrübte Nachsehen gelassen.

Aimir hatte dieser deß Hauß-Herrns Erzehlung nicht ungerne zugehöret / und bedanckte
sich / neben denen andern/ gegen ihme / mit dem
freundlichen Ersuchen/ wann er weiter was Neues
bekäme / solches der Compagnie auch mitzutheilen
welches er zu thun versprache/ und damit zugleich
seinen Abschied nahme. Darauf Aimir sich ferner
als

Eduards / 1.Theil.

lſo vernehmen lieſſe: Es iſt ja zu bedauren / daß
or allen übrigen Welt-Theilen / Europa allein faſt
m meiſten / ſonderlich in dieſer noch währenden
Hundert-Jährung mit vielen und blutigen Krie-
en beſtricket und beſchweret iſt / und ſolte billich
jemand Wunder nehmen/welches doch die eigent-
che Urſach ſeye / warum eben dieſer Welt-Theil /
er ſich doch deß wahren Chriſtenthums vor den
ndern berühmet / niemahlen eines beſtändigen
der langwürigen Friedens erfreuen könne / ſon-
ern immer auß einem Krieg in den andern verfalle/
nd eingeflochten werde?

Sigfried antwortete hierauf: Wann ich meine / wiewol unverfängliche Gedancken und Meynung eröffnen ſolte/ſo düncket mich/eine der Haupt-
Urſachen dieſe zu ſeyn; Daß die unerſättliche Am-
ition, Hertzſch- und Regierſucht der hohen Potentaten / ja auch geringerer Staaten und Potenzen
i Europa, da ein Jeder ſeine Macht zu vergröſſern/
und ſein Gebiet weiter zu erſtrecken gefliſſen iſt/ die
gröſſeſte Anlaß gebe/ den Edelſten Welt-Theil/ ich
vil ſagen Europam, allen andern Nationen / als einen traurigen Schau-Platz grauſamen Blut-
Vergieſſens/ vorzuſtellen. Und mag noch in dem
vorigen Seculo, das mit der fünfften Univerſal-Mo-
archie ſchwanger gehende Hiſpanien hierzu ein
groſſes/ wo nicht das Meiſte/ contribuiret haben/
als welches durch allerley Mittel dahin zu gelan-
en getrachtet ; Es iſt aber bey ſo hart und ſchwe-
er Gebuhrt faſt die Mutter/ ſamt dem Kind/ erſti-
et/ und zu Grund gangen.

Gleichwol hat der üble Außgang deß Spani-
ſchen Unterwindens darum die Frantzöſiſche Lilien
nicht

nicht erschrecket/ daß sie nicht gesuchet/ sich noch höher zu erheben / und der Hahn sich über den Vogel König/ den Adler selbst/ zu springen/ zumahlen er ohne dem von langer Zeit her/ der rechte Unglücks Vogel Europens gewesen / der immer gerne auf frembdem Mist gekrähet/ und mit seinem Blutgierigen Geschrey bald Spanien/bald Italien/bald das Römische Reich/ bald die Niederlande/ bald diesen und bald jenen Theil Teutschlandes/ verunruhiget/ und es biß dahero aufs Höchste und äusserst gebracht/ so/ daß nunmehr fast alle Christliche Potenzen gnug zu thun haben/ dessen um sich greifsenden Gewaltthätigkeiten Einhalt zu thun.

Eine Haupt-Ursache mag auch seyn/das grosse Mißtrauen/ so die Europæer/ wegen unterschiedlicher Religionen und verschiedentlichen Gottes Dienst/ unter sich hegen/ und um solches Mißtrauens willen/ mehrmahlen Ursach zu grossen Zerrüttungen und Blutstürtzungen gegeben und genommen; Darzu kommen auch die mehrfältige Veränderungen der Herzschafften und Familien in Europa, wovon man in Spanien/Franckreich/Portugall/Italien/Teutschland/und insonderheit jetzo in Engelland genugsame Exempel hat/ durch was cherley Aenderungen Europa schon mehrmahlen mit Blut gefärbet/ und in Harnisch gebracht worden. Dieses/ düncket mich/ seyen die Haupt-Ursachen/ um deren willen Europa so wenig eines beständigen Friedens geniesset.

Humfred sagte hierzu: Deme ist nicht anders/ wiewolen auch dieses ein Grosses mit beytragen kan/ daß bey den Christen fast durchgehends das Christenthum so laulecht/ja die Christliche Liebe fast
gar er

Eduards / 1. Theil.

gar erkaltet ist/ daß man dannenhero billig beklagen kan/ daß Christliche Potentaten um zeitlicher/ vergänglicher/ ja manchmahl geringer Ding willen/ ein Bedencken tragen / die Christenheit selbsten in höchste Unruhe zu setzen / und mit vielem unschuldigen Christen-Blut zu färben / welches doch wider die Fundamenten und Principien deß Christenthums lauffet.

Das XVI. Capitul/

Die Denckwürdigste Kriege dieses Seculi werden hier angeführet/ auch wie offt der König in Franckreich schon seine Friedens-Schlüsse gebrochen. Harald findet und verlieret zugleich in einem Augenblick seine Geliebte Sigeberta; Wird deßwegen aufgezogen/ und ist Melancholisch. Auß Rom/ Türckey/ Ungarn und Preussen lauffen allerhand Zeitungen ein.

Sie stimmeten dieser Meynung alle bey/ und Harald sagte: Er möchte gern eine Summarische Nachricht aller in diesem Seculo in Europa Denckwürdiger Kriegen haben. Deme Siegfried auf folgende Weise bedienet ware: Es würde eine ziemliche Zeit erfordert werden/ die Ursachen und Kriege / die in noch jetzt lauffendem Seculo Europam troubliret / alle umständlich zu beschreiben; Ich wil aber nur compendiosè erzehlen/ was viel mir darvon im Gedächtnüß hafftet/ und ich darvon gehöret/ und gelesen habe. Balb nach Eingang dieses Jahr-Hunderts entstunde der Gülchische Successions-Krieg / nachdeme Anno 1609. die Hertzogen von Gülch abgestorben. Dieser Krieg daurete zwar nicht lange/ sondern wurde Rechtlichem Außspruch überlassen; Es entstunde aber bald darauf der Böhmische / und auß diesem der 10. Jährige Teutsche Krieg / in welchen fast alle

Poten-

Potentaten Europens nach und nach mit eingeflochten wurden / wordurch das Christliche Europa zu einem formalen Schau-Platz aller Martialischen Grausamkeiten geworden / und insonderheit auch Spanien und Franckreich einander dermaßen zerhaareten / biß sie deß Kriegens beederseits müde endlich im Jahr 1660. durch den Pyrenæischen Frieden / wiewol nur auf wenige Zeit / wieder befriediget / und zur Ruhe gebracht worden.

Mittlerzeit ist zwischen Spanien und dem Vereinigten Niederlanden / auch nicht wenig Christen-Blut vergossen worden / da dannoch endlichen Spanien nachgeben / und denen Niederländern / die mit grossen Kosten und vielem Blut erfochtene Freyheit überlassen muste/ welches Anno 1648. geschehen. Immittelst gienge auch der Krieg mit Portugall an / welches ebenfalls auf Art der Vereinigten Niederlanden / das Spanische Joch durch Franckreichs Anstifften von sich geworffen/ und seine vormahlige Freyheit gesucht. Nicht weniger hat in Italien die reiche Erbschafft deß Hertzogthums Mantua und Montferrat, zwischen den Savoyern/ Spaniern und Käyserlichen eines/ und denen Frantzosen und Hertzogen von Nevers andern Theils/ zum Kriege/ Stof und Anlaß gegeben / da entzwischen Zeit-währenden 30. Jährigen Teutschen Kriegs/ in Schweitz und Graubündten sich auch ein trübes Gewölcke zusammen gezogen/ so aber / weil man an Teutschland einen Warnungs-Spiegel ein Exempel hatte / sich bald wieder verzogen.

Es ware der / so viel tapffer Teutsches Blut verschlingende verderbliche Krieg noch nicht geendiget

Eduards / 1. Theil.

iget/ als der Erb-Feind Christlichen Namens und Glaubens/ Sultan Ibrahim/ Anno 1645. die Venetianer in dem Königreich Candien überzoge/ und dieses Königreichs sich meistens bemächtigte. So brandte auch zu fast gleicher Zeit das Königreich Brittannien in innerlicher Kriegs-Flamme/ welche auch mit dem Königlichen Blut deß Gewaltthätiger Weise enthalseten Königs Caroli I. nicht außgetilget werden kunte/ und deßwegen sein Sohn Carolus II. selber auch den Degen zucken/ weil er aber fast eben so unglückseelig/ als sein Herz Vatter/ gewesen/ solchen einstecken/ und das Königreich eine Zeitlang quittiren muste.

Es hatte hierauf der grimmige Mars in Teutschland zu wüten kaum aufgehöret/ und roche noch alles von Brandt und vergossenem Blut/ als die Nordische Kronen Anno 1658. einander in die haare geriethen/ anfänglichen zwar/ Schweden und Pohlen/ nachgehends aber auch Dännemarck und Brandenburg/ wormit zugleich auch andere Staaten eingemenget wurden/ und war die Verbitterung der Partheyen so groß/ daß bald zwey Königreiche darüber zu Grund/ und verlohren gangen wären; Worbey dann das gute Teutschland abermahlen/ die verderbliche Kriegs-Flamme ziemlich mit empfinden und fühlen muste.

Nicht lang hernach/ nemlich Anno 1663. verwüstete der Türckische Blut-Hund das Fürstenthum Siebenbürgen/ eroberte die importante Vestung Groß-Wardein/ und fiele in das Königreich Ungarn. Das Königreich/ oder vielmehr Respublic Pohlen/ hatte immittelst Theils mit seinen unruhigen und rebellischen Cossacken/ Theils auch mit denen

denen Türcken und Tartarn / beyde Hände voll
zu thun.

Anno 1666. verfielen die beyde considerabelste
Europæische See-Machten Engel- und Holland
in einen höchstschädlichen See-Krieg / worbey solche
See-Gefechte vorgefallen / dergleichen kein Seculum schwerlich erfahren haben wird. Und gleich
deß Jahrs darauf / unterliesse Franckreich auch
nicht / durch Überfall der Spanischen Niederlanden / wie auch Lottheringens / wie nicht weniger der
Vereinigten Niederlanden / ein neues Kriegs-Feuer anzuzünden / dessen Flamme nachgehends
auch in Ober-Teutschland sich außgebreitet / und
selbiges allarmiret / und obwolen durch den Nimwegischen Frieden / alles in Ruhe-Stand gesetzet
zu werden Hoffnung ware / so bliebe es doch bey
der betrüglichen Hoffnung / und wurde der vorhin
geschlossene Friede durch Franckreichs Antreiben
in einen Stillstand / bald darauf aber durch dessen
Eyd- und Treubrüchigkeit wieder in einen unvermutheten höchst-unrechtmässigen Krieg / oder vielmehr Barbarische Raub- und Mordt-Brennerey
verwechselt.

Es ware aber noch nicht genug / daß durch so
schändlichen Friedens- und Stillstands-Bruch /
der Europæische Friedens- und Ruhe-Stand gekräncket würde; Sondern Franckreich verhetzte
auch den Türcken / daß er den mit dem Käyser zu
Ende lauffenden Stillstand / nicht erlängern wolte /
sondern mit Heeres-Macht Anno 1683. in Ungarn
und Oesterreich einfiele / und die Käyserliche Haupt-
und Residentz-Stadt Wien auf das Hefftigste belagerte / und also der Ungarische / Pohlnische und
Vene-

Eduards / 1. Theil.

Venetianische noch fürwährende Türcken-Krieg entsprunge / wiewolen die Türcken hierbey wenig Glück hatten / und durchgehends den Kürtzern ziehen müsten / auch nicht zu zweiffeln / sie wären auf das Aeusserste getrieben worden / wann nicht zu ihrem Vor- aber der gesamten Christenheit grossem Nachtheil / der so genannte Aller-Christl. König / dem Türckischen Blut-Hund Lufft zu machen Anno 1688. einen gantz unvermutheten Einfall ins Römisch-Teutsche Reich gethan / und damit nicht nur solches / sondern schier gantz Europam in grosse Confusion und Schrecken gesetzet / und fast alle Europæische Potentaten in den Harnisch gebracht hätte; So / daß noch jetzo nicht wol abzusehen ist / was für ein Außgang darauf erfolgen möchte.

Zu gleicher Zeit / nemlich im 1688. Jahr / hat sich auch / wie bekandt / in Engelland ein sehr gefährlicher Krieg zwischen dem König Jacobo II. und seinem Schwieger-Sohn / damahligen Printzen von Oranien / Wilhelmo erhoben; Welcher so wol als der Teutsche Reichs-Krieg / wormit auch fast alle übrige Staaten Europæ, die Schweitzer / einen Theil Italiens und Portugall außgenommen / mit verwickelt seyn / noch immerzu eyferig fortgesetzet wird / dessen Außschlag uns die künfftige Zeit lehren muß / und wol zu besorgen / es werde derselbige so bald zu keiner Endschafft gereichen / bevorab / weilen man Franckreich bey seinen grossen Promessen und Sincerationen / die es häuffig zu thun pfleget / und schier künfftig ferner thun möchte / dannoch im Geringsten nicht trauen darff / weilen / wider zugesagte Treue / auch solenniſſimè geschwornen Eyde / es

T 5 jederzeit

jederzeit allerhand Contravenientien außübet/ und mit seiner Königl.Parola und geschwornen Eyden/ als wie die Kinder mit den Nüssen / spielet.

Harald stunde hierbey schier in denen Gedancken / als ob man wegen Eyd und Treubrüchigkeit dem König in Franckreich ein Mehrers aufbürdete/ als die Sach an sich selbsten wäre/ sagte demnach): Er könne schwerlich glauben/ daß der Aller Christl. König so gar unChristlich verfahren / und seine Königl.Parola und Zusag/ wie von ihm vorgegeben werde/so gar schlechtlich gehalten haben solle.

Siegfried lachte hierüber/ und sagte: Auß den Früchten muß man von dem Baum urtheilen/ und die Wercke ohne Partheylichkeit den Außspruch thun lassen. Mir wil es gantz nicht geziemen/ Königen ihre Actiones zu syndiciren; Auß deme aber was am Tag und vor Augen liget/kan ein jeder Unpassionirter gar leichtlich selbsten einen Schluß machen/ und wil ich Herrn Harald, wann ich zuvor die/ sint ungefähr 30.Jahren her/vom König Ludwig begangene Friedens-Brüche / nur obenhin werde erzehlet haben/ alsdann selbsten den Schluß machen/ und das Urtheil fällen lassen/ wie weit der Sachen / seinem Bedüncken nach / zu viel geschehe.

Anno 1660, machte der Aller-Christl. König mit dem König in Hispanien den so genannten Pyrenæischen Frieden / und bekrafftigte solchen mit einem Cörperlichen Eyd. Aber Anno 1667, wurde derselbe uhrplötzlich durch den Gewaltsamen Einfall in die Spanische Niederlanden gebrochen / da man doch der Königl.Regentin / und annoch unmündigen Printzen/ gantz ein anders vorgegeben/
und

und sie also hintergangen hatte. Anno 1672. brache er den Allgemeinen Münster= und Oßnabrücki=
schen Frieden / darmit / daß er dem Hertzogen von
Lottringen mit einer starcken Armee ins Land fiele/
den alten Fürsten darauß verjagte/ und das Land
einnahme. Nicht gar lang nach diesem / brache er
auch den Aachischen Frieden / welcher Anno 1669.
mit Spanien beveftiget worden. Anno 1673. brache
er abermahlen den Münster= und Oßnabrückischen
Frieden / da er Anfangs / neben seinen Mitverbün=
deten / die Holländer zu Wasser und Land hefftig
bekriegte / und auch das Römische Reich zugleich
hart angriffe. Anno 1681. brache er den Nimmö=
gischen / kaum 2. Jahr vorher bestättigten Frieden/
indem er die gewaltige Stadt und Vestung Straß=
burg / wie auch Casal, hinweg nahme. Von der
Haupt=Vestung Luxenburg nichts zu gedencken.
Anno 1688. brache er wieder den kaum 2. oder 3.
Jahr zuvor aufgerichteten 20. jährigen Stillstand/
indem er ungewarneter Dingen / da man sichs am
wenigsten versahe/ und die Teutsche Kriegs=Macht
in Ungarn engagirt war/ in Teutschland einfiele/die
importante Vestung Philippsburg hinweg nahm/
viel Städte und namhaffte Vestungen am Rhein=
Strohm grausam verwüstete / in Schwaben und
anderswo durch Brennen eine unsägliche Menge
Gelds erpressete / und weiß nicht was für überbar=
barische Grausamkeiten verübete / darvon der be=
trübte Augenschein ein sattsames Zeugnüß gibt.

 Harald wuste nichts dargegen einzuwenden /
sondern entschuldigte sich damit / daß er / als der
Frantzösischen Sachen nicht all zu wol erfahren/
darfür gehalten / Franckreich hätte zu dergleichen
Unter=

Unterfahrungen gnug berechtigte Urſachen gehabt/ es wurde ihm aber ſolcher Wahn von denen andern bald benommen.

 Eines Tages/als die Compagnie ihrer Geſchäfften halber zertheilet war/und Harald zu Hauß allein mit allerhand Gedancken ſich ſchluge/ verfügte er ſich/ die Grillen zuvertreiben/ an den Ort/ wo eine Comœdie geſpielet wurde/ derſelben ſahe er zu/ bey deren Ende im Herauſsgehen er etwas entfernet/ eine Dame mit einem Cavallier erblickte/ darum ihn gedauchte/ er ſolte ſie kennen/ dannenhero er begierig war/ dieſelbe recht ins Geſicht zu bekommen/weilen er ſie nur von der Seiten her ein wenig erblicket/ er kunte aber wegen der Menge Volcks und daher entſtehendem Gedräng nicht zurecht kommen/ verlohre ſie demnach auſs dem Geſicht ehe er ſichs verſahe/ welches ihn im Hertzen nicht wenig verdroſſe/ und ſo wol mit Gedancken als dem Leib hin und wieder herum ſchwermete/ in Hoffnung/ ſelbige irgendwo mit ſeinen Augen auſszuſpähen/ und ſein verunruhigtes Gemüthe durch deren beſſere Betrachtung zu befriedigen. Aber all ſein Fleiſs war vergebens/ und kehrete er gantz unmuthig wieder nach ſeiner Herberge/hängete ſeinen Gedancken nach/ deſswegen ſich Aimir, Sigfried/ und Humfred, neben dem Wirth/nicht wenig verwunderten/ ſintemahlen ſie keiner ſolchen Schwermüthigkeit an ihme gewohnet waren. Über Tiſch ſchertzete Humfred mit Harald, und ſagte: Ich glaube/ daſs Herr Harald ſich allhier in einige Holländiſche Schönheit verliebet/ welches ich auſs ſeiner Traurigkeit und öfftern heimlichen Seuffzern vermüthe. Harald ſahe ihn nur an/ der Wirth aber redete ihme

ferner

ferner also zu: Wann mein Hertz keine andere Ursach zu trauren hat/als wie erst gedacht worden/ so wird es so viel nicht zu bedeuten haben / und der Sachen wol können gerathen / und eine Artzney darwider gefunden werden. Ich wolte wünschen/ sagte Harald, ihr wäret so beschaffen / daß ihr mein innerliches Leyden lindern/ oder nur die rechte Ursach dessen erklären köntet/ indem ich selbsten nicht weiß/ ob ich den jenigen Affect, der mir mein Hertze ängstet/ Liebe/ Forcht/ Eyfersucht/ oder anders benamsen solle / das fühle ich wol/ daß solche alle drey in meinem Gemüthe um den Vorgang streiten/und ich keinem vor dem andern/wie gern ich auch wolte/ völligen Beyfall geben kan.

Ich glaube / versetzte Aimir, wann Fräulein Sigeberta bey der Stelle / sie würde gar bald diese Strittigkeit entscheiden/ und Herrn Harald zu seiner ersten Freymüthig- und Frölichkeit disponiren können? Auf den Namen Sigeberta erholete sich Harald, sahe Herrn Aimir an / ließ einen starcken Seufftzer/ und sagte: Ach ja/ Sigeberta, ja freylich Sigeberta könte den Außschlag geben; Und eben diese ist es/und ihre Gestalt-Erblickung/die mir das Gemüthe so verwirret. Diese wird ohne Zweifel deß Herrn seine Liebste seyn/und ihm etwan/weilen er von ihrer Gestalt-Erblickung Erwähnung gethan/heute Nacht im Traum erschienen seyn? Ich weiß nicht/ ob ich nicht lieber wolte/ daß es ein Traum gewesen/was ich gesehen/als daß es wahrhafftig sich also befinden solte. Es wuste aber keiner sich in diese so dunckele Redens-Art zu richten; Dannenhero Aimir ihn freundlichst ersuchte/ dieser Sache wegen eine mehrere Erläuterung zu thun/

damit

damit sie so dann auf den bedarffens Fall/ (wie sie sich hiermit anerbotten haben wolten/) ihme mit Rath und That verhülfflich seyn könten. Harald bedanckte sich deß Erbietens/und ob er wol anfänglich nicht gerne daran kame/ so sagte er ihnen doch endlich/ was ihme in der Comœdie begegnet/ und wie er nicht anders glauben könne/ als daß die von ihme ein klein wenig erblickte Person seine so hertzlich geliebte Sigeberta seye. Nun könne er aber sich nimmermehr einbilden/ wie sie an diesen Ort müsse gekommen seyn; Neben diesem stehe er nicht un billich in Forchten/ es möchte der ihr Gesellschafft leistende Cavallier, sein Neben=Buhler/ und ihr Liebster/ wo nicht gar versprochener Bräutigam seyn/welches ihne nicht nur eyfrend/sondern/so das Letzte wahr wäre/ gar verzweiflend machte.

Nun sehen die Herren/daß ich ein Wahrsager bin/ und Herrn Haralds Anligen errathen habe/ ob ich schon in dem gefehlet/ sagte Humfred, daß ich seiner Leydenschaffts Ursach einer Holländischen Schönheit zugetrauet/ solche aber anders woher ihren Ursprung genommen/wiewolen ich mir gäntzlich einbilde/Herr Harald habe seine Sigeberta allhier nicht wahrhafftig/ sondern nur eine ihr etwas ähnliche Gestalt an einer andern Person erblicket/ Ja/ sagte er ferner/ es kan gar wol seyn/ daß es ein pur lautere Einbildung gewesen/ indem Herr Harald sich etwan in dem Angedencken seiner schönen Sigeberta all zu sehr vertieffet/ daß er darüber auf die irrige Meynung gerathen/ als sehe er das Jenige mit leiblichen Augen/was ihme vielleicht/ wegen all zu starcken Einbildung allein die innerliche Augen deß Gemüths vor das Gesicht gestellet haben;

Aller=

olches bey liebhabenden Personen
leicht geschehen kan / als leichtlich
lancholischen Leuten geschiehet / daß
chmahlen solche Sachen einbilden /
haben / behaupten / die doch nirgend
ben / noch gemahlet anzutreffen seyn.
bekandt / daß ein all zu hefftig Ver=
sen seltzamen Wahn gerathen / daß
eit den leuchtenden Mond für seine
gesehen uñ veneriret. Eine Jungfrau
anders geglaubet / als sie sähe ihren
hafftig in der Sonnen / dannenhero
llerley Höflichkeiten erwiesen / über
lantz und Schein sich höchstens er=
n aber selbige trüb und neblicht gewe=
e sich ebenmässig mit ihrem Liebsten
daß er sich ihr nicht zeigen wolte / be=
ere haben sich eingebildet / sie wären
en Person gegenwärtig / und stünde
zen / da sie doch sehr weit entfernet
uthlich ist es Herrn Harald auch also
das Gesehene nur eine leere Phantasie
er das / was ihme zu sehen so lieb /
sehen zu haben vermeynet.
hnlächelte ein wenig hierüber / und
rzörnet: Ich weiß nicht / wie Herr
it mir meynet/und weil mich dūncket/
ge Herren mit ihme überein stimmet/
ielleicht das jenige Sprüchwort wahr
nbilden/das da saget: Amantes amen-
emlich seyen Thoren; Ich wil aber
t hoffen / daß sie mich in solche Classe
nd für einen Phantasten halten wol=
len/

len/ anerwogen ich/ GOtt sey Danck/ meiner Sinnen noch völlig Meister bin / und mich versichert/ daß meine Augen mich nicht betrogen haben / ob ihnen schon nicht Zeit gnug gestattet worden / die anbettens-würdige Schönheit / die mir / (das ich nicht läugnen wil/) sonsten auch so Tags so Nachts vor Augen schwebet / nach Genügen zu betrachten. Die Herren mögen auch einwenden / was sie wollen/ so glaube ich einmahl gewiß/ daß ich meine unvergleichliche Sigeberta gesehen/ ich werde auch nicht ruhen / biß ich ihretwegen einige Nachricht bekommen. Humfred entschuldigte sich / daß das vorgebrachte gantz nicht gemeynet seye / ihne dardurch zu vexiren / wie er dann neben den andern wünsche/ daß er nur ehestens seine so geliebte Sigeberta mit Freuden antreffen möchte.

Harald nahm hierauf von der Compagnie Abschied/ unter dem Vorwandt/ daß er einer zeitlichen Ruhe benöthiget wäre. In Warheit aber geschahe es nur darum/ damit er allein seinen verliebten Gedancken desto eher Gehör geben / und denselbigen nachhängen kunte / welches ihme auch die Gesellschafft gerne gestattete.

Indem nun Sigfried einiges Verlangen an sich mercken liesse / eine mehrere und umständliche Nachricht von Haralds Liebes-Händeln zu haben/ als erbotte sich Aimir ihme hierinnen zu willfahren/ welches Jenem sehr lieb war/ und nachdem ihm dieser die Begebenheit mit der Sigeberta, die Manierliche Raache ohne Gefahr dero Bruders / den Zweykampff mit dem Frotho, Haralds Flucht und Schiffbruch/ die Abentheuer mit dem Bruder- und Vatter-mörderischen Eremiten / den Brüderlichen

Liebes-

Liebes-Eyfer zweyer junger Printzen / die unglückliche Liebe Orgeste und Rodisben / und die Barbarische Grausamkeit deß auß Liebe und Haß rasenden Torrente, samt noch übrigen Abentheuren deß Haralds / auch wie sie in Gesell- und Freundschafft mit einander gerathen / und was sich mit denen Schottländischen Gentlemens auf der Strassen / und nachgehends im absonderlichen Zweykampff und Scharmützel mit denen Rebellen daselbsten zugetragen / und wie tapffer er bey allen diesen Occasionen sich verhalten/ alles umständlich erzehlet hat: verzeigte dieser Teutsche Ritter sich darob sehr vernüget/ wünschte auch eine geraume Zeit ungetrennet in der Compagnie bleiben zu können/ warff auch über die bereits zu ihm tragende Affection, noch ferner eine ungemeine Gewogenheit auf ihn / die hernach unaufhörlich in seinem Hertzen hafftete / und Harald ihne hingegen nicht minder aufrichtig und von Hertzen liebete.

Harald seines Orts hatte die Nacht meistentheils Schlaff-loß zugebracht/ und wann er schon zuweilen ein wenig eingeschlummert/ so kame ihm sobald seine Sigeberta für/ so sehr hatte der gestrige einige/ und zu dem noch zweifelhaffte Anblick ihne angeflammet/ und das Gemüth beunruhiget. Dannenhero er kaum deß Tages erwarten kunte; So bald auch derselbige angebrochen/ gab er seinem Diener Befehl/ in den vornehmsten Herbergen und Gasthöfen nachzusehen und zu forschen/ ob nicht eine dergleichen (wie er sie ihme beschrieben/) Dame, irgendwo möchte anzutreffen seyn. Mit gleicher Instruction fertigte er auch einen Bedienten deß Gastwirths ab / mit Versprechung reichlicher Belohnung/

lohnung / so er hiervon gewisse Nachricht bringen würde; Sie thaten zwar wol ihr Bestes/ aber aller Fleiß war vergeblich angewendet; Harald selbsten auß Ungedult / gienge bald diese / bald jene Gassen durch / er sahe nach allen Fenstern / und so bald er nur von fernen einen Gutschwagen oder irgend ein Frauenzimmer gewahr wurde / da schickte er also bald seine Kundschaffter/ die Augen/ neben übrigen hierzu erforderten Sinnligkeiten hin/ zu recognosciren/ und Nachricht einzuholen / wiewolen nur umb sonst. Er verfügte sich endlich auch in das Comœdie-Hauß / in Meynung / sie daselbsten wieder anzutreffen/ stellete sich wieder an den gestrigen Ort und Stelle/ und richtete/ so viel ihme nur möglich/ seine Augen und Blicke auf die gestrige Art ein / ob er seines Leit-Sterns doch wieder möchte ansichtig werden / aber auch diese Sorgfalt war Frucht-loß/ dannenhero er wieder nach Hauß kehrete/ und zu melancholisiren beginnete.

 Aimir wolte ihm keine Zeit gönnen/ sich in seinen melancholischen Gedancken zu sehr zu vertieffen/ sondern war auf allerhand Weise bedacht / ihme hiervon abzuziehen/ dannenhero er auch den Wirth um allerley neue Sachen befragte / der dann also bald fertig war/ und sagte: Daß auß Italien/ und insonderheit von Rom / Bericht eingelauffen / daß der jetzige Papst Ottoboni die vacirende Cardinals Stellen / deren bey seiner Antrettung der Päpstl. Regierung zwölffe vacant gewesen/ nunmehr wieder durch anderwärtige Subjecta ersetzet / und die Zahl erfüllet. Er habe zwar schon den 31. Octobris deß vergangenen Jahrs/ seinen Vettern/ Ottoboni, zum Cardinal ernennet/ und ihme die Abtey von Glareval

n Mäyländischen Staat, und andere/ so Jährlich
ber 30000.Scudi, oder Silberkronen/eintragen/
egeben. Anjetzo aber/und kurtz verwichener Zeit/
iemlich den 18.Februarii, habe er noch eilff andere
u dieser Würde erhoben/ und zwar Namentlich
en Monsignor Panciatici, einen Florentiner/ Monignor Cantelmi, einen Neapolitaner/ und gewesenen Nuncium in Pohlen/den Monsignor Dada,einen
Mäyländer/ welcher bey dem König Jacob in Engelland Nuncius gewesen/ und von dem man in diesem Königreich nicht wenig/ und darbey seltzame
Händel zu sagen weißt. Monsignor Rubini, einen
Venetianischen Bischoff zu Vincenta, Monsignor de
Guidici, einen Neapolitaner/ Monsignor Costaguti,
einen Römer/ Monsignor Bicchi, einen Genueser/
Monsignor Imperiale, auch einen Genueser/ Monsignor Omodei, einen Mäyländer/ Monsignor Albani von Urbino, und Monsignor Boves,einen Frantzosen/ Bischoffen von Marseille.

So hat man auch auß Türckey Nachricht/
daß/ als daselbsten kund worden/ mit was Success
der Tartar-Cham mit den Seinigen die Christen
bey Pristina überfallen/ deren viel erleget und gefangen / habe der Groß-Türck solche angenehme Zeitung überall kund machen lassen/ die Türcken hiermit desto besser zum Krieg anzufrischen/ auch durch
ein Schreiben gegen dem Cham wegen geleisteter
Diensten sich bedancket/und zu dem grossen Kriegs-
Rath nach Adrianopel beruffen/ woselbsten er mit
einem jüngsten Sohn und einer Anzahl Tartarn
ren 23. Februarii angelanget; Von den Türcken
werde nun ihre grösseste Hoffnung auf den Tartar-
Cham gesetzt/ welcher mit etlich und 30000. Mann
in Per-

in Person zur Türckischen Armee zu stossen versprochen/ so fern anders die Moscowiter ihn nicht davon abhalten würden.

Es haben aber die Türcken und Tartarn wegen ihres durch ihre grosse Anzahl behaupteten Siegs sich nicht gar lang zu erfreuen gehabt/ sintemahlen nicht lang nach der unglücklichen Action bey Pristina, der Raitzen Obrister/ Antonio, das Land-Volck von neuem an sich gezogen/ und etliche glückliche Streiffe biß hinter Sophia gethan/ und mit guten Beuten zuruck gekehret/ unter welchen sonderlich der Jenige gewesen/ den er mit 3000. Raitzen und 200. Teutschen/ samt dem Rittmeister von Rußbach/ zu Bannia verrichtet/ welchen Ort sie unversehens überstiegen/ den darinn commandirenden Bassa mit 3. biß 4000. Mann herauß gejaget/ den meisten Theil erschlagen/ und 3000. Ducaten/ die der Bassa den Tag zuvor vom Groß-Vezier bekommen/ nebenst 500. guten Pferden/ und vielen andern guten Beuten zuruck gebracht. Der Hauptmann Schenckendorff in Pyroth hingegen war etwas unglücklicher/ indem er samt 70. Dragonern und 20. Hussaren im Nachsetzen einer Türckischen Parthey/ von 1200. Türcken/ an einem Paß angegriffen/ und in einem Gepüsche/ wohin er sich retirirt/ umringet/ und allda so lang chargirt worden/ biß eine andere ihm nachgeschickte Parthey ihn entsetzet/ die Türcken in die Flucht geschlagen/ und einen guten Theil der Beute wieder abgejaget. Ermelter Hauptmann gieng darauf mit 800. Pferden auß/ Vorhabens/ die Stadt Radamir, worinnen grosser Vorrath an Vieh und anderm war/ zu überfallen. Es wurden aber die in der Stadt

zu bald

Eduards / 1.Theil.

, daher er unverrichter Sachen abzie-
doch aber die Vorstadt von 400. Häu-
en liesse. Auf dem Ruck-March stiessen
zu ihm / worauf er neuen Lust bekam /
gen Radamir zu wagen / kehrten deß-
ind als sie Kundschafft bekamen / daß
er ihre beste Sache auf 130. Wägen /
b und Kindern von dannen flüchteten /
oo. Stück Vieh mit sich trieben / setzten
und Hussaren vorauß / selbige einzu-
es ihnen so weit geglücket / daß sie die
klich zuruck zu treiben angefangen /
h aber etwas verweilet / haben sich
-Türcken versammlet / selbige ange-
ihnen alles wieder abgeschlagen / sich
nit denen auß der Stadt kommenden
ungirt / den Hauptmann Schencken-
die Hussaren gestossen / eine Zeitlang
lls aber Schenckendorff seinen Vor-
/ hat er die Türckische Cavallerie von
getrennet / in die Flucht geschlagen /
e Infanterie niedergehauen / und dar-
Pyroth ankommen / nachdem er schöne
r Tapfferkeit erwiesen. Der Haupt-
cky war dargegen glücklicher gewesen /
vischen mit 3500. Mann in Boßnien
as Städtlein Nisicza und veste Schloß
ommen / die Besatzung niedergemacht /
önen Beuten / 500. Christen erlediget /
zuruck gebracht.

Marck Brandenburg hat man Nach-
ilen selbiger Chur-Fürst sich entschlos-
digung in Preussen selbsten in Person

U 3   einzu-

einzunehmen / auch zu dem Ende schon den 18.28. Februarii nebenst Dero Chur-Fürstl. Gemahlin und sämtlichen Herren Marggrafen dahin abgeräyset / seynd Sie den 12. Martii mit sehr grossem Pomp und Pracht von denen Ständen zu Königsberg eingeholet worden/ welcher Einzug so prächtig und ansehnlich gewesen seyn solle / daß er kaum genugsam könne beschrieben werden.

Das XVII. Capitul/

Eine artige Abentheuer begibt sich zwischen Harald und zweyen andern Personen / davon er die eine für Sigeberta hält/sich aber häßlich betreuget/beschämet/bey andern aber Widerwillen unter sich selbs erwecket wird. Ob der Papst eine Superiorität über den Käyser prætendiren könne? Eines Römischen Königs Gewalt wird beschrieben / wie auch die dreyfache Kron und Krönung / Reichs-Kleinodien / samt andern Merckwürdigkeiten.

Harald hörete zwar diesem allem zu / aber seine Gedancken schweiffeten anderswo irrig herum / bald war er mit denselbigen in Dännemarck / bald wieder an dem Ort / wo er glaubte Sigeberta unfehlbar gesehen zu haben. Als er deß folgenden Tages solchen Gedancken nachhängend auß dem Fenster sahe / erblickte er eine bey seiner Herberge schnell vorbeypassirende Carosse, und in derselbigen das so sehr verlangte Angesicht seiner geliebtesten Sigeberta, die in Gesellschafft eines Cavalliers darinnen sasse. Ehe er aber den andern Blick dahin werffen / und sich / ob selbige es gewiß wäre/versichern kunte/war sie schon vorbey / so/ daß es ihm nicht anders / als ein schneller Blitz vorgekommen. Er besanne sich nicht lang/sondern war

also-

alsobald entschlossen / die Carosse und die darinnen sitzende Personen zu verfolgen / und genauere Kundschafft einzuholen. Er kunte aber so bald nicht auf die Strassen gelangen/ so war die Carosse schon an das Ende derselben kommen / und fuhr in eine andere Gassen hinein. Harald, dem die Liebe gleichsam Flügel / wie dem Mercurio, an die Füsse gesetzet hatte / gieng nicht / sondern floge vielmehr derselbigen nach / und war ihm nicht anders zu Muth / da er die Carosse um eine Ecken herum sich lencken sahe / als ob ihme die Sonne am hellen Mittag untergangen wäre; Doch sprach er seinen Füssen tapffer zu / und lieffe so starck / als ihme die Ehrbarkeit zu lauffen vergönnete / war auch zum höchsten erfreuet / als er dieselbige in der andern Gassen wieder ins Gesicht bekame / und wahrnahme / daß sie anjetzo etwas gemächlichers fuhre / dannenhero / (auß bey Liebhabern gewöhnlichen Argwohn/) auf die Gedancken geriethe / Sigeberta müsse seine Herberge wissen / und ihne gesehen / auch deßwegen befohlen haben / so eylfertig vorbey zu fahren. Es mochte nun daran seyn / was da wolte / so wolte er dannoch ein für alle mahl wissen / was es für eine Bewandtnuß damit hätte / und wer der Jenige so Hochbeglückte wäre / der bey ihr in Gesellschafft zu seyn gewürdiget seye. Als er nun endlich die Carosse erreichet / schrye er dem Gutscher / er solte still halten / machte sich also ohne ferners Bedencken an die Carosse hin / und sagte: Wie? Gnädige Fräulein / seyn das die Liebes-Versicherungen / die sie mir so vielfaltig gethan / und seyn das die Belohnungen meiner beständigen Treue? Und ihr / ihr mir Unbekandter / woher nehmet ihr die

Kühnheit/euch deſſen anzumaſſen/ was von Rechts wegen mir zuſtehet / ihr ſolt mir deßwegen Rechenſchafft geben.

Der in der Carozzen ſich Befindende verwunderte ſich ſo wol / als die Dame, zum höchſten / über ſo unvermutheter ſcharffer Anrede / und wuſte nicht/ wie er ſich darein finden ſolte/ indem er die ernſtliche / und vor Liebes-Eyfer Zorn-funckelnde und Raache drohende Minen deß Haralds, erſahe) Doch begriffe er ſich/und ſagte: Hat mein Herr auf mich oder meine Liebſte was zu ſprechen/ ſo thue er es auf ſolche Manier/ wie es rechtſchaffenen Perſonen anſtehet / und nicht mit ſolcher Vehemenz und ungeziemenden Verhinderung meines Weges; Harald, der gantz hitzig auf die vermeynte Sigeberta, ſo das Geſicht verdecket hatte / und nicht anders gedachte/ als thäte ſie ſolches / um nicht von ihm erkannt zu werden/ und zu ſeiner Verachtung / verſetzte: In allwege habe ich auf dieſe Dame, die der Herr zur Ungebühr ſeine Liebſte nennet/zu ſprechen/ als welcher ich ſchon lang vor dem Herrn höchſtens obligiret/ und ihr Diener zu ſeyn gewürdiget bin/ wird demnach mir nicht vorſchreiben/auf was Manier ich das/ was vor dem Herrn mir mit mehrerer Billigkeit zuſtändig/prætendiren ſolle/und kan ich wol leyden/ daß der Herr ſich beſſer erkläre / oder mir Unterricht gebe/was dann rechtſchaffenen Perſonen für eine Manier/ ſich eines Frevels zu entladen / anſtehe. Ich wil für das Lehr-Geld gehalten ſeyn / und bin bereit/ nach Verlangen Abtrag zu thun/ und wird Sigeberta, (hiermit wandte er ſich gegen die Dame,) es/ um unſerer ehemahligen aufrichtigen Liebe willen/ mir nicht verargen/ wann

ich ge-

Eduards / 1. Theil.

ch gegen diesem / ihrer Liebe Unwürdigen / mich meines Vorrechts / nach meinem Vermögen und Kräfften werde bedienen.

Indeme Harald auß Eyfer gantz verblendet / dergleichen weit hinauß zielende Reden gantz erbittert vorbrachte / fienge die biß daher verdeckte Dame ihn zu sagen: Ich kan mich nicht entsinnen / mein Hertz / was er auf meine Person solte zu sprechen haben / zumahlen er mir gantz fremd und unbekandt / mich auch nicht erinnern kan / ihne jemahls gesehen zu haben; Muß demnach mein Hertz sich irren / oder aber / in Betrachtung der geführten seltsamen Redens-Arten und Anziehung ehemahliger / mir aber gantz unbewußter aufrichtiger Liebe / nicht allerdings recht verwahret seyn.

Diese Worte waren nichts anders / als so viel Donner-Keule in Haralds Hertzen / dannenhero er auß Eyfer / Zorn und Unmuth / außbrache: O! unanckbare Sigeberta! Ist das - - In diesem Augenblick aber thate die Dame den Flor von dem Gesichte / daß Harald dieselbige recht sehen / und seinen begangenen Fehler erkennen kunte. Behüte GOTT! wie erstaunete der Armseelige / er stunde / und wußte nicht vor Scham / wessen er sich entschliessen solte / oder ob er solte um Verzeyhung bitten / oder aber hinweg gehen; Deme in der Guthen ware bey dieser Sache auch nicht gar heimlich / die geführte stachlichte / und eine Außforderung in sich begreiffende Reden / durchliessen ihme das Gehirn trefflich / noch mehr aber beunruhigte ein Koffer auß deß Haralds geführten Reden geschöpffter Argwohn sein Gemüthe. Die Dame, als sie ieder ihre Bestürtzung warnahme / und selbsten auch

auch sich nirgend in diesen Handel schicken kunte/ auß Beysorge/ es möchten die Beyden/ wann sie sich ein wenig würden erholet haben/ noch härter an einander wachsen/ befahle dem Gutscher/ seines Weges fortzufahren/ und liesse den Harald in seiner Verwirrung stehen. Der/ als er sich wieder erholet/ die auf der Strassen zusammen Gelauffene befragte/ wer dieser in der Gutschen sich befindende Herr und Dame seyen? Und bekame zur Antwort/ daß es ein vornehmer und sehr reicher Herr der Stadt seye/ sie nenneten ihme auch den Ort seiner Wohnung. Worauf Harald mit sich selbsten sehr übel zufrieden/ daß er so kahl angeloffen/ nach einigem gemachtem Umschweiff sich wieder nach Hauß machte/ sich mehr/ als bißher geschehen/ mit seltsamen Gedancken schluge/ und nimmer begreiffen kunte/ wie doch das so eigentliche Angesicht der Sigeberta, (welches er gesehen zu haben sich bey ihme selbsten gewiß versicherte/) so schnell in eine ihme gantz unbekandte Gestalt hätte vermetamorphosiren/ und ihne also bethören können. Die Sigeberta hatte er erblicket/ aber eine gantz andere Person/ andere Gestalt/ andere Stimme/ andere Minen und Gebährden/ in Summa/ lauter solche Dinge befunden/ die ihme zwischen seiner Sigeberta und der angeredeten Dame, einen sehr grossen Unterscheid vorstelleten/ den er nimmermehr zusammen reimen kunte. Bald kame er auf die Gedancken/ es müsse etwas Zauberisches mit unterlauffen/ und Sigeberta ihme gantz abhold seyn; Bald aber straffte er sich selbsten Lugen/ und hielte es für Sünde/ ihr dergleichen etwas zuzumessen; Jezuweilen gabe er seiner Gesellschafft Beyfall/ und glaubete/ daß

ur eine Phantasey und verliebter Einfall gewesen/
er ihme nun zum zweyten mahl das Ebenbild sei=
ier Geliebten/ als einen schnell verschwindenden
Blitz/ vorgebildet; Wußte demnach nicht/ ob er es
der Gesellschafft anzeigen/ oder was ihme für eine
Abentheuer von Neuem begegnet/ vor derselben
verschweigen solte. Das Erste wurde Anlaß ge=
en/ ihne zu verlachen/ und ihren Wahn zu bestätti=
jen; Das Andere aber die Gelegenheit benehmen/
ich auß diesen Intrigues, so dieselbe/ wie er in Sor=
jen stehen muste/ ein Mehrers nach sich ziehen wür=
e/ mit guter Manier außzuhallfftern. In solchem
Zweiffelmuth bliebe er gantz allein/ und entschluge
ich der Gesellschafft den gantzen Tag/ welches der=
elben sehr fremd und unerträglich ware.

Andern Theils waren die Dame, neben ihrem
Ehe=Liebsten/ in nicht geringerer Bestürtzung/ und
vußte keines/ was es eigentlich gedencken solte;
Dieser stunde in dem Argwohn/ als ob seine Liebste/
ieben ihme/ auch andere ihre Liebes=Neigung ge=
iiessen/ und sich bedienen liesse/ u d ihne hinter sei=
nem Wissen zu einem Glied eines ihme nicht an=
ständigen Ordens/ und gekröntem Cornelio mach=
e/ worzu ihme die gebrauchte Red=Arten/ von viel=
ältig gethanen Liebes=Versicherungen/ Beloh=
iungen beständiger Treue/ die von ihm verlangende
Rechenschafft/ eyferende und bedrohliche Minen deß
Fremblings/ das Vorgeben/ daß Jener/ seiner
iebsten vor ihme selbst/ zu dienen gewürdiget
vorden/ mit Billigkeit auf sie zu prætendiren habe/
vegen ehemahliger aufrichtiger Liebe/ und haben=
em Vor=Rechts/ und andere dergleichen/ nicht
eringe Anlaß gaben. Dahero er sich etwas kalt=

Deß Engelländischen
sinnig gegen ihr erwiese/ und auf die
geriethe/ es müßte dieser Fremdlinge
Ehe-Liebste/ Zeit seiner Abwesenheit/
Vertraulichkeit gerathen seyn; Da
kaum etliche Tage vorher von einer R
nach Hauß gelanget. Jene hingegen a
es hätte ihr Ehe-Liebster vielleicht die
sie zu vexieren/ selbst angestellet/ und
nicht allerdings wol zufrieden/ wie sie
Gebährden und Worten ziemlicher M
ren liesse. Welche beyderseitige Kaltsi
Jedes in seinem gefaßten Wahn nich
stärckete/ und eines Theils zur Eyfersu
Theils aber zu mehrerer Kaltsinnigkeitl

Wir lassen aber diese für jetzo ih
fahren/ und kehren wieder zuruck/ in
Zimmer/ der sich nicht entschliessen ku
andern Herren Gesellschafft zu leisten/
Aimir, Siegfried und Humfred sich zu
geten/und die Mahlzeit bey ihme verzeh
len sie auch dem Harald, mit Erforsc
Liebes-Leydens nicht beschwerlich/ so:
von seinen schwermüthigen Gedanck
wolten; Als ersuchte Aimir den Si
möchte doch so gut seyn/ und wie er ih
sten die Römische Königs-Wahl mit
lichen darbey vorkommenden Particular
let/ als möchte er noch ferner ihnen a
nige ohne Verdruß mittheilen/ was b
nung vorgegangen/ und darbey anzun

Siegfried ware hierzu willfährig
seine Erzehlung folgender Gestalt an:
Vorauß nicht unerinnert lassen/daß ein

Käyser oder König alle seine Gewalt bloß und allein wegen der Wahl/ nicht aber/ wie einige gewolt/ von deß Papstes Bestättigung / hat. Humfred warffe dargegen ein / ob dann nicht dem Papst einige Superiorität über den Käyser zustehe/ wegen der Salbung/ weilen alle Könige/ die von der Kirchen gesalbet werden / quasi Vasallen der Kirchen genennet werden/ und dann/ weil der Käyser oder Römische König dem Papst die Treu schwöre/ oder doch schwören solle?

Hierauf gabe Siegfried zur Antwort: Andere Gründe hier mit Stillschweigen vorbey zu gehen; So ist gantz ungereimt/ wegen der Salbung eine Superiorität zu schliessen; Wer wird so unbesonnen seyn/ und andere bereden wollen/ der Ertz-Bischoff zu Rheims, oder der Bischoff zu Cantelberg/ deren Jener den König in Franckreich/ dieser aber den König in Engelland salbet/ wären über selbige Könige/ und wann die Salbung eine Ober-Hertzlichkeit mit sich brächte/ so wäre der Bischoff von Ostia, von welchem die Päpste consecriret/ und gesalbet werden/ über den Papst. Die Salbung ist kein Kennzeichen der Unterwürffigkeit/ sondern daß ein Käyser oder König/ wie es sich gebühret/ erwählet/ und durch richtige Wahl auf den Thron erhoben worden. Was den Schwur deß Erwählten betrifft/ so ist solcher/ wie auß dem Limnæo, l.2.c.9. n.95. zu ersehen / ein Eyd der Beschirmung/ nicht aber der Treu und Unterwerffung.

Nach Beantwortung deß geschehenen Einwurffs fuhre Siegfried weiter fort: Was die Gewalt eines Römischen Königs anlanget/ so kan von derselben nichts Gewisses vorauß geschrieben werden/

den / und erhellet dieselbige am besten auß eines jeden Königes eigener Capitulation. Diesem nach ware Ferdinandi I. Gewalt weit grösser als Maximiliani II. und Rudolphi II. So viel zwar weiß man vorher / daß ein Römischer König nichts Wichtiges / was in das Käyserliche Amt lauffet verrichten kan / als auß Käyserlicher Commission und anderst nicht als unter dessen Genehmhaltung und in dessen Namen. Es ist auch an dem / daß ihme die Chur-Fürsten und Stände biß dahin keiner Pflicht sich verwandt machen / noch ihre Lehen bey ihme machten / oder die Privilegia bestätigen lassen. Ubrigens muß er vermittelst eines Eydes geloben / sich keiner Regierung im Römischen Reich weiter oder anderst zu unterziehen / dann so viel von Käyserlicher Majestät ihme vergönnet oder zugelassen wird / auch Jhro Käyserl. Majestät Zeit ihres Lebens an Jhrer Hoheit und Würde deß Käyserthums keine Jrrung noch Eintrag zu thun / wie auß der Capitulation Ferdinandi IV. Artic. 47. zu ersehen / es erforderte es dann die Nothwendigkeit / und etwan das Abwesen deß Käysers eine geschwinde Expedition in eylenden Fällen. Doch gleichwol ist ein Römischer König nach dem Römischen Käyser das Oberste Haupt im Reich / und immerwährender Statthalter / succedirt auch im Fall der Erledigung deß Käyserthums unzweiffentlich / und dergestalt / daß er der Administration ohne weiteres Zuthun der Chur-Fürsten und Stände / und ohne fernere Solennität sich unternimmt / und deß Reichs Regierung antritt. Man kan auch den Unterscheid / der sich zwischen einem Römischen Käyser und König befindet / darauß erkenrkennen/ 1.daß der Käyser im Wappen sich eines wey-köpffigen / der König aber eines gemeinen Adlers/bedienet. 2. Der Käyser gebrauchet eine grosse Bulle/welches ein uhraltes Insigne ist eines Regierenden Käysers / der König aber nur ein Königliches Insiegel. 3. Der Käyser heisset semper Augustus, der König aber nur Augustus, welches joch nicht jederzeit so genau observiret worden. Zum 4. nennet der Römische König den Käyser/ Ihro Käyserl.Majestät/ und seinen Herrn; Bekommt aber von dem Käyser nur Königl. Würde/ und Seine oder Euer Liebden.

Was die Krönung selbsten betrifft/ so ware vor Alters eine dreyfache Krönung üblich/ nemlich die Römische / nachgehends die Lombardische / und dann die Teutsche / und waren diesem nach auch dreyerley Kronen. Die Römische Krone wurde von denen Päpsten dermassen hoch gehalten/daß in den alten trübseeligen Läufften dieselbige keinen für ihnen Römischen Käyser erkennen wolten/ der nicht eine Rom-Fahrt verrichtet / und die Römische Kron von dem Papst empfangen hatte. Wie dann auch die Käysere vor Erhaltung der Benediction zu Rom nur eine Königliche Krone/ und einen einköpffichten Adler gebrauchet; Nach Erhaltung aber derselbigen / als Käysere/ geherzschet/ und die Käyserliche geschlossene Krone/samt dem doppelten Adler / geführet haben.

Bey diesem Römer-Zug ware ein jeder Lehenträger gehalten/ auß eigenen Mitteln den Käyser zu begleiten/und geschahen mit sehr grossem Kosten/ allein drey Fälle waren außgenommen / die einen Lehenmann wegen deß Zugs entschuldigen kunten,

In

In den folgenden Zeiten aber haben di(
Chur-Fürsten erwählte und in Teutschl(
te Käyser / an die Römer-Züge oder R(
sich so genau nicht mehr gebunden; Da
Käyser Carl der V. disfalls dem Papst
Ehre angethan/ und im Jahr Christi 1 5
nonien von seiner Hand die güldene Kr(
Reichs-Apffel und blosses Schwerdt. e
So hat doch sein Nachfolger/ Käyser
der Erste / sich daran nicht wollen bin
Und ist insonderheit Merckwürdig / daß
ser Carls Abtritt von der höltzernen B
besagtem Bononien/über welche er/na(
ter Krönung / auß der Kirchen in der Pr(
ruck gegangen / solche Brücke eingefalle
Anzeige und Vorbedeutungs-Zeichen/ (
kein Käyser mehr in Italien ziehen werd
mische Kron daselbsten zu holen.

Wegen solcher Einstellung deß Rö(
hat Papst Paulus IV. Käyser Ferdinand
nen ordentlichen Römischen Käyser erke
ihm den gebührenden Titul geben/ noch se
auf Reichs-Conventen ihme solchen zuleg
Dieweil es nun eine Sache von grosser (
und Wichtigkeit/ daran denen Herren (
sten wegen der Reichs-Wahl- und H
Gerechtsame hoch gelegen ware/ pflegte (
in so grosser Angelegenheit ihres Raths/(
dann so wol Geistlichen als Weltlichen
jeder Theil besonders / zwey Schrifftlich
ten überreichten / und darinnen einmütl
hielten: Der Papst hätte hierinnen gar
sprechen/ die Wahl stünde/ Vermög der

Bulle / bey dem Chur-Fürstl. Collegio, davon
olte der Käyser sich nicht trennen lassen; So der
Papst nicht wolte zufrieden seyn/ wolle das Chur-
fürstliche Collegium, auf geschehene fernere
Anzeig / sich aller Gebühr nach bezeugen / und
hätte sichs der Papst desto weniger zu weigern/
weilen alle Christliche Häupter inn- und ausserhalb
Europa, auch die Barbarn und Ungläubigen selbst/
ohne für den Römischen Käyser erkenneten. Es
waren die Geistliche Herren Chur-Fürsten bey diesem Anrath fast die Hefftigsten.

Zu Vermeydung eines besorglichen Præjudizes/
ist folgends kein einiger Römischer Käyser mehr dieser Ursachen halben nach Rom gezogen. Wiewolen
nun auch ausser Streit / daß solche Päpstliche Krönung Hauptsächlich / wegen der grossen Käyse-
Kosten / indem ein Römer-Zug mit 20000. zu
Fuß / und 4000. zu Pferd geschehen müssen / und
wegen anderer unerschwenglichen Aufwendungen
im Päpstlichen Hof eingestellet worden.

Die andere Krone ist die Lombardische/ welche
auch die Mäyländische heisset/ weil viel Käyser dieselbige zu Mäyland von dem Ertz-Bischoff daselbsten empfangen. Sie ist so wol von Golde/als die
Römische und Teutsche / dieweil sie aber ein eyser-
nes Reiffgen hat / ist daher die Fabel entstanden/
daß sie eysern seye.

Die Chur-Fürsten richten auf solche so wenig
Ansehen / daß sie von Caroli V. Zeiten an / biß hieher / deren in denen Capitulationen mit keinem
Wort gedacht haben; Obwol dieser Käyser / auß
freyem Willen / zu Bononien darmit gekrönet
worden.

I.Theil.   X   Die

Die dritte Krone ist die Teutsche / deren Empfahung / Vermög der Göldenen Bulle / zu Aachen geschehen solle. Wiewolen nichts hindert / daß verschiedene Käyser anderst wo / und meistens zu Franckfurt gekrönet worden / dieweil ermelter Stadt durch die letzte Käyserl. Capitulation, Art. 37. ihr altes Recht / per indirectum vorbehalten worden. Unterschiedliche Scribenten begehen einen Fehler in dem / daß sie diese Krone für eysern außgeben / welches doch nicht ist. Ubrigens wäre noch Eines und das Andere / die Krönung betreffend / anzuführen / sonderheitlich der zwischen dem Chur-Fürsten von Mäyntz / und Chur-Fürsten zu Cölln / wegen deß Actus Coronationis entstandene Zwiespalt / und was Gestalt solcher Anno 1657. beygeleget worden / wie beym Londorpio auf dieses Jahr zu sehen / ich gehe aber solches vorbey / um meiner werthesten Herren Gedult nicht zu mißbrauchen / und schreite / jedoch mit derselben gutem Belieben / nunmehro etwas näher zu der hochfeyerlichen Krönung / deß Aller-Durchleuchtigsten und Großmächtigsten Königs JOSEPHI. Jedoch wird nicht undienlich seyn / bevor ich solche vorstelle / zu berichten / daß zu dieser herzlichen Krönung die Reichs-Kleinodien von denen Reichs-Städten / Nürnberg und Aachen / denen sie von Käyser Sigmunden auf Ewig anvertrauet worden / und zwar von der Ersten die Güldene Krone Käysers Caroli Magni, welche 14. Pfund wieget / und einer kleinen halben Ehlen hoch / mit Perlen und Edelgesteinen / nach Art der Alten Gesparsamkeit / ziemlich besetzet ist; Dann ferner das Schwerdt Caroli Magni, welches grösser und breiter / als manches Richt-Schwerdt / und

Eduards / 1. Theil.

:rne vergüldete / auch mit Perlenen
chnete Scheiden hat; Ingleichem
:pter / der Reichs-Apffel / von purem
dalien und drey Dalmatische Röcke/
lia, von Viol-brauner / weisser und
:be / zusamt dem Gürtel; Von der
nemlich der Stadt Aachen/ das mit
versetzte Schächtelein / darinnen deß
Blut verwahret wird / der Säbel
t dem Gehäng / wie auch das mit gül-
taben geschriebene Evangelium her-
/ und hiernächst die Krönung / nach
er Güldenen Bulle, und heut zu Tag
ohnheit / verrichtet worden.

as XVIII. Capitul /
dene Bulle seye / irrige und auch lächer-
nung darvon. Der Krönungs-Actus wird
seinen wahrhafftigen Umständen vor-

l ersuchte hierbey Herrn Siegfried /
er zu dem Actu Coronationis schritte /
ine kurtze Anzeige zu thun / was doch
girte Güldene Bulle, nach deren so wol
Krönung eingerichtet werden müsse /
Siegfried diesen Bescheid gabe: Die
le ist eine in gewisse Sätze / Articul oder
etheilte Verordnung / und gleichsam
Richtschnur / besage deren diese erst-
Zahl-Krönungs- und andere dergley-
ingen und Verrichtungen vollzogen
en Ursprung wird Käyser Carolo IV.
l / und solle Anno 1356. promulgiret
die wahre Ursach hierzu gewesen seyn /

X 2 weil

Deß Engelländischen
weil die Gewonheit aufgekommen/ daß ein Käyser von den Chur-Fürsten erwählet wurde. Indem es aber wegen solcher Neuerung / und sonst auch in Teutschland sehr verwirret durch einander gienge/ haben sich allerley Mißverständnüssen unter den Chur-Fürsten / so wol wegen der Wahl selbst / als auch denen Wahl-Ceremonien ereignet. Um nun ins Künfftige allem Zwiespalt vorzukommen / hat Käyser Carlen und den Ständen beliebet / deßwegen eine gewisse Constitution zu verfassen / welche die Güldene Bulle nachmahlen genennet worden / und das darum / wie einige behaupten / weil ein güldener Siegel oder Bulle daran hanget / wiewol einige den Namen anders woher deriviren/welcher Jrrthum sonderlich bey denen Außländern / und in deren Räyse-Büchern befindlich/ die auch darinnen sich verstossen/wann einige schreiben/in dem Archiv zu Franckfurt seye das Original der Güldenen Bulle, welches eine grosse in Hoch-Teutscher Sprache auf Pergament geschriebene Schrifft/ohne mit dem führenden Titul übereinstimmende Schönheit seye/ da doch das Original nicht Teutsch / sondern Lateinisch verfasset ist/und ist die Ubersetzung erst 30.oder 40.Jahr hernach geschehen / sie ligen zwar Beyde in einem Kästlein beysammen / aber das güldene Siegel hanget nicht am Teutschen / sondern Lateinischen Exemplar,an gelben und schwartzen seidenen Fäden oder Schnüren herunter/welches so dick ist/ als 2.Joachims-Thaler / also keine andere sonderbare Schönheit / als von dem güldenen Siegel sich hierbey einzubilden.

    Aimir und Humfred waren wol vergnügt mit dieser Erklärung / und sagte Aimir: Er hätte gantz
ein

Eduards / 1. Theil.

)ncept hiervon gehabt / wäre ihm also
ie rechte Beschaffenheit damit erlernet
eme Siegfried also begegnete: Jedoch
er 2 Aimir keine solche Einbildung / wie
Engelsmann darvon gehabt haben?
gte zu wissen / was dann sein Lands-
cher Bulle statuiret? Der darauf / je-
bettener Vergünstigung / anzeigete:
isser Engelländer/ diese falsche Einbil-
/ es würde durch die Güldene Bull ein
s verstanden / (weil Bulle auf Englisch
heisset /) seye deßwegen solchen zu
anckfurt geräyset. Als man ihm aber
eingebildeten güldenen Ochsens ein
Buch mit einem güldenen Siegel ge-
)ie Ursach dieser Benennung angezei-
itz böse worden / mit vermelden: Er
einen güldenen Ochsen zu sehen / nun
ch betrogen / und käme ihm sehr fremd
Teutsche denen Außländern einen so
en Pfenning als etwas Rares vorzei-
doch in seinem Vatterland ihrer eine
/ und darbey viel grössere gesehen.
e sich etwas hierüber / Humfred hin-
sagend: So ist je gleichwol dieser
noch verständiger gewesen / als jener
Apothecker / der auß vielen alten Rö-
ndern sehr raren Medaillen / so er erer-
ser giessen lassen / weil er solche Mün-
unnutzlichen Haußrath angesehen.
uer er biß daher drein gesehen / muste
1 Gesellen lachen / und sagte darbey:
itte billiche Ursach gehabt / über seine

X 3   Büchsen/

Büchsen / worinnen die Nießwurtz enthalten / zu gehen/ und eine gute Dosin darauß einzunehmen.

Nach solchem Zwischen-Discours, geriethe Siegfried auf die würckliche Römische Königs-Krönung/ welche er seinen aufmercksamen Zuhörern folgender Weise vorstellig machte:

NAchdem alle Zurüstungen / die zu einem solchen solennen Königl. Krönungs-Festin, so wol in der Kirchen / als auch sonsten / und auf dem Rath-Hauß / allwo das Krönungs-Mahl zu halten / erfordert werden/ veranstaltet / die Publication desselben geschehen / und den Tag vor dem 26. Januarii, welches der zur Krönung gewidmete Tag ware / denen Herren Chur-Fürsten und Chur-Fürstl. Abgesandten / auch wem mehr von hohen Stands-Personen es nöthig gewesen/ gegen 8. Uhr Vormittag in dem Bischoffs-Hof / sonsten die Pfaltz genannt/ sich einzufinden/und dem Königl. Krönungs-Actui mit beyzuwohnen/ durch den Herrn Reichs-Erb-Marschallen/ Grafen von Pappenheim / die Intimation erfolget; So haben/ als deß Morgens früh die Löbliche Burgerschafft / welche zu beyden Seiten / derer mit gelb-weiß- und rothem Tuch belegten Brücken / von dem Bischoffs-Hof biß zur Dohm-Kirche / und nachgehends von dar biß zum Rath-Hauß ordinirt worden/in hübscher Kleidung mit Ober- und Unter-Gewöhr sich versammlet/und die Glocken geläutet/nachdem vorhero die Reichs-Kleinodien / gleich wie bey der Krönung der Käyserin / also auch dieses mahl / auf einer offenen / mit 6. Pferden bespannten und rothsammeten Decken überlegten Käyserl. Gutschen durch die Nürnbergische Herren Abgeordnete in den Dohm zeitlich gebracht

Eduards / 1.Theil.

gebracht worden; So wol Jhre Majestät der Käyser / als auch Jhre Majestät der Römische König/ viewol fast incognito, sich nach dem ermeltem Bischoffs-Hof in die angewiesene Zimmer / allwo Sie sich den Käyserl. und respective Königl. Ornat anlegen lassen / erhoben / wohin auch die Weltliche Herren Chur-Fürsten und Chur-Fürstl. Gesandte/ und zwar gleichfalls in die angewiesene Retiraden/ den Chur-Fürstl. Habit daselbsten anzulegen / sich verfüget ; Unterdessen hatten auch verschiedene Fürsten/ Grafen und Herren / wie auch andere viel vornehme Cavalliers/ alle in der schönsten Galla und prächtigsten Kleinodien sich dahin versammlet / die Geistlichen Herren Chur-Fürsten/Bischöffe/Aebte und Prælaten aber/ samt ihrer Clerisey/sind in dem Dohm/ allwo der Actus Coronationis vorgehen solte/ zusammen kommen/ daselbst der Ertz-Bischoff und Chur-Fürst zu Mäyntz/als Consecrator, nebst denen beyden vornehmsten Herren Assistenten / von denen Nürnbergischen und Aachischen Herren Abgeordneten die bey sich gehabte Käyserl. Pontificalia und Ornata, samt denen Reichs-Kleinodien / als von Nürnberg deß Caroli Magni güldene Kron / welche einer kleinen halben Elen hoch / und 14. Pfund schwer ist / auch mit Perlen und unterschiedenen Edelgesteinen besetzt ; Dann deß Caroli Magni Schwerdt / in einer mit kleinen Perlen / zu Bezeichung gewisser Figuren / eingelegten Scheide / den Reichs-Zepter / den Reichs-Apffel / von purem Gold / drey Dalmatische Röcke / oder Pontificalia, von Viol-brauner / weisser und rother Farb / samt denen Gürteln/ wie auch die Sandalien/ welches alles die Nürnbergische Herren Deputirte in ununterbro-

Deß Engelländischen terbrochener Verwahrung gehalten; Von der Stadt Aachen aber deß Caroli Magni Säbel mit dem Gehäng/ und das mit güldenen Buchstaben geschriebene Evangelium überliefert bekommen/ welche Insignia neben dem Altar auf ein besonders mit rothem Sammet überzogenes Tischlein geleget/ und zum Theil Jhro Käyserl. Majestät in Dero Zimmer/ in Begleitung etlicher Herren Geistlichen/ solenniter überreichet worden; Als nun hierauf Chur-Bäyern und Chur-Pfaltz/ samt denen drey Chur-Fürstl. Abgesandten/ zu Jhro Majestät dem König sich begeben/ und Dieselbe in Jhro Käyserl. Majest. Retirada begleitet/ wurden ermelte Reichs-Insignia denen Reichs-Ertz- und Erb-Aemtern außgetheilet/ und so dann die Procession nach dem Dohm zu Fuß über eine mit roth-gelb-und weissem Tuch belegte Brücke in folgender Ordnung formiret:

 Vorauß ist gangen/ 1. der Reichs-Quartiermeister/ mit dem Stab/ und nach ihm 2. Trabanten deß Reichs-Erb-Marschalls.

 2. Die Fürstl. vornehmere Bediente.

 3. Die Chur-Fürstliche/ Königliche und Käyserl. Cavalliers/ Ministri, und Reichs-Grafen untereinander.

 4. Die nicht Regierende Fürsten.

 5. Die Regierende Fürsten.

 6. Die fünff Herolden/ als zwey vom Römisch. Reich/ ein Ungarischer/ ein Böhmischer/ und ein Oesterreichischer/ in ihren Wappen-Röcken/ mit weissen Stäben.

 7. Chur-Fürstl. Erb-Marschallen/ mit den Schwerdtern in der Scheide/ und der Spitz unterwärts.   8. Die

drey Chur-Fürstl.Gesandte.
Chur-Fürsten.
Käyserl. Obrist-Hof-Marschall mit
Schwerdt vor Ihro Käyserl.Majestät
und der Reichs-Marschall / auch mit
dt in der Scheide/ lincken Hand.
o Käyserl.Majestät in Dero Käyserl.
uß-Kron auf dem Haupt / unter ei-
/ begleitet von Dero Hof-Aemtern.
ker Hand / anderthalb Schuh nach
l.Majestät/gieng der König in seinem
Habit und Kron/und nach Deroselben
er Seiten Dero Obrist-Hofmeister/
z der Käyserl.Hatschier und Traban-
)en Seiten hergangen.
1 die Vorangegangene die Kirche er-
die Drey Geistlichen Herren Chur-
denen Bischöffen / Aebten / Prœla-
eselbe in Ihrer Majestät der Römis.
önungs-Beschreibung mit Namen
n ihren Pontificalibus und Infulen auß
) mit dem güldenen Creutz/Rauchfaß/
Buch und einem silbernen Stab/ mit
ässigen Königlichen Insiegeln Ihrer
Königl. Majestät biß an die Pforte
irchen entgegen gekommen / und bey
dieselben Beyderseits mit grosser
und Devotion empfangen / auch so
irche begleitet. Als nun Ihro Käy-
etwas stehend geblieben / und Chur-
önigl.Majestät dem Ertz-Bischoffen
rsten zu Mäyntz dargestellet / haben
bey der Geistlichen Procession vor

X 5   hoch-

Deß Engelländischen hochgedachten Ertz-Bischoffen und Chur-Fürsten zu Mayntz / als Consecratorem, gestellet / da Ihro Chur-Fürstl. Gnaden den Bischoff-Stab in der Hand haltend / über Ihro Königl. Majestät mit diesen Worten zu betten angefangen: Adjutorium Nostrum in Nomine DOMINI. Darauf die anwesende Infulirte Herren Aebte und Prælaten geantwortet: Qui fecit Cœlum & Terram. Der Herr Consecrator weiter: Sit Nomen Domini Benedictum. Die Infulirte: Ex hoc nunc & usque in Seculum. Der Herr Consecrator: Omnipotens sempiterne DEUS, qui Famulum Tuum JOSEPHUM Regni fastigio dignatus es sublimare, tribue Ei quæsumus, ut in in præsentis Seculi Cursu cunctorum in Communi disponat, quatenus à Tuæ Veritatis tramite non recedat, per Dominum Nostrum JESUM CHRISTUM, Amen!

Nach vollbrachtem diesem Gebet ist der Herr Consecrator, mittelst Vortragung der gedachten Insignien / zum Altar gegangen / dahin die zween Chur-Fürstliche Herren Assistenten Ihro Königl. Majestät / als Trier zur Rechten / und Cölln zur Lincken gehend / geführet / welche etliche Bischöffe und Prælaten / wie auch Dero Obrist-Hofmeister begleitete / wormit von der Kayserl. Hof-Music das Ecce Mitto Angelum meum, qui præcedat Te & custodiat, &c. intoniret und gesungen worden. Darauf sich Ihro Kayserl. Majestät zur rechten Hand deß Altars in Dero Thron erhoben / die Herren Chur-Fürsten legten die Reichs-Insignia auf das bey dem Altar stehende Tischlein / und begaben sich so dann in Ihre angeordnete Sessiones. Die Hof-Officia, wie auch die Reichs-Erb-Aemter / samt dem

Reichs-

Eduards / 1. Theil.

Marschall / wie ingleichem die Herol=
sich auch in ihre gehörige Stellen.
chen haben Chur=Trier und Chur=
denen assistirenden Bischöffen und
hro Königl. Maj. näher zum Altar ge=
oo dieselbe auf ein Weiß=und Gold=
küssen / so auf einer dergleichen Decke
ekniet / und der Herz Consecrator mit
höfflichen Stab über Ihro Königl.
/folgend Gebett gesprochen: Domine,
EGEM! Der Umstand geantwortet:
Die, qua vocaverimus Te, &c. Darauf
itz ferner gebetten: Oremus: Deus, qui
umanum nulla Virtute posse subsistere,
pitius, ut Famulus Tuus JOSEPHUS,
Tuo voluisti præferri, ita ut Tuo fulcia-
, quatenus quibus potuerit prodesse, va-
ninum Nostrum JESUM CHRISTUM,
ins betten: O GOtt/der du erkennest/
ine Stärcke das Geschlecht der Men=
bestehen könne ; Verleyhe Gnädig=
Knecht JOSEPH/welchen du über
tzen wollen / durch dich seinen Hort ge=
e/ daß Er deiner Kirche guten Nutzen
/ durch unsern HErrn JEsum Chri=
!

otens Sempiterne DEUS, Cœlestium Ter-
Moderator, qui Famulum Tuum JOSE-
egni fastigium dignatus es provehere,
sumus, ut à cunctis adversitatibus libe-
æ pacis gaudia per te venire donantem
er eundem Dominum Nostrum JESUM
, &c, Amen. Allmächtiger / ewiger/
GOtt/

Deß Engelländischen

GOtt/ein HErr Himmels und der Erden/der Du deinen Knecht JOSEPH zum Königl.Thron erheben würdig geachtet hast/ wir bitten Dich / gib Gnade/ daß Er von allen Widerwärtigkeiten er= löset/ würdig werde/ zur Freude deß ewigen Frie= dens einzugehen; Durch unsern HErrn JEsum Christum/ &c. Amen!

Da solche Gebette verrichtet / sind Ihro Kö= nigl. Maj. aufgestanden / und von denen Beeden Chur=Fürstl. Herren Assistenten/ Bischöffen und Prælaten in Dero in der Mitte gegen dem Altar unter einem schwebenden Baldachin von Gulde= nem Stuck zubereiteten Bett = Stuhl geführet/ auch nachgehends von Chur=Mäyntz mit dem Con= fiteor die Messe angefangen worden / bey welchem Hohen Amt gedienet und assistiret/eben die Jenige/ die bey der Römis.Käyserin gemeldet worden.

Ehe aber das Evangelium sich angefangen/ haben Ihro Königl. Majestät/ Chur=Trier und Chur=Cölln/nebst denen Bischöffen und Prælaten/ abermahls vor den Altar geführet/da Dieselbe/wie auch der Herr Consecrator, samt denen Bischöffen und umstehenden Geistlichen/ nieder gekniet / und die Litania durch die Capellanen über Ihro Kö= nigl.Majestät/kniend gelesen/biß auf den Versicul: Ut nos erudire digneris, &c. alsdann der Herr Con= secrator aufgestanden/und hat den Bischoffs=Stab in die Hand genommen / und gebetten: Ut hunc Famulum Tuum JOSEPHUM in REGEM ELECTUM bene ✠ dicere digneris. Darauf der Chor geant= wortet: Te rogamus, audi nos; Der Herr Conse= crator weiters: Ut Eum sublimare & con ✠ secrare digneris, Der Chor: Te rogamus, audi nos! Herr
Conse=

Consecrator: Ut Eum ad Regni & Imperii fastigium feliciter perducere ✠ digneris. Der Chor: Te rogamus, audi nos! Nach welchen dreyen Precationen und Benedictionen Jhro Königl. Maj. sich noch zur Erden niederhielten / biß die Capelläne ferner die Litaney vollendet; Darnach / als Dieselbe / samt denen Herren Consecranten / Assistenten / Bischöffen / Prælaten wieder aufgestanden / und man dem Herrn Ertz-Bischoffen zu Mäyntz / als Consecratori, die Jnful aufgesetzet / den Bischoffs-Stab in die Hand gegeben / wurden Jhro Königl. Majestät von demselben deutlich angeredet / und befraget / mit diesen Worten:

1. Vis Sanctam Fidem Catholicam & Apostolicam tenere, & Operibus justis servare? Das ist: Ob Sie bey dem Catholischen Glauben wolle beharren?

2. Vis Sanctis Ecclesiis, Ecclesiarumque Ministris fidelis esse Tutor & Defensor? Das ist: Ob Sie die Catholische Kirche wolle beschützen und beschirmen?

3. Vis Regnum Tibi à DEO commissum secundum Justitiam Prædecessorum Tuorum regere, & efficaciter defendere? Das ist: Ob Sie wolle das Reich beschützen / und die Justiz verwalten?

4. Vis Jura Regni, & Imperii Bona, ejusdem inustè dispersa recuperare & conservare, & fideliter in Usus Regni & Imperii dispensare? Das ist: Ob Sie wolle das Reich vermehren / das Verlohrne wiederbringen?

5. Vis Pauperum & Divitum, Viduarum & Orphanorum apertus esse Judex, & pius Defensor? Das ist: Armen und Reichen / Witwen und Wäysen Recht schaffen / und schützen?

6. Vis Sanctissimo in Christo Patri ac Domino Romano

Romano Pontifici & Sanctæ Ecclesiæ debitam Fidem reverenter exhibere? Ob Sie dem Papst und der Heil. Kirchen gebührende Treue und Reverenz zu zeigen wolle?

Welche alle und jede Fragen Jhro Königl. Maj. allezeit mit einem deutlichen VOLO, Ich will/ beantwortet und bejahet; Hierauf seynd Dieselbe näher zum Altar getretten / und haben solche vorgehaltene Puncten mit einem Leiblichen Eyd/ gleich Dero Vorfahren beståttiget/ also: Omnia promissa in quantum Divino fultus fuero Adjutorio fideliter adimplebo, sic me DEUS adjuvet, & Sancta DEI Evangelia. Alles Angelobte wil ich / nåchst Göttlichem Beystand/ steiff und vest halten. Als mir GOTT helffe/ und sein H. Evangelium. Gleich nach diesem hat sich der Herr Confecrator zu denen Herren Chur-Fürsten/ Grafen und Herren gewendet/ und mit heller Stimme gefraget: Vultis tali Principi Vos subjicere, Ipsiusque Regnum firmare, fide stabilire, atque jussionibus Ejus obtemperare, juxta Apostolum: Omnis anima potestatibus sublimioribus subdita sit, sive Regi tanquam præcellenti. Wollet Jhr einem solchen König Euch unterwerffen / sein Reich bestättigen / durch Treue fest setzen / seinem Befehl nachkommen/ nach den Worten deß Apostels: Jedermann sey unterthan der Obrigkeit / die Gewalt über ihn hat. Darauf alle Umstehende laut geruffen / und geantwortet: FIAT! FIAT! FIAT!

Solchem nach/ als Jhro Königl. Maj. wieder zuruck getretten / und vor den Altar gekniet / haben Chur-Måyntz über Dieselbe die Benediction gesprochen: Benedic DOMINE hunc Regem Nostrum JOSEPHUM, qui Regna omnia moderaris, &c. Und

Eduards / 1. Theil.

)a solche vollendet / wurden Ih. Majestät von dem Chur-Brandenburgischen Abgesandten/mit Bey-hülff der Königl. Cämmerer / zur Salbung ent-blösset / indessen hat der Herr Consecrator Chur-Mäyntz das Oleum Catechumenorum zur Hand ge-nommen / und gesprochen: PAX TIBI! Darauf geantwortet worden: Et cum Spiritu Tuo! Wor-mit zur Unction geschritten wurde/ und geschahe selbige Erstlich auf der Scheitel deß Haupts Creutz-Weise/ dann zwischen denen Schulter-Blättern und im Nacken/ nachgehends auf der Brust/ dann im rechten Arm / zwischen der Hand und Ehlen-Bogen / und Letzlichen auf der flachen rechten Hand / darbey jedes mahl gesprochen worden: Ingo TE in Regem de Oleo Sanctificato in Nomine 'a ✠ tris, & Fi ✠ lii, & Spi ✠ ritus Sancti, Amen! Ich salbe Dich zum König mit dem Geheiligten Oel / im Namen GOttes deß Vatters / deß Soh-nes / und deß Heil. Geistes / Amen! Immittelst hatte die Käyserl. Music den Antiphon: Unxerunt Salomonem, &c. gesungen; Und als Chur-Mäyntz die Salbung verrichtet / sprachen Dieselbe noch darzu: Ungantur Manus istæ de Oleo sanctificato, unde uncti fuerunt Reges & Prophetæ, & sicut unxit Samuel DAVID in Regem,ut sis Benedictus & Consti-tutus Rex in Regno isto super Populum istum, quem Dominus DEUS Tuus dedit Tibi ad regendum & gu-bernandum, quod ipse præstare dignetur, qui vivit & regnat DEUS in Secula Seculorum, Amen! Diese Hände sollen gesalbet werden mit dem geheiligten Oel / womit die Könige und Propheten gesalbet worden/ und gleich wie Samuel den König David gesalbet hat zum König / daß du seyest ein gesegne-
ter und

ter und vest-gesetzter König in seinem Reich über sein Volck / welches der HERR dein GOtt dir zu regieren gegeben hat / welches vollführen wolle GOtt / der da lebet und regieret von Ewigkeit zu Ewigkeit / Amen! Darbey dann der Antiphon: Unxit Te DEUS, &c. gesungen worden.

Worauf die Gesalbte Königl. Majestät / nachdem zuvorhero die Abwischung deß Oels mit rockenem Brodt und weisser Wolle geschehen / von sämtlichen Herren Chur-Fürsten / (ausser dem Herrn Consecratore,) und Gesandten / samt dem vorigen Comitat, in die Sacristey geführet wurde / allwo die Nürnbergische Herren Abgeordnete bey denen Käyserl. Pontificalien schon parat stunden / und aufwarteten / und selbige denen Herren Chur-Fürsten zulangten / von welchen dann Ihre Majestät mit der Viol-braunen Dalmatica, wie auch der Alba, oder weissen Leviten-Rock / samt der Stola um den Halß / vornen über die Brust Creutzweiß angekleidet / die Sandalien aber von dem andern Nürnbergischen Herrn Deputirten angethan / und alsdann in solchem Habit / von sämtlichen Anwesenden wieder zu dem Altar begleitet worden / allwo über Ihro Königl. Majestät / als Sie niedergekniet / Chur-Mäyntz folgendes Gebett gesprochen: Aspice Omnipotens DEUS hunc Gloriosum Regem JOSEPHUM, & sicuti benedixisti ABRAHAM, ISAAC & JACOB, sic illum largis Benedictionibus Spiritualis Gratiæ cum omni plenitudine Tuæ Potentiæ irrigare atque perfundere digneris, &c. Allmächtiger GOtt! schau auf diesen Glorwürdigen König JOSEPH / und gleich wie Du gesegnet hast Abraham / Isaac und Jacob / also befeuchte und
über-

Eduards/ 1. Theil.

berschütte Ihn mit allerley Geistlichen Seegen einer Gnade und Macht/Amen! Wurde so dann on denen Chur-Fürstl. Herren Assistenten der von lachen gebrachte Säbel deß Caroli Magni Jhro Majestät bloß in die Hand gegeben/darzu der Herr Consecrator, Chur-Mayntz/ Dieselbe mit diesen Worten angeredet: Accipe Gladium per Manus Episcoporum licet indignas, vice tamen & Autoritate Sanctorum Apostolorum consecratas, Tibi regulariter concessum, nostræque Benedictionis Officio in defensionem Sanctæ DEI Ecclesiæ Divinitus ordinatum; Esto memor, de quo Psalmista prophetavit, dicens: Accingere Gladio Tuo super femur tuum potentissime, &c. Nimm hin das Schwerdt/ von denen war unwürdigen Händen eines Bischoffs/ welche Noch an Statt und Krafft der heiligen Aposteln geweyhet sind. Dir sey dieses Schwerdt ordentlich übergeben/ und von unserm Seegens-Dienst zur Beschirmung der Heil. Kirche gewidmet. Gedenke an die Prophetische Wort deß Psalms: Gürte dein Schwerdt an deine Seiten/ du Held/ und schmücke dich/ &c. Bey diesen Worten wurde besagter Säbel in die Scheide gestossen/ und von denen Weltlichen Herren Chur-Fürsten und Gesandten selbiger Jhro Majestät umgegürtet/höchstgedachtem Herrn Consecratori aber von denen Herren Assistenten der Königl. Ring von Diamant gereichet/ welchen derselbe Jhro Majestät/ dem König/ an den Finger gesteckt/ mit diesen Worten: Accipe Regiæ Dignitatis Annulum,&c. zum Zeichen Königl. Würde / und daß Er hierdurch mit dem Heil. Römischen Reich vermählet würde. Diesem nach wurde von denen Herren Assistenten der Königliche

I. Theil. Y nigliche

nigliche Scepter / nebst dem Reich=
Mayntz gereichet / und von diesem
dem König / der Scepter in die Rec
Apffel aber in die Lincke Hand gegeb
Accipe Virgam Virtutis atque Veritat
mulcere Pios & terrere Reprobos, e
pandere, lapsisque manum porrigere
hin die Ruthe der Tapfferkeit und
diese lerne Gutes thun den Fromme
die Bösen / denen Irrenden den
und den Gefallenen die Hände zu b
ches geschehen / haben Ihro Maje
Apffel Chur=Bayern / und das See
Brandenburgischen / das Schw
Chur=Sächsischen Abgesandten zu
auf / wie die zween Nürnbergisch
nete den Käyserl. Löwen=Mantel o
dem nahe auf der Seiten gestand
den Altar gebracht / und solcher Ihr
geleget worden / hat der Herr Confe
nen beeden Chur=Fürstl. Herren
Königl. Reichs=Krone von dem Al
und solche Ih. Majestät / dem König
mit einander zugleich aufgesetzet / un
zu Chur=Mayntz diese Worte gebr
CORONAM REGNI, quæ licet ab
porum tamen Magnibus Capiti Tuo
Nomine Pa ✚ tris, & Fi ✚ lii, & Sp
quam Sanctitatis Gloriam & Honore
titudinis expresse significare intelliga
hin die Krone deß Reichs / welche zu
digen Händen der Bischöffe Dir a
doch thun sie solches im Namen G

Eduards / 1. Theil.

ers/deß Sohnes und deß Heil. Geistes. Mercke/ daß dardurch der Ruhm und die Ehre der Heiligkeit / und das Werck der Tapfferkeit angezeiget werde. Nach beschehener dieser Königl. Krönung sind Ihro Majestät von Chur-Trier und Chur-Cölln näher zum Altar geführet/ und von Deroselben auß dem Pontifical nachfolgender Eyd in Lateinischer Sprache gelesen / und gesprochen worden:

Profiteor & promitto coram DEO & Angelis ejus à nodo & deinceps Legem & Justitiam Pacemque Sanctæ DEI Ecclesiæ servare, populoque mihi subjecto prodesse, & Justitiam facere, & conservare, &c. Ich bekenne und gelobe hier vor GOTT und seinen Engeln von nun an / und ferner / daß ich Gesetze/ Gerechtigkeit und Friede halten / meinem Volck nützlich fürstehen/ und das Recht thun und erhalten solle / &c.

Wie nun auch dieses vollbracht/ haben Chur-Trier und Chur-Cölln Ihro Majestät/ welcher die Reichs-Insignia von denen Ertz-Aemtern vorgetragen / und allemahl denen Erb-Aemtern zu halten überantwortet wurden / wiederum in Dero Bett-Stuhl gebracht/ darinnen Dieselbe das Amt der Messe vollends angehöret / in welchem von Chur-Mäyntz also fortgefahren / und das Evangelium/ nebst dem Credo, &c. gesungen worden / damit gab Chur-Trier Ihro Majestät/ dem Käyser/ und Ihro Königl. Majestät das Evangelium-Buch zu küssen. Da nun das Offertorium georgelt / giengen Ihro Königl. Maj. in Händen den Scepter und Reichs-Apffel haltend zum Opffer allein / Chur-Mäyntz præsentirte zuforderst Patinam zu küssen/ so von Ihro Majestät knieend geschehen/ wornach ein schön

Y 2   Stuck

340 Deß Engelländischen

Stuck Gold geopffert worden / und empfiengen hierauf so wol Jhro Majestät/der Käyser/als auch der König / durch Chur-Trier Pacem & Incensum. Nachgehends wurden Jhro Majestät wiederum von Chur-Trier und Chur-Cölln vor den Altar zur Communion geführet / vorhero aber von denenselben Jhr die Kron abgehoben / und selbige Chur-Pfaltz / und von diesem dem Grafen von Sintzendorff gegeben. Wie nun Jhro Majestät niedergekniet / haben Dieselbe von dem Herrn Consecratore das heilige Abendmahl mit der Benediction empfangen / und wie auch solches geendiget / sind Sie wiederum in Dero Bett-Stuhl/und von dar nach vollendetem Amt der Messe / von denen sämtlichen Herren Chur-Fürsten und Chur-Fürstlichen Abgesandten / mit Vortragung der Reichs-Insignien / wie auch Anwesenden Geistlichen und Weltlichen Fürsten / Bischöffen und Prælaten auf eine Bühne/so dem Käyserlichen Thron gleich über gestanden / zu dem an Statt Caroli Magni Aachschen Stuhls zubereiteten Königl. Stuhl begleitet/ und Se. Königl. Maj. durch die Herren Chur-Fürsten darauf erhoben / und zu Empfahung der Possession deß Reichs ordentlich inthronisiret worden; Darzu der Herr Consecrator diese Worte gesprochen: Sta & retine à modo Locum Regium, quem non Jure Hæreditario nec Paterna Successione, sed Principum Electorum in Regno Alemanniæ Tibi noscas delegatum maximè per Authoritatem DEI Omnipotentis & Traditionem Nostram, præsentem & omnium Episcoporum, &c. Stehe und behaupte von nun an die Römisch-Königliche Stelle/ welche Du nicht durch ein Erb-Recht/ noch auß Vätter-
lich

licher Folge/ hast/ sondern die Dir durch Willkühr der Chur-Fürsten in dem Reich Teutsch-Landen/ vertrauet ist; Sonderlich aber durch GOttes Macht und gegenwärtige Einlieferung unserer und aller Bischöffe/&c. nicht allein gesprochen/ sondern auch so dann im Namen deß gantzen Chur-Fürstlichen Collegii die Gratulation abgeleget; Inzwischen wurde das TE DEUM LAUDAMUS, unter Lösung der Stücken um die Stadt herum/ und vor dem Dom gegebener Freuden-Salven von der Augspurgischen Burgerschafft/ gesungen/ und mit grossem Schall der Trompeten und Heer-Paucken/ samt andern Instrumenten/ hertzlich musiciret/ auch darbey alle Glocken geläutet/ und nachdem Ratione der Königlichen Krönung alles vollbracht/ und Jhro Königl. Majestät den Actum deß Heil. Römis. Reichs Ritter zu schlagen/ antretten wollen/ seynd die Geistlichen Herren Chur-Fürsten/ Bischöffe und Prælaten/ von der Bühne herab in die Sacristey gegangen/ und haben allda die Pontificalia ab- und hingegen die Herren Chur-Fürsten Jhren Chur-Fürstlichen Habit angeleget/ worauf unterschiedene Grafen/ Freyherren und Cavallier nach einander beruffen/ und haben Jhro Majestät/ in Beysein der Weltlichen Chur-Fürsten und Chur-Fürstlichen Gesandten/ samt andern Fürsten/ Grafen und Herren/ mit dem blossen Schwerdt Käysers Caroli Magni, so von Nürnberg mit dem andern Ornat gekommen/ von dem vordersten Herrn Deputato, Herrn Fürern/ auf Befehl deß Obrist-Hofmeisters/ Herrn Ferdinand von Dietrichstein/ Hoch-Fürstlichen Gnaden/ entblöset/ auf die Bühne/ wo die Ritter geschlagen worden/ getragen/

Deß Engelländischen

gen / und dem Herrn von Gersdorff / als Chur-Sächsischen Herrn Gesandten / eingehändigt worden; Folgende Standes-Personen zu Rittern geschlagen:

1. Herr Friederich Dietrich / Freyherr von Dahlberg / welcher als Cämmerer zu Worms / vermög uhralten Käyserlichen Privilegii, die Ober-Stelle hat.

2. Herr Graf Leopold von Dietrichstein / Käyserl. und Königlicher Cämmerer.

3. Herr Carl Philipp / Graf zu Pappenheim / Erb-Reichs-Marschall.

4. Herr Melchior Friederich / Freyherr von Schönborn / Römis. Käyserl. Maj. Cämmerer / und Chur-Mäyntzischer Obrist-Marschall.

5. Herr Johann / Freyherr von Schönborn / Römis. Käyserl. Majestät Cämmerer / und Chur-Mäyntzischer Obrist-Jägermeister.

6. Herr Graf Johann Caspar Cobenzel / Römis. Käyserl. Maj. Cämmerer.

7. Herr Graf Leopold von Strasoldo, Römis. Käyserl. Maj. Cämmerer.

8. Herr Graf Joseph Antoni von Weissenwolff / Römis. Königl. Maj. Cämmerer.

9. Herr Graf Johann Kery / Römis. Königl. Maj. Cämmerer.

10. Herr Baron von Ingelheim / Römis. Königl. Maj. Cämmerer / und Chur-Mäyntzischer Vice-Dom in Rhingau.

11. Herr Casimir Friederich / Freyherr von Kesselstatt / Römis. Königl. Maj. Cämmerer.

12. Herr Graf Michael Esterhasi.

13. Herr Graf Gabriel Esterhasi / Käyserl. und Königl. Cämmerer.

14. Herr

Eduards / 1. Theil.

14. Herr Graf Jacob Ernst von Leßle / Königl. Cämmerer.

15. Herr Philipp / Freyherr von Stadian / Chur-Mäyntzischer Geheimder Rath.

16. Herr Frantz Ernst / Freyherr von Palling / Chur-Mäyntzischer Obrist zu Fuß / und Obrist-Stallmeister.

17. Herr Caspar / Freyherr von der Leyen.

18. Herr Philipp Christoph Knebel / von Katzenellenbogen / Chur-Mäyntzischer Hof-Marschall.

19. Herr Johann Friederich / Baron von Egg / Chur-Sächsischer Cämmerer.

20. Herr August Ferdinand Pflug / deß Chur-Printzen von Sachsen Marschall.

21. Herr Petrus de Gouder, Freyherr von Bouegard, Römis. Käyserl. Maj. Obrister und Commendant zu Rhadisch.

22. Herr Johann Georg / Freyherr von Neusebach / Chur-Mäyntzischer Cammer-Herr / und der Guarde Obrister.

Ihro Königliche Majestät übergaben hierauf das Schwerdt dem Chur-Sächsischen Herrn Abgesandten / welcher es dem Reichs-Marschall zum Vortragen zugestellet / und verfügten / in aller Anwesenden Begleitung / sich wieder in Dero Bett-Stuhl / dahin zween Königliche Canonici deß Königlichen Stiffts und Collegial-Kirchen zu Aachen / samt Ihres Capituls Syndico , und denen Abgesandten selbiger Stadt / kamen / Allergehorsamst anbringend / wie ein Jeder neu-Erwählter Römischer König zu Ihrem Mit-Canonico angenommen / und von Demselben / dem üblichen Herkommen

men nach/ den gewöhnlichen Eyd abgeleget werde/ mit der Alleruntertänigsten Bitte/ Ihro König. Majestät wollen Allergnädigst geruhen/ so wol das alte Herkommen/ als auch die Kirch/ in Allergnädigstem Schutz zu halten/ und bey alter Gerechtigkeit bleiben zu lassen; So Ihro Königl. Majestät alles gar wol placidiret/ und da Sie Ihm solches in Dero Handen offerirt/ das Juramentgeleistet/ welches folgenden Innhalts gewesen: Nos JOSEPHUS, divina favente Clementia, ROMANORUM REX, Nostræ Ecclesiæ Beatæ MARIÆ Aquensis CANONICUS, hæc Sancta DEI Evangelia juramus, Eidem Ecclesiæ fidelitatem, & quod ipsa Jura, & Bona ejusdem ab Injuriis & Violentis defensabimus & faciemus defensari, ejusque Privilegia omnia & singula, & Consuetudines ratificamus, approbamus, & de novo confirmamus, &c. Besagter Eyd war auf Pergamen geschrieben/ und in einer schwartz-gebeizten Rahm eingefasset; Welches die Herren Canonici von Aachen/ samt dem Säbel Caroli Magni, wie auch die vier Evangelia/ samt dem Reliquario des Heil. Stephani, wieder mit sich nach Aachen genommen.

Als nun auch dieses erfolget/ und alles dem Herkommen gemäß/ in der Kirche verrichtet worden/ war man Willens/ zur ordentlichen Procession zu schreiten/ und auß der Kirchen nach dem Rath-Hauß/ auf der mit weissem/ gelbem und rothem Tuch biß dahin gelegten Brücke zu Fuß sich zu begeben; Nachdem aber ein unvermuthetes starckes Regen-Wetter mit eingefallen/ so sind Ihre Majestäten/ der Käyser und der König/ in Ihren Ornaten/ wie auch die Herren Chur-Fürsten und Gesandten/

Eduards / 1. Theil.

anbten / samt andern zu solchem Gefolg Gehöri=
gen / in Jhren Carossen dahin gefahren / und von
diesen in Jhre Zimmer begleitet worden / worauf
die Geistlichen Herren Chur-Fürsten in Jhre Retirade sich begeben/ die Weltlichen hingegen/ als das
ungestümme Wetter sich wieder geändert / haben
Jhre ordentliche Functiones angetretten/ und zwar
wegen Chur-Sachsen / der Herr Graf von Pap=
penheim / als Reichs = Erb-Marschall / in Beglei=
tung etlicher von Käyserlicher Guarde und Trompe-
tern / wie auch seiner beeden Trabanten / setzte sich
zu erst zu Pferd/ und ritte in den unweit vom Rath-
Hauß bey dem Perl=Brunnen geschütteten Ha=
ber / welcher auf 70. Schaff gewesen seyn soll/ biß
in deß Pferdes Brust/ nahm daselbsten ein silbern
Maß voll/ streichete es mit einem silbernen Stab
abe / gab es seinem Diener / und wurde so dann der
Haber dem Volck Preiß gegeben. Darauf der
Chur-Brandenburgische Abgesandte sich ebenfalls
in dergleichen Begleitung zu Pferd gesetzet/ und
von dem auf dem Kuchen-Platz stehenden bedeck=
ten Tisch das silberne Gieß=Becken und Kanne mit
Wasser abgeholet/und auf die Königliche Credenz-
tafel gebracht. Dann begaben sich der Chur-
Fürst in Bäyern auß Dessen Gemach / samt dem
Chur=Fürstlichen Erb=Marschall und Bedienten/
unter Trompeten=und Paucken=Schall / vor das
Rath=Hauß/ und ritten / als Ertz=Truchseß / zur
Luche hinter dem Perl=Brunnen / darinnen der
Ochs gebraten / nahmen daselbst in zwo doppelt=
verdeckten Schüsseln die Speisen von dem Gebra-
tenen Ochsen / und trugen dieselbe auf die Käyser-
und Königliche Tafel/ in voriger Begleitung/ worbey

bey der Reichs-Erb-Marschall mit dem Stab voran gegangen. Chur-Pfaltz/ als deß Reichs Ertz-Schatzmeister/ verrichtete seine Function von dem Rath-Hauß mit dreymahliger Außwerffung der güldenen Krönungs-Müntze/ auf welcher eine Sonne/ darunter ein Schwerdt mit einem grünen Lorbeer-Zweig umwunden/ nebst dem Königlichen Symbolo: AMORE ET TIMORE. Und war auf der andern Seiten die Römische Reichs-Kron/ mit der Unterschrifft: JOSEPHUS, Rex Ungariæ, Coronatus in REGEM ROMANORUM AUGUSTÆ, die 26. Januarii, 1690. Die übrige silberne Müntze hat der Ertz-Schatzmeister/ Herr Graf Theodor von Sintzendorff/ zu Pferd unter das Volck auß geworffen/ welcher gleichfalls von der Käyserlichen Guarde begleitet/und wie bey denen vorigen Actibus die Käyserl. Trompeten und Paucken tapffer gehöret worden.

Nachdem nun diese Functiones sich geendiget/ wurde nicht allein durch die Herren Reichs-Grafen/ welchen der Reichs-Erb-Marschall mit dem Stab voran gieng/die Speisen aufgetragen/ und der mit allerhand grünem Laubwerck außgezierte Brunnen/ auf welchem ein gedoppelter Adler war/ mit roth- und weissem Wein lauffend/ frey gelassen; Ihro Majestät/ der Römische Käyser/ samt dem Römischen König/ begleiteten die Herren Chur-Fürsten zur Tafel/ und reicheten Ihro Käyserl. Majestät das Wasser der Herr Hertzog Ludwig von Würtemberg/ und das Service, Herr Hertzog Augustus von Hannover/ Ihro Königl. Majestät wurde beydes von dem Reichs-Erb-Kammer-Amt gegeben/ und wie Beyde Majestäten zur Tafel sich wolten/

Eduards / 1. Theil. 347

wolten niederlassen / sprach Chur-Mäyntz / als Consecrator und Ertz-Bischoff / das BENEDICITE, darauf die andere Geistliche Chur- und Fürsten antworteten / worbey alle Stücke auf den Wällen rings um die Stadt gelöset / und von der gantzen Löbl. Burgerschafft die dritte Salve gegeben worden; Hernachmahls tratten Dieselben vor den Chur-Mäyntzischen Tisch / und nahmen den Chur-Fürstl. silbernen Stab / daran die Königl. Siegel waren / brachten selbigen vor den König / und nahm Chur-Mäyntz besagte Siegel / und legte solche auf die Tafel / welche Ihre Majestät / nach gethanem Versprechē/Ihre Privilegien in Gnädigster Obacht zu halten / an Chur-Mäyntz wieder zuruck gegeben. Inmittelst tratt der Herr Land-Graf von Hessen-Darmstadt seine Functionen an / mit dem Vorschneiden bey der Käyserl. und Königl. Tafel. Der Herr Marggraf Carl Gustav von Baaden / reichete Ihro Käyserl. Majestät den Trunck / und dergleichen Credentz verrichtete bey dem neu-gekrönten König der Herr Graf Vollrath von Limburg-Speckfeld / als Reichs-Erb-Schenck / welcher hierbey auch Deroselben Anfangs nicht allein den Sessel gerucket / und die Königliche Kron bey der Tafel allein abgehoben / sondern nachgehends auch allein Ihrer Majestät wieder aufgesetzet. Worauf derselbe das kostbare Glaß / darauß der König den ersten Trunck gethan / und zum Credentzen gebraucht worden / an Statt deß güldenen Pocals / dem alten Herkommen gemäß / zum Gnädigsten Andencken empfangen. Die Herren Chur-Fürsten in Ihrem Chur-Habit und Chur-Hüten / verfügten sich auch / und zwar Jeder an seine eigene Tafel / welche
durch-

Deß Engelländischen

durchgehends / so wol der An- als Abwesenden Jhre / unter besondern schönen Baldachinen / so sie kostbar / theils von Gold / theils von Silberstückt / theils von rothem Sammet / mit breiten güldenen Borten und schönen güldenen Frantzen eingefasset waren / sich befanden / und stunde bey jedem Chur-Fürsten nicht allein sein Erb-Marschall mit dem Chur-Schwerdt / und die Spitz unterwärts / sondern wurde auch von seinen Miniſtris, Cavallieren und Truchseſſen bedienet / die Chur-Fürſtliche Böhmiſche / Sächsiſche und Brandenburgiſche Abgesandte fuhren nach Hauß / und stunden auf jeder Ihrer Herren Principalen Tafel mehr nicht als drey verdeckte Schüſſeln. Die Fürſtl. Tafel iſt faſt in der Mitte deß Saals / wo sich die Chur-Fürſtlichen endeten / gewesen / worüber mehr nicht / als der Herr Abt von Fulda / der Biſchoff von Brixen / der Abt von Kempten auf der einen Seiten / auf der andern aber der Käyſerl. Obriſt-Hofmeiſter / Fürſt von Dietrichſtein / der Fürſt von Salm / als deß Königs Obriſt-Hofmeiſter / und der Fürſt von Schwartzenberg / als Käyſerl. Obriſt-Hof-Marschall geſeſſen; Am Ende deß Saals / war jedes Chur-Fürſten Credentz und Tresor beſonder aufgerichtet / und mit allerhand raren Gold- und Silberwerck auf das Prächtigſte außgezieret; Oben darüber stunden auf einer beſondern Bühne die Käyſerl. Muſici, Trompeter und Paucker / welche sich überauß wol haben hören laſſen.

In einem andern / mit güldenem Leder tapezirten / und einen Gaden höhern Zimmer / wurden die Reichs-Städtiſche Abgeordnete über einer langen Tafel mit Käyſerl. Speiſen und Getranck anſehnlich

Eduards / 1. Theil.

ich versehen/ und stattlich bewirthet. Ihro Majest. die Käyserin / haben in eben selbigem Stockwerck ein Zimmer innen gehabt / worinnen dieselbe neben denen beyden Chur-Fürstinnen von Bäyern und Pfaltz/und Dero dreyen Schwestern/ denen Chur-Pfältzischen Prinzeßinnen / nicht allein die Amts-Verrichtungen der Chur-Fürstl. Ertz-Aemter incognito angesehen / sondern auch daselbsten mit einander Tafel gehalten.

Es hat sich dieses Käyser- und Königliche Banquet biß Abend nach 8. Uhren verzogen / und sind / so bald das Confect aufgetragen worden / alle an der Fürstl. Tafel aufgestanden/ sich theils hinter/ theils aber zur Seiten Ihro Majestät zu stellen. Als man bey denen Chur-Fürstl. Tafeln aufgehoben / verfügten sich die Herren Chur-Fürsten allerseits sich auch dahin/ und wurde von Chur-Mayntz das GRATIAS gesprochen / worauf nicht lang hernach Beyde Majestäten aufgestanden / und in Ihrem Käyserlichen und Königlichen Ornat, in Begleitung der sämtlichen Herren Chur-Fürsten / nach Dero Käyserl. Quartier gefahren. Nachdem nun Ihre Majestäten/ der Käyser und der Römische König / dieselbe wieder Gnädigst von sich gelassen/ hat Jeder sich der Gelegenheit nach in seinem Habit nach Hauß verfüget/ und ist also damit dieser solenne Actus der Königl. Krönung / glücklich und frölich geendiget / und hernachmahls die Reichs-Insignia, Pontificalien und Ornaten / denen Nürnbergischen und Aachischen Herren Abgeordneten wieder zugestellet / auch denenselben für ihre gehabte Bemühung und Sorgfalt gantz Gnädigst gedancket worden.

Das

Das XIX. Capitul/

Ihro Käyser- und Königliche Majestät werden zu
München herrlich tractirt/ ein Thurnier wird gehalten/
und eine Comœdie von lauter Jungfrauen vorgestellet. Käyserl. Hofstatt kommt zu Wien glücklich an.
Humfred erfähret die Rencontre deß Haralds mit der
vermeynten Sigeberta; und setzet ihn in Forcht; Er
resolvirt in den Haag zu gehen/ die Schergen verursachen einen Tumult.

Nachdem also weiter für Ihre Käyser- und
Königliche Maj. Maj. in Augspurg zu
verrichten nichts mehr übrig/ haben Selbige sich darauf den 3. Februarii von dar wieder hinweg/ und über München auf den Weg nach Dero
Residentz begeben/ da sie dann mit eben solchem
Pracht und Aufzug hinauß begleitet wurden/ als
Sie Anfangs allda empfangen und eingeholet
worden; Folgenden Tag/ als den 4. geschahe darauf deß Abends der nicht minder prächtige Einzug
in der Chur-Bäyerischen Haupt- und Residentz-Stadt München/ woselbsten alle nur ersinnliche
Anstalt/ Ihre Majestäten magnifique zu empfangen und zu bewirthen/ schon gemacht worden/ was
aber daselbsten weiter vorgegangen/ und wann die
fernere Abräyse nacher Wien geschehen/ davon
weiß ich keinen Bericht zu geben/ alldieweilen ich
gleich alsobald nach dem Käyserlichen und gesamter Hofstatt Aufbruch auch von dar mich hinweg
und auf die Räyse anhero begeben/ in diesen Landen mich etwas umzusehen/ und so dann einen fernern Entschluß zu fassen; eben so sehr wünschende/ mit meiner schlechten Erzehlung die ansehnliche
Gesellschafft vergnügt zu haben/ als lieb mir ist/

in derselben Compagnie mich noch ferner zu befinden.

Sie bedanckten sich ins gesamt / so wol wegen grosser gehabter Bemühung / als auch wegen contestirender Affection. Der Gast-Herr/ so noch vor Endigung der Krönungs-Geschicht zu ihnen gekommen / da er vernommen / daß Siegfried seine Erzehlung mit dem Käyserlichen Aufbruch von Augspurg / und glücklichen Ankunfft zu München/ beschlossen/ ersetzte/nach gebettener Erlaubnüß/das Ubrige folgender Weise: Bey Jhro Käyser- und Königlichen Majestät prächtigen Einzug / wurden / nach gegebenen Zeichen auß 12. Falconetlin/ mit achzig der schweresten Stücken/ deß mehrern Theils in halben und gantzen / auch vier-doppelten Carthaunen bestehend / drey Salven rings um die Stadt gegeben. Die Zimmer für Jhro Käyser- und Königliche Majestät waren extraordinari herrlich und mit den Gold-reichesten Tapezereyen behänget/wurden auch auß dem Chur-Fürstl. Schatz auß lauter Gold tractiret. Die Musiquen waren mehr/als vortrefflich/ zu Belustigung so hoher Gästen wurde mit einer Opera die Sinn-reiche Action von Heraclio verwunderlich vorgestellet / worbey die künstlichen Machinen/ und das in 16. mahl veränderliche Theatrum, neben der Music und wolgeschickten Comœdianten / grosse Vergnügung verursachten. Den folgenden Tag wurde ein herzlicher Thurnier angestellet / worbey Jhre Chur-Fürstl. Durchl. in eigener Person eine Probe der Behändigkeit sehen liesse; Selbige waren angethan mit einem rothsammeten Rock / welcher über und über schwer mit Diamanten und Rubinen besetzt war/
und

Deß Engelländischen

und etliche Tonnen Goldes werth geschätzet wurd/ die Musicanten auf einem darzu verfertigten Parnaßo, wie nicht weniger 2. Heer=Paucker und 16. Trompeter liessen sich überauß trefflich hören. Der Thurnier selbsten bestunde in viererley Ubungen/ zuerst wurde mit der Copy oder Lantzen geritten/ darauf mit dem Wurff=Pfeil/ ferners mit den Pistohlen/ und zuletzt mit den Degen. Der Thurnierenden Ritter waren 36. und 2. Maestri di Campo. Das Thurnieren selbsten währete biß nach 4. Uhr Abends/ und thaten das Beste in der Lantze/ Herr Baron von Muggenthal/ dessen Gewinst war ein güldener Degen/ samt dergleichen Spangen zu einem langen Degen=Gehäng/ alles mit Diamanten und Rubinen versetzt. Das Beste mit dem Pfeil/ Herr Baron von Heimhausen/ dessen Gewinst war eine Schlinge mit gelb= und weissen Diamanten. Das Beste mit der Pistohlen Ihre Chur=Fürstl. Durchl. auß Bäyern/ Dero Gewinst war ein kostbarer Diamant=Ring. Das Beste im Degen/ Herr Baron von Rechberg / Obrist=Stallmeister/ dessen Gewinst war gleichfalls ein Diamant=Ring. Dem Thurnier folgete noch selbigen Abend eine schöne Welsche Comœdie. Den 7. Februarii wurde eine stattliche Wirthschafft gehalten / worbey alle hohe Personen sich verkleideten/ darbey Ihre Chur-Fürstliche Durchl. Wirth / die Chur=Fürstin aber Wirthin waren. In solchem Aufzug wohnete man der Opera bey/ und wurde nach der Tafel dieser Tag/ (oder vielmehr Nacht / sintemahlen es biß Morgens gegen Tag gewähret/) mit einem Ball beschlossen/ bey welchem Ihro Käyserl. Maj. mit der Käyserin im Dantzen den Anfang gemachet.

Den

Den 8. wurde bey denen Englischen Fräulein/ bey unserer lieben Frauen Grufft/ eine artige Comœdie von lauter Jungfrauen præsentirt/ wormit sie sonderbare Ehre einlegten. Den 13. geschahe endlich der Aufbruch/ und beschleunigten hernach Ihre Käyserl. Maj. Dero Räyse/ daß Sie den 4. Martii glücklich und mit grossen Freuden in Dero Residentz-Stadt Wien ankamen und empfangen wurden.

Deß andern Tages sahe Humfred eine gewisse Person sich mit ihrem Hauß-Herrn unterreden/ und unterschiedliche Fragen thun/ die er aber nicht recht verstehen kunte. Der Wirth wiese darauf diese Person an Humfred, sprechend: Dieser Herr wird euch bessern Bescheid geben können/ als ihn derowegen Humfred fragte/ was er dann zu wissen verlangte/ darauf Jener antwortete: Er hätte gewisser Ursachen halben gerne Nachricht gehabt/ von einer Person/ die in diesem Hauß logiren solte/ wer/ und woher dieselbige wäre? was/ und mit weme sie dieses Orts zu negociren hätte? Beschriebe darbey die Person mit solchen Umständen/ daß Humfred darbey abnahm/ es müste die bezeichnete Person Harald seyn/ sagte deßwegen: Mein Freund/ wann ich die Ursach euerer Nachfrage eigentlicher wüste/ so könte ich euch vielleicht vergnügliche Nachricht geben/ aber ohne derselben Anzeige werdet ihr schwerlich zu euerem Zweck gelangen. Der Andere besanne sich eine gute Weil/ wolte auch auf Humfreds abermahliges Erinnern dannoch mit der Sprach nicht herauß/ weßwegen er desto vorwitziger und begieriger wurde/ Wissenschafft darvon zu haben/ wie er dann mit allerley Liebkosungen ihn endlich dahin brachte/ daß er sich solcher Gestalt vernehmen liesse: Mein Herz/ ich bin in Diensten eines vornehmen und reichen Herrns dieser Stadt / der sich bey weniger Zeit mit einer schönen und auch reichen Dame vermählet/ und biß daher mit höchster Zufriedenheit ihrer Beyden gelebet hat; Als er nun vor etlichen Tagen von einer 3. Wöchigen Räyse wieder nach Hauß kommen / und vorgestern mit seiner Ehe=Liebsten durch die Stadt gefahren / ist er unversehens von einer fremden / und äusserlichem Schein nach / ansehnlichen Person / auf der Strassen unvermuthet angetastet/ wegen seiner Liebsten zu Rede gesetzet/ zugleich auch mit harten Worten ihm bedeutet worden/ er / (der Fremde/) hätte mehr Recht zu ihr/ und wäre ihr schon länger obligirt / als mein Herr/ hätte demnach sich seines Vorrechts zu bedienen; Meines Herrn Liebsten verwiese er darbey ihre Unbeständigkeit/ nennete sie mit Namen/ erinnerte sie seiner aufrichtigen Liebe/ und deren ihm von ihr geschehenen Versicherung / zur Belohnung seiner Liebe / beschuldigte sie mithin der Undanckbarkeit/ und was dergleichen wunderliche und verdächtige Reden mehr waren / in welche weder mein Herr/ noch / wie es sich ansehen liesse / dessen Ehe=Liebste sich finden kunte / dannenhero mein Herz einigen Argwohn gefasset / ob vielleicht Zeit seines Abwesens / seine Liebste mit diesem Fremdling ein seinen Ehren und Reputation all zu nachtheiliges Complot möchte gemacht haben / und eine Mosaische Fontange von zweyen Zecken geschmiedet haben / dessen Argwohn ferner vermehret/ daß seine Liebste/ (nachdem sie vermuthlich diesem Fremdling einen Winck gegeben/ und er darüber gleichsam erstaunet/) ohne

sonder=

onderbare Verantwortung den Gutscher heissen
ortfahren / und seither gegen meinem Herrn sich
iemlich kaltsinnig erweiset. Weil demnach mein
Herr erfahren / als wann dieser Fremdling allhier
olte logiret seyn / als hat er mich beordert / deßwegen Nachfrage zu thun/und mich seiner Person und
Wesens halben/ so viel möglich/ zu erkundigen/ um
so dann sich entschliessen zu können/ was in so einer
zärtlichen Sache / zu Erhaltung seiner Estime, und
vielleicht auch nicht unbilliger Raache / es seye hernach durch seine eigene oder Obrigkeitliche Ver-
anstaltung/zu thun oder zu lassen seyn möchte. So
demnach mein Herr mir hierinnen die verlangende
Nachricht ertheilen kan / werde ich mich glückseelig
und demselben höchst-verbunden erkennen / mein
Herr selbsten auch keines Weges unterlassen / mit
würcklichem Danck solches zu ersetzen.

Humfred hatte sein Vorbringen mit Lust an-
gehöret/lächelte hierüber/und nach kurtzem Bedacht
sagte er zu dem Fragenden: Mein Freund / es ist
nicht ohne / daß es eine sehr kützliche Materie und
wunderliche Rencontre ist / von deren ihr allererst
euere Erzehlung gethan habt/und zweifle ich im Geringsten nicht/die Gelegenheit zu haben/so wol euch/
als und auch fürnemlich euern hierbey hoch-inter-
essirten Herrn deßwegen die verlangte Nachricht
und mehrere Erläutererung zu thun / allein möchte
ich selbsten gerne noch eines und andern Umstandes
bessern Unterricht haben / weil mir nun selbiger
nicht wol ermanglen kan / und ich die Mittel darzu
zu gelangen gar wol weiß / als wollet ihr so lang in
Gedult stehen/und euch Morgen belieben lassen bey
mir wieder zu zusprechen / so wil ich dann nicht er-
mangeln/

mangeln/euch hierinnen völlig zu vergnügen. Wor auf der Abgeschickte sich schönstens bedanckte/ und mit dem Versprechen / Morgen sich wieder einstellen / seinen Abschied nahme.

Humfred, der nun nicht zweiffelte/ es wurde die dem Harald in seiner Phantasie so sehr eingebildete Sigeberta zu einer so seltzamen Verwirrung Ursach/ und er dieses Herrn Liebste für eine andere Person angesehen haben/ zumahlen ihme wol wissend / daß in der Zeit/ die er neben Aimir und Harald allhier zugebracht/ mit keinen Liebes-Händeln zu thun/ oder einiger Löffeley nachgegangen war/ bedachte sich demnach / wie er ihme recht auf die Sprünge/ und hinter die Sache kommen möchte/ nur verdrosse ihn/ daß er den Abgeschickten von sich gelassen/ ohne Erkundigung/ wer sein Herr dem Stand und Namen nach/ ingleichem dessen Frau Liebste seye/ und wo er wohne. Als nun bey der Mahlzeit allerley Discourse vorfielen/ bald dieses/ bald jenes erzehlet wurde / berichtete Humfred, wie er in Spatzierung durch die Stadt vernommen / daß dieser Tagen ein wunderlicher Casus sich ereignet/ indem nemlich ein Ankömmling einen wolangesehenen Mann allhier auf freyer Strassen unverwarneter Dingen angefallen / ernstlich und zumahlen betrohlich/ wegen seiner Ehe-Liebsten/ die er vor weniger Zeit erst gefreyet/ zu Rede gesetzet/ und daß dieselbige schon vorher ihme obligirt gewesen / sich erkläret/ solche auch ihme zu überlassen prætendiret/ welches die beyde Eheleute auf unterschiedliche Weise in nicht geringe Bestürtzung/ vornemlich aber den Mann in grosse Eyfersucht gesetzet habe; Nun seye so wol der Mann für sich/ als auch die

ansehn-

Eduards/ 1. Theil. 357

ansehnliche Freunde der Frauen darauf bedacht/ genauere Kundschafft einzuziehen / und nach befindenden Dingen selbsten Raache zu nehmen / oder aber der Obrigkeit/ solche tragenden Amts halben/ zu verrichten/ zu überlassen.

Währender dieser Erzehlung / empfande Harald ein hefftiges Hertzpochen / und veränderte die Farbe deß Gesichts zu unterschiedlichen mahlen / er wuste nicht/ ob Humfred solches nur in Vexation vorbrachte/ oder aber dem wahrhafftig also wäre/ das Erste kunte er nicht wol glauben/weil Humfred schwerlich / (seines darfür haltens/) wissen kunte/ was mit ihme sich zugetragen; Das andere aber machte ihme nicht geringe Sorge / er möchte in Ungelegenheit dadurch gerathen / war demnach nicht wenig verwirret. Humfred, der dieses alles gar wol beobachtete/ sagte deßwegen: Wie? mein Herz Harald, warum sitzet er so in Gedancken/ und was für tieffe Speculationes hat der Herz bey sich selbsten? Ich wil ja nicht hoffen/ daß ihme seine Liebste abermahl erschienen / noch weniger er der Jenige seye/ der dem allhiesigen Herrn auf seine Frau Prætension zu machen gedencke / um dardurch deß Angedenckens der Fräulein Sigeberta sich desto ehender zu entschlagen? Da behüte mich GOtt vor/ versetzte dieser / daß ich auf solche Sachen gerathen / meiner Fräulein ungetreu und wider die Gebühr einem andern sein Weib abspänstigen solte/ der Herz wird hoffentlich bessere Gedancken von mir haben ; Daß ich aber in Gedancken etwas vertieffet/ ist die Ursach/ weilen ich wichtiger Angelegenheit halben gerne eylfertigst im Haag mich befinden solte/mir aber schwer fället / die so werthe

Z 3 Gesell-

Geſellſchafft ſo Eylfertig zu verlaſſen/ und doch die Sache/ ohne meinen groſſen Nachtheil/ keinen Auffſchub leydet.

Humfred merckte hierbey wol/daß er ihme das Geſchwär recht müſſe getroffen haben/ und Harald deß Begangenen wegen beſorget ſeye/ lieſſe ſichs doch nicht anmercken/ ſondern ſagte nur: Es wird ja die Räyſe nicht ſo gar haſtig ſeyn/ daß ſie nicht ſolte wenigſtens einen Tag Anſtand leyden können. Eine jede Stunde/ verſetzte er wieder/ kan mir zu groſſem Nachtheil gereichen/ und wolte ich/ daß ich dieſen Augenblick von hinnen wäre. Aimir ſagte hierüber: Es wird ihme ja/ Herr Harald, unſere Compagnie ſo ſchnell nicht zuwider worden ſeyn/ daß er ſich derſelben ſo ſchleunig zu entziehen gedencket? So der Herr eine kleine Gedult hat/ und es ihme nicht zuwider/wil ich ihme eheſtens dahin/und noch fernere Geſellſchafft leiſten; Deſſen ſich Jener zwar hoch bedanckte/ aber zu fernerem Verweilen ſich nicht resolviren wolte/ welches dem Aimir und Siegfried ſeltſam vorkame/ und weil ſie nunmehr die Denckwürdig- und Koſtbarkeiten der Stadt Amſterdam meiſtens betrachtet/ erbotten ſie ſich alleſamt/ ihme Gefährten zu geben. Allein/ ſagte Siegfried/ mußte er ſich zuvor zu ſeinem Wechſel-Herrn/ ſo wol einen/ erſt friſch empfangenen Wechſel-Brieff bezahlen zu laſſen/ als und auch wegen ſeiner künfftig zu empfangen habenden Geldern/ die behörige Verfügung zu thun; So bald ſolches geſchehen/ welches er dieſen Nachmittag zu verrichten geſunnen/ wolte er ſo dann/ohne längers Verweilen/neben ihme/die Abräyſe beſchleunigen/ welchem die andere Beyde beyſtimmeten.

Eduards / 1.Theil.

Auf solche Weise liesse sich endlich Harald bereden/ noch so lange zu verziehen/ aber weiter wolte er sich nichts abhalten lassen. Humfred indessen hätte gerne Gelegenheit gehabt/ Aimir und Siegfried das Jenige/ so ihme Haralds Händel wegen bewußt/ zu communiciren/ es hatte aber biß dahero sich nicht schicken wollen. Indeme nun Siegfried sich gerechtelte/ mit seinem Wechsel-Brieff zu dem bezeichneten Banquier zu gehen/ resolvirte sich Aimir, ihme dahin Gesellschafft zu leisten/ um etwan auch Anstalt/ wie ihme seine Gelder übermacht werden möchten/ zu machen. Solcher Ursache halben wolte Humfred Compagnie mitmachen/ und Harald, der nun auß tragender Sorge nicht gern allein bleiben wolte/ sagte/ er wolte sie dahin begleiten; Dessen sie alle wol zufrieden waren.

Aber indem sie eben dahin gehen wolten/ erhube sich ein Tumult und Geschrey auf der Strassen/ welches den Harald bewoge/ an das Fenster zu gehen/ zu sehen/ woher solches entstunde. Er erschracke aber nicht wenig/ als er die Stadt-Knechte und Schergen ersahe/ die mit Ungestümme dem Hauß zulieffen/ und noch ungestümmer hinein drangen/ deren einer dem andern zuruffte: Brüder/ gebt nur gute Achtung/ daß der Ertz-Betrüger uns nicht entwische/ dann ich gewisse Nachricht habe/ daß er sich hie herein retiriret hat / muß also nur irgend in einem Winckel verborgen ligen.

Wem ware nun ängster/ als Harald, er sahe sich hin und wieder nach einer sichern Retirade um/ indem er nicht anders vermeynete/ die Schergen suchten ihne/ bevorab/ weil solches mit deß Humfreds ertheilter Nachricht sich wol zusammen reimen

men liesse. Aimir und Siegfried nahmen seine Bestürtzung wahr/ kunten sich aber nicht einbilden/ daß solche von den Schergen/die sie Beede auch gesehen hatten/ herrühren solte. Humfred hingegen/ der von denen Schergen nichts wußte/ schriebe solches der ihme vorher schon erweckter Furcht zu/ solte er aber die rechte Ursach gewußt haben / er hätte gewißlich der Gelegenheit sich bedienet / und den sonst tapffern Harald noch mehr in die Enge getrieben; Der indessen sich nach seinen Pistohlen umgethan/ deß Vorsatzes / mit Gewalt sich durchzuschlagen/ und denen Schergen die Spitze zu bieten.

Indeme er aber dergleichen Entschluß bey sich fassete / tratte ihr Wirth herbey / und entschuldigte sich bey seinen Gästen / wann etwan der Stadt-Knechte erregter Tumult ihnen einigen Verdruß erwecket haben möchte / weil dergleichen Gesinde wenig Höflig- und Bescheidenheit zu gebrauchen wisse. Humfred fragte hierauf: Was dann geschehen wäre / daß er Anlaß sich zu entschuldigen nehme? Der es mit kurtzem dahin beantwortete: Daß ein verschlagener und abgefeimter Filou, oder Gau-Dieb/einen Kauffmann um eine Parthie Englisches Tuch/welches er ihme abgehandelt/und nach seiner Herberge bringen lassen/schändlich betrogen; Indeme er dem Diener das Tuch abnehmen / und vor dem Zimmer der Bezahlung erwarten lassen; Immittelst aber das Tuch anderwärts hin verpartiert/ sich zu einer andern Thür hinauß practicirt/und den Kauffmanns-Diener vergeblich aufwarten lassen/ da man dann nach langem Warten und darauf erfolgtem Suchen/ den Betrug erfahren. Nun aber wäre der Kauffmann auf die Spuhr kommen/ und

Eduards / 1. Theil.   361

und habe den betrügerischen Dieb außkundschafftet/ auch in Verhafft bringen lassen wollen/ er wäre aber denen Häschern entwischet/ und hätte sich/ ohne sein/ deß Wirths/ Wissen/ in sein Hauß retiriret/ welches die Schergen gesehen / dannenhero ihne verfolget/ und endlich in einem Winckel deß Stalls erdappet/ um ihne an Ende und Ort zu bringen/ da ihme wegen seiner Arbeit der geziemende Lohn wurde zuerkannt werden.

Auf diese Nachricht fienge Harald an / wieder zu respiriren / und sein Gesichte aufzuheitern/ glaubend / daß er nunmehr einer grossen Gefahr entgangen seye. Er schalte sich aber heimlich selbsten/ wegen seiner furchtsamen Zaghafftigkeit / und ist nicht zu zweiffeln / daß er sich viel lieber mit etlichen im freyen Feld herum geschlagen/ als nochmahlen dergleichen Schrecken eingenommen hätte.

Das XX. Capitul /

In deß Wechsel-Herrns Behausung begibt sich eine wunderliche Rencontre, erstlich zwischen Zelots Ehe-Liebsten und Harald, nachgehends zwischen diesem und Zelot selbsten/ so aber/ nach entdecktem Irrthum/ beygeleget / Freundschafft gestifftet / Harald der Sigeberta Anwesenheit versichert/ zugleich aber in seinem Gemüth bekümmert wird. Die Gesellschafft zertheilet sich/ und räyset von Amsterdam hinweg.

HJerauf nun giengen sie sämtlichen hin / den Banquier, so sich Zelot nennete/ zu besprechen/ der sie mit sonderbahrer Höfligkeit empfienge/ den Wechsel-Brieff von Siegfried/ darvon er schon von seinem Correspondenten Kundschafft hatte / nicht allein acceptirte/ sondern auch gleich alsobald à Vista außbezahlete. Indeme sie nun hiermit beschäfftiget/ und in fernern Wechsels-Veranstaltungen

Z 5.

tungen begriffen waren / auch Aimir sich deßhalben mit Zelot unterredete/hatten inzwischen Harald und Humfred sich in dem Hof und Hauß ein wenig umgesehen/ und in einen offenen Saal/worinnen allerley treffliche Schildereyen aufgehänget waren / begeben / selbige zu beschauen.

Weil sie an diesen köstlichen und raren Gemählden ihre Augen waydeten/ ersahe sie der jenige Bediente/ der deß Morgens mit Humfred geredet/ und den er auf den folgenden Tag wieder zu sich beschieden hatte/seiner Nachfrage halben ihme Bericht zu thun. Dieser ohne von Humfred beobachtet zu werden / verfügete sich alsobald zu seiner Frauen/ deren er hinterbrachte/ wie die jenige Person / die ihme heute/ wegen der neulichst vorgegangenen Action, die verlangte Nachricht zu geben versprochen/ anjetzo im Hauß selbsten vorhanden/ und mit Betrachtung der Schildereyen bemühet wäre.

Die Frau begabe sich gleich selbsten in den Saal / und redete den ihr gezeigten Humfred also an: Ich wünsche/daß mein Herz an diesen schlechten Mahlereyen so viel Belieben finden möchte/ als Vergnügen ich haben wurde / wann ich von demselben erfahren solte/ (wie ich dann schon weiß/ daß er mich hierinnen vergnügen kan/) wer die jenige Person gewesen/ die mich/ samt meinem Ehe-Herrn/ dieser Tagen auf offener freyen Strassen/ so unbescheiden angefallen/ und nicht wenig affrontiret / auch zwischen mir und meinem Ehe-Liebsten einigen Widerwillen erwecket hat; Und was Ursache dieselbige zu solcher Beschimpffung gehabt habe? Gewißlich/mein Herz/fuhre sie fort/er wird sich hierdurch mich und meinen Liebsten ihme höchst verbunden machen. Hum-

Humfred hatte / währender dieser Ansprache/ den Bedienten erblicket und erkannt / hörete auch nun selbsten/ daß dieses die Dame wäre / die Harald, neben ihrem Ehe-Herrn/ so ungütlich tractiret/wußte also bey solcher Übereylung nicht/wessen er sich zu entschliessen hätte / zweiffelte auch / ob Harald unerkannt so leichtlich auß dem Saal und Hauß kommen möchte/ der sich/ dieser Anrede nicht wahrnehmend / an einem sonderbahren raren Stuck belustigte.

Nachdem er nun die geziemende Höfligkeit der Frauen erwiesen/ sprach er: Dem ist nicht anders/ als daß ich von dem Vergangenen einige Nachricht zu erstatten meine Parola verpfändet/ ich bin aber solches nicht eher / als Morgen / zu thun schuldig/ und wil so dann dessen / was ich versprochen / mich nicht entbrechen. Inzwischen aber wil ich nicht verhalten/ daß ich gewiß glaube/ und dessen versichert bin / daß der jenige Cavallier, der solche Unbefugnuß verübet/ gantz nicht auß bösem Hertzen/ noch weniger Jemand dardurch zu affrontiren / solchen unwissenden Fehler begangen; Sondern glaube/ daß er dessen grosse Reue habe / und vielleicht deßwegen Abbitte thun würde.

Das ist eine kahle Entschuldigung/ erwiederte sie / und wird mich der Herz dessen nimmermehr bereden/ dann es gar zu Handgreifflich. Sie verzeyhe mir/ sagte Humfred wieder/ daß ich die Kühnheit nehme/ ihr zu widersprechen/ und zu versichern/ daß es auß lauterer Unwissenheit/ und Irrthum/ wegen der Person/ in die er hefftig verliebet ist / her gerühret. Die Frau schüttelte hierüber den Kopff/ und sprach: Mich wundert/ wie der Herz so dreüßt seyn darff/

darff/ solche Reden vorzubringen/ die mit der Warheit einige Gemeinschafft nicht haben. Wie kan sich der mit der Unwissenheit entschuldigen / der mich selbsten bey meinem Namen nennet/ und einfolglich mich wol kennen muß? Wie kan der Jenige einen Person-Jrzthum vorschützen/ der am hellen liechten Tag die Person vor Augen hat? Oder/ wie kan der hefftig verliebet seyn/ der seine Liebste/ dem Gesichte nach weder kennet / noch von einer fremden Gestalt zu unterscheiden weißt? Gewiß/ mein Herz/ er suchet mich mit dergleichen Einwürffen nur aufzuziehen/ an Statt ich vergnügliche Nachricht zu erlangen gehoffet. Solche Aufzüge muß man denen machen/ die sich gerne eine Nase drähen/ oder darbey umführen lassen.

Huinfred, da er sahe/ wie sich diese Person zu eyfern beginnete/ wußte nicht/ wie er daran ware/ oder wie er es machen solte. Doch sagte er nochmahlen: Madame, sie seye doch so gütig/ der Sachen/ ohne sich zu erzörnen / etwas besser unpassionirt nachzudencken/ und ob ich wol dermahlen selbsten den rechten Verlauff noch nicht weiß/ deßwegen auch biß Morgen Aufschub begehret; So bin ich doch in meiner Meynung so gewiß/ daß ich auch Leib und Leben / darüber ungescheuet verpfänden dörffte. Was verwegene Unbesunnenheit ist dieses/ sagte sie hergegen/ ich sehe wol/ daß ich auch von euch nur außgefoppet werde / und wurde hiermit im Gesicht gantz roth/ daß ihr auch die Augen funckelten.

Unter diesem Wort-Wechsel nahete sich Harald heran/ der davon nur einige Reden/ darauß er nichts Gewisses schliessen kunte/ vernommen hatte.

Wie

Eduards / 1. Theil.

Wie erschrack er aber / da er eben die jenige Person ersahe / die er vor weniger Zeit / für die Sigeberta gehalten / und ihr / ihre vermeynte Untreu und Undanckbarkeit / so derselbe verwiesen / und unter die Nasen gerieben hatte. Er wußte nicht /was er thun oder sagen solte/ doch endlich ermañete er sich/tratte zu ihr/ und / nach einer sehr tieffen Reverentz / sprach er: Madame, dero beywohnende Tugend machet mir Hoffnung / daß sie den jenigen groben Fehler/ den ich unlängsten/ auß keinem bösen Vorsatz/ sondern auß einem / von mir biß dato noch selbst nicht begreifflichen Irrthum und Unwissenheit begangen habe / mir hochgeneigt vergeben werde.

Sie/die eben so bestürtzt ware/als Harald, und nicht wuste / ob sie ihme Gehör geben / oder von ihm weggehen solte / versetzte dargegen: Wie/ Verwegener / darfft ihr noch so keck seyn / nach gethaner so grosser Beleydigung / euch vor mir / und zwar in meinem eigenen Hauß / so vermessener Weise sehen zu lassen? Ich glaube gäntzlich / daß ihr / neben euren Cammeraden / euch verschworen habt / mich Theils mit euren liederlichen Rechtfertigungen/ Theils angethanen Beschimpffungen / aufs Aeusserste zu mortificiren / und noch grössern Tort anzuthun gedencket. Pfuy! Schamt euch/daß ihr dem Frauenzimmer nicht mit mehrerem Respect zu begegnen gelernet.

Harald bathe abermahlen / mit gar beweglichen Minen und Gebärden/ um Vergebung / und nur so lange Gedult / biß er seine Entschuldigung werde vorgebracht haben ; Wann sie so dann seine Rechtfertigung nicht für gültig achten / oder einige Boßheit darunter befinden wurde / wolte er

alsdann

alsdann ihrem Urtheil und willkührlichen Straffe/ sich gerne unterwerffen.

Es scheinet/ das Frauenzimmer seye nicht eher zu besänfftigen / als wann man ihnen mehrere Macht/ Gewalt und Ansehen zuschreibet und überlässet / als ihnen sonsten von Rechtswegen zukommet. Die anerbottene Gewalt/ über den Harald zu urtheilen/ würckete bey diesem erzörneten Weibe so viel / daß sie seinen Worten und Entschuldigungen erstlich Gehör / und nachgehends Glauben gabe. Er erzehlete/ wie er seine auß einem andern Land gebürtige Liebste bey seiner Herberge/ samt einem nicht wol beobachteten Cavallier, schnell vorbey fahren gesehen / dieselbe habe er verfolget / aber wegen ihrer Eylfertigkeit nicht einholen können / sondern etwas auß dem Gesicht verlohren/ bald aber in der andern Gassen wieder erblicket/ und weil sie nun etwas langsamer gefahren / dieselbe bald erreichet; Entzwischen aber in die Gedancken gerathen / man wäre sein Quartier so schnell vorbey passiret / um nicht von ihme gesehen zu werden/ welches ihme seines Bedunckens nicht unbilligen Eyfer/ und auß solchem entspringenden Zorn verursachet / so ihme (nicht anders darfür haltend/ als er hätte unfehlbar die zuvor erblickte geliebte Außländerin/ und ihren geglaubten Liebhaber vor sich /) die außgestossene Vorwürffe und Unhöfligkeiten außgepresset / und würde sie selbsten Zweiffels ohn seine Bestürtzung und hertzliche Reue/ nachdem er seines grossen Irrthums gewahr worden / gesehen haben / hätte auch gleich alsobald solchen Frevels halben gebührende Abbitte gethan/ wann nicht ihr wiederum schnelles Hinwegfahren / ehe er sich recht begreiffen können/ solches

Eduards / 1. Theil. 367

solches verhindert hätte. Aber wie es zugegangen/ daß er an seiner Geliebten Statt / die er gar eigentlich gesehen / sie angetroffen / und was das für ein Glücks-Wechsel und Gestalt-Veränderung gewesen / darein könne er noch jetzo sich nicht finden. Dieses seye also der eigentliche Verlauff dieser Begebnüß/ und erwarte nunmehr ihren Auß- und Urtheil-Spruch darüber zu vernehmen / mit nochmahliger schönster Bitte / diesen Fehler nachzusehen.

Nach Anhörung dieser Umständen/ deme Harald noch ein und anders beygefüget / ingleichem auß dem / was Humfred schon vorher betheuerlich versichert / stellete die bißher zornige Dame dem Erzehlten endlich Glauben zu/ und vertrug sich freundlich mit ihme/ erzeigte auch einiges Mitleyden gegen ihm / daß er hierinnen so unglücklich gewesen / und wol leichtlich in grössere Widerwärtigkeit dieses Zufalls halben hätte gerathen können.

Harald und Humfred waren nicht wenig erfreuet / daß diese Sache nunmehr vertragen und beygeleget war / worauf sie in ein gantz anders und freundlichers Gespräch geriethen / aber gar bald daran gestöhret wurden; Dann mittler Zeit dieses im Hauß vorgienge / hatten Aimir und Siegfried mit Zelot ihr Geschäffte auch zu Ende gebracht/und nahmen nunmehr ihren Abschied. Indeme nun Zelot seine Frau / und bey ihr den Jenigen ersahe/ der ihne unlängsten so hoch affrontiret (und den er bey seiner Ankunfft nicht so sonders beobachtet / sondern alsobald das Wort mit Siegfried aufgenommen/ Harald hingegen den Zelot, wegen eines gantz andern Aufzugs und Kleidung / auch nicht

erkann=

erkannte/) hatte/auch ihre freundliche Unterredung
wahrnahm/ war ihm solches ein Stich ins Hertz/
und überlieffe ihm die Galle dermassen/ daß er ohne
Wortsprechen zuruck tratt/ ein im Zimmer in Bereitschafft ligendes Geschoß ergriffe/ und darauf
seinen Leuten befahle/ das Hauß zu verschliessen/
und den Frevler nicht entwischen zu lassen. Aime
und Siegfried wusten nicht/ was dieses bedeuten
solte; Als sie aber sahen und höreten/wie Zelot den
Harald anschrye: Wie? Verwegener/ ist eure un-
verschamte Vermessenheit nun so hoch gestiegen/
daß ihr euch nicht entblödet/ auch in meinem eige-
nem Hauß meine Ehre zu kräncken? War es nicht
Affronts gnug/den ihr mir neulich auf der Strassen
erwiesen/es solle euch so unvergolten nicht hingehen;
Und du/ sprach er zu seiner Frauen/ sind das die
Würckungen deiner Feindschafft/ die du gegen diesem Fremdling zu tragen mich kurtzum bereden
wollen/ Ja/ eine schöne Feindschafft/ die zu Verlust und Nachtheil meiner Gemüths-Ruhe und
Ehre gereichet. Nun sehe ich wol/ wie zu meinem
höchsten Verdruß und Schaden ihr mit einander
stehet/ und daß keinem Lieb-kosenden Weibe nimmermehr zu trauen. Die Frau nahete sich inzwischen zu ihme/ und gabe mit Zeichen und Gebärden so viel zu verstehen/ er solte gemach thun/
und sich nicht so übereylen/ fienge auch an mit
freundlicher Manier ihme zu zureden/ aber er gab
ihr kein Gehör/ sondern wurde noch erboßter/
daß er sie auf die Seiten stiesse/ und nicht ansehen
wolte.

Indessen tratt Harald, seine Entschuldigung
zu thun/ etwas näher herbey/ welches aber Zelot

nicht

n / sondern mit seinem Geschoß ihne
n wolte. Humfred, auß Beysorge
cks / tratt zwischen ein / wendete das
seit / und sprach: Mein Herz lasse den
)t zu sehr übermeistern / noch sich ver-
nem unnöthigen Argwohn verleiten /
: seine Frau Liebste / noch dieser ehr-
r genugsamen Anlaß geben. Zelot
an spottete noch also seiner zu seinem
ind mochte fast toll darüber werden.
Siegfried wusten sich gar in den Han-
nden / jedoch kunten sie so viel abneh-
elot wegen seiner Frauen mit Harald
)t gerathen seye ; Dannenhero der
)eil Harald nicht zur Rede kommen
Zelot zusprach / er solte mit einer klei-
die Sache zuvor besser untersuchen /
t solcher Hefftigkeit außbreche ; Es
ermuthlich die Sache gantz anders /
/ herauß kommen ; Dieser Herz wäre
und / und würde schwerlich mit War-
)ösen Vorhabens können bezüchtiget
wolten die Verantwortung auf sich

Bedult / was auf sich nehmen / sagte
ache ist all zu klar und handgreifflich /
die Herren für so gerecht an / daß sie
so gerechten Eyfer nicht mißbillichen
h mercke gar wol / daß sie der Sache
t seyn. Fienge darauf an zu erzehlen /
ihme und Harald auf der Gassen zu-
essen sie sich desto mehr verwunderten /
e von Harald darvon benachrichtiget

A a wor-

worden. Humfred tratte hierbey ins Mittel/ und erkläreteie gantze Sache/ und wie er durch deß Zelots Bedienten den Handel meistens entdecket; Darauf Harald auch seinen Irrthum bekennete/ sich höflichst entschuldigte/ und den Zelot seinen Eyfer schwinden zu lassen/ freundlich ersuchte/ der dann auch endlich allen Glauben zustellen muste; Insonderheit auch darum/ weilen Siegfried und Aimir mit ihrem tapffern Ansehen alles bekräfftigten/ wurde also der Friede völlig unter ihnen gemacht/ und bemüheten sich anjetzo unsere Ritter/ wie sie den Eyfersüchtigen Zelot mit seiner Liebsten/ die indessen auch etwas hartes mit ihme aufgebunden hatte/ wieder vergleichen/ und den Hauß-Frieden establiren möchten/ wie auch geschahe.

Sie verwunderten sich aber alle über diese seltzamen Begebenheit/und Zelot nöthigte sie sämtlich/ ihme ein Stündlein die Ehre ihrer Besuchung noch ferner zu gönnen/ um seinen gegen sie begangenen Fehler zu verbessern Gelegenheit zu haben/ liesse auch alsobald einen köstlichen Trunck neben dem schönsten Confect herbey bringen/ mit welchem er seinen Friede-Stifftern freundlich zusprache/ und darmit den geschlossenen Accord gleichsam versiegelte.

Das Einige lage dem Zelot noch tieff im Sinn/ wie es doch komme/ daß Harald, wann er ja mit seiner Liebsten niemahlen einige Kundschafft gehabt/ ja zuvor niemahlen gesehen/ auch gar wenige Zeit sich allhier aufgehalten/ dannoch ihren Namen wissen/ und sie darbey nennen können/
welches

welches seine Liebste nicht weniger zu wissen Verlangen hatte.

So heisset demnach / versetzte Harald, meine hochgeehrteste Frau mit ihrem Nahmen Sigeberta? Nimmermehr ist dieses mein Nahme gewesen / antwortete diese; Und Jener wieder: So werde ich ihr gewißlich auch keinen andern ausser diesem zugeleget / oder man müste mich gantz unrecht verstanden haben; Dann weil ich die Fräulein Sigeberta vorbey fahren gesehen / und wegen deß schnellen Fahrens sie nicht alsobald einholen können / biß sie/ meines Erachtens/ um schon angeregter Ursach willen / in der andern Gassen wieder langsamer gefahren / da ich sie dann auf die Weise / wie bekandt / angeredet / und bey ihren Nahmen Sigeberta genennet / wie aber auß der gesehenen Sigeberta diese Person worden / das ist es / was mich noch in stätiger Unruhe hält / biß ich auß diesem Traum durch eine kluge Erklärung gesetzet werde. Doch möchte ich / Herr Zelot, seiner Eheliebsten Nahmen nicht ungerne wissen? Filiberta ist ihr Nahme / sagte er hierauf / worauß sie gar bald wegen grosser Gleichheit beyder Nahmen den Irrthum erkenneten / damit zugleich dem Zelot der noch übrige Scrupel völlig benommen wurde.

Nachdem er bald hierauf eine Zeitlang in tieffem Nachsinnen gesessen / kehrete er sich zu Harald, sagend: Ich zweifle nicht / mein Herz / euch den Zweifels-Knotten aufzulösen / indem ich mich nunmehr besinne / daß / als ich neben meiner Liebsten gantz gemach / wie er uns angetroffen / unsers Weges durch die Stadt gefahren / und weder vor / noch nach / wie der Herr erwähnet / keine Eylfertigkeit

Deß Engelländischen

tigkeit gebraucht / gantz schnell eine andere Carozza hinter uns darein kommen / welche Augenblicklich bey uns vorbey passiret / und in gleichmässiger Geschwindigkeit ihres Weges fortgeeylet; Und weiß ich mich nunmehr gantz eigentlich zu bescheiden / daß ich darinnen einen Cavallier, und so mir recht ist / zwey Dames gesehen / deren die Eine sehr schön und jung war. Mag also wol / ja unzweiflich seyn / daß selbiges die bedeutete Sigeberta, und Herrn Haralds Magnet, so ihne so starck nach sich gezogen / gewesen / er aber auß Irrthum an die unrechte und unsere Carozze gerathen / weilen die andere mit ihrer Schnelligkeit ihme auß dem Gesicht kommen.

Dem ist nicht anders / sagte Filiberta, und so ich mich nicht sonderlich irre / so glaube ich / daß der darinnen sitzende Cavallier eben der Jenige gewesen / dem mein Herr Zelot unlängsten einen starcken Wechsel bezahlet hat. Harald erröthete hierüber / und blassete gleich darauf wieder ab / bathe auch den Zelot, ihme zu sagen / wer dieser Cavallier mit Nahmen / und was für ein Landsmann er seye? Zelot sahe alsbald in seiner Schreib-Tafel nach / und sagte: So viel mir von ihme wissend / ist er ein Dähne / tapffern und schönen Ansehens / und darbey sehr höflich.

Haralden war dieses ein hefftiger Griff ins Hertz / und fragte ferner: Wie dessen Nahme seye? Robin, sagte Zelot, so anders solches sein rechter eigentlicher Nahme. Jener forschete ferner: Ob er ihme nicht Nachricht geben könte / wo er zu Herberge gelegen; Deme dieser mit Ja antwortete /

ete / und solche nahmhafft machte. Auf welches
hin Harald alsobald Abschied nahm/ und sich keines
Weges ferner aufhalten lassen wolte / sondern hin-
zehen / mehrere Gewißheit einzuholen. Zelot gab
ihm einen Diener mit / das Hauß zu zeigen; Harald aber kunte sich keines Weges entsinnen / wer
doch Robin seyn müste / und auß was Ursachen er
mit der Sigeberta anhero kommen / sintemahlen
er nun gantz nicht mehr an ihrer Gegenwart
zweifelte.

Der bedeutete Wirth kunte Haralden auf sein
Anfragen keine andere Nachricht ertheilen/ als daß
der bezeichnete Cavallier mit einer überauß schönen
Dame, die noch eine andere / aber ältere / bey sich
hätte / auß Dännemarck überkommen wäre / der
Cavallier und Dame sich sehr wol mit einander ver-
stünden / und er ihr grossen Respect erwiese / dannenhero gäntzlich darfür hielte / es müsse ein ver-
liebtes Paar seyn / haben sich sonst durchgehends
sehr reputirlich aufgeführet / und die Dame ausser
in die Comœdie, wenig oder gar nicht auß dem
Hauß gekommen / vor 3. oder 4. Tagen aber seyen
sie mit einander wieder abgeräyset / und vermey-
ne er nicht anders / als daß sie nach dem Haag
gegangen.

Harald bedanckte sich gegen dem Wirth/ verfügte sich alsobald nach Hauß/ woselbsten die übrige Gesellschafft auch bald ankame/ und weil Harald
ihme vest vorgesetzet/keine Zeit weiter zu verliehren/
als bliebe es darbey / daß sie deß Morgens ver-
räysen/ und nach dem Grafenhaage sich begeben
wolten.

Aa 3   Humfred

Humfred, dessen Absehen insonderheit auch dahin zielete / mit gelehrten Leuten in Bekandtschafft zu gerathen / resolvirte sich / nach Utrecht zu gehen / und von dannen auf Leyden / nahm deßwegen von Aimir, Siegfried und Harald freundlichen Abschied / mit gegebener Hoffnung / wie es sich leichtlich fügen könte / daß sie im Haag einander wieder antreffen / welches sie alle hertzlich wünscheten. Folgenden Tages begaben sie sich auf die Räyse / Aimir, Siegfried und Harald, samt dem Ihrigen / nach dem Haag / Humfred aber allein nach Utrecht; Wohin wir sie dann ihres Weges unter Göttlicher Begleitung ziehen lassen / und zu seiner Zeit schon wieder antreffen / inmittelst aber schreiten wollen zu dieses
Ersten Theils

E N D E.

Register

Register über den I. Theil deß Engelländischen Eduards.

A.

Almir, wird zum Gouverneur citirt/ 103. die Ursachen warum? 105. unter dem Namen Celinde, entschuldiget sich trefflich / mit eigentlicher Erzehlung deß Vorgegangenen/ 112. sq. kommt in Arrest, 115. muß nach glücklich vollbrachtem Duell mit noch einem andern einē Gang wagen/ doch mit gutem Success, 134. sagt die Ursachen an / warum er als Celinde in Weibs-Kleidern sich præsentirt / 137.
Albela, wird durch einen dreyfachen Tod bekümmert/32. komt zum Gouverneur mit einer Anklag/ so sie nicht erweisen kan/105.sq. fangt an die Celinde selber für unschuldig zu halten/115. spricht den Aimir selbsten vor dem Richter loß/ 122.
Alexander VIII. zum Papst erwählet/ 56.
Antoni, ein Raitzen-Oberster/thut einen glücklichen Streich bey Sophia, 308.
Antworten/ sollen behutsam seyn/ 33.
Archibald, ein Schott / duellirt mit der Compagnie, und ziehet den Kürtzern/ 130.
Argwohn / deß Gouverneurs deß Aimirs halben/ woher er solchen geschöpfft? 116.sq.
Avignon, Streit zwischen dem Papst und König in Franckreich deßhalben/ 55. wird dem Papst restituirt vom Frantzösischen Gesandten/ 56.

B.

Bedencken/ was für ein Papst zu erwählen/ und auß welcher Nation, 58.

Register über den 1. Theil

Beschenckung Käyserl. Maj. von **Augspurg**/76.sq.
Beylager/ deß Aimirs mit Albela, 139.sq.
Bruder-Mörder/ seyn auch unter den Christen zu finden/mit Exempeln behärtet/ 35.sq. ein ander Exempel von Celinde erzehlet/ 39.
Bruck/ zu Bononien nach dem Käyser eingefallen/ und was es bedeutet/ 320.
Bulla, Güldene/ was diese sey/ 53. 323. seltzame Meynung hiervon/ 325.

C.

Cadet, ein Schott/ erzehlet Harald und Aimir seines Königreichs Beschaffenheit/ 161.sq.
Canon, ein Oberster der Schotten/ wil sich nicht ergeben/ 65.
Capitulation, was diese sey/ 216. Beschwörung deß erwählten Römischen Königs/ 218.sq.
Cardinal-Creirung deß neuen Papsts Ottoboni, 306.
Celinde, koimt samt ihrem Page bey Sylvians Schloß an/3. erzehlet allda/ wer sie sey/ samt ihren Geschicke/4.sq. die Frau im Schloß erzehlet auch ihre Schickfaale/6. nimmt Abschied bey Sylvian und Albela, 19. hat auf ihrer Räyß nach Edenburg einen hoffärtigen Schotten zum Geleitsmañ/43. dieser wil Gewalt brauchen an ihr/kriegt aber ein schlechtes Trinck-Geld/44. erzehlet ihren Secundanten wer sie sey/ und wie es ihr mit Strassen-Räubern ergangen/49. wie es mit Sylvian und seinen Söhnen ergangen/ 50. koimt zu Edenburg an/51. von einem vornehmen Cavallier wird ihr zu Edenburg nachgefraget/96.sq. wird nirgend gefunden/und verursachet seltzame Gedancken bey etlichen/98.sq. wird in Manns-Kleidern von Harald erkannt/ und hertzlich umarmet/ 99. wil

deß Engelländischen Eduards.
die Urſach ſolcher Kleider-Verwechslung der Zeit
nicht ſagen/ 101. wird nunmehr Aimir genannt/
wil ſich auch wider die Schotten gebrauchen laſ-
ſen/ 102. wird von Albela eines Mords bezüchti-
get/ 108. für eine Land-Hure außgeſchryen/ 118.
Collegial-Tags zu Augſpurg/ Urſachen/ 70.
Comœdie, von Jungfern zu München geſpielet/ 353.

D.

DEfenſion, deß Reichs Engelland/ worzu ſich die
Compagnie auch erkläret/ 135.
Diſcurs, über den dreyfachen Mord deß Sylvians
und ſeiner zwey Söhnen/ 35.
Dondee, Lord, der Schotten Haupt/ bekommt gute
Stöß/ und ſtirbt/ 65.
Duell, 128. 131. deß Haralds und Frotho, 193.

E.

Eventheuren/ deß Haralds/ kurtz beyſamen/ 304.
Einbildung/ bey Harald, macht ſeltzame Händel/
302. ſq. bey etlichen Verliebten ſeyn närriſch/ ibid.
Einſiedel/ erzehlet ſeine Ebentheuren/ 196. verliebt
ſich in eines Wirths Tochter/ 203. entleibt un-
wiſſend ſeinen Vatter und Bruder/ 204.
Eckel/ und Abſcheu/ warum die Menſchen ab Mäu-
ſen/ Spinnen/ &c. einen haben/ Diſcurs, 185. ſq.
Engliſche/ Anſuchung um Hülff/ wird vom Papſt
nicht betrachtet/ 57. Diſcurſen/ 34. Sachen/
und Zeitungen/ 289.
Entſcheid/ deß Gouverneurs über einen Mord/ 114.
Ethelred, ein Schott/ erzehlet den Tod Papſt Innocentii II. 52. iſt Bütg für Aimir, 121.
Evenus III. deſſen Geſetz/ wegen der Bräuten/ 167.
Europa, warum eben dieſer Welt-Theil vor andern
mit Krieg ſo hart bedränget werde/ Diſcurs, 291.

Register über den 1.Theil
Eyd/der Chur-Fürsten/bey der Königs-Wahl/214.

F.

Falsche Reu/ deß Torrente, 300.
Fischer-Ring/ deß Papsts/ Discurs hiervon/ 53.
Flasche/zum Betrug gebraucht von Graffton, 66.sq.
Franckreich/ verhetzt den Türcken wider die Christen/ 296.
Frantzosen/büssen zu Wasser starck ein/290. beunruhigen fast alle Reiche/ 292.
Frauenzimmer/ wie es am Besten zu besänfftigen/ wann es erzürnet/ 366.
Friedens-Brüche / Königs in Franckreich seither 30.Jahren werden erzehlet/ 298.
Frotho, eyfert um Sigeberta mit Harald, 186.sq.
Fruchtbarkeit / der Schottischen Weibern/ 174.
 Exempel anderer Nationen Weibern auch/ibid.sq.
Fürbitt/deß Aimirs für Albela, wegen ihres Manns Verlassenschafft beym Gouverneur, 136.
Fürstenbergische Confirmation wil der Papst nicht eingehen/56.

G.

Gänse-Art/ seltzame in Schottland/ 163.
 Geldmangel/in Franckreich/Discurs hievon/281.
Gentlemens, verfolgen die Celinde auf der Räyse nach Edenburg/ 45.
Gewalt/eines Römischen Käysers/ wie weit es sich erstrecke/ 317. seqq.
Glaskau / solle verrätherischer Weise angezündet werden/ 64.
Goldmacher/der Gröste in der Welt soll anjetzo der König in Franckreich seyn/ 282.
Graffton, Mylord, dessen Beschaffenheit wird von Harald erzehlet/ 66. seqq.
Guilielm Normann/dessen unsinnige Jag-Lust/17.

H. Harald

deß Engelländischen Eduards.

H.

Harald, bekent mit einem Schotten Händel/126. beschreibt sich selber/wer und was er sey/180.sq. durch was Gelegenheit er an die Sigeberta komen/ 181. bekommt einen Mit=Buhler an Frotho, 183. fliehet auß Forcht deß ertödteten Frotho in Nor=wegen/194. komint zu Londonderry an/205. zu Amsterdam mit der Compagnie, 207. fangt ge=waltige Grillen wegen seiner Sigeberta, 301. siehet eine frembde Dame für seine Sigeberta an/ und kommt fast darüber in grosse Händel/311.sq. wil auß Angst wegen seines begangenen Fehlers eylfertig fort nach dem Haag/358. wird häßlich außgemacht/365. 368. entschuldiget sich/ und bittet um Verzeyhung / und erlanget solche end=lich/ 365. bekommt Nachricht/ daß seine Liebste mit einem Dähnen nach Haag gegangen/ 373. Heurath/ zwischen Aimir und Albela, 136.seqq. Höflichkeit / deß Sylvians / ist bey Celinde nicht be=liebt/ 19. Huldigung / dem Chur=Fürsten zu Brandenburg geschehen zu Königsberg/ 310. Humfred, ziehet Haralden auf/ wegen seiner began=genen Ebentheuren/356. entschuldiget ihn seines Fehlers halben bey Zelote und seiner Frauen/363. Hunds=Art/sonderliche im Norder=Quartier/164.

J.

Jacobus, in Engelland / verstellet sich in Weibs=Kleidern/ 139.
Jacquin, muß dem Gouverneur erzehlen/ wie es mit der Celinde und Sylvian hergegangen seye/ 123.
Jäger/ warum Esau also genennet werde/ 17.
Jag=Gespräch/12.seqq. Exempel grosser Liebhaber dessen/

Register über den 1. Theil

deſſen/ 13. was Jagen für Schaden bringe/ 15.
Jag-Hunde/ deß Amuraths/ 15. Luſt/ deß jüngſten
 Türckiſchen Groß-Sultans/ 16.
James, ſpricht ſeinem Fräulein Celinde zu/ ſich in Acht
 zu nehmen/ daß man nicht irre auf dem Weg/ 2.
Juden-Traum/ von Fruchtbarkeit der Weiber/ 179.
Jurament, deß neu-erwählten Römiſchen Königs/
 Lateiniſch/ 344.

K.

KAltſinnigkeit/ wird in groſſe Liebe verwandelt/ 11.
 Klag/ deß Sylvians/ über ſeinen ertödteten Sohn/
Kleider-änderung iſt verbotten/ 138. (29.
Krieg / Erzehlung der denckwürdigſten in dieſer
 hundert-Jährung/ 293. ſeqq.
Krone / der Römiſ. Käyſern / war dreyerley/ 319.
Krönungs-Art/ der Römiſchen Käyſerin/ 142. ſeqq.
 deß Römiſchen Königs/ 326. ſeqq.
Kuß/ ſo Sylvian der Celinde gegeben/ wird mit Wor-
ten hart geſtrafft/ 24. ſeqq.

L.

LAuzun, ein Frantzöſiſ. General-Lieutenant, 280.
 Leich-Gepräng/ deß Papſts/ 53.
Leiningiſche Gräfliche Familie leydet von Franckreich
 bißher groſſe Anſtöſſe/ 283. ſeqq.
Luſtfahrt/ iſt unglücklich/ 7. ſeqq.

M.

MAccay, General, ſtreifft auß wider die rebelliren-
 de Schotten/ 101. ſeqq.
Madame de Wattewille, eine Urheberin deß Mord-
 brennens/ 62.
Madrigal, ſo Ihro Käyſerl. Maj. zu Augſpurg zu
 Ehren gemacht worden/ 80. ſeqq.
Mäuſe/ viel haben einen Abſcheuen davor/ und war-
 um/ 184. Mäyntz/

deß Engelländischen Eduards.

Mäyntz/gebühret die Chur-FürstenZusamenkunfft zu befördern/ 73. und wie fern/ ibidem.
München/was Jhro Käyserl.Maj. für Ehre allda wiederfahren nach der Krönung/ 350. seqq.
Mord-Brennerey/ der Frantzosen/ 282. Feuer/ werden von den Frantzosen gemeiniglich auf die Hohe und H.Fest angestellet/ 63. Exempel/64.

N.

Namen/ Zweyer fast gleich-lautend/ macht bey Zelot einigen Argwohn/ 371.
Narren-Cur/eine artige Erzehlung von Celinde,17.
NeueJahrs-Post/für die Unsere unglücklich/ 288.

O.

Ofen/ wird mit Macht beschützt/ 284.
Orgelte und Rodisbe Liebe wird beschrieben/197.

P.

Papst / thut Venedig starcke Kriegs-Hülffe / 57. wie auch Bäyern/ Pohlen aber nicht / ibidem. warum kein mächtiger Fürst heut zu Tag darzu erwählet werde/ 54. warum alte Leute darzu genommen werden / 60. warum kein Jesuit darzu gelange/ ibidem.
Päpstliche Stuhl/ kan auf unterschiedliche Weise vacant werden/ 54.
Paßporte/ dreyfache deß Haralds/ helffen dem Gouverneur auß dem Traum / 129. Niemand hat ohne solche Erlaubnuß auß Engelland zu gehen/ wegen der Conspiration, 137.
Pferd-Streit/ 118.
Piccolomini, ersetzet den Schaden/ dem Obristen Strasser geschehen/ 287.
Picten/warum die Schotten also genañt wordē/174.
Politische Rationes, warum ein solcher Papst erwählet worden/ 59.

Porcel-

Register über den 1. Theil

Porcelletten-Familie zu Arles in Franckreich/ 177.
Privilegien der Römischen Käyserin/ 140. seqq.
Proposition, Käyserliche/ auf dem Fürstl. Collegial-Tag in Augspurg/ 81. seqq.

Q.

Quartier-Bestellung der Käyserl. Majestät in Augspurg/ 74.

R.

Rauber/tasten die Celinde an/21. ist einer von deß Sylvians Söhnen/ und wird von seinem eigenen Vatter erwürget/ 26.
Ratzen/ gibt keine in Schottland/ und anderswo mehr/163. (322.
Reichs-Kleinodien/ wo solche aufgehoben werden/
Rescontre, mit den Schottischen Rebellen/ 135.
Resolution, und grosse Tapfferkeit der Celinde, an vier Schotten erwiesen/ 46. sq. bekommt Hülff von einem Frembdling/ 48.
Ritter/ S. Andreæ, wer solche/ 172. sq. so geschlagen worden bey der Römis. Königl. Krönung/ 341.
Rodisbe, ist sehr verschlagen in ihrer Liebe/ 199.
Roger, deß Sylvians anderer Sohn/ vom Vatter selbsten todt gestossen/gefunden/ und jämmerlich von ihme beklaget/ 30. seqq.
Römischer Käyserin Krönung/ 140. ob alle gekrönet werden/ 141. Königs Krönung/ wird von Siegfried erzehlet/ 210.
Römer-Zugs-Discurs, 319. warum heut zu Tag kein Käyser mehr nach Rom ziehe/ die Kron allda zu empfahen/ 321.

S.

Salbungs-Ceremonien/ der Römischen Käysern/ 153. sq. Discurs, eines Römis. Käysers/ 317.

Selbst

deß Engelländischen Eduards.

Selbst-Mord/ deß Sylvians/ 31.seqq.
Schenckendorff/ büsset von Türcken ein/ 309. komt aber zu Pyroth wieder wol an/ ibid.
Schergen/ machen dem Harald Angst und Bang/ laufft aber noch besser ab/ als er vermeynt/ 359.
Schotten/ergeben sich an König Wilhelm/ 65. seyn sehr gelehrte Leut/und deren viel/ 164. woher sie den Namen haben/ 173. seyn rachgierig/ 189. ihre Könige seyn meistentheils unglückselig/ 168. Dieses Landes Beschaffenheit dermahlen/ 65. dessen Außtheilung/ 165.
Schwermerische Liebes-Gedancken deß Sylvians/ 20
Spanische Braut/ 102.seqq.
Stewart, oder Stuart, ein General-Rentmeister/ 171.
Strasser/ Oberster/ büsset von Türcken ein/ 285.
Specification, was bey diesem Treffen verlohren gangen/ ibid.seqq.
Straßen-Raubereyen/seyn Edelleuten und andern hohen Personen ein Schand-Flecken/ 27.
Stuartisches Hauß/sehr unglückseelig/ 169. dieses Geschlechts Ursprung/ ibid.
Sturm/ so Harald erlitten/ 195. kommt auf die Insul Hittland/ ibid.
Succurs, Königs in Franckreich dem König Jacobo zugesandt/ 280.
Sylvian practicirt mit List die Albela auf sein Schloß/ 7. macht sich der Argilischen Unruhe auch theilhafftig/ 11. kommt in höchsten Schaden und Ungnad beym König/treibt endlich die Jägerey mit seiner Gemahlin höchsten Unwillen/ ibid. wird um etwas beschrieben/ 12. leistet der Celinde Beystand wider die Räuber/ 22. ist ein höchstverdrießlicher Buhler der Celinde, 28. und ist ein böser Auferzieher seiner Kinder/ 35.

F. Fartor-

Register über den 1.Th. deß Engl.Ed.

T.

TArtar-Cham der Türcken gröste Hoffnung/ 307.
Todes-Vorbotten/beym Papst Innocentio II. 52
Torrente, wil seinen Bruder Orgeste entleiben wegen der Rodisbe,   200.
Trost-Spruch / aller Wäyd-Leute/   19.
Türcken-Hülff/ vom Papst wider Franckreichs Willen gethan/   57.
Thurnier/ zu München gehalten/   352.

U. V.

UVerfall/ der Türcken bey Pristina,   307.
Venetianer/wird Papst auf ungemeine Weiß/19
Verrätherey/ unter den Schweitzerischen Cantons entdecket/   61.
Verschlagenheit/ der Sigeberta,   189.seqq.
Votirungs-Art / bey Erwählung eines Römischen Königs/ 215. bey Erwählung eines Papsts/ 55.

W.

D. Walcker/sonst ein Geistlicher/ wird Commendant in Londonderry,   206.
Wattewille, Madame, eine Urheberin deß Mordbrennens/   62.

Z.

ZAnilacky, sieget glücklich / und erlediget die Christen von den Türcken/   309
Zelot, ein Wechsel-Hertz/ wird von Harald in seinem Hauß betretten / 363. ist sehr erzürnet über d. Harald, 368. sq. wird endlich begütiget/ 370
Zuspruch / der Celinde an Sylvian, wegen seines er tödteten Sohns/   27. seqq

ENDE.

www.ingramcontent.com/pod-product-compliance
Lightning Source LLC
Chambersburg PA
CBHW022110290426
44112CB00008B/623